JN433543

33.遯	34.大壯	35.晉	36.明夷	37.家人	38.睽	39.蹇	40.解
卦詞 4-256	卦詞 4-281	卦詞 4-304	卦詞 4-337	卦詞 5-25	卦詞 5-52	卦詞 5-88	卦詞 5-110
初六 4-258	初九 4-283	初六 4-310	初九 4-341	初九 5-29	初九 5-57	初六 5-94	初六 5-115
六二 4-260	九二 4-285	六二 4-314	六二 4-348	六二 5-31	九二 5-61	六二 5-96	九二 5-117
九三 4-263	九三 4-286	六三 4-318	九三 4-353	九三 5-35	六三 5-64	九三 5-99	六三 5-120
九四 4-267	九四 4-291	九四 4-320	六四 4-358	六四 5-42	九四 5-69	六四 5-101	九四 5-125
九五 4-270	六五 4-294	六五 4-324	六五 4-362	九五 5-44	六五 5-73	九五 5-102	六五 5-128
上九 4-271	上六 4-297	上九 4-327	上六 4-366	上九 5-46	上九 5-76	上六 5-104	上六 5-130
41.損	42.益	43.夬	44.姤	45.萃	46.升	47.困	48.井
卦詞 5-138	卦詞 5-172	卦詞 5-205	卦詞 5-240	卦詞 5-270	卦詞 5-302	卦詞 5-326	卦詞 5-365
初九 5-147	初九 5-177	初九 5-213	初六 5-243	初六 5-277	初六 5-307	初六 5-331	初六 5-373
九二 5-152	六二 5-180	九二 5-217	九二 5-249	六二 5-282	九二 5-309	九二 5-336	九二 5-376
六三 5-154	六三 5-185	九三 5-221	九三 5-252	六三 5-287	九三 5-312	六三 5-342	九三 5-381
六四 5-158	六四 5-192	九四 5-225	九四 5-256	九四 5-290	六四 5-313	九四 5-347	六四 5-384
六五 5-161	九五 5-194	九五 5-231	九五 5-259	九五 5-292	六五 5-316	九五 5-352	九五 5-386
上九 5-166	上九 5-198	上六 5-236	上九 5-263	上六 5-296	上六 5-318	上六 5-357	上六 5-388
49.革	50.鼎	51.震	52.艮	53.漸	54.歸妹	55.豊	56.旅
卦詞 6-24	卦詞 6-58	卦詞 6-97	卦詞 6-130	卦詞 6-162	卦詞 6-194	卦詞 6-227	卦詞 6-269
初九 6-31	初六 6-63	初九 6-105	初六 6-138	初六 6-167	初九 6-198	初九 6-234	初六 6-273
六二 6-34	九二 6-68	六二 6-107	六二 6-141	六二 6-171	九二 6-203	六二 6-239	六二 6-278
九三 6-36	九三 6-73	六三 6-112	九三 6-145	九三 6-175	六三 6-207	九三 6-247	九三 6-281
九四 6-41	九四 6-80	九四 6-115	六四 6-150	六四 6-180	九四 6-211	九四 6-253	九四 6-284
九五 6-45	六五 6-89	六五 6-117	六五 6-152	九五 6-183	六五 6-212	六五 6-256	六五 6-288
上六 6-47	上九 6-92	上六 6-122	上九 6-156	上九 6-187	上六 6-219	上六 6-258	上九 6-292
57.巽	58.兌	59.渙	60.節	61.中孚	62.小過	63.既濟	64.未濟
卦詞 6-303	卦詞 6-337	卦詞 6-355	卦詞 6-385	卦詞 7-27	卦詞 7-61	卦詞 7-91	卦詞 7-127
初六 6-307	初九 6-340	初六 6-359	初九 6-392	初九 7-37	初六 7-68	初九 7-96	初六 7-135
九二 6-310	九二 6-342	九二 6-361	九二 6-396	九二 7-41	六二 7-71	六二 7-100	九二 7-137
九三 6-314	六三 6-344	六三 6-366	六三 6-398	六三 7-47	九三 7-74	九三 7-105	六三 7-138
六四 6-317	九四 6-345	六四 6-367	六四 6-400	六四 7-51	九四 7-76	六四 7-110	九四 7-141
九五 6-322	九五 6-348	九五 6-373	九五 6-403	九五 7-54	六五 7-81	九五 7-116	六五 7-145
上九 6-327	上六 6-350	上九 6-376	上六 6-405	上九 7-57	上六 7-85	上六 7-122	上九 7-149

譯註 周易四箋 4

Four Methods of Exposition on the Book of Change

옮긴이 방인(方仁)은 1980년에 서울대학교 인문대학 철학과를 졸업하였으며, 1983년에 한국학중앙연구원 부설 한국학대학원에서 「다산역학(茶山易學)사상에 대한 연구」로 석사학위를 취득하였다. 1995년에는 서울대학교 철학과에서 「태현(太賢)의 유식(唯識)철학연구」로 박사학위를 취득하였다. 다산역학과 관련해서는 「다산의 「역론(易論)」을 통해 본 卜筮의 모의실험적 기능」(『주역연구』 제4집, 한국주역학회, 1999) 등 7편의 논문을 발표하였으며, 중문(中文)으로는 「茶山易的辨證法」(『第五屆韓國傳統文化國際學術硏討會論文集』, 南京大, 2005) 등 2편, 영문(英文)으로는 "A Semiotic Approach to Understanding Tasan Chŏng Yakyong's Philosophy of Yijing"(*Review of Korean Studies*, Academy of Korean Studies, 2000) 등 3편의 논문을 발표하였다. 1989년 이래 경북대학교 인문대학 철학과 교수로 재직하고 있으며, 미국의 하버드대학 옌칭연구소와 캐나다의 브리티시 컬럼비아대학(UBC) 한국학연구소의 객원교수(Visiting Scholar)를 역임하였다.

옮긴이 장정욱(張正郁)은 1989년에 경북대학교 경상대학 회계학과를 졸업했으며, 동 대학원 철학과 박사 과정을 수료했다. 현재 대구와 인근의 대학에 출강하고 있으며, 도가(道家) 연구 동아리인 '삼현관(三玄觀)'의 모임을 이끌고 있다. 다산(茶山)의 『역학서언(易學緒言)』 중 「현산역간(玆山易柬)」(『다산학』 4호, 다산학술문화재단, 2003), 「사수고점박(沙隨古占駁)」(『다산학』 6호, 다산학술문화재단, 2005)을 번역하였고, 논문으로는 「노자(老子)의 현실인식과 사유와 실천」(경북대 석사논문, 1993), 「역상(易象)의 적용방식과 설정원리에 대한 분석 - 다산의 『周易四箋』을 중심으로」(대한철학회, 『철학연구』 75집, 2000), 「역사(易詞)에 나타나는 '유부(有孚)'의 의미 - 다산(茶山) 「역례비석(易例比釋)」의 '유부'례(有孚例)를 중심으로」(한국주역학회, 『주역연구』 제6집, 2001) 등이 있다.

역주譯註 **주역사전**周易四箋 **4**

1판 1쇄 발행 2007년 08월 20일
1판 2쇄 발행 2013년 04월 20일
1판 3쇄 발행 2021년 07월 15일

지은이 / 다산 정약용
옮긴이 / 방인 · 장정욱
펴낸이 / 박성모
펴낸곳 / 소명출판
등록 / 제13-522호
주소 / 137-878 서울시 서초구 서초중앙로6길 15(란빌딩 2층)
대표전화 / (02) 585-7840
팩시밀리 / (02) 585-7848
somyungbooks@daum.net / http://www.somyong.co.kr

ⓒ 2013, 방인 · 장정욱

값 25,000원

ISBN 978-89-5626-265-9 94810
ISBN 978-89-5626-261-1 (전8권)

역주 주역사전 4

譯註 周易四箋

다산 정약용 지음
방인 · 장정욱 옮김

소명출판

일러두기

1. 이 책은 茶山 丁若鏞의 『周易四箋』(戊辰本, 24卷, 1808)을 완역하고 주석을 단 것이다.
2. 번역의 底本으로 삼은 것은 활자본 『周易四箋』(新朝鮮社本, 『與猶堂全書』, 1937)과 필사본 奎章閣 所藏 『周易四箋』과 國立中央圖書館 所藏 『周易四箋』이다. 略號로는 新朝鮮社本은 '新朝本'으로, 奎章閣本은 '奎章本'으로, 國立中央圖書館 所藏本은 '國中本'으로 표기하였다.
3. 新朝本, 奎章本, 國中本을 對校하여 오자(誤字)를 바로잡고, 이를 [校閱]로 표시하였다.
4. 각 조목은 원문과 번역문으로 나누어 실었다. 한글표기를 원칙으로 하되, 필요하다고 판단된 경우, 한글과 漢字를 병기하였다.
5. 원문은 '○' 표시로 구분한 것 외에 문단 구분이 없으나, 原文이 지나치게 긴 경우에는 적절히 나누어 문단 구분을 하였으며, '○' 표시는 그대로 살렸다.
6. 원문의 細注 부분은 원래의 위치에서 작은 글씨로 써주고, ≪ ≫로 표시해 주었다.
7. 원문에는 없으나, 의미맥락상 필요한 말은 [ ] 안에 넣었다.
8. 譯註는 脚注로 처리하였다. 『周易四箋』에서 인용하고 있는 해당 원전을 찾아 출전을 밝히고, 필요한 경우 원문을 실었으며, 인용이나 출전이 잘못된 경우 해당 원전에 근거해 바로잡았다.
9. 脚註에서 제시된 『周易四箋』 및 『易學緒言』의 典據는 新朝鮮社本의 卷數 및 面數에 의거하였다.
10. 신조선사본의 면수는 양면으로 되어 있으므로, 가·나로 나누어 표기하였다.
11. 『周易四箋』은 『四箋』으로, 그리고 『易學緒言』은 『緒言』으로 略號를 사용하였다.
12. 8卦의 离와 64卦의 離를 구별하여 표기하였다. 즉, 8卦 중의 하나로 쓰일 때에는 离로, 64卦 중의 하나로 쓰일 때에는 離로 표기하였다.
13. 본 역주본에서는 卦爻의 변화를 표시하기 위하여 기본적으로 '훈글과컴퓨터'사의 8卦 폰트를 조합하여 사용하였다. 그러나 각 卦爻 앞에 오는 괘 그림 및 기타 본문 내의 괘 그림에는 예문서원에서 만든 64卦의 폰트를 사용하였다.
14. 각 卷의 前面紙에는 卦爻辭索引을 배치하여, 각각의 卦辭와 爻詞가 기재되어 있는 卷數와 面數를 쉽게 찾아볼 수 있도록 하였다. 여기에는 64卦의 384爻辭, 64卦辭, 用九·用六 등 모두 450개의 占筮例가 제시되어 있다.
15. 각 卷의 後面紙에는 爻變表를 배치하여 爻變의 모든 例를 일목요연하게 참고할 수 있도록 하였다. 여기에는 64卦의 384爻와 用九·用六 등 모두 386개의 爻變例가 제시되어 있다.

역자 서문

다산(茶山) 정약용(丁若鏞) 선생의 저서 『주역사전(周易四箋)』에 대해서 역자(譯者)가 처음으로 관심을 갖게 된 것은 한국정신문화연구원(현재 한국학중앙연구원의 前身)의 한국학대학원에서 「다산역학사상에 대한 연구」(1983)라는 제목으로 석사논문을 쓰게 되면서부터이다. 그 이후(以後) 벌써 20년의 세월이 훨씬 지나서, 이제 그 역서(譯書)의 출간을 눈앞에 두게 되니, 벅찬 감회를 억누를 수가 없다. 솔직히 말하자면, 『주역사전』을 연구하겠다고 나섰을 때는 그 가치를 충분히 인식하고 출발했다기보다는 실학사상가로서 새로운 사상사적 전환의 틀을 마련한 다산 정약용의 경학 관련 저술 중에서 미개척 분야를 연구해 보겠다는 의욕이 더 강했던 것이 사실이었다. 하지만 이때는 『주역사전』이 번역도 되어 있지 않았을 뿐 아니라, 다산역학에 관련된 선행 연구도 거의 찾아볼 수 없었기 때문에 텍스트의 독해(讀解)는 결코 호락호락하지 않은 난제(難題)였다. 이런 상황에서 역자는 학부 시절에 『맹자(孟子)』를 배우면서 인연을 맺게 된고(故) 함재(涵齋) 김재홍(金在泓 : 1916~2006) 선생님께서 평소 다산 정약용 선생의 『주역사전』이 중국의 어떤 역학대가의 저술에도 뒤지지 않는 독창성과 탁월성을 지니고 있음을 역설하시던 것을 상기하고, 찾아뵙고 가르침을 청하게 되었다. 돌이켜 생각해보면, 선생의 가르침이 없었더라면, 당시 석사논문은 물론이고, 오늘날 『주역사전』의 번역도 감히 시도하지 못하였을 것이다. 이 기회를 빌어 지난 해 세상을 떠나신 함재(涵齋) 선생님께 마음속 깊이 감사 드린다. 역자(譯者)는 그 이후 연구 주제를 바꾸어 「신라 태현(太賢)의 유식사상(唯識思想)」이라는 제목으로 박사논문을 쓰게 되었지만, 다산역학에 관한 관심은 한 번도 마음속을 떠난 적이 없었다. 박사논문을 마친 이후로 역자(譯者)의 연구 관심은 오히려 다산역학으로 다시 옮겨오게 되었다. 다산역학은 역자가 경북대학교 철학과 대학원에서 강의를 개설한 이래, 가장 많이 설강한 과목이 되었으며, 아울러 몇 편의 관련 논문도 발표하기에 이르렀다. 그러다가 한국학술진흥재단의 2000년 동서양학술명저번역 사업에 참여하게 되어, 제자 장정욱(張正郁)과 더불어 『주역사전』의 번역에 착수하게 되었다. 지원 당시 역자가 학술진흥재단의 다른 사업에 지원하고 있는 관계로 부득이하게 장정욱이 연구책임자가 되었으나, 전체적인 총괄과 마무리는 역자가 담당하게 되었다. 번역 작업은 일단 2002년에 완료되었으나, 그 이후에도 오류를 수정하고, 내용을 보완하는 작업을 계속하였다. 2005년 8월부터 일 년 동안 캐나다 밴쿠버에 있는 브리티시 컬럼비아 대학(UBC)의 한국학연구소의 초청으로 연구년을 보내면서, 최종적인 교정작업에 몰두할 수 있었다. 역자가 번역 작업을 하면서 특히 어려움을 많이 느낀 부분은 주역의 괘사(卦辭)와 효사(爻辭)의 번역이다. 다산은 해석방법론에 있어서 자신의 독창적인 방법론을 활용하고 있기 때문에, 이전(以前)의 역학자들로부터 현저하게 차별되는 방식으로 괘사와 효사를 해석하고 있다. 다산의 독특한 괘효사(卦爻辭)의 해석을 충실히 살리기 위해, 역자는 일단 괘효사를 직역 위주로 번역하였으나, 그것만으로는 의미가 충분히 드러나지 않아,

숨은 뜻을 괄호 안에 넣어 보충함으로써 그 문맥을 살리려고 시도하였다. 그러나 그 과정에서 번역해 놓고도 문맥이 통하지 않는 부분에 이르러서는 절망감을 느낀 적이 한두 번이 아니다. 역자는 괘사와 효사의 만족할 만한 번역을 얻을 때까지 역문(譯文)을 몇 번이고 다시 고쳤으며, 다산의 관점을 충실히 반영하기 위하여 최대한 노력하였다. 아울러, 가능한 한 역주(譯註)를 상세히 달아서 독자들의 이해를 돕도록 하였다. 이미 『주역사전』의 번역본(『자세히 풀어쓴 주역사전』, 이영희 역, 민창사, 2004)이 나와 있음에도 불구하고, 본 역서(譯書)가 의의를 가질 수 있다면, 그것은 바로 이 주석(註釋) 때문일 것이다.

번역 텍스트로는 1937년에 신조선사(新朝鮮社)에 의해 간행된 활자본과 규장각(奎章閣) 소장(所藏) 필사본을 주로 사용하였고, 번역과 아울러 양본(兩本)에 대한 텍스트 대교(對校) 작업을 병행하였다. 번역이 끝나갈 무렵에 다산학술문화재단의 도움으로 국립중앙도서관에서 소장하고 있는 『주역사전』의 또 다른 필사본을 입수하게 되어 교정 작업과 더불어 텍스트 교열(校閱)에 참조하였다. 역자가 『주역사전』의 번역에 착수할 당시에는 텍스트 교열 작업까지 목표로 한 것은 아니었지만, 다산학술문화재단이 기념비적 사업의 일환으로 의욕적으로 추진하고 있는 『여유당전서』의 정본(定本) 사업에 참여하게 된 것을 계기로 철저한 자세로 임하게 되었다. 텍스트 간의 이동(異同)을 대조하여, 그 차이를 밝힐 뿐 아니라, 그 중에서 어떤 것을 모범적 텍스트로 정할 것인지에 관해서도 역자의 견해를 밝혔다. 세 개의 텍스트가 모두 일치된 경우라 하더라도, 만일 다산이 인용한 전거(典據)가 잘못된 것이 확실한 경우에는 과감하게 그 잘못을 시정(是正)하고자 하였다. 역주에서 신조선사본(新朝鮮社本)은 '新朝本'으로, 규장각본은 '奎章本'으로, 국립중앙도서관본은 '國中本'으로 표기하였다. 그리고 번역서의 편집 체제와 관련하여, 신조선사본(8卷) 체제를 따르지 않고, 『주역사전』의 무진본(24卷) 체제를 근간으로 하여 권수 등을 표기함으로써, 고본(古本)의 원형(原形)을 제시하고자 하였다. 다만 24권으로 분권(分卷)하게 되면, 각권(各卷)의 분량이 너무 작아지는 문제도 있고 하여 각권을 표시하기는 하되, 3권씩 묶어 총8책(冊)의 체제로 묶기로 하였다. 그렇지만 각주에서 『주역사전』 및 『역학서언(易學緖言)』의 전거(典據)를 제시할 경우에는 신조선사본의 권수 및 면수에 의거하기로 하였다. 그것은 일반적으로 전거(典據) 제시의 경우에 신조선사본의 권수 및 면수를 제시하는 것이 통례(通例)이고, 필사본의 경우에는 활자본과는 달리 면수를 분명하게 확정하기 어렵기 때문이다. 권수가 이중적으로 표기됨으로써 독자들에게 혼란을 야기할 소지는 있겠으나, 무진본 권수는 오직 책의 고본의 원형을 드러내기 위한 용도로 사용되었을 뿐이고, 실제로 각주에서 인용문의 출처를 밝히는 용도로는 신조선사본의 권수, 면수가 사용되었다는 점을 미리 염두에 둔다면, 큰 혼란은 없으리라고 본다.

그러면 이제 『주역사전』의 학술적 가치에 대해 말해보기로 하자. 다산은 신유(辛酉)년(1801) 강진에 유배된 이후, 자신에게 닥친 불운을 오히려 학문을 닦을 수 있는 절호의 기회로 삼아, 『주역』 연구에 착수하게 된다. 「윤외심(尹畏心)에게 보낸 편지[與尹畏心書]」에서 전하는 다산의 술회에 따른다면, "계해년(1803) 늦은 봄부터 눈으로 보는 것, 손으로 잡는 것, 입으로 읊조리는 것, 마음으로 생각하는 것, 붓으로 기록하는 것으로부터 밥을 먹고 변소에 가며, 손가락 놀리고 배 문지르는 것에 이르기까지 어느 하나도 주역 아닌 것이라고는 없었다."(『與猶堂全書』 第1集 『詩文集』 「與尹畏心書」, 제19권 19~20면) 이처럼 자나깨나 오로지 『주역』 연구에 몰두한 결과 나온 다산의 『주역』 주석서가 바로 『주역사전』이다. 다산이 『주역사전』의 완성을 위해 쏟은 정성은 그야말로 엄청난 것이었다. 『주역사전』이 세상에 최초로 모습을 드러낸 것은 1804년에 펴낸 갑자본(甲子本, 八卷)이었으나, 다산은 이에 만족하지 않고 고치고 또 고치어, 을축본(乙丑本) 8권(1805), 병인본(丙寅本) 8권(1806), 정묘본(丁卯本) 24권(1807), 무진본(戊辰本) 24권(1808)의 개정본을 차례로 내기에 이르렀다. 갑자본에서 무진본에 이르기까지 무려 모두 4번의 개고(改稿)를 거친 셈인데, 아마도 다산의 저술 중에서 이처럼 정성을 기울인 저술은 없을 것이다. 이렇게 해서 탄생된 『주역사전』을 다산은 자신의 다른 어떤 저술보다도 더 소중히 여겼다. 다산은 『주역사전』이 하늘의 도움이 없었다면 결코 나올 수 없었을 "天助之文字(하늘의 도움을 얻어 지어낸 文字)"였다고 회고하고 있다. 다산은 자신의 두 아들에게 주는 편지(「示二子家誡」)에서 다음과 같이 당부하고 있다. "『주역사전』은 그야말로 내가 하늘의 도움을 얻어 지어낸 문자(文字)이다. 결코 사람의 힘으로 통할 수 있거나, 사람의 지혜나 생각으로 도달할 수 있는 바가 아니다. 이 책에 마음을 가라앉혀 깊이 생각하여 그 속에 담긴 오묘(奧妙)한 이치를 모두 통할 수 있는 사람이 있다면, 그는 바로 나의 자손이나 친구가 되는 것이니, 그런 사람이 천년에 한 번 나오더라도 배 이상 정을 쏟아 애지중지할 것이다[周易四箋 是 吾得天助之文字 萬萬非人力可通 智慮所到 有能潛心此書 悉通奧妙者卽子孫朋友 千載一遇 愛之重之 當倍常情]."(『與猶堂全書』 第1集 『詩文集』 卷18, 5나) 다산은 자신의 저술에 대해 아는 사람은 적고, 비난하는 사람은 많다는 사실에 대해 개탄하며, 만일 천명(天命)이 허락하지 않는다면, 차라리 불에 태워버려도 좋겠다고 말하면서도, 만일 자신이 저술한 책 중에서 『주역사전』과 『상례사전(喪禮四箋)』만이라도 전승해간다면, 나머지 책들은 그냥 없애버려도 좋겠다고 말한다. 다산의 『주역사전』이 지니는 진정한 가치를 처음으로 발견하고, 이를 격려한 사람은 다산의 중형(仲兄)이었던 손암(巽菴) 정약전(丁若銓)이었다. 『주역사전』이 완성되었을 당시 흑산도(黑山島)에 유배되어 있던 손암(巽菴)은 이를 읽어보고, 복희 · 문왕 · 공자의 세 성인 마음속의 오묘한 이치가 이제야 찬연하게 밝혀졌다고 기뻐하였다. 손암은 말하기를 "처음에는 놀라고, 중간에는 기뻤고, 나중에는 나도 모르게 무릎이 굽어졌다. 저자(著者)인 내 동생을 어떤 사람이라고 해야 좋을지 모르겠다. 미용(美庸) 저 자신도 모를 것이다"라고 하였다. 손암은 특히 「계사전」 중에서 고점법(古占法)에 대한 부분을 특별히 독립시켜 주석(註釋)한 「시괘전(蓍卦傳)」

에 대해서 감탄을 금치 못하였다. 손암은 말하기를 "주역사해(周易四解)는 그 어느 것이 장관(壯觀)이 아니오리마는 시괘전(蓍卦傳)에 이르면, 더욱 절기(絶奇)한 문자(文字)인 것이다[周易四解 孰非壯觀, 而至蓍卦傳 尤是絶奇文字]"라고 하였다. 손암과 더불어 다산의 당대에 『주역사전』의 가치를 높이 평가한 인물로는 아암(兒庵) 혜장(惠藏, 1772~1811) 선사(禪師)가 있었다. 혜장 선사는 다산이 강진 유배시에 친하게 지냈던 불승(佛僧)으로서, 유학(儒學)에 대해서도 박식(博識)을 자랑하던 사람이었다. 혜장은 전통적 역학(易學)에 대해서도 해박하였으나, 다산의 『주역사전』을 접하고 나서는 산승(山僧)이 20년 동안 역학(易學)을 공부한 것이 모두 헛된 일에 지나지 않았다고 고백하고, 그 이후로 40세라는 아까운 나이로 세상을 떠날 때까지 한결같이 다산 역학의 열성적인 전수자가 되었다.

그렇다면 다산의 『주역사전』의 대략적인 내용에 대해서 살펴보기로 하자. 『주역사전』의 '四箋'이란 글자 그대로는 '네 가지 주석'이라는 뜻이지만, 보다 구체적으로는 『주역』 해석을 위한 ① 추이(推移), ② 효변(爻變), ③ 호체(互體), ④ 물상(物象)의 네 가지 방법론을 가리킨다. 먼저 추이(推移)란 전통적인 역학방법론인 괘변설(卦變說)을 가리키고, 호체(互體)란 상괘(上卦)와 하괘(下卦) 외에 중간에서 괘를 취하는 것을 가리키며, 물상(物象)이란 괘사를 해석할 때 철저하게 「설괘전(說卦傳)」에 설명된 괘의 상징에 의거하여 해석하는 것을 가리킨다. 이 중에서 효변을 제외한 나머지 세 방법론은 역학사를 통해 전승되어 내려온 것이기 때문에, 새로운 것이 아닌 것처럼 보일 수도 있으나, 구체적으로 그 내용을 살펴보면, 보다 정밀한 해석이 가능하도록 다산에 의해서 새롭게 조직된 것임을 알 수 있다. 다산역학의 방법론 중에서 가장 독창적인 요소라고 부를 수 있는 것은 단연코 효변의 방법론이다. 다산은 이 효변법(爻變法)을 개발함으로써 첩첩산중 가로막고 있던 해석학적 난제를 단숨에 해결하는데 성공할 수 있었다. 효(爻)란 획(畫)과 구분되는 개념으로서, 획(畫)이 단순히 그어진 선(線) 이외의 것을 가리키지 않는 정태적 개념이라고 한다면 이와는 달리 효(爻)는 음(陰)에서 양(陽)으로, 혹은 양(陽)에서 음(陰)으로 변화된 상태를 가리키는 동태적 개념이라고 할 수 있다. 이 효변 개념은 역해석자에게 코페르니쿠스적인 발상의 전환을 요구한다. 효변설(爻變說)을 따른다면, 음(陰)은 비록 음으로 표기되어 있다고 하더라도 사실은 노음(老陰)이기 때문에 이미 양으로 변동되고 있는 과정을 가리키며, 양(陽)은 비록 양으로 표기되어 있다고 하더라도 사실은 노양(老陽)이기 때문에 이미 음으로 변동되고 있는 과정을 가리킨다. 따라서, 효변설을 취하면, 대부분의 역학가들이 양(陽)으로 보고 있는 것을 반대로 음(陰)으로 보고, 대부분의 역학가들이 음(陰)으로 보고 있는 것을 오히려 양(陽)으로 보게 되는 것이다. 역학사상 효변을 통해 괘사를 해석한 역학자의 경우는 정말로 희귀하다. 주자(朱子)의 경우에도 점법(占法)에서는 효변설을 취하고 있으나, 괘사 해석에서는 전혀 효변을 취하고 있지 않다. 따라서, 효변설에 관한 한 다산은 거의 대부분의 역학자들이 취하고 있는 전통적 해석방식에 도전하고 있다고 보아도 과언이 아닐 것이다. 다산의 효변설이 역학사상 일대사건이 될 수 있는 것도 바로 이 효변설이 지니는 혁명적인 발상 때문이다. 그렇다면 다산은 어떻게 이 효변설에 착안하게 되었으며, 다른 대부분의 역학자들의 통설에 맞설 수 있는 용기와 확신을 지닐 수 있었을까? 그것은 바로 『춘추좌씨전』에 소개되어 있는 춘추관점(春秋官占)의 점서례(占筮例)를 통해서였다. 『춘추좌씨전』에는 건초구(乾初九)를 '乾之姤'라고 표기하고 있는 등의 예가 자주 등장하고 있는데, 여기서 '乾之姤'는 '乾의 姤'라고 읽으면 안 되고, '乾이 姤로 간다', 혹은 '乾이 姤로 변화한다'라고 읽어야 하는 것이다. 즉 이때 '之'는 문자 그대로 '갈 지(之)자'로 읽어야 하는 것이다. 이러한 용례는 『춘추좌씨전』에 17개, 『국어(國語)』에 3개가 나타나고 있다. 다산은 『춘추좌씨전』과 『국어』의 점서례(占筮例)에 대한 철저한 분석을 통해, 이것이 『춘추좌씨전』과 『국어』의 몇몇 사례에 국한되는 것이 아니라, 『주역』 64괘(卦) 384효(爻) 전체에 모두 적용되어야 하는 방법론임을 확신하게 된다. 역학의 정통적 계보가 단절되게 된 이유도 바로 이 효(爻)가 변동하는 법이 온전히 전수되지 못했던 데 있다. 효변을 취하지 않게 되면, 물상(物象)이 맞지 않게 되고, 물상이 맞지 않게 되자 「설괘전(說卦傳)」을 폐기하게 되니, 아예 『주역』을 올바로 해석하게 되는 길이 끊어져 버린 것이다. 그렇지만, 효변설을 취하고, 다시 변동된 물상을 「설괘전」에 대조해 본다면, 3백 84개의 효사(爻詞)가 글자마다 부합하고 글귀마다 계합(契合)하여 털끝만큼도 의심스럽거나 통하지 않는 것이 없게 된다는 것이다. 「윤외심(尹畏心)에게 보낸 편지[與尹畏心書]」에서 다산은 효변을 궁전(宮殿)의 천문만호(千門萬戶)를 모두 열 수 있는 열쇠에 비유하고 있다. 궁전 속에는 종묘의 아름다움과 백관의 풍부함이 모두 그 속에 있으나, 단지 자물쇠가 견고히 채워져 있어서, 그 문 앞에 누가 이르더라도 아무도 감히 내부를 엿볼 수 없는 상황이다. 그런데 여기에 하나의 만능열쇠가 있어, 그 열쇠만 손에 쥔다면, 궁전의 모든 문을 열 수 있으니, 그 열쇠로 외문(外門)을 열면 외문이 열리고, 중문(中門)을 열면 중문이 열리고, 고문(皐門)·고문(庫門)·응문(應門)·치문(雉門) 등이 차례로 열려, 결국에는 천문만호가 모두 활짝 열려 종묘의 아름다움과 백관의 풍부함을 모두 감상할 수 있게 되는 것과도 같다. 다산의 외손자인 방산(舫山) 윤정기(尹廷琦, 1814~1897)가 그의 저서 『역전익(易傳翼)』에서 이 효변을 주역 해석의 비밀문을 여는 "황금열쇠(金鑰匙)"라고 불렀던 것도 바로 이 때문이다. 요즈음의 말로 한다면 이른바 '마스터 키'(master key)와도 같은 것이 바로 효변이라 하겠다. 이처럼 일단 효변설을 취하게 되자, 다산은 『주역』의 해석학적 난제들을 파죽지세처럼 풀어 나갈 수 있었다. 뿐만 아니라, 다산은 효변설을 추이설(推移說) 등의 다른 방법론적 수단과 효과적으로 결합시킴으로써 마침내 만족할 만한 『주역』 전편의 해석에 성공하기에 이르렀다. 지금까지 역자(譯者)는 효변설을 중심으로 다산역학방법론의 의의를 설명하였으나, 보다 자세한 내용을 알기 위해서는 『주역사전』의 해제(解題)를 참조하기를 바란다.

이 번역본이 완성되기까지 도움을 주신 많은 분들께 이 자리를 빌어 감사를 드리고 싶다. 무엇보다도 동서양명저번역사업이라는 뜻깊은 사업을 통해, 『주역사전』의 학술적 가치를 세상에 널리 알릴 수 있는 기회를 부여해 준 한국학술진흥재단에 깊은 감사를 드리고 싶다. 아울러, 귀중한 자료인 『주역사전』의 국립중앙도서관 소장본을 구하여, 텍스트의 비교대조에 큰 도움을 주신 다산학술문화재단에 깊은 감사를 드린다. 그 다음으로 역자(譯者)는 경북대 철학과 대학원 수업을 통해 『주역사전』을 접하게 된 것을 계기로 이제는 다산역학에 관해서는 전문적인 학자의 수준으로 성장한 나의 제자 장정욱이 공역자(共譯者)로서 보여준 성실성과 각고(刻苦)의 노력에 대해 찬사를 보내고 싶다. 아울러 학업에 바쁜 와중에도 교정작업을 헌신적으로 도와준 경북대 철학과 대학원의 제자 김상현과 이정숙에게도 역시 고마움을 전하고 싶다. 그리고 이 역주본(譯註本)에서 64괘의 폰트(font)를 사용할 수 있도록 선뜻 허가해주신 예문서원 오정혜 사장님과 이를 주선해주신 계명대 홍원식 교수님께도 진심으로 감사의 말씀을 드리고 싶다. 책의 출판이 늦어지는데도 인내심을 갖고 기다려주신 소명출판의 박성모 사장님의 배려와 원문(原文)과 세주(細注)가 뒤엉켜서 어지럽던 원고를 전문적인 편집 작업을 통해 깔끔하게 정리해주신 편집진의 노고가 없었더라면, 이 책이 이렇게 세상에 나올 수 없었을 것이다. 그리고 마지막으로 이 번역이 시작해서 끝날 때까지 헌신적으로 뒷받침해주고, 성원을 아끼지 않은 나의 아내에게도 고마운 마음을 표하고 싶다.

『주역사전』 무진본(戊辰本) 발간
이백주년을 한 해 앞둔 2007년 7월에
경북대 연구실에서
방인 삼가 적음

譯註 周易四箋 4 _ 차례

『주역사전』 해제(다산의 역경해석 방법론)와 참고문헌은 『周易四箋』 8권 말미에 수록하였습니다.

譯註 周易四箋 1

譯註 周易四箋 2

周易四箋 戊辰本 卷之四

周易四箋 戊辰本 卷之五

周易四箋 戊辰本 卷之六

譯註 周易四箋 3

周易四箋 戊辰本 卷之七

周易四箋 戊辰本 卷之八

周易四箋 戊辰本 卷之九

譯註 周易四箋 5

周易四箋 戊辰本 卷之十三

周易四箋 戊辰本 卷之十四

周易四箋 戊辰本 卷之十五

譯註 周易四箋 6

周易四箋 戊辰本 卷之十六

周易四箋 戊辰本 卷之十七

周易四箋 戊辰本 卷之十八

譯註 周易四箋 7

譯註 周易四箋 8

周易四箋 戊辰本 卷之十

27. 산뢰 이(山雷 頤)

䷚

震下艮上 ○第十五卦 ≪臨二之上 觀五之一≫

䷒ ䷚ ䷓

臨 → 頤 ← 觀

震이 下卦이고, 艮이 上卦이다. ○第15卦이다.[1] ≪臨卦의 2가 上으로 가

1) 頤卦는 똑바로 보거나, 뒤집어 보아도 어느 경우나 동일한 형태가 되므로 正卦나 反

고, 觀卦의 5가 1로 간다.≫

序卦傳曰 頤者 養也

○「序卦傳」에서 말하였다. "頤는 기르는 것이다."

○雜卦傳曰 頤 養正也

○「雜卦傳」에서 말하였다. "頤는 바른 것을 기르는 것이다."

○程子曰 卦 上止而下動 外實而中虛 頤頷之象也

○程子가 말하였다. "頤卦에서 上卦는 정지(停止)를 뜻하며, 下卦는 運動을 뜻한다. 밖은 튼튼하지만 가운데가 비었으니, 위턱과 아래턱의 形象이다."[2]

○ 鏞按 卦自臨來 兌口坤養 ≪地澤 臨≫ 本有自養之象 ≪內爲我≫ 又自觀來 巽施坤養 ≪風地 觀≫ 亦有養人之象 ≪坤在下≫ 移之爲頤 則上止而下動 ≪山雷 頤≫ 如人之方食 上齶止而下齶動 ≪震爲動≫ 此 卦之所以名頤 頤之所以爲養也 以卦義則 頤者 養也 以字義則 頤者 頷也 ≪後世字書 直訓 頤爲養 誤矣≫ 頷者 含也 坤之膚肉 ≪中四陰≫ 含之在中也

䷒ ䷚ ䷓

臨 → 頤 ← 觀

卦 등으로 부르지 않는다. 이처럼, 正卦와 反卦의 구별을 형성하지 않는 괘에는 乾, 坤, 坎, 離, 頤, 大過, 中孚, 小過의 8괘가 있다.

2) 程伊川의 『易傳』의 글을 축약한 것이다. 즉 "卦, 上艮下震, 上下二陽爻, 中含四陰, 上止而下動, 外實而中虛, 人頤頷之象也"라고 함.

○[鏞按] 頤卦는 臨卦로부터 왔다. [臨卦에는] 兌의 입과 坤의 양생(養生)이 있으니 ≪地澤 臨卦≫ 본래 스스로 기르는 象이 있다. ≪內卦가 我가 됨≫ 또 [臨卦는] 觀卦로부터 왔다. [觀卦에는] 巽의 베풀음과 坤의 양육(養育)함이 있으니 ≪風地 觀卦≫ 역시 사람을 양육(養育)하는 象이 있다. ≪坤이 下卦에 있음≫ 추이(推移)하여 이괘(頤卦)가 되면, 上卦는 정지(停止)를 뜻하고, 下卦는 운동(運動)을 뜻하니 ≪山雷 頤卦≫ 마치 사람이 바야흐로 먹으려고 할 적에, 위 잇몸은 멈춰져 있고, 아래 잇몸은 움직이는 것과 같으니 ≪震은 움직임이 됨≫ 이것이 頤卦가 頤卦로 불리는 까닭이고, 頤卦가 기르는 바가 되는 까닭이다. 卦의 뜻으로써 본다면, '頤'는 '기름(養)'을 뜻하지만, 글자의 뜻(字意)으로써 본다면, '頤'는 '턱(頷)'을 뜻한다. ≪後世에 字書들이 곧 바로 '頤'를 '기른다(養)'의 뜻으로 새겼으나, 잘못된 것이다.≫ '턱 頷(함)'字는 '품을 含(함)'字의 뜻을 내포하고 있으니, 坤의 피부와 살을 ≪頤卦의 가운데 있는 네 개의 陰≫ 가운데 포함하고 있는 것이다.

䷚

頤貞吉, 觀頤, 自求口實.

양육(養育)하[거나 받]는 일이 길할 것이다. 보고, 봉양(奉養)을 받음이니, [이처럼 보고, 가서 봉양을 받은 것은] 스스로 입에 넣을 과실(果實)을 求하는 것이다.

此 頤之不變者也 養萬物者 坤也 ≪說卦文≫ 震以生之 ≪雷在下≫ 坤以養之 ≪中四陰≫ 艮以成之 ≪艮在上≫ 凡頤養之事吉 ≪貞事也≫ 故曰 頤貞吉 ≪三字當連讀≫

䷚

頤

이것은 頤卦가 변하지 않는 경우이다. 만물을 기르는 존재는 坤이니 ≪「說卦傳」의 글≫ 震으로써 낳고 ≪우레가 下卦에 있음≫ 坤으로써 기르며 ≪가운데 네 개의 陰≫ 艮으로써 이루니 ≪艮이 上卦에 있음≫ 무릇 먹이거나 기르는 일에는 길한 것이다. ≪貞은 '事', 즉 '일'을 뜻함≫ 이러한 까닭에 "頤貞吉", 즉 "기르는 일이 길한 것이다"고 한 것이다. ≪["頤貞吉"의] 세 글자는 연속해서 읽어야 한다.≫

○卦自觀來 ≪五之一≫ 可以觀也 ≪今大离≫ 本以隱士 ≪觀上巽 爲隱≫ 下就坤養 ≪五之一≫ 唯視禮貌 ≪如魯公臺無饋 楚王設醴類≫ 此觀頤也 ≪觀而頤≫ 又自臨來 ≪二之上≫ 本以兌口 ≪臨下兌≫ 往求艮實 ≪艮爲果≫ 亦以坤養 ≪中四陰≫ 自求口實也 ≪艮爲求≫

䷒ ䷚ ䷓

臨 → 頤 ← 觀

○頤卦는 觀卦로부터 왔으니 ≪[觀卦의] 5가 1로 감≫ [卦辭에서 "觀頤"라고 하였으니] 그것이 볼 수 있는 이유가 된다. ≪頤卦는 지금 大离의 형태≫ 본래는 은둔하고 있던 선비였으나 ≪觀卦의 上卦는 巽이니, 隱遁함이 됨≫ 아래로 나아가서 坤의 봉양(奉養)을 받은 것은 ≪[觀卦의] 5가 1로 감≫ [이것은] 오직 예절바른 모습을 보기 위한 것일 뿐이니 ≪예컨대 노공(魯公)[3]이 대(臺)에서 [선비를 접대하느라고 자신은] 제대로 식사도 못한 이야기,[4] 楚의

3) 여기서 魯公은 周公을 가리키는 것으로 보아야 한다. 周公은 商나라가 멸망한 후에는 노공(魯公)에 봉하여졌는데, 봉지(封地)로 가지 않고, 계속 무왕을 보좌하였다. 그런데 周公뿐 아니라, 周公의 長男인 백금(伯禽)도 魯公에 봉해졌으나, 어진 선비를 맞느

원왕(元王)[5)]이 예주(醴酒)[6)]를 베푸는 것에 관한 이야기 등의 종류[7)]≫ 이것을 "觀

라고 식사도 제대로 하지 못한 故事는 백금(伯禽)에 관련된 것이 아니라, 周公에게 관련된 것이다.

4) 『史記』 卷33 「魯周公世家」를 참조할 것, 周公은 商나라가 멸망한 후에는 노공(魯公)에 봉하여졌는데, 周公은 봉지(封地)로 가지 않고, 계속 무왕을 보좌하였다. 武王이 세상을 떠나자 그의 어린 아들 성왕(成王)이 즉위하였는데, 周公은 成王을 대신하여 국정을 다스렸다. 이를 두고 관숙과 그의 아우들은 周公이 成王에게 해를 끼칠 것이라는 유언비어를 나라 안에 퍼뜨렸다. 周公은 계속하여 成王을 보좌하면서, 자신의 長男인 백금(伯禽)을 魯公에 봉하여, 封地인 노(魯)나라 땅으로 보냈다. 백금(伯禽)이 봉지로 가기 전에 인재의 중요함을 익히 알고 있던 주공은 백금에게 다음과 같이 훈계하였다. "나는 문왕의 아들이자, 무왕의 동생이며, 성왕의 숙부이니, 제후 중에서도 고귀한 몸이지만, 어진 선비가 찾아오면, 한 번 머리를 감다가도, 그것을 쥔 채로 나가서 맞이한 적이 세 번이나 되며, 한 끼 식사를 하는 중에도 세 번씩이나 밥을 뱉고 나가서 선비를 맞이하였으니, 그것은 유능한 賢人에게 예를 다하기 위한 것이다. 너는 노나라에 가거든 현인의 소중함을 알고 예로써 선비들을 대해야지 결코 오만하게 굴어서는 안 된다."

5) 『漢書』 「楚元王傳」에 그 傳記가 나온다. 楚의 元王인 交는 字가 游이며, 高祖와 아버지가 같으며, 그 아우라고 하였다. 독서를 좋아하고, 예술적 재능이 많아서, 일찍이 젊은 시절에는 魯穆生・白生・申公 등과 함께 浮丘伯으로부터 詩를 배웠다고 전해지고 있다.

6) 예(醴) : 예주(醴酒)라고도 하는데, 맛이 달콤하고 향기가 나는 "첨주(甛酒)"를 말한다. 우리말로는 일반적으로 "단술"로 번역되고 있다. 고대중국에서 예를 행할 때는 모두 이 예주(醴酒)를 썼는데, 입안에 잠깐 묻혀 맛을 볼 뿐이지, 마시지는 않았다(吳江原 譯註, 『儀禮』 卷3, 청계, 2000, 828면).

7) 楚王設醴 : 『漢書』 「楚元王傳」에 그 이야기가 나온다. 『漢書』 「楚元王傳」의 "初, 元王敬禮申公等, 穆生不耆酒, 元王每置酒, 常爲穆生設醴. 及王戊卽位, 常設, 後忘設焉. 穆生退曰, 可以逝矣, 醴酒不設, 王之意怠, 不去, 楚人將鉗我於市. 稱疾臥. 申公, 白生强起之曰 獨不念先王之德與, 今王一旦失小禮, 何足至此, 穆生曰 易稱, 知幾其神乎, 幾者動之微, 吉凶之先見者也, 君子見幾而作, 不俟終日, 先王之所以禮吾三人者, 爲道之存故也, 今而忽之, 是, 忘道也. 忘道之人, 胡可與久處, 豈爲區區之禮哉, 遂謝病去. 申公, 白生獨留"의 부분을 참조할 것. 그 대강의 내용을 소개하면 다음과 같다. 漢나라 楚元王이 신공(申公)과 백공(白公) 목생(穆生)을 공경되게 예우(禮遇)하여 목생(穆生)이 술을 좋아하지 않거늘, 元王이 매양 술을 둘 적에 일찍이 목생(穆生)을 위하여 단술을 두었는데, 왕무(王戊)가 즉위함에 항상 베풀다가 나중에 베푸는 것을 잊었다. 목생(穆生)이 물러나며 말하기를 "가히 떠남직하다. 예주(醴酒)가 없으니 왕의 뜻이 태만한 것이다. 떠나지 않는다면 楚나라 사람들이 장차 나를 시장에서 목사슬을 맬 것이다"라 하고 드디어 질병으로 핑계하였다. 申生과 白公이 강면하며 말하기를 "유독 先王의 덕을 생각지 않는가. 지금 왕이 하루아침에 작은 禮를 잃은 것인데 어찌 족히 이에 이르는가"라 하자, 목생(穆生)이 말하기를 "先王이 우리 세 사람을 예우(禮遇)한 것은 道가 있었기 때문이니, 지금 소홀히 한다면 이는 道를 잃은 것일세. 道를 잊은 사람을 어찌 함께 오래도록 處하면서 區區한 禮를 하겠소"라 하고 드디어 병을 핑계하여 떠나갔다.

頤"라고 한 것이다. ≪보고, 그리고 기름≫ 또 [頤卦는] 臨卦로부터 왔으니 ≪[臨卦의] 2가 上으로 감≫ 본래 兌의 입으로써 ≪臨卦의 下卦는 兌≫ 가서 艮의 果實을 求하고 ≪艮은 果實이 됨≫ 또한 坤의 봉양(奉養)을 받았으니 ≪頤卦의 가운데 네 개의 陰≫ "自求口實", 즉 "스스로 입안의 열매를 구한다"고 한 것이다. ≪艮은 求함이 됨≫

○案 侯果曰 此本觀卦 五降于一[8] 虞翻曰 臨二之上 ≪又云 兌爲口 故有口實≫ 推移之脈 綿綿如此

䷒ ䷚ ䷓

臨 → 頤 ← 觀

○[案] 후과(侯果)가 말하였다. "頤卦는 본래 觀卦의 5가 1로 내려온 것이다." 우번(虞翻)이 말하였다. "臨卦의 2가 上으로 가는 것이다." ≪[우번(虞翻)이] 또 말하였다. "兌는 입이 되는 까닭에 입이 가득 차게 된다."≫ 推移의 [역사적 전승의] 맥(脈)이 면면(綿綿)히 이어져 내려온 것이 이와 같다.

䷚

彖曰 : 頤貞吉, 養正則吉也, 觀頤, 觀其所養也, 自求口實, 觀其自養也. 天地養萬物, 聖人養賢, 以及萬民, 頤之時, 大矣哉!

「彖傳」: "頤貞吉"이란 올바르게 養成하면 길하다는 뜻이다. "觀頤"라고 한 것은 그 기르는 바를 본다는 것이다. "自求口實"이란 스스로

8) [校閱] 新朝本과 國中本에는 "五降于一"의 "一"이 "二"로 되어 있는데, 誤記이다.

양육(養育)하는 것을 보는 것이다. 天地가 萬物을 양육(養育)하고, 聖人이 현자(賢者)를 양성(養成)함으로써, 만 백성들에게 미치니, 頤의 때[의 意義]가 크도다!

貞者 正事也 卦德物象 本有國君養賢之義 ≪義見上≫ 所養非正 則爲費廩 ≪所致養 非賢≫ 所自養不正 則爲于祿 ≪所自養者[9] 非其道≫ 上下交正 其占方吉

'貞'은 올바른 일(正事)을 뜻한다. [頤卦의] 卦德과 物象에 본래 國家의 君主가 賢人을 양성(養成)한다는 뜻이 있으니 ≪뜻이 위에 나타남≫ 만일 [君主가 賢人을] 養成하는 바가 올바르지 않다면, 그것은 곧 [國家의] 창고를 허비(虛費)하는 것이 될 것이고 ≪養成의 대상이 되는 사람이 賢者가 아님≫ 스스로 양육(養育)하는 바가 올바르지 않다면, 그것은 곧 녹봉(祿俸)만을 구하는 것이 될 것이니 ≪스스로 養育하는 바가 道에 맞지 않음≫ 上下가 [상호 관계에서] 正義를 교환할 때에만 그 占이 비로소 길한 것이다.

○觀其所養者 視國君之禮貌也 ≪离爲禮≫ 觀其自養者 視賢者之志操也 ≪視廉潔≫

○"觀其所養", 즉 "그 기르는 바를 본다"라고 한 것은 國家의 군주(君主)의 예의에 맞는 모습을 보는 것이다. ≪离는 禮가 됨≫ "觀其自養", 즉 "그 스스로 기르는 것을 본다"고 한 것은 현자(賢者)의 지조(志操)를 본다는 뜻이다. ≪[賢者의] 청렴결백함을 보는 것이다.≫

○卦自觀來 五六 天位也 一二 地位也 觀之爲頤也 或自天降 ≪五之一≫ 或自地升 ≪一之五≫ 而羣物芸芸 ≪中四陰≫ 咸得其養 ≪坤

9) [校閱] 新朝本과 國中本에는 "所自養者"로 되어 있는데, 奎章本에는 "所自養有"로 되어 있다.

爲養≫ 此 天地養萬物也

觀 → 頤

○頤卦는 觀卦로부터 왔다. 5와 6은 天位이고, 1과 2는 地位이다. 觀卦가 변하여 頤卦로 됨에 있어, 혹은 하늘로부터 내려오고 ≪[觀卦의] 5가 1로 감≫ 혹은 땅에서부터 올라와서 ≪[觀卦의] 1이 5로 감≫ 여러 무리의 萬物이 왕성하게 자라나니 ≪가운데 네 개의 陰≫ 모두 그 養育함을 얻은 것이다. ≪坤은 養育함이 된다.≫ 이것은 天地가 萬物을 기르는 것이다.

又自臨來 大震 聖人也 ≪大君子≫ 互震 賢者也 ≪其德小≫ 臨之爲頤也 本以大震 ≪兼畫三≫ 升其小震 ≪二之上≫ 而聖賢相遇 致其尊養 ≪坤爲養≫ 此 聖人養賢也 坤之萬民 ≪中四陰≫ 咸囿大化之中 ≪大离以化之≫ 及萬民[10]也 頤之爲用 不亦大矣哉

臨 → 頤

또 [頤卦는] 臨卦로부터 왔으니, 大震은 聖人에 해당되고 ≪大震은 큰 君子가 됨≫ 互卦의 震은 賢者에 해당된다. ≪[互震은 大震에 비해] 그 德이 작음≫ 臨卦가 변하여 頤卦로 됨에 있어, 본래 [臨卦는] 大震이었지만 ≪臨卦를 兼畫하면 삼획괘인 大震이 됨≫ 그 小震을 위로 올려보내니 ≪2가 上으로 감≫ 聖人과 賢者가 서로 만나, 받들어 봉양(奉養)하기에 이르렀으니,

10) [校閱] 新朝本에는 "及萬物也"로 되어 있으나 奎章本과 國中本에는 "及萬民也"로 되어 있다. 여기서는 "天地養萬物"을 설명하고 있는 부분이 아니라, "聖人養賢, 以及萬民"을 설명하고 있는 부분이다. 따라서 後者가 옳다.

≪坤은 養育함이 됨≫ 이것은 聖人이 賢者를 기르는 것이다. 坤의 萬民이 ≪頤卦의 가운데의 4陰≫ 모두 커다란 教化의 영역의 한 가운데 둘러 쌓여 있어 ≪頤卦는 大离의 형태이니, 大离로써 교화함≫ [그 교화가] 만물에까지 미치니, 頤의 작용이 또한 크다고 하지 아니할 것인가?

≪案 天地養萬物 聖人養賢 此 孔子之衍義 非彖詞之本旨 讀者 詳之≫

≪[案] [「彖傳」에서] "天地養萬物, 聖人養賢"이라고 한 구절은 孔子께서 그 의미를 부연한 것에 해당되지, 彖詞의 本旨는 아니니 讀者는 자세히 알아야 한다.≫

初九 : 舍爾靈龜, 觀我朶頤, 凶. ○ 象曰 : 觀我朶頤, 亦不足貴也.

初九 : 너의 [먹지 않고도 사는] 신령(神靈)스러운 거북을 버리고, 내가 [관록(官祿)을 탐하여] 턱을 늘어뜨리는 모습을 [너가] 보고 있으니, [내가 처한 상황이] 흉하다. ○「象傳」: "내가 [관록(官祿)을 탐하여] 턱을 늘어뜨리는 것을 [너가] 보고 있음이니(觀我朶頤)", [내가 설령 벼슬을 얻는다고 해도] 또한 고귀(高貴)함이 되기에 부족하다.

此 頤之剝也 程子曰 龜能咽息不食 靈龜 喩其明智 可以不求養於外也 ≪朱子曰 靈龜 不食之物≫ 周禮 天龜曰 靈 ≪龜 人文≫ 靈龜者 大龜也 通卦爲大离 ≪上下夾≫ 离則爲龜 ≪說卦文≫ 此 靈龜也

頤 → 剝

이것은 頤卦가 剝卦로 변하는 경우이다. 程子가 말하였다. "거북이는 목구멍으로 숨을 쉬고 먹지 않을 수 있으니, 신령스러운 거북[11]은 밝고 지혜로워 밖에서 길러주기를 구하지 않음을 비유한 것이다." ≪朱子가 말하였다. "신령스러운 거북은 먹지 않고 사는 동물이다."≫ 『周禮』에 天龜를 가리켜 "靈[屬]"이라고 하였다.[12] ≪龜는 人文에 해당된다.[13]≫ "영귀(靈龜)"란 큰 거북을 가리킨다. 頤卦를 통틀어 보면 [전체 괘의 형태가] 大离가 된다. ≪위와 아래로 끼고 있는 괘≫ [그런데] 离는 곧 거북이 되니 ≪「說卦傳」의 글≫ 이것이 바로 "靈龜"이다.

○卦以上下兩剛爲卦主 爾者 上剛也 我者 下剛也 ≪內爲我≫ 卦自觀來 ≪五之一≫ 自遯而否 爾我二人 ≪觀二剛≫ 與之偕隱 ≪巽爲隱≫ 巽德高潔 ≪上本巽≫ 我之方降 爾乃獨留 ≪上不移≫ 遂成离虛 ≪今大离≫ 雖有靈明 將何食矣 此 靈龜之不食也

遯 → 否 → 觀→ 推移→頤

○頤卦는 제일 위와 제일 밑에 있는 두 개의 剛으로써 卦主를 삼는다. 너(爾)는 제일 위에 있는 剛이고, 나(我)는 제일 밑에 있는 剛이다. ≪內卦가

11) 靈龜 : 靈妙한 거북, 神靈明鑒한 거북.
12) 天龜曰 靈 : 『周禮』「春」「龜人」에서, "天龜曰靈屬"이라고 함. "龜人, 掌六龜之屬各有名物 天龜曰靈屬 地龜曰繹屬 東龜曰果屬 西龜曰雷屬 南龜曰獵屬 北龜曰若屬, 各以其方之色與其體辨之. 凡取龜用, 秋時攻龜用, 春時各以其物, 入于龜室. 上春, 釁龜祭祀先卜. 若有祭祀則奉龜以往. 旅亦如之喪亦如之."
13) 賁卦의 「彖傳」에서 "觀乎天文, 以察時變, 觀乎人文, 以化成天下"라고 함.

我가 된다.≫ 頤卦는 觀卦로부터 온 것이다. ≪5가 1로 간 것이다.≫ 遯卦로부터 否卦를 거쳐 [觀卦가 되면] 너(爾)와 나(我)의 [우리] 두 사람은 ≪觀卦의 두 剛에 해당됨≫ 더불어 은둔(隱遁)하면서 같이 지냈었다. ≪巽은 은둔함이 된다.≫ [그런데] 巽의 德이 고결(高潔)하니 ≪觀卦의 上卦는 본래 巽≫ 내가 바야흐로 내려감에도 너는 홀로 남아 머물러 있다. ≪上은 아래로 옮기지 않는다.≫ 마침내 离의 공허(空虛)함을 이루니 ≪頤卦는 지금은 大离의 형태≫ 비록 영명(靈明)한 지혜가 있다고 한들, 장차 무엇을 먹겠는가? 이것이 신령스러운 거북이 먹지 않는 까닭이 된다.

我乃棄爾 視彼兌食 ≪臨下兌≫ 移入國中 ≪五之一≫ 遂得震爵 ≪震長民≫ 顚兌之口 ≪上巽爲顚兌≫ 張而向下 ≪五之一≫ 此 朶[14]頤之象也 ≪朶[15]下垂也≫ 貪戀爵祿之人 反指高擧遠引之士 而笑之 此所謂 舍爾靈龜 觀我朶[16]頤也 卦自觀來 故謂之觀我

觀 → 頤

나는 [이런 상황에서] 너를 버리고, 저 兌의 음식(飮食)을 보고 ≪臨卦의 下卦가 兌[17]≫ 나라 안으로 입국(入國)하여 옮겨와서 ≪[觀卦의] 5가 1로 감[18]≫ 마침내 震의 작위(爵位)를 획득하고 ≪震은 長民이 됨≫ 뒤집힌 兌의

14) [校閱] 新朝本의 "朶"가 奎章本에서는 "朵"로 쓰이고 있다. "朶"와 "朵"는 同字이다.
15) [校閱] 新朝本의 "朶"가 奎章本에서는 "朵"로 쓰이고 있다. "朶"와 "朵"는 同字이다.
16) [校閱] 新朝本의 "朶"가 奎章本에서는 "朵"로 쓰이고 있다. "朶"와 "朵"는 同字이다.
17) 臨下兌 : 頤卦는 臨卦에서 推移되는 것도 사실이지만, 여기서 臨卦에서 頤卦로 추이된 것을 가리킨다고 볼 수는 없다. 왜냐하면, 그 경우에는 바로 뒤에 나오는 細註인 "五之一"을 이해할 수 없기 때문이다. "5가 1로 가는 것(五之一)"은 臨卦에서 頤卦로 추이하는 것에서 발생하지 않고, 觀卦에서 頤卦로 추이할 때, 발생한다. 따라서 여기서 臨卦를 언급하고는 있으나, 실제로는 觀卦를 뒤집었을 때 생기는 臨卦를 언급하는 것으로 보아야 할 것이다.

입을 ≪上卦의 巽은 뒤집힌 兌≫ 벌려서 아래로 향하니 ≪5가 1로 감≫ 이것이 "타이(朶頤)"이다. ≪'타(朶)'는 [턱을] 아래로 늘어뜨리는 것을 뜻한다.≫ 벼슬과 녹봉을 탐하는 사람이 도리어 세속으로부터 멀리 물러나서 은둔해 있는 선비를 손가락질하면서 비웃으니 이것이 이른바 "舍爾靈龜, 觀我朶頤"의 뜻이다. 頤卦는 觀卦로부터 온 까닭에 "觀我", 즉 "나를 본다"라고 말한 것이다.

○ 可貴者 震爵也 然 以若高潔 ≪觀上巽≫ 今卒卑下 ≪自上而落下≫ 亦不足貴也

觀 → 頤

○귀하게 여기는 것은 震의 벼슬이다. 그러나 만약 고결한 처지에서 ≪觀卦의 上卦는 巽≫ 이제 마침내 비천한 데로 내려온다면 ≪위에서 아래로 떨어짐[19]≫ 또한 귀할 것이 없는 것이다.

○初爲卦主 故取其本象 然 變而爲剝 ≪初爻動≫ 上剛無恙 下剛遂滅 此 靈龜之免禍 而朶[20]頤者 速亡也 故曰 凶

頤 → 剝

18) 바로 앞에서 설명한 것처럼, 臨卦의 5가 1로 간 것이 아니고, 觀卦의 5가 1로 간 것이다.

19) 自上而落下 : 위에서 아래로 떨어짐. 여기서 "上"은 最上位인 제6位를 가리킨 것이 아니라, 제5位의 剛을 가리킨 것이다. 즉, 觀卦의 5가 1로 내려온 것을 가리킨 것이다.

20) [校閱] 新朝本의 "朶"가 奎章本에서는 "朵"로 쓰이고 있다. "朶"와 "朵"는 同字이다.

○[頤卦의] 初爻가 卦主가 되는 까닭에 그 本象을 취한 것이다. 그러나 [初爻가] 변하여 剝卦가 되면 《初爻가 움직임》 上剛은 근심걱정이 없이 잘 있는 데 반해서, 下剛은 마침내 멸망하게 된다. 이것이 신령스러운 거북(上剛)은 화를 면하는 데 반면에, 턱을 늘어트린 자(下剛)는 빠르게 멸망하는 까닭이다. 따라서 [내가 처한 상황이] 흉하다고 한 것이다.

○案 字書 以手捉物 謂之朶[21] 《本出鷄肋篇》 王弼 以此注經 非矣 朶[22]者 木下垂也 巽木下垂 《五之一》 朶頤者 垂頤也

頤 ← 觀

○[案] 字書에서는 손으로 물건을 잡는 것을 '朶'라고 했다.[23] 《본래 『鷄肋篇』[24]에 나온다.[25]》 왕필(王弼)이 이로써 경을 註解하였으니 잘못이다.[26] '朶(타)'는 나무가 아래로 드리우는 것을 가리킨다.[27] 巽의 나무가 아래로 드리우니 《5가 1로 감》 '朶頤'는 턱을 아래로 드리우는 것을 뜻한다.

---

21) [校閱] 奎章本과 國中本에는 "朵"로 되어 있으나 新朝本에는 "頤"로 되어 있다. 前者를 따른다. "朵"와 "朶"는 同字이다.

22) [校閱] 新朝本의 "朶"가 奎章本과 國中本에서는 "朵"로 쓰이고 있다. "朶"와 "朵"는 同字이다.

23) '朶'(타)에는 ① 나뭇가지나 열매가 아래로 드리워지다, ② 꽃, ③ 움직이다, ④ 손으로 잡다 등의 뜻이 있다.

24) 『계륵편(鷄肋編)』: 宋의 장계유(莊季裕)의 저서 『계륵편(鷄肋編)』은 『鷄肋』과는 다른 책임(諸橋轍次, 『大漢和辭典』 卷11, 大修館書店, 昭和 55年, 1040면). 『鷄肋』은 宋나라 때 조숭현(趙崇絢)이 편찬한 책으로서, 古事를 종류가 유사한 것끼리 분류해서 모아놓은 類書의 始初가 되었다.

25) 『계륵편』(卷下)에 "朶是動義, 如手之捉物, 謂之朶也"라고 함.

26) 왕필(王弼)은 "朶頤者, 嚼也, 以陽處下, 而爲動始, 不能令物由己養, 動而求養者也", 즉 "朶頤는 [음식물을] 씹는 것이다. 양으로 아래에 처해 움직이는 시작이 되었으니, 다른 사람들이 자기로 말미암아 길러지게 할 수는 없고, [자기가] 움직여서 길러짐을 구하는 것이다"라고 하였다. 즉, 왕필은 손으로 물건을 잡으려면 자기가 움직여야 하듯이, 음식물을 씹어 먹기 위해서는 남을 통해서는 할 수 없고, 스스로 움직여야 한다고 풀이한 것이다.

27) 『설문(說文)』에 "朶(타)는 나뭇가지가 아래로 휘어 늘어진 것"이라고 하였다.

六二 : 顚頤, ≪句≫ 拂經于丘, ≪句≫ 頤, ≪句≫ 征凶. ○ 象曰 : 六二征凶, 行失類也.

六二 : 뒤집어진 頤卦에서는 ≪句≫ 구원(丘園)에서 [녹봉(祿俸)으로 봉양(奉養)받기를] 목을 빼[고 기다리]는 것이 되며, ≪句≫ [똑바로 된] 頤卦에서는 ≪句≫ 정벌하여 흉한 것이 된다. ○「象傳」: 六二에서 "征凶"이라고 한 것은 행진(行進)할 때 [같은] 무리(類)를 잃었기 때문이다.

此 頤之損也 顚頤者 倒卦也 倒看則 頤之益也 ䷩ ≪六二爲六五≫ 諸卦 皆有反對 ≪五十六≫ 唯頤大過中孚小過等卦 ≪又坎離≫ 顚倒皆同 ≪無反對≫ 故聖人於此 兼取倒象 ≪已見表≫ 此 其發例者也

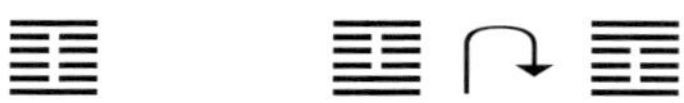

頤 → 제2효변 → 損 ← 倒象 → 益

이것은 頤卦가 損卦로 변하는 경우이다. "顚頤"는 [頤]卦를 뒤집은 괘를 가리킨다. [괘를] 뒤집어 보면, ['頤之損', 즉 '頤卦가 損卦로 가는 것'은] '頤之益', 즉 '頤卦가 益卦로 가는 것'이 된다. ≪[괘를 뒤집으면] 六二가 六五가 됨≫ 다른 괘들은 모두 反對되는 괘를 가지고 있는데 ≪[64卦 중에서 乾, 坤, 坎, 離, 頤, 大過, 中孚, 小過의 8괘를 제외한] 56卦≫ 오직 頤, 大過, 中孚, 小過 등의 괘는 ≪또 坎, 離의 괘[28]≫ 뒤집어 보아도 모두 동일한 형태가 되니[29] ≪뒤집어 본다고 하더라도 반대되는 형태가 없음≫ 이러한 까닭에

28) 여기에 乾, 坤이 추가되어야 한다.
29) 乾, 坤, 坎, 離, 頤, 大過, 中孚, 小過의 8괘가 여기에 해당된다.

성인이 여기에서 뒤집힌 象을 겸(兼)하여 취하였으니 ≪이미 表에 나타남≫ 이것은 그 例를 들어 밝힌 것이다.

○拂 高擧也 ≪又矯也≫ 經吭通 又與頸通 ≪義見下≫ 拂經[30]者 引頸也 ≪猶言矯首也≫

○'拂(불)'은 높이 드는 것(高擧)이다. ≪또 '拂(불)'은 '矯', 즉 '들다'는 뜻이다.[31]≫ '經(경)'은 '목구멍 吭(항)'과 통하고 또 '목 頸(경)'과 더불어 통하니 ≪뜻이 아래에 나타남≫ "불경(拂經)"이란 목을 빼는 것이다. ≪"불경(拂經)"이라고 말하는 것은 "교수(矯首)", 즉 "머리를 든다"라고 말하는 것과 같다.[32]≫

益自否來 ≪四之一≫ 否之時 三陽偕遯 ≪否上乾≫ 于彼艮丘 ≪否互艮≫ 移之爲益 則一剛反國 ≪四之一≫ 以就坤養 ≪否下坤≫ 而兩剛之留爲巽者 ≪上今巽爲隱≫ 艮丘之上 ≪否互艮≫ 矯其乾首 ≪巽爲高≫ 拂經于丘也 丘園之中 盻望祿養 ≪巽眼以盻之≫ 有是象也 六五之詞 亦云 拂經 ≪見下文≫ 顚頤之爲倒看 審矣

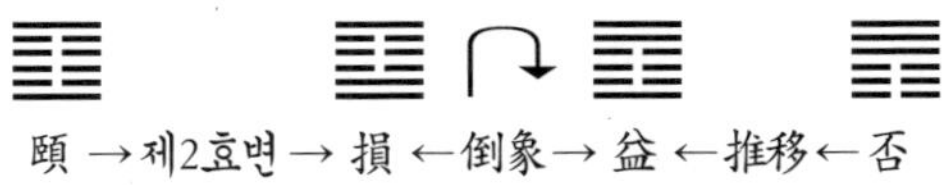

益卦는 否卦로부터 왔다. ≪4가 1로 간 것이다.≫ 否卦의 때에 세 陽이 모두 달아나서 ≪否卦의 上卦는 乾≫ 저 艮의 언덕에 있더니 ≪否卦의 互艮≫ 추이(推移)하여 益卦가 되면, 한 개의 剛이 나라로 돌아와서 ≪4가 1로

30) [校閱] 新朝本과 國中本에는 "拂經"으로 되어 있으나 奎章本에는 "拂頸"으로 되어 있다. 前者가 옳다.

31) 이때, '矯'는 '바로잡는다'는 뜻이 아니라, '들 擧(거)'의 뜻이다.

32) '교수(矯首)'는 '거두(擧頭: 머리를 들다)'의 뜻과 같다. 東晉의 도연명(陶淵明, 365~427)의 「歸去來辭」에 "時矯首而遐觀"이라고 함.

감≫ 坤의 양육(養育)을 받기 위해서 나아가는 반면에 ≪否卦의 下卦는 坤≫ 두 개의 剛은 [움직이지 않고 그대로] 남아 있으니, 巽이 된다. ≪風雷 益卦의 上卦는 지금 巽이니, 巽은 숨음의 뜻이다.≫ [한편 비괘(否卦)에서는] 艮의 언덕 위에서 ≪否卦의 互艮≫ 乾의 머리를 똑바로 세우고 자세를 바로잡으니 ≪巽은 높은 것이 됨≫ "拂經于丘"라고 한 것이다. 언덕이 있는 동산에서 녹봉으로 봉양받기를 바라니 ≪巽의 눈으로써 바라봄≫ 이러한 象이 있다. 六五의 爻辭에서도 역시 "拂經"이라고 하였으니 ≪아래 글에 보임≫ '顚頤'가 [卦를 뒤집어서 관찰하는] '倒看'의 방법을 취한 것이라는 점을 잘 알아야 한다.

○頤征凶者 不倒之象也 特書曰 頤者 謂 倒卦則 其象爲拂經 ≪六二如六五≫ 正卦則 其象爲征凶也 ≪頤之損≫ 頤變爲損 ≪二爻動≫ 損自泰來 ≪三之上≫ 剛往敵國 ≪三之上≫ 遂以艮死 ≪上今艮≫ 敵拓其疆 ≪泰上坤≫ 侵及我境 ≪上之三≫ 以征伐則凶也

○"頤征凶"은 뒤집지 않은 [正卦의] 象을 가리킨다. 특별히 "頤"라고 명기(明記)한 것은 [頤]卦를 뒤집어 [益卦로써] 보게 되면, 그 象이 "拂經(목을 빼는 것)"이 되고, ≪[뒤집어 보게 되면] [頤卦의] 六二는 [益卦의] 六五와 같게 됨≫ 괘를 [뒤집지 않고] 正卦[인 頤卦]로써 보게 되면 그 象이 "征凶"이 된다는 것을 말한 것이다. 頤卦[의 六二爻]가 爻變하여 損卦가 되니 ≪제2爻가 변동함≫ 損卦는 泰卦로부터 왔다. ≪3이 上으로 간 것이다.≫ 剛이 敵國으로 가서 ≪3이 上으로 감≫ 마침내 艮으로써 죽으니 ≪[損卦의] 上卦가 지금 艮≫ 敵이 그 경계를 넓힘에 ≪泰卦의 上卦는 坤≫ 침입하여 나의 경계에까지 도달한 것이다. ≪上이 3으로 감≫ 따라서 정벌하

면, 흉하다고 말한 것이다.

◯ 泰之時 三陽類聚 ≪下今乾≫ 移之爲損 ≪三之上≫ 剛乃獨往 ≪上一陽≫ 行失類也 ≪震爲行而兌爲失≫

頤 → 2효변 → 損 ← 推移 ← 泰

◯泰卦의 때에는 세 陽이 같은 종류(種類)끼리 모여 있더니 ≪泰卦의 下卦는 지금 乾≫ 추이(推移)하여 損卦가 되면 ≪3이 上으로 감≫ 剛이 이에 홀로 가니 ≪[損卦의] 上卦의 한 개의 陽≫ "行失類"라고 한 것이다. ≪震은 가는 것이 되고 兌는 잃는 것이 된다.≫

◯案 經音徑 ≪去聲≫ 漢書 以經死爲絶吭 ≪吭頸通≫ 莊子云 緣督以爲經 ≪道書云 熊經引吭也≫ 拂經者 引吭也

◯[案] '經'의 音은 '경(徑)'이니 ≪['經'字의 音은] 去聲≫ 『漢書』에서는 '경사(經死)'를 '절항(絶吭 : 목숨을 끊음)'의 뜻으로 해석했다.[33] ≪'목 吭(항)'字와 '목 頸(경)'字는 통한다.≫ 『莊子』 「양생주(養生主)」에 이르기를 "緣督以爲經"[34]이라고 하였으니 ≪道書에서 이르기를 "곰이 [나무에 매달리듯이 하

---

33) 『漢書』 「雋疏於薛平彭傳」에 "東海有孝婦, …… 其後姑自經死"라는 구절이 나오는데, 안사고(顔師古)의 注에 "不欲累婦, 故自殺"이라고 함.

34) "緣督以爲經"이라는 말은 『莊子』 「養生主」에 나온다. "爲善无近名, 爲惡无近刑. 緣督以爲經, 可以保身, 可以全生, 可以養親, 可以盡年(착한 일을 하면 소문이 나지 않게 하라. [어쩌다] 악한 일을 하더라도 형벌에 저촉되지 않게 하라. [善惡에 얽매이지 않는] 중간의 입장을 따라 그것을 기준으로 삼는다면 몸을 온전히 지킬 수 있고, 평생을 무사히 보낼 수 있으며, 부모를 봉양하고, 天壽를 다할 수 있다)." "緣督以爲經"에서 '緣'은 '따라서'의 뜻이며, '督'은 '중앙', '등의 중앙을 上下로 뻗은 혈관', 또는 一說에 의하면, '옷의 등쪽 한 가운데를 세로로 누빈 자국'을 뜻한다고 함. 모두 '중앙(中央)'이라는 뜻에 통한다(오강남 역, 『莊子』, 현암사, 2003, 91~92면).

며]35) 목을 길게 빼듯이 한다"라고 했다.≫ "불경(拂經)"이란 목을 빼는 것을 말한다.

○學稼云 禮 拂[36]其首 漢 王莽傳 拂其頸[37] 衝其胸 刃其軀 以此言之 拂經 或是縊死之謂

○ 학가(學稼)가 말했다. "『禮記』「曲禮」에 '拂其首(그 머리를 벤다)'라고 하였고,[38] 『漢書』「왕망전(王莽傳)」[39]에 '拂其頸, 衝其胸, 刃其軀(그 목을 추어올리고, 그 가슴을 찌르고 그 몸을 벤다)'라고 하였으니, 이로써 말한다면 '拂經'은 혹 '縊死(목을 매달아서 죽음)'의 뜻일 수도 있다."

䷕

六三 : 拂頤, 貞凶, 十年勿用, 无攸利. ○象曰 : 十年勿用, 道大悖也.

---

35) 熊經 : 『莊子』「外篇」의 제15편인 「刻意」에 나오는 말. "吹呴呼吸, 吐故納新, 熊經鳥申, 爲壽而已矣. 此導引之士. 養形之人, 彭祖壽考者之所好也"라고 함. 즉, 『莊子』에서는 곰의 동작과 새의 동작을 흉내내어 운동하면 장수할 수 있다고 보았다. "웅경(熊經)"이란 곰이 나무 위에 올라 앞발로 나뭇가지를 잡고 턱걸이하는 것을 흉내내어 숨을 조절하는 仙家의 導引法의 한 종류이다(諸橋轍次, 『大漢和辭典』 卷7, 大修館書店, 昭和 55年, 496면). 이처럼, 웅경(熊經)은 동물의 동작을 모방하여 만든 건강체조법의 하나로서, 이러한 종류의 건강법으로는 東漢 말년에 화타가 만들었다는 '오금희(五禽戲)'가 있다.

36) [校閱] 奎章本에는 "拂"이 "佛"로 되어 있는데, 誤記이다.

37) [校閱] "拂其頸"이 奎章本에는 "佛其頸"으로 되어 있으나 誤記이다.

38) 拂其首 : 『禮記』「曲禮上」(第一)에 "獻鳥者, 拂其首"라고 함. 그리고 劉向의 『說苑』「臣術」(卷二)에 "周公拂其首"라는 말이 있다.

39) 『漢書』 卷69 「王莽傳」(안대회 역주, 『漢書列傳』, 까치, 1999).

六三 : 턱을 [위로 길게 늘여] 빼니, 일을 맡아 처리하는 것이 흉할 것이다. 십 년이 되어도 쓰지 못하니, 이로운 바가 없다. ○「象傳」: "십 년이 되어도 쓰지 못한다(十年勿用)"라고 한 것은 道가 크게 어그러졌기 때문이다.

此 頤之賁也 拂者 高擧也 《義見上》 三之旣變 《三今剛》 下震上艮 《今互震》 又成一頤 《山雷 頤》 是 何象也 拂其頤也 《擧頤卦而高升之》 賁自泰來 《二之上》 君子道長 《三震陽》 兌祿旣榮 《泰互兌》 而拂然出來 《二之上》 以自成頤 《三與上》 此 拂頤之凶也 《三多凶》

頤 → 三爻變 → 賁 ← 推移 ← 泰

○이것은 頤卦가 賁卦로 변하는 경우이다. '拂'은 높이 드는 것(高擧)을 의미한다. 《뜻이 위에 나타난다.》 [頤卦의] 제3爻가 이미 변하[여 賁卦가 되]니 《제3爻는 賁卦에서 이제 剛이 됨》 아래로는 [互卦인] 震이 있고, 위로는 艮이 있어서, 《이제 [賁卦에] 互震이 있음》 다시 [또] 하나의 頤卦를 형성하니 《[賁卦 中에는 互震卦와 艮卦가 있으므로, 兩卦가 합쳐져서] 山雷頤卦를 형성함[40]》 이것은 무슨 象인가? 그 턱(頤)을 [위로 들어올려] 빼는 것이다. 《頤卦를 들어서 높이 올린 것이다.》 賁卦는 泰卦로부터 왔으니 《2가 上으로 감》 君子의 道가 자라나고, 兌의 녹봉(祿俸)이 이미 영화롭더니 《泰卦의 下互卦가 兌》 떨치면서(拂然) 나가서 《2가 上으로 감》 스스로 頤卦를 이루니 《3과 上》 이것이 바로 "拂頤之凶", 즉 "턱을 빼는 것이 흉함"인 것

40) 일반적으로 兩互卦를 만드는 법은 3·4·5의 上互卦와 2·3·4의 下互卦를 결합하여 새로운 괘를 형성하는 것이다. 그러나 이 경우는 賁卦의 上卦와 上互卦를 결합하여 頤卦가 되는 것이니, 일반적 例로 볼 수는 없다. 이 경우는 賁卦의 중간에 작은 頤卦가 성립된 경우로 볼 수 있다.

이다. ≪제3爻의 위치는 흉한 경우가 많다.≫

○ 昔之震道 ≪泰之道≫ 忽以艮窮 ≪上今艮≫ 君恩中絶 ≪乾今斷≫ 坎勞無應 ≪三與六不應≫ 以幹事則凶也

○ 옛 적에는 震의 길이 있었으나 ≪泰의 길≫ 갑자기 艮으로써 막혀 버리니 ≪賁卦의 上卦는 지금 艮≫ 君主의 은혜가 중간에서 끊어져 ≪乾이 지금 끊어짐≫ 坎의 노고(勞苦)에 대해서 응해주는 바가 없으므로 ≪3과 더불어 6이 응하지 않음≫ 일을 처리함에 있어 흉한 것이다.

○ 自艮至震 不過二年 ≪據文王卦位≫ 而坤陰在中 ≪間於震≫ 地數十也 ≪坤爲旬≫ 旣過二年 ≪坤間之≫ 必至十年 ≪自震而數 又歷八年始可以至震≫ 十年勿用也 坎罪有律 ≪下互坎≫ 艮限有止 ≪又爲退≫ 所以勿用

○艮으로부터 震에 이르기까지 2년에 불과하다. ≪文王의 卦位에 의거함≫ [그러나] 坤의 陰이 가운데에 있으니 ≪互震과 艮의 사이에 坤陰이 있음≫ 地數는 10이 된다. ≪坤이 10年이 된다.≫ 이미 2年을 지났고 ≪艮과 震 사이에 坤이 있음≫ 반드시 [앞으로] 십년의 세월이 지나갈 것이니 ≪震으로부터 [시작해서] 세면, [文王의 卦位에 의하면, 震, 巽, 离, 坤, 兌, 乾, 坎, 艮을 거

쳐 다시 震으로 이어지므로] 다시 8年을 경과해야 비로소 震에 이르게 됨≫ "十年勿用", 즉 "10년을 쓰지 말라"고 한 것이다. 坎의 罪를 법률로 다스림이 있고 ≪下互卦가 坎≫ 艮의 경계에 [이르러] 멈추게 됨이 있으니, [이것이] "勿用", 즉 "쓰지 말라"고 한 까닭인 것이다.

○ 兌和亦亡 ≪泰互兌 今亡≫ 无攸利也 ≪利者 義之和≫

○ 兌의 화목함도 또한 없어지니 ≪泰卦의 下互卦는 兌인데, 지금 [賁卦에서는] 없어짐≫ "无攸利", 즉 "이로운 바가 없는 것이"다. ≪利는 義로움이 [적절하게] 조화된 것이다.[41]≫

○ 悖者 乖[42]也 昔之震道 ≪泰之道≫ 忽以艮窮 ≪又坎亂≫ 道大悖也

○ ["道大悖"라고 하였을 때] '悖'는 어그러짐을 뜻한다. ≪泰卦에 있던 길로부터 벗어남을 뜻함≫ 갑자기 艮에 이르러 막히니 ≪또 坎은 혼란함이 됨≫ 이것이 "道大悖(길이 어그러짐)"의 까닭이 된다.

六四 : 顚頤, 吉, 虎視眈眈,[43] 其欲逐逐,[44] 无咎. ○ 象曰 : 顚頤之吉, 上施光也.

---

41) "利者, 義之和"는 乾卦의 「文言」에 나오는 말이다(文言曰 元者, 善之長也, 亨者, 嘉之會也, 利者, 義之和也, 貞者, 事之幹也).
42) [校閱] 奎章本에는 "乖"이 "乘"으로 되어 있는데, 誤記이다.
43) "호시탐탐(虎視眈眈)"으로 읽는다.
44) "기욕축축(其欲逐逐)"으로 읽는다.

六四 : 頤卦를 뒤집으면 길하다. 호랑이가 [호시탐탐(虎視眈眈)] 눈을 부릅뜨며 노려보니, 그 욕심이 [잡아먹으려는 대상을] 쫓고 또 쫓는다. 허물이 없을 것이다. ○「象傳」: "顚頤(頤卦를 顚倒)"시킴으로써 吉한 것은 위로부터 빛이 퍼지기 때문이다.

此 頤之噬嗑也 顚頤者 倒卦也 倒看則 頤之賁也 ≪九四[45]爲六三≫

頤 → 제4효변 → 噬嗑 ← 倒象 → 賁

○이것은 頤卦가 噬嗑卦로 변하는 경우이다. "顚頤"라고 함은 뒤집어진 頤卦를 말함이니, 만일 ['頤之噬嗑'을] 뒤집어 보게 되면, '頤之賁', 즉 '頤卦가 賁卦로 가는 경우'가 된다. ≪九四가 六三이 된다.≫

頤自臨來 ≪二之上≫ 本兌虎也 ≪臨下兌≫ 變而爲頤 ≪二之上≫ 离目大明 ≪頤大离≫ 虎之視也 ≪兌虎以离見≫

臨 → 頤

頤卦는 臨卦로부터 왔는데 ≪2가 上으로 감≫ [臨卦에는] 본래 兌의 호랑이가 있다. ≪臨卦의 下卦는 兌≫ 변하여 頤卦가 되면 ≪2가 上으로 감≫ 离의 눈이 크게 밝으니 ≪頤卦는 大离의 형태≫ [이것은] 호랑이가 보는 것이다. ≪兌의 호랑이가 离로써 보는 것이다.≫

45) [校閱] 新朝本과 國中本에서는 "六四"로 되어 있다. 그러나 奎章本에서는 "九四"로 되어 있다. 본래 頤六四爻이기는 하지만, 여기서는 頤六四가 爻變하여 생긴 噬嗑卦와 이것을 뒤집어서 생긴 賁卦와의 관계를 설명하고 있다. 따라서 噬嗑卦의 九四를 뒤집으면, 賁卦의 六三이 된 것으로 보아야 한다. 그러므로 여기서는 後者를 따른다.

變而爲賁 ䷕ 《三爻動》 上离下离 《上大离》 离目閃爍 《离爲目》 虎視耽耽也 《兩离故疊文》 坎豕在近 《二四互》 艮狗頗遠 《艮在上》 耽耽者 視近而志遠也 《許愼 說文云》 坤之貪慾 《泰上坤》 入於离心 《上之二》 虎多慾也 《損之大象 坤爲慾》 兩禽在前 《豕與狗》 其慾逐逐也 《兩禽故疊文》

頤 → 제4효변 → 噬嗑 ← 倒象 → 賁

변하여 賁卦가 되면 《3爻가 변동함[46]》 [3·4·5·6의] 上离와 下卦의 离卦가 《위로 大离卦가 형성됨》 离의 눈으로 번쩍번쩍 빛나니 《离는 눈이 됨》 [이것을 일러] "호시탐탐(虎視耽耽)", 즉 "호랑이가 눈을 부릅뜨며 지켜본다"고 말한 것이다. 《두 개의 离가 있는 까닭에 '疊文', 즉 '같은 글자를 겹쳐서 연이어 쓴 문장'을 사용하였다.》 坎의 돼지는 가까이 있는 반면에 《2·3·4의 互坎》 艮의 개는 약간 멀리 있으니 《賁卦에서 艮이 上卦에 있음》 "탐탐(耽耽)"이란 가까운 곳을 보면서도 뜻은 멀리 두는 것을 가리킨다. 《허신(許愼)의 『說文』에서 그렇게 말함[47]》 坤의 탐욕(貪慾)이 《泰卦의 上坤》 离의 마음속으로 들어오니 《上이 2로 감》 호랑이가 욕심이 많은 것을 가리킨 것이다. 《損卦의 「大象傳」[48]에서도 坤을 욕망의 뜻으로 간주함[49]》 두 짐승이 앞에 있으니 《돼지와 개》 그 욕심이 쫓고 또 쫓는 것(逐逐)이다. 《두 마리의 짐승인 까닭에 첩문(疊文)을 사용한 것이다.》

---

46) 엄밀히 말한다면, 六四이므로 "三爻動"이 되는 것을 적절치 못하다. 그러나 頤卦 六四가 곧 "頤之噬嗑"이고, 噬嗑의 倒象을 취하면, 곧 賁卦가 된다는 것을 고려한다면, 결국 正卦에서의 四爻動은 곧 倒卦에서 三爻動과 같아지게 된다.

47) 『說文』에서 "耽, 視近而志遠也"라고 함.

48) 損卦의 大象傳 : "山下有澤, 損, 君子, 以, 懲忿窒欲." 山 아래 못(澤)이 있는 것이 損[卦의 象]이니, 君子는 이 卦象을 보고, 성내는 마음을 가라앉히고, 욕심을 막는 것이다.

49) 茶山은 損卦의 「大象傳」에서 "坤爲吝嗇", 즉 "坤은 인색함이 된다"라고 함.

虎者 獸之肉食者也 虎遇兩禽 倏視近而忽視遠 其目耽耽 此其象也 ≪筮貴賤者 遇是爻則爲食肉富貴之象≫

호랑이는 육식(肉食)을 하는 짐승이니, 호랑이가 [개와 돼지의] 두 마리의 짐승을 만나서 얼른 가까운 데 있는 [돼지의] 모습을 보면서, [또 동시에 다른 쪽으로] 갑자기 멀리 있는 [개의] 모습을 보니, 그 눈이 "耽耽(탐닉하고 또 탐닉)"하는 것이니, 이것이 그 象이다. ≪[부귀(富貴)를 얻게 될지, 빈천(貧賤)한 처지가 될 것인지] 귀천(貴賤)의 문제에 대해서, 점을 친 사람이 이 爻를 만나게 된다면, 그것은 곧 고기를 먹고 부귀(富貴)하게 되는 象을 뜻하게 된다.≫

○无咎 亦倒象也 以剛居四 ≪謂噬嗑≫ 非其位也 卦旣[50]倒看三之剛也 ≪陽得位≫ 故曰 无咎

○"无咎"라고 했을 때도 역시 뒤집힌 倒象을 취한 것이니, 剛이 제4位에 있는 것은 ≪噬嗑卦를 말함≫ 그 [적당한] 위치가 아니지만, 卦를 이미 뒤집어서 관찰한다면 [噬嗑卦를 뒤집어서 賁卦가 되며 噬嗑卦의] 제4位의 剛은 [賁卦의] 제3位의 剛이 되므로 ≪3이 剛의 위치에 있으므로, 陽이 [적당한] 위치를 얻은 것임≫ 이러한 까닭에 "无咎"라고 한 것이다.

○倒之雖賁 其卦則噬嗑也 ≪義見下[51]≫ 上离之光 ≪火雷卦≫ 施

50) [校閱] 奎章本에는 "卦位"로 되어 있으나, 新朝本과 國中本에는 "卦旣"로 되어 있다. 여기서는 後者를 따른다.

51) [校閱] 新朝本과 國中本에는 "義見下"라고 되어 있으나 奎章本에는 "義見上"이라고 되어 있다. 여기서 義란 噬嗑卦를 뒤집으면 비록 賁卦가 되지만, 그 괘는 본래는 噬嗑卦라는 뜻을 가리키는 것으로서, 위에서도 나타나지만, 보다 자세하게 아래에 나타난다. 따라서 여기서는 前者를 취하기로 한다.

及下离 《五之一》 上施光也

頤 → 제4효변 → 噬嗑 ← 倒象 → 賁

○[噬嗑卦를 뒤집으면] 비록 賁卦가 되지만, 그 괘는 [본래는] 噬嗑卦이니 《뜻이 아래에 나타남》 上离의 光明이 《火雷 噬嗑卦》 아래 있는 [1·2·3·4로 구성된] 离에까지 미치는 것은 《陽이 위치를 얻음》 위로부터 빛이 퍼지기 때문이다.[52)]

○案 頤中有物 曰 噬嗑 《彖傳文》 噬嗑者 食肉之卦也 虎視耽耽 亦以噬嗑 《食肉象》 特以顚頤之義 非倒不明 故直書曰 頤之賁而其實 噬嗑之倒象 《食肉象》 非取賁卦之正象也 若云 此爻直是賁卦 則六三旣凶 此爻安得獨吉乎 《同是頤之賁》 在內者 占以正頤 《內爲我》 自外者 占以顚頤 所以異也

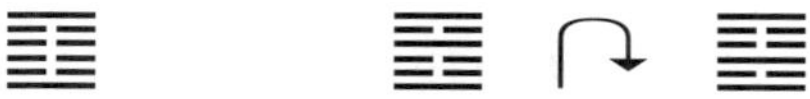

頤 → 제4효변 → 噬嗑 ← 倒象 → 賁

○[案] 턱 안에 음식물이 있는 것을 가리켜 "噬嗑"이라고 한다. 《「彖傳」의 글[53)]》 噬嗑卦는 고기를 먹는 괘에 해당되니, "호시탐탐(虎視耽耽: 호랑이가 눈을 부릅뜨며 지켜보는 것)"의 象도 역시 噬嗑卦로부터 나온 것이다. 《고기를 먹는 食肉의 象》 특히 "顚頤"의 뜻은 뒤집어서 보지 않으면

52) 「彖傳」에서 분명히 "顚頤之吉, 上施光也"라고 했음에도 불구하고, 茶山은 '上施光也'의 해석을 賁卦의 倒象으로부터가 아니라, 噬嗑卦의 正象으로부터 취하고 있다. 확연하게 납득되지 않는 해석이라고 하겠다.

53) 噬嗑卦의 「彖傳」에 "頤中有物 曰 噬嗑"이라고 함.

분명하지 않은 까닭에, 頤卦가 변해서된 賁卦의 象은 사실은 噬嗑卦를 뒤집어서 취한 象이지 ≪"호시탐탐(虎視耽耽)"이라고 한 것은 噬嗑卦에서의 食肉의 象에서 나온 것임≫ 賁卦의 [뒤집지 않고 바른 형태인] 正象을 취한 것이 아니라는 것을 [밝히기 위해서] 직접적으로 [顚頤라고] 표현한 것이다. 만약 이 六四爻가 곧 바로 賁卦가 된다고 한다면, 六三은 이미 흉하니, 어찌 이 六四爻의 경우에만 홀로 吉할 수가 있겠는가? ≪頤卦 六三은 '頤之賁'이며, 頤卦 六四는 '頤之噬嗑'이지만, 뒤집어 보면, '頤之賁'가 되므로, 결국 頤卦 六三과 頤卦 六四는 '頤之賁'라는 점에 있어서는 동일함≫ [頤卦 六三처럼 해당되는 爻가] 內卦에 있으면 뒤집히지 않은 頤卦로써 점을 치고, [頤卦 六四처럼 해당되는 爻가] 外卦에 있으면 뒤집힌 頤卦로써 점을 치니, 이것이 [頤卦 六三에서는, 凶이 되지만, 頤卦 六四에서는 吉이 되는 것처럼, 吉凶이] 달라지는 까닭이다.

○又按[54] 漢書 逐作浟 又古本 或作攸 ≪子夏傳≫ 或作悠 ≪荀爽本≫ 或作跾 說文云 跾者 式六 ≪與逐聲相近≫ 其義則悠遠也 總之 逐逐爲正

○[又案] 『漢書』에서는 '逐(축)'字를 '浟(유)'字로 썼다.[55] 또 古本에서는 혹 '攸(유)'字로 썼으며 ≪『子夏傳』[56]≫ 혹 '멀 悠(유)'字로 쓰기도 하였으며 ≪순상(荀爽)의 책[57]≫ 혹 '跾(숙)'字로 쓰기도 하였다.[58] 『說文』에서 말하기를 "'跾(숙)'은 '식육(式六)'[의 반절음(反切音)]이다"라고 하였으니

---

54) [校閱] 新朝本과 國中本에는 "案"으로 되어 있으나 奎章本에는 "按"으로 되어 있다.

55) 『漢書』 「敍傳下」에 "축축(逐逐)"을 "유유(浟浟)"로 씀.

56) 『子夏傳』에서는 "逐逐"을 "유유(攸攸)"로 썼다.

57) 陸德明의 『經典釋文』(上海古籍出版社, 1985)에 인용되어 있다. 『毛傳』에 따르면, "유유(悠悠)는 먼 모양(悠悠, 遠貌)"이라고 하였음(김상섭 역, 『高亨의 周易』, 예문서원, 1995, 256면).

58) 陸德明의 『經典釋文』에 "유표(劉表)는 '숙(跾)'字로 쓰고, 멀다는 뜻으로 해석하였다"라고 함(逐逐, …… 劉作跾, 云, 遠也).

≪'숙(跾)'은 '축(逐)'과 소리가 서로 비슷함≫ 그 뜻은 '멀다'는 뜻이다.[59] 총괄해서 말한다면, [다른 글자로 바꾸지 말고] "축축(逐逐)"으로 쓰는 것이 옳다.

○又按[60] 荀九家 以艮爲虎 蓋以推移不明 爻變不知 至於顚頤之爲倒卦 尤非所意 故第以艮而爲虎也 艮若爲虎 則坎震兩禽 ≪噬嗑則下震≫ 皆在虎後 何視何逐

○[又案] 순구가(荀九家)는 艮이 호랑이가 되는 것으로 간주했으니, 대개 推移의 뜻도 밝히지 못했을 뿐 아니라, 爻變도 알지 못했던 것이다. "顚頤"가 뒤집힌 倒卦를 뜻하는 점에 있어서는 더욱이 그 [정확한] 의미에 도달하지 못했던 까닭에, 艮을 호랑이로 간주했던 것이다. 만약 艮이 호랑이라고 한다면, 坎과 震은 두 짐승이니 ≪噬嗑卦의 下卦가 震≫ 두 짐승 모두가 호랑이의 뒤에 있으니, [호랑이가] 무엇을 보겠으며, 무엇을 쫓겠는가?[61]

---

59) 其義則悠遠也 : 이 句에 대해서는 두 가지 해석이 가능하다. ① 그 뜻은 더욱 더 멀어졌다. ② 그 뜻은 "悠遠(멀다)"의 뜻이다. ①로 해석할 경우 『漢書』·『子夏傳』·荀爽本·『說文』 등의 잘못된 說로 말미암아 "逐逐"의 본래적 의미는 더욱 더 멀어지게 되었다는 뜻이다. ②로 해석할 경우 『說文』의 說에 따른다면, "축축(逐逐)"은 "숙숙(跾跾)"으로 써야 하니, 그 경우 "축축(逐逐)"의 뜻은 "悠遠(멀다)"의 뜻이 된다. 陸德明의 『經典釋文』에 따르면, "유표(劉表)는 '축(逐)'字를 '숙(跾)'字로 쓰고, '멀다'는 뜻으로 해석하였다(逐逐, …… 劉作跾, 云, 遠也). 즉, '숙(跾)'에는 "遠也(멀다)"의 뜻이 있다. 요컨대 ②로 해석할 경우에 "虎視耽耽, 其欲逐逐"의 뜻은 "호랑이가 노려보고 있으나(장차 먹을 것을 구하여 입 속을 가득 채울 것이므로), 그 욕심은 멀리 있다"는 뜻이 된다(김상섭 역, 『高亨의 周易』, 예문서원, 1995, 256면).

60) [校閱] 新朝本과 國中本에는 "案"으로 되어 있으나 奎章本에는 "按"으로 되어 있다.

61) 頤六四의 해석에서 다산은 坎의 돼지와 艮의 개를 두 종류의 짐승으로 지적한 바 있다. 그러나 여기서는 두 짐승으로 坎의 돼지와 震의 짐승을 언급하고 있다. 이것은 다산이 物象을 恣意的으로 취한 것이 아니라, 荀九家처럼 해석하게 된다면, 物象을 坎과 震에서 취할 수밖에 없기 때문에, 그렇게 된다는 뜻이다. 여기서 震을 짐승으로 보면, 어떤 짐승이 될 것인지를 언급하지 않았으나, 「說卦傳」에 따르면 震은 龍이 되며, 또 말(馬)에 있어서는 잘 우는 말(善鳴), 뒷발이 흰 말(馵足), 발을 높이 들고 뛰는 말(作足), 혹은 이마에 흰털이 많은 말(的顙) 등을 뜻한다고 한다. 그러나 龍이든 말이든지

䷚

六五 : 拂經. ≪句≫ 居貞, 吉, 不可涉大川. ○ 象曰 : 居貞之吉, 順以從上也.

六五 : 목을 추켜 올린다. ≪句≫ 거처(居處)를 정하는 일에는 吉하려니와,62) 큰 내를 건너지는 못할 것이다. ○「象傳」: "거처(居處)를 정하는 일에 吉한 것(居貞之吉)"은 [天命에] 순종(順從)함으로써 위를 따르기 때문이다.

此 頤之益也 拂經之義 見六二 ≪彼本六五象≫ 於此再言者 明六二之詞爲倒象也

䷚ ䷩

頤 → 益

이것은 頤卦가 益卦로 변하는 경우이다. "불경(拂經)"의 [목을 뺀다는] 뜻은 頤卦 六二에서 나타났는데 ≪저것은 본래 頤卦 六五의 象≫ 여기에서 다시 언급한 것은 頤卦 六二의 爻詞가 도상(倒象)이 된다는 것을 밝히기 위해서이다.

간에 호랑이가 호시탐탐 노릴 만한 사냥감은 되지 못한다고 하겠다.

62)「易例比釋」의 "居貞例"에서 茶山은 "居貞者, 遷居之事也"라고 함(『四箋』 卷1, 24나). 즉, "居貞例"는 거처를 옮겨 정하는 일의 事例에 해당된다. 크게는 수도를 옮기는 것, 작게는 개인의 집이나 거처를 옮기는 것에 관련되며, 혹은 은둔하고자 하는데 그 길흉여부를 점치는 것과 관련되는 占筮의 例이다. 즉, "거처를 옮기고자 하는데 어떨지 여쭙습니다" 정도의 물음에 대해, "거처를 옮겨 정하고자 하는 그 일이 이롭다", 또는 "길하다" 정도로 점괘가 나온 것에 해당된다.

○居貞者 居正[63]之事也 益自否來 ≪一之四≫ 艮之重疊 ≪上三陽皆艮≫ 坤德安靜 ≪否下坤≫ 移之爲益 剛自外反 ≪四之一≫ 仰順巽命 ≪上今巽≫ 居貞吉也 ≪屯之初九 宜參看≫

否 → 益

○"居貞"은 올바르게 거처(居處)하는 일을 가리킨다.[64] 益卦는 否卦로부터 왔다. ≪1이 4로 간 것이다.≫ [否卦에서는] 艮이 중첩(重疊)되고 ≪否卦의 上卦에 있는 세 개의 陽은 모두 艮이 중첩된 것으로 볼 수 있음≫ 坤의 德이 안정(安靜)되어 있었는데 ≪否卦의 下卦는 坤≫ [否卦로부터] 추이하여 益卦가 되면, 剛이 밖으로부터 돌아와서 ≪4가 1로 감≫ 우러러 巽의 命을 따르니 ≪益卦의 上卦는 지금 巽≫ "居貞吉"이라고 한 것이다. ≪屯卦 初九를 마땅히 참고해 보아야 한다.[65]≫

○頤者 利涉之卦也 ≪見上九≫ 交以小過 ≪雷山爲山雷≫ 涉其坎川 ≪小過本大坎≫ 纔及艮岸 ≪三之上≫ 忽以巽入 ≪上今巽≫ 不可涉也 頤益兩卦 皆利涉之卦 而頤之益則 不可涉川 故爻詞特著之

---

63) [校閱] 新朝本과 國中本에는 "居止"로 되어 있으나 奎章本에는 "居正"으로 되어 있다. "居止"라고 해도 틀린 것이라고 볼 수는 없으나, "居正"이 보다 문맥에 적합한 것으로 보이므로, 여기서는 後者를 따른다.

64) 茶山은 「易例比釋」의 居貞例에서 "居正"의 의미를 居處를 좋은 곳에 정하는 것에서 찾지 않고, 올바르게 처신하는 것에서 찾고 있다. 즉, "古人遷居, 必有卜筮, 可知也, 若夫居正以固志, 則无往不利, 奚特筮遇是卦, 而後始知其利哉(옛 사람들은 居處를 옮길 적에 반드시 卜筮를 하였음을 알 수가 있다. 그런데 만약 바르게 처신하여 그 뜻을 굳게 가진다면, 어디를 가도, 不利할 것이 없을 것인데, 어찌(奚) 꼭(特) 점을 쳐서 그 卦를 얻고 난 이후에야 비로소 그것이 利로움을 알겠는가?)"라고 함(『四箋』 卷1, 24나).

65) 屯初九의 爻辭에 "利居貞"이라는 말이 있다. 이때 "利居貞"은 거처를 옮기거나 정하는 일(居貞)에 이로운 것을 말한다.

小過　　頤→ 第5爻變 →益

○頤卦는 [하천(河川)을] 건넘에 있어 이로운 괘이다. ≪頤卦 上九에서도 보임[66]≫ [頤卦는] 小過卦를 交易시킴으로써 형성된 卦이니 ≪雷山 小過卦가 山雷 頤卦가 됨≫ 坎의 내를 건너서 ≪小過卦는 본래 大坎≫ 거의 강기슭에 도달할 무렵 ≪3이 上으로 감≫ 갑자기 巽으로써 [물에] 빠지게 되므로 ≪風雷 益卦로 변하면 上卦는 지금 巽이 됨≫ "不可涉"이라고 말한 것이다. 頤卦와 益卦의 두 卦는 모두 물을 건넘에 있어 이로운 卦이지만, '頤之益(頤卦가 益卦로 변하는 경우)'에서는 내를 건너지 못하는 까닭에 爻詞에서 특히 이것을 드러낸 것이다.

○ 巽命在上 ≪上今巽≫ 坤乃順之 順以從上也 此所謂 用靜吉 ≪洪範云≫

○巽의 天命이 위에 있고 ≪益卦의 上卦가 지금 巽≫ 坤으로써 이에 天命을 따르니, "順以從上"이라고 한 것이다. 이것이 이른바 "用靜吉"의 의미이다. ≪『書經』「周書」「洪範」에서 ["用靜吉"이라고] 말한 것이다.[67]≫

上九 : 由頤. ≪句≫ 厲, 吉, 利涉大川. ○ 象曰 : 由頤, 厲, 吉,

66) 頤卦 上九의 爻辭에 "利涉大川"이라고 함.

67) "用靜吉"은 『書經』「周書」「洪範」에 나오는 말이다. 「洪範」의 '(七)稽疑'에 "龜筮共違于人, 用靜吉, 用作凶", 즉 "거북과 시초(蓍草)가 함께 사람을 어기면, 조용히 있으면 길하고, 움직이면 흉할 것입니다"라고 하였다.

大有慶也.

上九 : 頤卦가 말미암는 바이다. ≪句≫ 위태로우나 길하고, 큰 내를 건넘에 이로울 것이다. ○「象傳」: “由頤, 厲, 吉”이라고 한 것은 크게 경사(慶事)가 있기 때문이다.

此 頤之復也 卦自臨來 剛往在上 ≪二之上≫ 頤由以成 ≪頤卦 由此成≫ 此 由頤也 ≪如豫九四之由豫≫ 上爲卦主 故言其本象

臨 → 頤 → 復

이것은 頤卦가 復卦로 변하는 경우이다. 頤卦는 臨卦로부터 왔다. [臨卦의 제2位에 있는] 剛이 가서 上位에 있으니 ≪2가 上으로 감≫ 頤卦의 형태가 이것에 연유(緣由)하여 형성된 것이니 ≪頤卦는 이것으로 말미암아 성립됨≫ 이것이 “由頤”의 의미이다. ≪豫卦 九四에서 “由豫”라고 말한 경우와 같다.[68]≫ 上爻가 卦主가 되는 까닭에 그 本象을 말한 것이다.

○臨之時 兌以乘剛 ≪臨下兌≫ 其象厲也 ≪見易例≫ 移之爲頤[69] 則剛[70]升于上 ≪二之上≫ 兌形遂滅 ≪下今震≫ 又何厲焉 厲終吉也

臨 → 頤

68) 豫卦 九四의 ‘由豫’도 豫卦가 豫卦가 되는 성립 근거가 됨을 뜻하니, 頤卦 上九의 ‘由頤’가 頤卦가 由來한 근거가 되는 것과 같다.

69) [校閱] 國中本에는 “頤”가 “利”로 되어 있는데, 誤記이다.

70) [校閱] 奎章本과 國中本에는 “剛升于上”으로 되어 있으나 新朝本에는 “剛升于上”의 “剛”이 빠져 있다. 細注에 “二之上”이라고 되어 있으므로, “剛升于上”이라고 하는 것이 더 적합하다. 여기서는 前者를 따른다.

○臨卦의 때에는 兌가 剛을 타고 있어 ≪臨卦의 下卦는 兌≫ 그 象이 위태롭더니, 추이(推移)하여 頤卦가 되면, 剛이 위로 올라가 ≪2가 上으로 감≫ 兌의 형태가 마침내 없어지니 ≪[山雷 頤卦에서] 下卦가 지금은 震≫ 어찌 다시 위태롭겠는가? 위태로움이 끝났으니, 吉한 것이다.

○頤者 小過之交易也 ≪雷山爲山雷≫ 小過之時 大坎爲川 ≪兼畫三≫ 震舟中汎 ≪下倒震≫ 交之爲頤 則坎險已過 ≪坎今亡≫ 震舟泊岸 ≪艮爲岸≫ 利涉大川也

小過　　頤

○頤卦는 小過卦로부터 交易된 것이다. ≪雷山 小過卦가 山雷 頤卦로 된다.≫ 小過卦의 때에는 大坎이 河川이 되고 ≪小過卦를 겸획(兼畫)하면 삼획괘의 大坎卦가 됨≫ 震의 배가 물 가운데 떠 있더니 ≪小過卦의 下卦인 艮은 뒤집힌 震≫ 交易하여 頤卦가 되면, 坎의 험난함은 이미 지나가고, ≪坎이 지금은 없어짐≫ 震의 배가 강기슭에 정박하였으므로 ≪艮은 강기슭이 됨≫ "利涉大川"이라고 말한 것이다.

○震以一剛 爲主於內 ≪下今震≫ 大有慶也

小過　　頤

○震의 한 개의 剛이 內卦에서 주인이 되었으니 ≪[頤卦에서] 지금 下卦가 震≫ "大有慶"이라고 말한 것이다.

28. 택풍 대과(澤風 大過)

巽下兌上 ○第十六卦 ≪遯二之上 大壯五之一≫

遯 → 大過 ← 大壯

巽이 下卦이고, 兌가 上卦이다. ○제16괘이다.[71] ≪遯卦의 2가 上으로 가고, 大壯卦의 5가 1로 간다.≫

雜卦傳曰 大過 顚也

「잡괘전」에서 말하였다. "大過는 뒤집힘이다."

○程子曰 大過者 陽過也

○程子가 말하였다. "大過는 陽이 과도한 것이다."

○鏞按 過者 越也 度也 小過 以頤交易 ≪雷山卦≫ 四陰相過以成卦 ≪交過之≫ 小者過也 大過 以中孚交易 ≪澤風卦≫ 四陽相過以成卦 ≪交過之≫ 大者 過也

71) 大過卦는 똑바로 보거나, 뒤집어 보아도 어느 경우나 동일한 형태가 되므로 正卦나 反卦 등으로 부르지 않는다. 이처럼, 正卦와 反卦의 구별을 형성하지 않는 괘에는 乾, 坤, 坎, 離, 頤, 大過, 中孚, 小過의 8괘가 있다.

小過　頤　中孚　大過

○[鏞案] ‘過’는 넘어감(越)이며, 건넘(度)이다. 小過卦는 頤卦와 交易의 관계에 있는데 ≪雷와 山으로 구성된 卦≫ 네 개의 陰爻가 서로 건너감으로써 괘가 형성된 것이니 ≪交易을 통해 上卦는 下卦로 건너가고, 下卦는 上卦로 건너감≫ 작은 것이 건너간 것이다. 大過卦는 中孚卦와 交易의 관계에 있으니 ≪澤과 風으로 구성된 괘≫ 네 개의 陽爻가 서로 건너감으로써 괘가 형성된 것이니, ≪[交易을 통해 上卦와 下卦가] 교체되어 건너감≫ 큰 것이 건너간 것이다.

陽卦多陰 陰卦多陽 ≪大傳文≫ 故小畜主陰 ≪巽一陰≫ 大畜主陽 ≪艮一陽≫ 而二過之卦 反於是例者 以其過也 小過者 陰太過也 ≪四陰勝二陽≫ 大過者 陽太過也 ≪四陽勝二陰≫

小畜　大畜　小過　大過

陽卦에는 陰이 많고, 陰卦에는 陽이 많은 까닭에 ≪「繫辭傳」의 글≫ 小畜卦에서는 陰이 주인이요 ≪上卦인 巽의 한 개의 陰≫ 大畜卦에서는 陽이 주인이 된다. ≪上卦인 艮의 한 개의 陽≫ 그런데 小過卦와 大過卦의 두 괘가 이러한 사례(事例)에 반대되는 것은 그 지나침으로 말미암는 것이니, 小過卦는 陰이 지나치게 많은 경우요 ≪네 陰이 두 陽을 이김≫ 大過卦는 陽이 지나치게 많은 경우이다. ≪네 陽이 두 陰을 이긴다.≫

又 過者 愆也 眚也 二過之卦 本皆虛中 ≪中孚 頤≫ 交而過之

皆成坎眚 小過猶小 ≪中二剛≫ 大過太大 ≪中四剛≫ 此 二卦之所以名也

小過 頤 中孚 大過

또 '過'는 허물이며, 잘못이니, 小過卦와 大過卦의 두 괘가 [交易하기 前에는] 본래 모두 가운데가 비었더니 ≪中孚卦와 頤卦≫ 交易하여, 지나치게 되면 모두 坎의 허물을 형성하는 것이다. 小過卦에 있어서는 너무 작고 ≪가운데 두 개의 剛≫ 大過卦에 있어서는 지나치게 크니 ≪가운데 네 개의 剛≫ 이것이 두 괘가 [각각 小過와 大過라고] 명칭이 붙여진 이유이다.

又 卦自遯大壯來 剛自上來 ≪遯上之二≫ 過以得中 ≪過三陽而來≫ 剛自下往 ≪大壯一之五≫ 過以得中 ≪過三陽而往≫ 此 彖傳之所言也 此卦 亦顚倒以取象 故曰 大過顚也 ≪九二九五詞 皆取倒象≫

遯 → 大過 ← 大壯

또 大過卦는 遯卦와 大壯卦로부터 왔으니, 剛이 上의 위치로부터 와서 ≪遯卦의 上이 2로 감≫ [下卦로] 넘어가서 中을 얻었으며 ≪세 陽을 넘어서 옴≫ 剛이 아래로부터 가서 ≪大壯卦의 1이 5로 감≫ 넘어가서 中을 얻었으니 ≪세 陽을 넘어서 감≫ 이것이 「彖傳」에서 ["剛過而中"이라고] 말한 바와 같다. 이 [大過의] 괘도 역시 뒤집어서 卦象을 취한 까닭에, "大過顚", 즉 "大過는 뒤집힘이다"라고 말한 것이다. ≪大過卦의 九二와 九五의 爻詞도 모두 뒤집힌 괘상을 취했다.≫

大過, 棟橈,[72] 利有攸往, 亨.

大過는 용마루가 휘어짐이다. 갈 곳이 있으면 이롭고 형통할 것이다.

此 大過之不變者也 卦無反對 故亦取倒象 ≪義見上≫ 兩巽之木 ≪上倒巽≫ 首尾殺小 ≪上下陰≫ 以據大坎之宮 ≪上下夾≫ 其象爲棟 ≪全卦爲一棟≫ 其形爲撓[73]也 風以撓之 ≪說卦文≫ 巽之德固撓也 棟者 屋櫋也 屋櫋者 屋極也 ≪負棟者曰 梁≫ 大壯 以震爲棟

大過

이것은 大過卦가 변하지 않는 경우이다. [大過의] 괘는 [뒤집어보아도 같은 괘가 되니] 反對되는 괘가 없는 까닭에, 역시 뒤집어진 象을 취하는 것이다.[74] ≪뜻이 위에 나타남≫ 두 개의 巽의 나무가 ≪上卦는 뒤집어진 巽≫ 머리와 꼬리가 작아져서 ≪제일 위와 제일 밑에 陰이 있음≫ 大坎의

---

72) [校閱] 新朝本과 國中本에는 "橈"로 되어 있으나 奎章本에는 "撓"로 되어 있다. 『周易』의 經文에는 "橈"로 되어 있으므로, 前者를 따른다. 『교감기(校勘記)』에 따르면, "棟橈"로 쓰는 것은 잘못된 것이라고 한다(撓, 各本作橈, 是撓字誤也). 高亨도 "橈"로 쓰는 것이 옳다고 말하였다(김상섭 역, 『高亨의 周易』, 예문서원, 1995, 258면).

73) [校閱] 奎章本과 國中本에는 "橈"로 되어 있으나 新朝本에는 "撓"로 되어 있다. 『周易』의 판본에 따라 "撓"가 "橈"로 나오기도 하는데, 두 글자에 모두 '휘다', '구부러지다'의 뜻이 있으므로, 의미상으로는 차이가 없다.

74) 大過卦는 똑바로 보거나, 뒤집어 보아도 어느 경우나 동일한 형태가 된다. 이처럼 바로 보나, 뒤집어 보나, 동일한 형태를 유지하는 괘로는 乾, 坤, 坎, 離, 頤, 大過, 中孚, 小過의 8괘가 있다.

宮을 받치고 있으니 ≪위와 아래로 끼고 있음≫ 그 끝은 용마루이지만 ≪大過卦 전체가 한 개의 대들보가 됨≫ 그 형태로 말한다면 휘어져 있다. 바람으로써 굽혀지니 ≪「說卦傳」의 글[75]≫ 巽卦의 德은 오로지 휘어짐에 있는 것이다. '棟'은 가옥의 마룻대(屋櫋)를 가리키니, 옥은(屋櫋)이란 [곧] 지붕의 꼭대기를 말하는 것이다. ≪용마루를 짊어지고 있는 것이 대들보이다.≫ 大壯卦에서는 震을 용마루로 간주하였다.

○ 卦自大壯來 ≪五之一≫ 剛往得位 ≪一之五≫ 亦自遯來 ≪二之上≫ 柔往得位 ≪上位陰≫ 利有攸往也 兌則爲利

遯 → 大過 ← 大壯

○大過卦는 大壯卦로부터 왔으니 ≪5가 1로 감≫ 剛이 가서 지위를 얻은 것이다. ≪1이 5로 감≫ 또 [大過卦는] 遯卦로부터 왔으니 ≪2가 上으로 감≫ 柔가 가서 지위를 얻었으니 ≪上位에 陰이 있음≫ "利有攸往", 즉 "갈 곳이 있어 이롭다"라고 한 것이다. 兌는 이로움이 된다.

○往必得位 上下無壅 ≪大坎通≫ 其道亨也 ≪亨通也≫

遯 → 大過 ← 大壯

○가면 반드시 지위를 얻어서, 上下로 막힘이 없을 것이니 ≪大坎은 통함이 됨≫ 그 道가 형통한 것이다. ≪'亨'은 형통(亨通)함의 뜻이다.≫

---

75) 「說卦傳」에 "風以撓之"라는 말이 있는 것은 아니고, "撓萬物者, 莫疾乎風"이라는 말은 있다.

○案 荀九家 以坎爲棟 非也 本末雖弱 中剛太短 安能爲棟 唯大過爲棟也

䷛

大過

○[案] 荀九家는 坎을 ‘棟’으로 보았는데 잘못이다. [坎卦의 경우에는] 근본과 말단이 비록 약하나, 가운데 있는 剛이 너무 짧으니 어찌 용마루(棟)가 되겠는가? 오직 大過卦의 경우에만 용마루가 될 수 있다.

䷛

彖曰 : 大過, 大者過也, 棟橈, 本末弱也. 剛過而中, 巽而說行. 利有攸往, 乃亨, 大過之時, 大矣哉.

「彖傳」: 大過는 큰 것이 지나친 것이요, 용마루가 휘어진 것은 근본(根本)과 말단(末端)이 약하기 때문이다. 剛이 넘어가서 中을 얻고, 겸손으로써 즐겁게 행동하니, 갈 곳이 있으면 이롭고, 이에 형통하니, 大過의 때는 큰 것이다.

大者 陽也 過者 太過也 ≪義見上≫ 本末弱者 上下銳也 ≪陰則小≫ 下巽爲根 ≪本在下≫ 上巽爲梢 ≪末在上≫ 上下皆小 ≪皆一陰≫ 本末弱也 ≪又兌之形銳≫ 棟之爲物 兩頭小也

䷛

大過

"大"는 陽을 가리킨 것이요, "過"는 크게 지나침을 뜻한다. ≪뜻이 위에 나타남≫ "本末弱"이라고 한 것은 위와 아래가 날카로움을 뜻한다. ≪陰은 곧 작음이다.≫ 下卦의 巽은 뿌리가 되고 ≪뿌리는 본래 아래쪽에 있다.≫ 上卦의 [뒤집힌] 巽은 나무의 끝 부분에 해당되어 ≪나무의 끝 부분이 위에 있음≫ 위와 아래가 모두 작으므로 ≪모두 한 개의 陰≫ "本末弱"이라고 말한 것이다. ≪또 兌의 형태는 [제일 위가 陰이 되어] 예리(銳利)한 모습이 됨≫ 용마루의 사물의 형태를 보면 양쪽 머리 부분이 작은 모습이다.

○ 二五爲中 雖過而得中也 ≪義見上≫

䷛

大過

○ 제2位와 제5位는 中이 되니, 비록 [大過卦는] 지나침은 있으나 [剛이] 中을 얻은 것이다. ≪뜻이 위에 나타난다.≫

䷪

初六 : 藉用白茅, 无咎. ○ 象曰 : 藉用白茅, 柔在下也.

初六 : [제사(祭祀)에 희생(犧牲)을 놓기 위해] 자리를 까는 데에 흰 띠풀을 쓰니, 허물이 없을 것이다. ○「象傳」: "藉用白茅"는 柔가 아래에 있

는 것이다.

此 大過之夬也 卦以中孚交易 ≪本風澤≫ 离誠旣孚 ≪本大离≫ 巽齊又潔 ≪上下巽≫ 祭祀之卦也

中孚 大過→初爻變→夬

이것은 大過卦가 夬卦로 변하는 경우이다. 大過卦는 中孚卦와 交易의 관계에 있으니 ≪본래 風과 澤으로 구성된 괘≫ 离의 정성으로 이미 믿고 ≪中孚는 본래 大离의 형태≫ 巽으로 가지런히 하고 또 청결하게 하니 ≪上卦의 倒巽과 下卦의 巽≫ 제사(祭祀)의 괘이다.

卦自大壯 ≪五之一≫ 大兌之牲 ≪兌爲羊≫ 下無所藉 ≪全卦只是羊≫ 移之大過 ≪五之一≫ 則兌牲之下 ≪上今兌≫ 巽草爲苴 ≪下今巽≫ 是何物也 本以震草 ≪自外[76]來≫ 有乾三脊 ≪本下乾≫ 其象 茅也 ≪三脊草≫ 今以巽白 ≪說卦文≫ 是 白茅也 初位在地 ≪三才位≫ 其用爲藉 ≪薦於地 曰 藉≫ 藉用白茅也

大壯 → 大過

大過卦는 大壯卦로부터 왔다. ≪5가 1로 간 것이다.≫ [大壯卦는 大兌의

---

76) [校閱] 新朝本과 國中本에는 "自五來"로 되어 있으나 奎章本에는 "自外來"로 되어 있다. 大壯卦에서 大過卦로 推移할 때, 5가 1로 이동(五之一)하게 되므로, "自五來"라고 하더라도, 틀린 것이 아니다. 또 5에서 1로 이동하는 것은 밖(外)에서 안으로 이동하는 것이므로, 이것을 "自外來"라고 할 수도 있다. 앞서, 細注에서 "五之一"이라는 말이 이미 있으므로, 여기서는 後者를 따르기로 한다.

형태이니] 大兌의 희생(犧牲)이 있는데도 ≪兌는 羊이 됨≫ 그 밑에 깔린 것이 없었는데 ≪大壯卦는 괘 전체 형태가 [大兌로서] 羊에 해당됨≫ 추이하여 大過卦가 되면 ≪5가 1로 감≫ 兌의 희생(犧牲) 밑에 ≪大過卦의 上卦가 지금 兌≫ 巽草인 '苴(저)'가 바닥에 깔려 있으니, 이것은 어떤 물건인가? 본래 [大壯卦의 上卦에 있던] 震의 풀에는 ≪[大壯卦의 上震의 풀이 大過卦의 下巽의 풀로 되었으므로 결국] 밖으로부터 온 것≫ 乾의 세 줄기가 있었으니 ≪大壯卦의 下卦는 본래 乾≫ 그 形象이 띠풀의 모양이요 ≪'모(茅)'는 세 줄기로 된 풀≫ 이제 巽의 흰색이 있으니 ≪巽이 흰색을 뜻한다는 것은 「說卦傳」의 글에 나옴[77]≫ 이것이 "백모(白茅 : 흰 띠풀)"이다. 初爻는 地位이다. ≪3才의 位로 말한 것이다.≫ 그 [흰 띠풀의] 용도(用度)는 깔개가 되니 ≪땅에 까는 거적을 '藉', 즉 '깔개'라고 함≫ [제사(祭祀)에 희생(犧牲)을 놓기 위해] "자리를 까는 데에 흰 띠풀을 쓴다(藉用白茅)"라고 한 것이다.

○大壯之時 二陰乘剛 ≪雷乘乾≫ 其象 厲也 移而降之 ≪五之一≫ 陰乃巽伏 ≪柔在下≫ 是 无咎也 ≪善補過≫

大壯 → 大過

○大壯卦의 때에는 두 개의 陰이 剛을 타고 있어 ≪雷가 乾을 타고 있음≫ 그 형상이 위태롭더니, [大過卦로] 推移하여 내려오면 ≪5가 1로 감≫ [밑으로 내려온] 陰에 의해 巽의 엎드림의 뜻이 되니 ≪柔가 아래에 있음≫ 이것이 "无咎"라고 한 까닭이다. ≪허물을 잘 보완함≫

○柔在下者 本象也 初爲卦主 故不取變象

---

77) 「說卦傳」에 "巽 …… 爲白"이라고 하였다.

○"柔在下"라고 한 것은 本卦의 象을 가리킨다. 初爻는 卦主가 되는 까닭에 [지괘(之卦)의] 변상(變象)을 취하지 않는다.

○案 士虞禮 苴刌茅 長五寸 《束之 實于筐》 佐食 取黍稷 祭于苴 又取膚祭 于苴 藉用白茅 蓋指此禮也

○[案] 『儀禮』 「士虞禮」에 "저촌모(苴刌茅), 장오촌(長五寸)", 즉 "苴(까는 풀)로는 띠풀을 五寸(다섯 마디)의 길이로 자른다"라고 하였다. ≪[또] "束之, 實于筐", 즉 "다발로 묶어서 광주리에 채운다"라고 하였다.[78]≫ 또 "좌식(佐食), …… 취서직(取黍稷), 제우저(祭于苴), …… 취부제(取膚祭)",[79] 즉 "먹기를 권함에,[80] …… 기장과 피의 곡식을 취하여 까는 풀 위에 [두고] 제사(祭祀)를 드림에, …… 돼지고기[81]를 취하여 제사드린다"라고 하였다.[82] "제우저(祭于苴)"라고 하고,[83] 또 "자용백모(藉用白茅)"라고 한 것은 대개 이

78) 『儀禮』 「士虞禮」에 "苴刌茅, 長五寸, 束之, 實于篚"이라고 함(『儀禮』, 학민문화사, 2000, 640면).

79) 『儀禮』 「士虞禮」에 "佐食許諾, [鉤袒], 取黍稷, 祭于苴, [三]取膚祭"이라고 함(위의 책, 645면). 다산의 인용문에서는 [鉤袒]와 [三]이 생략되어 있다. 그리고 [三] 대신에 "又"字가 첨가되어 있다.

80) 좌식(佐食): 밥을 권함. 먹기를 권함.

81) 膚: 돼지고기의 껍데기를 말한다. 고기를 삶았을 때 생기는 것으로 만든다(吳江原 譯註, 『儀禮』 卷3, 청계, 2000, 851면).

82) 又取膚祭于苴: 이 문장을 "又取膚祭, 于苴"로 끊어 읽을 것인가, 아니면, "又取膚, 祭于苴"로 끊어 읽을 것인가가 문제가 된다. 『儀禮』 「士虞禮」의 原文에는, "佐食許諾, 鉤袒, 取黍稷, 祭于苴, 三取膚祭"로 되어 있으므로, 茶山의 인용문에서는 "佐食 取黍稷, 祭于苴, 又取膚祭"를 한 문장으로 끊어 읽고, "于苴 藉用白茅 蓋指此禮也"를 또 다른 문장으로 끊어 읽는 것이 타당할 것으로 보인다. 따라서 "又取膚"가 아니라, "又取膚祭"로 읽는 것이 옳다. 다만, 문제는 "于苴, 藉用白茅"라고 읽을 때, 『儀禮』 「士虞禮」의 原文에 "祭于苴"라고 되어 있기 때문에, "于苴" 앞에 '祭'字를 삽입해주는 것이 자연스러운 문장이 될 것으로 보인다.

83) 鄭玄은 "苴刌茅, 長五寸, 束之, 實于篚"의 句에 대한 注에서, "苴猶藉也"라고 함(『

禮를 가리킨 것이다.

○又按 虞仲翔 直以巽爲白茅 疎矣 ≪三脊之義 見泰卦≫

○[又案] 우중상(虞仲翔)은 곧바로 巽을 '백모(白茅)'로 간주하였으나, 그 뜻이 소략(疏略)하다. ≪세 줄기[三脊]의 뜻은 泰卦에 나타남[84]≫

孔子曰 苟錯諸地 而可矣 ≪一二地≫ 藉之用茅 何咎之有 愼之至也 ≪大坎以敬之≫ 夫茅之爲物 薄而用[85] 可重也 ≪一陰薄≫ 愼斯術也 以往 其無所失矣 ≪一剛往得位≫

大壯 → 大過

孔子께서 [다음과 같이]말씀하셨다. "진실로 땅에 내려놓아도 되거늘 ≪1·2位는 地位≫ 자리를 깔고, 띠풀을 썼으니 무슨 허물이 있겠는가? 신중함의 지극함이다. ≪大坎으로써 공경함≫ 무릇 띠풀은 [보잘것없는] 얇은 물건이지만, 그 쓰임새는 중요하니 ≪한 개의 陰이므로 얇다고 한 것이다.≫ [제사지낼 적에 이처럼] 신중하게 진행한다면, 잃는 바가 없을 것이다."[86] ≪한 개의 剛이 가서 지위를 얻은 것이다.[87]≫

○案 卦德爲過 藉用白茅者 過於愼重也

儀禮』, 학민문화사, 2000, 640면).

84) 茶山은 泰卦 初九의 "拔茅茹"의 '茅'를 풀이하면서, 乾의 三陽이 세 가닥의 등줄기를 가진 띠풀(茅)에 해당된다고 함.

85) [校閱] 新朝本과 國中本에는 "薄而用, 可重也"으로 되어 있으나 奎章本에는 "薄而可, 用重也"로 되어 있다. 「계사상전(繫辭上傳)」의 原文에 따르면, 前者가 옳다.

86) 孔子의 인용문은 「繫辭上傳」에 나오는 말이다.

87) 大壯卦의 1이 5로 가서 大過卦가 되는 것을 가리킨다.

○[案] [大過卦의] 성격은 지나침에 있으니, "藉用白茅"라고 한 것은 신중함이 [지나칠 정도로] 과도(過度)한 행위를 뜻한다.

九二 : 枯楊生稊, 老夫得其女妻, 无不利. ○ 象曰 : 老夫女妻, 過以相與也.

九二 : 마른 버드나무에 싹이 나며, 늙은 지아비가 처(妻)를 얻으니, 이롭지 않음이 없을 것이다. ○「象傳」: 늙은 지아비가 처를 얻으니, [장가가기에 적절한 때를 이미] 지나친 것이지만 서로 [더불어] 같이 사는 것이다.

此 大過之咸也 巽爲柔木 ≪異震剛≫ 卦德顚倒 ≪見雜卦≫ 柔而且倒 於木楊也 ≪木之倒垂者 爲楊≫ 本自中孚 ≪交易之≫ 离則爲槁 ≪說卦文≫ 是 枯楊也 二之旣變 倒震反生 ≪下今艮≫ 旉而蕃鮮 ≪說卦文≫ 枯楊生稊也 ≪與荑通≫ 葉始生曰 稊 ≪說文云≫

中孚　　大過→第2爻變→咸

이것은 大過卦가 咸卦로 변하는 경우이다. [大過卦의 下卦인] 巽은 부드러운 나무이며, ≪震의 굳센 성질과 대조됨≫ 巽卦의 성질은 뒤집어짐에 있으니 ≪「雜卦傳」에서 "巽, 伏也"라고 함≫ 부드러운 성질을 갖고 있으면서 또 거꾸로 된 형상을 취하고 있는 것은 나무 종류로는 버드나무가 있다. ≪나무가 거꾸로 드리우고 있는 모습을 취하고 있는 것이 버드나무이다.≫ 본래 [大過卦는] 中孚卦로부터 변하였으니 ≪風×澤 中孚卦로부터 交易되어 澤×風 大過卦가 됨≫ [中孚卦는 大离의 형태이니] 离는 곧 마른나무가 되니 ≪「說卦傳」에 나옴≫ 이것이 "고양(枯楊: 마른 버드나무)"에 해당된다. 제2爻가 이미 변함에 震의 뒤집힌 형태가 다시금 생겨나 ≪[咸卦의] 下卦는 이제 艮≫ 무성하게 우거져서 아름다우니 ≪「說卦傳」의 글[88]≫ "고양생제(枯楊生稊: 마른 버드나무에 싹이 났다)"라고 한 것이다. ≪'稊(제)'字는 '荑(제)'字와 통함≫ 잎이 비로소 생기는 것을 가리켜 '稊(제)'라고 한다. ≪『說文』에서 말하였다.≫

○震男最長 ≪下倒震≫ 是 老夫也 上配兌女 ≪婚配之卦 本倒合≫ 老夫得其女妻也 ≪女未嫁在室之稱≫ 枯楊生稊 非是象乎

大過 → 第2爻變 → 咸

○震男은 [坎男과 艮男에 비교해서] 가장 어른이니 ≪咸卦의 下卦는 뒤집어진 震≫ 이것이 "老夫"에 해당된다. 위로 兌의 여자를 배필(配匹)로 맞아들였으니 ≪혼인과 배필의 괘는 본래 뒤집어서 합침≫ "老夫得其女妻"라고 한 것이다. ≪"女妻"는 아직 시집가지 못하고, 집에 있는 여자를 지칭한다.≫ "枯楊生稊"라고 한 것은 [바로] 이 象을 두고 말하는 것이 아니겠는가?

○咸自否來 ≪上之三≫ 兌女之配 我也 損其一陽 以來益我 ≪上之三≫ 无不利也 兌則爲利 ≪義之和≫

---

88) 「說卦傳」에 "震 …… 爲蕃鮮"이라고 함.

大過→第二爻變→咸← 推移←否

○咸卦는 否卦로부터 왔으니 ≪上이 3으로 감≫ 兌女의 배필은 나(我)인데, 그 [兌女쪽으로부터] 하나의 陽을 덜어와 나에게 보태주니 ≪上이 3으로 감≫ "无不利"라고 한 것이다. 兌는 곧 이로움이 된다. ≪兌는 義의 조화로움이 된다.[89]≫

○過以相與者 否之一陰 過四五而上交 ≪三之上≫ 亦其一陽過五四[90]而下交也 ≪上之三≫ 年紀已老 不與女而相敵 此 過時以相與也 ≪又三與上應 爲相與也≫

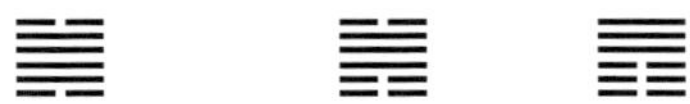

大過→ 第2爻變→咸←推移←否

○"過以相與"라고 한 것은 否卦의 하나의 陰이 5와 4를 지나가서, 上卦와 더불어 섞이고 ≪3이 上으로 감≫ 또 그 하나의 陽이 4와 5를 지나가서, 下卦에 섞인 것을 가리킨 것이다. ≪上이 3으로 감≫ 나이가 이미 늙어서 처녀와 더불어 상대가 되기에는 어울리지 않으니, 이것은 적절한 시기를 지나쳤으나, 서로 같이 사는 것이다. ≪또 3과 上이 應하는 것이 "相與", 즉 "서로 더불어 함께 사는 것"이 된다.≫

○案 夏小正云 正月柳稊 ≪稊 發荂也 與荑同≫ 古者 氷泮[91]爲婚

89) 乾卦의 「文言」에 "利者, 義之和"라고 하였는데, 利는 兌의 德에 해당된다.

90) [校閱] 新朝本에는 "五四"로 되어 있으나 奎章本과 國中本에는 "四五"로 되어 있다. 앞뒤로 순서만 뒤바뀐 것이므로, 어느 것이나 틀린 것은 아니다. 그러나 否卦의 上이 3으로 이동할 때, 위에서부터 아래로 이동하게 되므로, "五四"로 하는 것이 더 적합하다. 여기서는 前者를 따르기로 한다.

正是 柳稊之時也 鄭玄本 稊作荑 ≪鄭云 木新生≫ 荑與稊通 荑者茅始生也 葉始生亦爲荑

○[案] 『대대례기(大戴禮記)』 「하소정(夏小正)」[92]에 이르기를, "正月에 버드나무의 싹이 난다"고 하였다. ≪'稊(제)'字는 꽃(荂)이 피는 것이니, '荑(제)'字와 더불어 같다.≫ 옛 적에 얼음이 풀리는 때가 되면 혼인한다고 하였으니, 이것은 바로 버드나무에 싹이 트는 [2月의] 때를 말하는 것이다. 鄭玄本에서는 '稊(제)'字를 '荑(제)'字로 썼다. ≪鄭玄이 말하기를 "[이것은] 나무가 새로 돋아남"이라고 했다.≫ '荑(제)'字는 '稊'字와 통하니 '荑(제)'는 띠풀이 비로소 생기는 것을 뜻한다. 잎이 비로소 생기는 것도 역시 '荑(제)'가 된다.

○又按 卦德爲過 六爻 皆播性也

○[又案] 大過卦의 성질은 지나침에 있으므로, 여섯 효가 모두 파성(播性)[93]을 위주로 한다.

---

91) [校閱] 奎章本에는 "冰泮"으로 되어 있으나 新朝本과 國中本에는 "氷泮"으로 되어 있다. 어느 경우나 뜻은 같다.

92) 「하소정(夏小正)」: 원래 『大戴禮記』(卷1) 중의 1편으로서, 중국 先秦 때의 기후 관련 저서인데, 400여 자로 되어 있다. 중국 前漢 때의 대덕(戴德)이 지은 것으로 전하고 있으나, 편찬시기에 대해서는 의견이 분분하다. 이 책의 성격에 대해서는 두 가지 견해가 있다. 하나는 이 책이 夏나라의 달력 12개월의 순서에 따라 매달의 성상(星象)·기후에 따른 농서와 정치를 기술한 것으로 보는 것이고, 다른 하나는 원시시대 이족(彝族)의 제사 기록으로 보는 것이다. 이 책은 종식(種植)·잠상(蠶桑)·목축·어렵(漁獵) 활동에 대해 기록하고, 종식과 채집의 종류, 사용 공구에 대해서도 간략하게 서술하고 있다. 이러한 내용은 당시의 토지제도와 생산관계를 반영하고 있을 뿐 아니라 천문·농업·목축업에 대해서도 언급하고 있어 진나라 이전의 과학기술과 경제를 연구하는 데 중요한 자료로 평가받고 있다. 이 책의 가치를 반영하듯 많은 학자들이 이 책의 注를 편찬했는데, 대표적인 사람으로 남송 때 성리학을 집대성한 주자(朱子)와 채원정(蔡元定), 원나라의 금리상(金履祥) 등을 들 수 있다. 청나라 때에는 이 책에 주를 단 사람이 더욱 많았다. 서세부(徐世溥)의 『夏小正解』, 황숙림(黃叔琳)의 『夏小正注』, 제금(諸錦)의 『夏小正詁』, 필원(畢沅)의 『夏小正考注』, 정홍조(程鴻詔)의 『夏小正集說』, 황모(黃模)의 『夏小正分箋』, 손성연 校注 『夏小正傳』 등을 들 수 있다.

93) 파성(播性): 茶山이 「讀易要旨」를 통해 천명한 주역해석의 원칙인 18則 중의 하나로

九三：棟撓，凶. ○象曰：棟撓之凶，不可以有輔也.

九三：용마루가 [아래로] 휘어져 있으니, 흉할 것이다. ○「象傳」：용마루가 [아래로] 휘어지면 흉한 까닭은 [용마루가 휘어져 부러지려고 할 때] 도울 수 없기 때문이다.

此 大過之困也 否移爲困 《上之二》 則坎宮之上 《下今坎》 巽木橫措 《上倒巽》 其象 棟也 乃此巽棟 上邊虛陷 《巽倒故》 棟之撓也 《向下而撓曲》 棟撓[94] 乎下 《如心字下畫》 必致摧折 《兌爲折》 不已凶乎

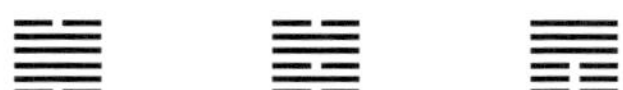

大過 →3爻變→困 ← 推移 ← 否

이것은 大過卦가 困卦로 변하는 경우이다. 否卦로부터 推移하여 困卦가 되면 《上이 2로 감》 坎의 집의 위쪽으로 《[困卦의] 下卦는 지금 坎》 巽의 나무가 [그 집에] 가로질러 놓여 있으니 《上卦는 뒤집어진 巽》 그 象이 용마루의 모습이다. 이에 이 巽의 용마루(棟)의 위쪽 모서리가 함몰되어 꺼져 있으니 《巽이 뒤집어져 있는 까닭에 용마루의 위쪽이 함몰된 것으로 봄》 용마루가 휘어져 있는 것이다. 《아래를 향하여 휘고, 구부러져 있음》 용마루가 아래로 휘어지면 《마치 '心'자의 아래 획과 같은 모양으로 휘어짐》 반드시 꺾어지고 부러지게 되어 있으니 《兌는 부러짐이 됨》 이미 흉하지 않겠는가?

○遂成坎輿 《下今坎》 輿則有輔 《車之兩旁木》 上當兌折 不可輔也 輔者 助力也 棟之方折 誰其輔之

서, 爻變을 통해 本卦에서 之卦로 괘의 변동이 이루어지더라도, 해석은 之卦보다는 本卦를 중심으로 행해져야 한다는 원칙을 말한다.

94) [校閱] 奎章本과 國中本에는 "撓"로 되어 있으나 新朝本에는 "橈"로 되어 있다.

大過→3爻變→困

○마침내 坎의 수레를 형성하니 ≪[困卦의] 下卦는 지금 坎≫ 수레의 덧방나무(輔)는 수레를 지지(支持)할 수 있도록 설치된 것이지만 ≪수레의 양쪽 곁을 끼고 있는 나무≫ 위[의 困卦의 上卦]에서 兌의 끊어짐을 당하니, [수레를 지지할 수 있도록] 도울 수가 없는 것이다. [또] '輔(보)'는 돕는 힘을 뜻한다. 용마루가 바야흐로 끊어지려고 하니, 누가 그것을 도울 수 있겠는가?

○案 通卦爲大棟 是 竪看也 ≪合六畫而爲一棟≫ 分卦 ≪上下卦≫ 爲小棟 ≪上倒巽≫ 是 橫看也 ≪每以一巽 爲一棟≫

倒巽(上卦) 大過 巽(下卦)

○[案] 大過卦를 통틀어 보면 큰 용마루(大棟)가 되니, 이것은 종적(縱的)으로 관찰하는 법이요, ≪여섯 획을 합치면 한 개의 [큰] 용마루가 됨≫ 大過卦를 나누어 보면 ≪上卦와 下卦로 나눔≫ 작은 용마루가 되니 ≪上卦는 뒤집힌 巽≫ 이것은 횡적(橫的)으로 관찰하는 법이다. ≪한 개의 巽이 각각 한 개의 용마루가 된다.≫

○學圃云 困自否來 故其象 凶

大過→第3爻變→困←推移←否

○ 학포(學圃)가 말하였다. "困卦는 否卦에서 왔으므로 그 卦象이 흉하다."

九四 : 棟隆, 吉, 有它, 吝. ○ 象曰 : 棟隆之吉, 不撓乎下也.

九四 : 용마루가 높으니, 吉할 것이다. [뜻하지 않게] 다른 일이 생기리니, [만일 허물을 고치지 않는다면] 인색하게 될 것이다. ○「象傳」: 용마루가 높으면 길한 까닭은 [용마루가] 아래로 휘지 않았기 때문이다.

此 大過之井也 泰移爲井 ≪一之五≫ 則坎宮之內 ≪上今坎≫ 巽木横措 ≪下今巽≫ 其象 棟也 今之巽棟 下邊虛陷 ≪正巽故≫ 是 亦撓也 ≪撓曲也≫ 然而曰 隆者 不撓乎下也 ≪棟之上脊隆≫ 棟撓乎上 則穹然其隆 而爲硬脊之屋也 ≪棟如虹≫ 故曰 吉 ≪撓雖同而吉凶別≫ 又巽爲高 ≪說卦文≫ 隆者 高也

大過 →4爻變→井 ← 推移 ← 泰

이것은 大過卦가 井卦로 변하는 경우이다. 泰卦로부터 추이(推移)하여 井卦가 되면 ≪1이 5로 감≫ 坎의 집안에 ≪井卦의 上卦는 이제 坎≫ 巽의 나무가 가로질러 놓여 있으니 ≪[井卦의] 下卦는 이제 巽≫ 그 象이 용마루(棟)이다. 이제 巽의 용마루의 아래쪽 가장자리가 비고 함몰되어 있으니 ≪巽이 뒤집어져 있지 않고 바르게 서 있는 까닭에, 용마루의 아래쪽이 함몰된 것으로 봄≫ 이것이 또한 [용마루가] 휘어져 있는 것이다. ≪휘어져서 구부러져 있음≫ 그러나 '隆(높음)'이라고 말한 것은 [용마루가] 아래로 휘어져 있지 않다는 것을 말한 것이다. ≪용마루의 위쪽 등성마루가 높음≫ 용마루가 위로 휘어지면 그 높이가 크고 웅장하여 등성마루가 튼튼한 집이 되는 까닭에 ≪용마루가 마치 무지개 모양과 같음≫ 길하다고 한 것이다. ≪[大過卦 九三과 大過卦 九五는] 용마루가 휘었다는 점에 있어서는 같으나 길흉이 이처럼 갈라진다.≫ 또 巽은 높음이 되니 ≪「說卦傳」의 글≫ '융(隆)'은 '높다(高)'는 뜻이다.

○有它 猶言有故也 坎爲疾病 ≪說卦文≫ 爲盜爲雨 ≪亦說卦≫ 凡祭祀燕饗之筮 若遇此爻 有他故也 ≪比初六 中孚初九 亦同≫ 坎眚不改 ≪本大坎≫ 其占爲吝

○"유타(有它 : 다른 일이 있다)"라는 표현은 마치 "有故(事故가 있다)"라고 말하는 것과 같다.[95] 坎은 질병(疾病)이 되며 ≪「說卦傳」의 글≫ 도둑이 되고, 비(雨)가 되니 ≪역시 「說卦傳」의 글≫ 무릇 제사(祭祀)와 잔치를 맞아 산대점을 칠 때, 만약 이 爻를 만난다면 [본래 예정되어 있는 일 이외에] 어떤 다른 事故가 있게 된다. ≪比卦 初六[96]과 中孚卦 初九[97]의 경우도 또한 같음≫ 坎의 잘못을 고치지 않았으니 ≪大過卦는 본래 大坎의 형태≫ 그 점괘가 [허물을 고침에 있어] 인색함(吝)의 점괘가 되는 것이다.

---

95) '它'는 ① 蛇의 古字, ② 他(다르다)의 뜻. 『說文』에 "它는 蟲이다. 옛날에는 풀에서 살았기 때문에, 뱀이 무는 것을 걱정하여 서로 뱀이 없느냐고 물었다(它, 蟲也, 上古艸居患它, 故相問無它乎)." 그래서 옛날사람들은 뜻밖의 환난을 가리켜 它라고 했다. 은허(殷墟)의 卜辭에도 역시 '有它', '亡它' 등의 말이 나온다(김상섭 역, 『高亨의 周易』, 예문서원, 1995, 137면).

96) 比卦 初六에 "有孚比之, 无咎, 有孚盈缶, 終來, 有它, 吉", 즉 "믿음으로 친하여야 허물이 없으리니, 믿음을 두기를, 질그릇에 가득 차듯이 하면, [祭祀의 禮가] 끝날 즈음에 다른 일이 생기더라도, [결국에는] 吉함이 있을 것이다"라고 함.

97) 中孚卦 初九의 爻辭에 "虞吉, 有它, 不燕", 즉 "우제(虞祭)를 지내니, 吉하다. 다른 일이 생기리니, 잔치를 하지 못할 것이다"라고 함.

○不撓乎下者 明九三之棟 撓乎下也

○"不撓乎下", 즉 "아래로 휘지 않았다"라고 말한 것은 [大過卦의] 九三爻의 용마루가 [九四爻의 경우와는 달리] 아래로 휘었음을 분명히 한 것이다.

○案 卦德爲過 棟撓 棟隆者 過於直而曲者也

○卦의 성질이 지나침에 있으니 "棟撓(용마루가 휘었음)와 棟隆(용마루가 높음)은 지나치게 경직(硬直)되어 휘어진 경우이다.

○學圃云 井自泰來故 其象 吉

大過→4爻變→井←推移← 泰

○학포(學圃)가 말하였다. "[大過九四의 爻詞에서 '棟隆, 吉'이라고 하였으니] 井卦는 泰卦에서 왔으므로 그 卦象이 길하다."

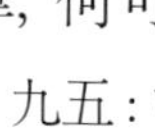

九五 : 枯楊生華, 老婦得其士夫, 无咎, 无譽. ○象曰 : 枯楊生華, 何可久也, 老婦士夫, 亦可醜也.

九五 : 마른 버드나무에 꽃이 피며, 늙은 부인이 [총각인] 지아비를 얻으니, 허물은 없으나, 영예(榮譽)도 없을 것이다. ○「象傳」: 마른 버드나무에 꽃이 피니, 어찌 오래 갈 수 있겠으며, 늙은 부인이 [총각인] 지아비

를 얻으니, 역시 추하다고 할 수 있다.

此 大過之恒也 倒巽之楊 《上本兌》 亦自中孚 《交易之》 是 枯楊也 《离爲科上槁》 變而爲震 《上今震》 其藪蕃鮮 《說卦文》 枯楊生華也

中孚 大過→第5爻變→恒

이것은 大過卦가 恒卦로 변하는 경우이다. [大過卦의] 뒤집혀진 巽의 버드나무는 《大過卦의 上卦는 본래 兌》 역시 中孚卦로부터 왔으니 《風澤中孚卦로부터 交易하여 澤風 大過卦가 됨》 이것이 "枯楊", 즉 "마른 버드나무"이다. 《「說卦傳」에 따르면 离는 '科上槁', 즉 '나뭇가지가 바싹 마른 것'[98]이 된다.》 [大過卦가 恒卦로 되면서 上卦인 兌가] 변하여 震이 되면 《이제 上卦가 震》 그 꽃이 무성한 모습이 우거져서 고우므로 《「說卦傳」의 글》 "고양생화(枯楊生華)", 즉 "마른 버드나무에 꽃이 피었다"고 말한 것이다.

○下巽 老婦也 《長女卦》 今配倒艮 《牉合 故必取倒象》 得士夫也 《艮少男》 詩云 吉士誘之 士者 未娶之稱也

大過→5爻變→恒

○下卦의 巽은 '老婦(늙은 부인)'에 해당되니 《巽은 長女의 괘》 이제

98) 「說卦傳」에 따르면 离는 '科上槁'라고 하였는데, 茶山은 그 의미를 "科者, 條也 木, 枵中而燥暵, 則條 必上槁也(科는 나뭇가지를 말하며, 나무가 속이 비고 바싹 마르게 되면, 나뭇가지가 바싹 마르게 된다)"라고 해석하고 있다.

뒤집어진 艮의 남자를 배필로 맞았으므로 ≪'牉合', 즉 '뒤집어서 합쳐진 괘'의 형태인 까닭에 반드시 뒤집어진 象을 취함≫ "득사부(得士夫)", 즉 "[총각인] 지아비를 얻었다"라고 말한 것이다. ≪艮은 小男≫ 『詩經』「國風」「召南」「야유사균(野有死麕)」에서 "吉士誘之", 즉 "착한 선비가 유혹한다네"라고 하였으니,[99] '사(士)'란 남자가 장가가기 以前의 명칭이다.

○昔自大壯 兌已乘剛 泰卦亦然 ≪陰在上≫ 移之爲恒 ≪四之一≫ 陰乃卑降 遂以巽伏 ≪下今巽≫ 是 无咎也 悅言乎兌 ≪說卦文≫ 今兌旣變 ≪上今震≫ 亦无譽也

大壯 → 推移 → 大過→5爻變→恒←推移←泰

○옛 적 大壯卦의 때로부터, 兌가 剛을 타고 있었더니, 泰卦에서도 역시 그러하다. ≪陰이 위에 있음≫ [泰卦로부터] 추이하여 恒卦가 되면 ≪4가 1로 감≫ 陰이 이에 낮은 데로 내려와 마침내 巽으로써 엎드리니 ≪恒卦의 下卦는 이제 巽≫ 이것이 "无咎"가 되는 까닭이다. [大過卦에서] 兌에서 말씀을 즐거워하더니 ≪「說卦傳」의 글≫ 이제 兌가 이미 변하였으니 ≪[恒卦의] 上卦는 이제 震≫ 또한 "无譽", 즉 "영예(榮譽)도 없는 것"이 된다.

○老婦色衰 强爲容飾 如枯楊之華 不可久也 詩云 桑之落矣 其黃而隕 亦此意也 古者 三十而娶 二十而嫁 ≪內則文≫ 今婦老

99) 『詩經』「國風」「召南」「야유사균(野有死麕)」에 나온다. 즉, "野有死麕, 白茅包之. 有女懷春, 吉士誘之(들에 죽은 노루가 있거늘, 흰 띠풀로 싸도다. 아가씨가 봄을 그리워하거늘 吉士가 유인하도다)"라고 함. 여기서 "吉士"라고 함은 아름다운 선비(美士)를 뜻한다. 이 詩는 아름다운 선비가 흰 띠풀로 죽은 노루를 싸서, 봄을 그리워하는 여자를 유인한 것이라고 한다(成百曉 譯註, 『詩經集傳』 上, 전통문화연구회, 1999, 67면).

男少 亦可醜也 或曰 九二 再娶之占也 九五 改嫁之占也

○늙은 婦人이 용모가 쇠하여 억지로 용모를 꾸미나, 마치 마른 버드나무에 핀 꽃이 오래갈 수 없는 것과 같다. 『詩經』「國風」「衛風」「氓」에, "桑之落矣, 其黃而隕", 즉 "뽕잎이 떨어지더니 누렇게 물들었네"[100]라고 한 것도 역시 이런 뜻이다. 옛 적에는 서른 살이 되면 장가들고, 스무 살이 되면 시집갔는데 ≪『禮記』「內則」에 나오는 글[101]≫ 이제 婦人은 늙었는데, 남편은 젊었으니, 역시 추하다고 할 수 있다. 或者가 말하기를 "[大過卦의] 九二爻는 [이미 장가갔던 남자가] 다시 장가드는 점괘요, [大過卦의] 九五爻는 [이미 시집갔던 여자가] 다시 시집가는 점괘"라고 하였다.

○[102] 案 古文 華 荂旉藪 並相通

○古文에서는 '華'字와 '荂(과)'字, '旉(부)'[103]'字와 '藪(부)'字는 아울러 서로 통한다고 하였다.

100) "桑之落矣, 其黃而隕(뽕잎이 누렇게 되어 떨어짐)"은 자신의 容色이 시들었음을 비유적으로 표현한 것이다(『詩經』「國風」「衛風」「氓」). 毛序에 따르면, 「氓」은 세속을 풍자한 詩로서, 宣公의 때에 禮義가 사라져, 淫風이 크게 유행하니, 남녀가 분별이 없어, 마침내 서로 달려가고 유혹하였으며, 아름다운 容色이 쇠하면 다시 서로 등졌는데, 나중에 곤궁해지면 그 배우자를 잃은 것을 스스로 후회하였다고 한다(成百曉 譯註, 『詩經集傳』 下, 전통문화연구회, 1999, 154면).

101) 三十而娶 二十而嫁:『禮記』「內則」에 "三十而娶, 二十而嫁"라는 句가 그대로 나오는 것은 아니다. 「內則」에는 "三十而有室, ……, 二十而嫁"라는 句는 있다.

102) [校閱] 奎章本에는 "○"의 표시가 빠져 있다.

103) '旉'는 '敷'字의 古字이다.

上六 : 過涉滅頂, 凶, 无咎.[104] ◯象曰 : 過涉之凶, 不可咎也.

上六 : 무모하게 [물을] 건너다가 이마까지 빠졌으니, 흉한 일을 당한 것이지만, 허물은 없을 것이다. ◯「象傳」: 무모하게 [물을] 건너다가 흉한 일을 당하였으나, [뜻하지 않게 당한 일이니] 나무랄 수도 없다.

此 大過之姤也 卦自遯來 ≪二之上≫ 遯走之人 乾以爲首 ≪上本乾≫ 乾之上剛 又其頂也 ≪頂 覆在首上≫ 移之大過 ≪二之上≫ 則坎水上溢 ≪上下夾≫ 險津旣過 ≪已至上[105]≫ 乾頂遂滅 ≪上今兌≫ 過涉而滅頂也 ≪乾首 沒於坎水中≫ 不亦凶乎 上爲卦主 故言其本象

遯 → 大過 → 姤

이것은 大過卦가 姤卦로 변하는 경우이다. 大過卦는 遯卦로부터 왔으니 ≪[遯卦의] 2가 上으로 감≫ 遯卦에서 도망쳐 달리던 사람의 머리에 해당되는 것은 乾이니 ≪[遯卦의] 上卦는 본래 乾≫ 乾卦의 가장 위에 있는 剛은 또한 그 이마에 해당된다. ≪이마는 머리의 윗부분을 덮고 있음≫ [遯卦로부터] 推移하여 大過卦가 되면 ≪2가 上으로 감≫ 坎의 물이 위로 넘쳐흐르니 ≪大過卦는 위와 아래로 끼고 있는 大坎의 형태≫ 험한 나루터를 이미 지나쳐 ≪이미 [물이 차서] 위에까지 도달함≫ 乾의 이마가 마침내 [물에] 빠지니 ≪上卦는 이제 兌≫ [이것은] 무모하게 물을 건너다 이마까지 잠긴 것이니 ≪乾의 머리가 坎의 물 속에 빠짐≫ 또한 흉하지 않을 것인가? 上爻는 卦主

104) [校閱] 奎章本과 新朝本과 國中本에 모두 "无咎"가 누락되어 있다.
105) [校閱] 奎章本에는 "已至上"이 "已至止"로 되어 있는데, 誤記이다.

가 되므로 本象, 즉 本卦의 象을 말하였다.[106]

○ 以柔居陰 ≪上本[107]柔≫ 位非不當 旣過而滄 患生不虞 不可咎也

遯 → 大過

○ 柔로써 陰의 위치에 머물렀으니 ≪上位는 본래 柔의 자리≫ 그 地位가 부당(不當)한 것은 아니지만, 이미 습기가 지나치게 많은 것이다. 우환(憂患)이 뜻하지 않게 생긴 것이니, 나무랄 수 없다.

【29. 중수 감(重水 坎)】

坎下坎上 ○ 第十七卦 ≪臨一之五 觀上之二≫

臨 → 坎 ← 觀

---

106) 大過卦에서는 上爻뿐만 아니라 初爻도 卦主가 된다. 다산은 初爻에서 "初爲卦主故, 不取變象"이라고 하였다.

107) [校閱] 新朝本과 國中本에는 "上本柔"로 되어 있으나 奎章本에는 "上今柔"로 되어 있다. 어느 경우나 틀린 것은 아니다. "上本柔"라고 하면, 上位가 본래 陰位임을 가리키며, "上今柔"라고 하면, 지금 上位에 陰이 있음을 가리킨다.

坎이 下卦이고, 坎이 上卦이다. ○第17卦이다.[108] ≪臨卦의 1이 5로 가고, 觀卦의 上이 2로 간다.≫

序卦傳曰 坎者 窞也

「序卦傳」에서 말하였다. "坎은 구덩이를 뜻한다."

○[109] 雜卦傳曰 離上而坎下也 ≪朱子曰 炎上潤下≫

○「雜卦傳」에서 말하였다. "離는 올라감이요, 坎은 내려옴이다." ≪朱子가 말하였다. "뜨거운 것은 위로 올라가고, 젖은 것은 아래로 내려온다."≫

○鏞案 坎者 土欠也 大地混圇 其有欠闕者 爲坎窞也 開闢之初 水土混淪 其有坎窞 水則就之 大窞則爲瀛海 小窞則爲溪澤 此 坎之所以爲水也 又坎者 險也 物之險者 莫如巖石 故巖之與險 義本相通 坎者險也 ≪坎本爲大石≫ 卦自臨觀來 天險地險 卽謂是也 ≪彖傳文≫

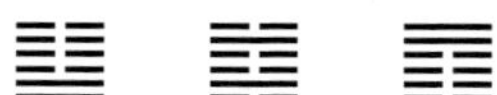

臨 → 坎 ← 觀

○[鏞案] 坎은 땅이 꺼진 것이다. 大地는 [본래] 혼륜(混圇)[110]한 모양을 하고 있지만, 거기에 꺼져서 모자란 부분이 생긴 것이 [바로] 坎의 구덩이이다. [天地가] 개벽(開闢)할 처음에, 물과 흙이 혼탁하게 흐르더니,

108) 坎卦는 똑바로 보거나, 뒤집어 보아도 어느 경우나 동일한 형태가 되므로 正卦나 反卦 등으로 부르지 않는다. 이처럼, 正卦와 反卦의 구별을 형성하지 않는 괘에는 乾, 坤, 坎, 離, 頤, 大過, 中孚, 小過의 8괘가 있다.

109) [校閱] "○"이 奎章本에는 빠져 있다.

110) 혼륜(混圇) : 뭉쳐져서 이지러진 데가 없는 모양.

거기에 坎의 구덩이가 있으면 물이 [그 쪽으로] 나아가니, [물이 흘러간 곳이] 큰 구덩이면 바다가 되며, 작은 구덩이면 계곡의 연못(溪澤)이 된다. 이것이 坎을 물(水)이라고 하는 까닭이다. 또 坎에는 험난함(險)의 뜻이 있다. 사물 중에서 험난한 것이 암석(巖石)만 한 것이 없는 까닭에 '암석 巖(암)'字와 '험난할 險(험)'字의 글자가 그 뜻에 있어서 서로 통하니, 坎은 곧 험난한 것이다. ≪坎은 본래 큰 돌이 된다.≫ 坎卦는 臨卦와 觀卦로부터 왔으니, [「彖傳」에서] "天險"과 "地險"이라고 한 것은 바로 이것을 말하는 것이다. ≪["天險"·"地險"이라고 한 것은] 「彖傳」의 문장이다.≫

䷜

習坎, ≪句≫ 有孚維心, ≪句≫ 亨, ≪句≫ 行有尙.

[험난함을 상징하는] 坎이 거듭 되풀이되지만, ≪句≫ [백성들이] 믿음을 [군주에게] 두고 있으며 [군주가 백성들의] 마음을 [단단히] 묶으니, ≪句≫ 형통할 것이며, ≪句≫ 가면 [功을 세워] 숭상(崇尙)받게 될 것이다.

此 坎之不變者也 習坎者 古易之名 夏易 艮曰 連山 商易 豫曰 陽豫 亦此類也 習重也 ≪虞書云 卜不習吉≫

이것은 坎卦가 변하지 않는 경우이다. 習坎은 [坎卦의] 古易에서의 명칭이니, 夏易에서 艮卦를 일컬어 '連山'이라고 하고, 商易에서 豫卦를 가리켜 '陽豫'라고 하였으니 [習坎이라고 한 것도] 역시 이러한 종류이다. 習은 거듭한다(重)는 뜻이다.[111] ≪『書經』「虞書」에 말하기를, "卜不習

111) 李鼎祚의 『周易集解』(北京市中國書店, 1990)에서 육적(陸績)의 말을 인용하여, "習, 重也"라고 함(김상섭 역, 『高亨의 周易』, 예문서원, 1995, 264면).

吉", 즉 "복점(卜占)을 칠 때는 거듭하여 점치지 않는 것이 길하다"라고 하였다.[112]≫

○坎之旣習 中成大离 ≪二五夾≫ 离則爲信 ≪虛心故≫ 是 有孚也 卦自觀來 ≪上之二≫ 觀之時 坤民虛心 ≪下本坤≫ 仰順巽命 ≪上本巽≫ 移之爲坎 則上施其德 ≪上之二≫ 下繫民心 ≪相連綴≫ 有孚維心也 巽本爲繩 ≪觀上巽≫ 所以維也

䷜ ䷓

坎 ← 觀

○[小成卦인] 坎卦가 이미 重複되니, 가운데 大离가 형성된다. ≪2·3·4·5의 夾卦≫ 离는 믿음이 되니 ≪离는 마음을 비우는 것이 되는 까닭≫ 이것이 "有孚", 즉 "믿음을 두는 것"이다. 坎卦는 觀卦로부터 왔으니, ≪上이 2로 감≫ 觀卦의 때에 坤의 백성들이 마음을 비우고 ≪下卦는 본래 坤≫ 巽의 命을 우러러 순종하더니 ≪上卦가 본래 巽≫ 推移하여 坎卦가 되면, 위에서 그 德을 베풀어서 ≪上이 2로 감≫ 아래로 民心을 붙들어 매니 ≪서로 연결하여 꿰맴≫ ""有孚維心"이라고 말한 까닭이다. 巽은 본래 줄이 되니 ≪觀卦의 上卦는 巽≫ 묶는 수단이 된다.

○嘉會在中 ≪大离合≫ 其占 亨也

䷜

坎

○기쁘게 모여서 가운데 머무름이니 ≪大离로써 和合함≫ 그 점이 형통

112)『書經』「虞書」「大禹謨」, "禹曰, 枚卜功臣, 惟吉之從. 帝曰, 禹, 官占. 惟先蔽志, 昆命于元龜. 朕志先定, 詢謀僉同, 鬼神其依, 龜筮協從. 卜不習吉. 禹拜稽首固辭."

한 것이다.

○ 卦又自臨來 ≪一之五≫ 初往得位 ≪剛得陽≫ 其位尊顯 ≪上之中≫ 行有尙也 ≪上之也≫

䷒ ䷜

臨 → 坎

○坎卦는 또 臨卦로부터 왔다. ≪1이 5로 감≫ 初가 [올라] 가서 그 자리를 얻어 ≪剛이 陽의 자리를 얻어 제5位에 머무름≫ 그 地位가 존귀하게 드러나므로 ≪陽이 올라가서 上卦의 가운데에 머무름≫ "行有尙"이라고 말한 것이다. ≪위로 간다.≫

○案 劉瓛本 坎作欿 ≪古字通≫ 郭京欲于習坎上 更增坎字 非是

○[案] 유환본(劉瓛本)에서는 坎을 '구멍 欿(감)'字로 쓰고 있다. ≪古字에서는 [坎과 欿이 서로] 通함≫ 곽경(郭京)은 '習坎' 위에 다시 '坎'字를 첨가하려고 하였으나, 옳지 않다.

○又按 九家易 以坎爲孚 蓋以此詞也 然 習坎有孚 ≪二五夾≫ 坎則非孚也

䷜

坎

○[又按] 荀九家의 易에서 坎을 '孚(믿음)'의 뜻으로 간주한 것은 대개 ["習坎, 有孚維心"의] 이 구절로 말미암은 것이다. 그러나 習坎이 有孚의 뜻이 되는 것은 옳지만 ≪2·3·4·5位의 협괘(夾卦)는 离가 됨≫ [단독

으로] 坎만 있는 경우에는 ‘孚’의 뜻이 되지 않는다.

○又按 諸家 皆以維心 屬下句讀 然 坎與心叶韻 且維心亨 語不了 至若彖傳之文 其例本然 不必疑也

○[又按] 여러 해석가들이 모두 “維心”을 下句에 연결해서 읽고 있다.[113] 그러나 ‘坎’과 ‘心’이 협운(叶韻)이며, 또 “維心亨”이라고 읽을 경우에는 語句가 完了된 형태가 되지 않는다. 「彖傳」의 문장에 [“維心亨”의 구절에] 이르러서는 그 例가 본래 그러하니 의심할 필요가 없다.

䷜

彖曰 : 習坎, 重險也. 水流而不盈, 行險而不失其信. 維心亨, 乃以剛中也. 行有尙, 往有功也. 天險不可升也, 地險山川丘陵也, 王公設險, 以守其國, 險之時用, 大矣哉!

「彖傳」: “習坎”이라고 함은 험난함이 겹치는 것이다. 물이 흘러가되, 가득차지 않으며, 험난한 일을 행하되, 그 신의를 잃지 않는다. “維心亨”이라고 한 것은 剛中으로 말미암은 것이요, “行有尙”이라고 한 것은 가면 功을 세우게 됨을 말한 것이다. 하늘의 험난함은 오를 수 없으며, 땅의 험난함은 산천(山川)과 구릉(丘陵)이다. 임금과 제후가 험난함을 설치(設置)하여 나라를 지키니, 험난함의 시기(時期)와 용도(用度)가 큰 것이다.

---

113) 예컨대 『伊川易傳』에서는 “維心亨”을 붙여서 “維心亨, 乃以剛中也”로 읽고 있다. “維其心, 可以亨通者, 乃以其剛中也, 中實, 爲有孚之象, 至誠之道, 何所不通, 以剛中之道而行則可以濟險難而亨通也.”

川壅爲澤 ≪左傳文≫ 坎則爲通 ≪說卦文≫ 流不盈也 重險相承 ≪上下坎≫ 或往或來 ≪升降之≫ 是 行險也 ≪震以行≫ 离則爲信 ≪虛中故≫ 習乃有孚 ≪二五夾≫ 不失信也

䷜
坎

내를 막으면 못이 되며 ≪『左傳』의 글[114]≫ 坎은 곧 통함이 되니 ≪「說卦傳」의 글≫ 흐르는 것은 가득 차는 법이 없다. 험한 것이 거듭되고, 서로 이어져서 ≪上卦와 下卦가 坎≫ 或 가기도 하고 或 오기도 하니 ≪오르거나 내림≫ 이것이 "行險"의 뜻이다. ≪震으로써 行함≫ 离는 곧 믿음이니, ≪가운데가 빈 까닭에 믿음이 됨≫ "習坎有孚"라고 한 것은 ≪2·3·4·5의 夾卦≫ 그 믿음을 잃지 않는다는 것을 말한 것이다.

○二五皆剛 以成离會 ≪二五夾≫ 所以亨也

䷜
坎

○2와 5가 모두 剛이 됨으로써 离의 모임(會)을 이루니, ≪2·3·4·5의 夾卦≫ 그것이 형통하는 까닭이다.

○本自臨往 ≪一之五≫ 坎勞有功 ≪上成坎≫ 往有功也

---

114) 川壅爲澤: 『左傳』「知莊子之語」(宣公 12年)에 "衆散爲弱, 川壅爲澤, 有律, 以如己也, 故曰, 律否臧([그 卦象을 보면] 大衆이 흩어져 약해지고, 내가 [흐르지 못하고] 막혀서, 못이 되는 象이니, 法律을 두어서, [大衆이] 自己를 따르게 하는 것이다. 그러므로 [師卦 初六의 爻詞에서] "律否臧", 즉 "[大衆의] 순종치 않음을 다스린다"라고 말한 것이다)"라고 함(『四箋』 卷7, 22가).

䷒ ䷜

臨 → 坎

○[坎卦는] 본래 臨卦로부터 간 것이니 ≪1이 5로 감≫ 坎의 勞力함에 功이 있는 것이므로 ≪上卦는 坎卦를 형성함≫ "往有功"이라고 말한 것이다.

○觀之剛 天險也 ≪五六天≫ 觀之所移 有降無升 ≪上之二≫ 不可升也 臨之剛 地險也 ≪一二地≫ 臨之所移 或爲山陵 ≪上互艮≫ 或爲川瀆 ≪上下坎≫ 地之險也 大震爲王 ≪臨大震≫ 互震爲公 ≪臨互震≫ 臨之象也 臨移爲坎 ≪上下坎≫ 艮作城門 ≪上互艮≫ 坎以濠之 ≪上下坎≫ 王公設險也 坤之國邑 ≪觀下坤≫ 艮以守之 ≪艮執守≫ 守其國也 坎之爲用 不亦大哉

䷒ ䷜ ䷓

臨 → 坎 ← 觀

○觀卦의 [두 개의] 剛은 "天險", 즉 하늘의 험난함에 해당된다. ≪5·6은 天의 위치≫ 觀卦로부터 추이(推移)한 경우에는 [괘획(卦畫)이] 하강(下降)한 것은 있어도 상승(上昇)한 것은 없으니 ≪上이 2로 감≫ "[天險]不可升", 즉 "[하늘의 험난한 것은] 오를 수 없는 것"이라고 한 것이다. 臨卦의 [두 개의] 剛은 "地險", 즉 땅의 험난함에 해당된다. ≪1·2位는 地의 위치≫ 臨卦로부터 推移된 경우에는 或 산릉(山陵)이 되고 ≪上互卦는 艮≫ 或 시내와 도랑이 되니 ≪上坎과 下坎≫ 이것이 곧 땅의 험난함이다. 大震은 王이 되고 ≪臨卦는 大震≫ 互震은 公이 되니 ≪臨卦의 互震≫ [王公은] 臨卦에 있는 象이다. 臨卦가 推移되어 習坎卦가 되면 ≪上坎과 下坎≫ 艮으로써 성문(城門)

을 삼고 ≪上互卦는 艮≫ 坎으로써 해자(垓字)[115]를 삼으니 ≪上下坎≫ [이것이] "王公設險", 즉 "王公이 험난한 것을 설치한 것"이요, 坤의 나라와 고을(國邑)을 ≪觀卦의 下卦는 坤≫ 艮으로써 지켜서 ≪艮은 '지킴'의 뜻≫ "守其國", 즉 "그 나라를 지키는 것"이니, 坎의 쓰임새가 [어찌] 크다고 하지 않을 것인가?

初六 : 習坎, 入于坎窞, 凶. ○ 象曰 : 習坎, 入坎,[116] 失道凶也.

初六 : [험난함을 뜻하는] 坎이 거듭 있으니, 깊은 구덩이로 들어가면, 흉할 것이다. ○「象傳」: [험난함을 뜻하는] 坎이 거듭 있으니, 깊은 구덩이로 들어가는 것은 [이미 그 자체가] 道를 잃은 것이니 흉하다.

此 坎之節也 卦無反對 故亦取倒象 ≪義見頤六二≫ 此爻倒看則坎之渙也 ䷺ ≪初六爲上六≫ 下卦爲坎 ≪先畫者 單卦≫ 上卦爲習坎 ≪後畫者[117]爲重≫ 此云 習坎者 專指上卦也 ≪習 重也≫ 其變爲巽 ≪初倒則爲上≫ 巽則爲入 ≪說卦文≫ 本以坎窞 今爲巽入 ≪上今巽≫ 入于坎窞也

坎 → 節 ← 倒象 → 渙

115) 垓字 : 성 밖으로 둘러싼 못.
116) [校閱] 奎章本과 國中本에는 "入坎"이 있으나, 新朝本에는 빠져 있다. 前者가 옳다.
117) [校閱] 新朝本과 國中本에는 "後畫者"로 나오지만, 奎章本에는 "後畫皆"로 나온다. 後者의 "皆"는 誤記이다.

이것은 坎卦가 節卦로 변하는 경우이다. 坎卦는 [뒤집어도 坎卦이므로] 反對卦가 없는 까닭에, 또한 倒象을 취하니 ≪뜻이 頤卦 六二에 나타남≫ 이 [節卦의] 爻를 뒤집어 보면 坎卦가 渙卦로 변하는 것이 된다. ≪[괘를 뒤집으면] 初六이 上六이 됨≫ 下卦가 坎卦이며 ≪먼저 획을 그은 것은 單卦가 됨≫ 上卦는 習坎이 되니 ≪뒤에 획을 그은 것은 重卦가 됨≫ 여기서 習坎이라고 한 것은 오로지 上卦를 가리킨 것이다. ≪習은 거듭됨을 말함이다.≫ [坎卦의 初六이] 변하면 ≪節卦가 되고, 節卦를 뒤집으면 渙卦가 되니, 渙卦의 上卦는≫ 巽이 되니 ≪초획(初畫)이 뒤집히면 상획(上畫)이 됨≫ 巽은 곧 들어감의 뜻이다. ≪「說卦傳」의 글≫ 본래 坎의 구덩이였는데, 이제 巽의 들어감이 되므로 ≪[渙卦의] 上卦는 지금 巽≫ "入于坎窞"이라고 한 것이다.

○渙自否來 ≪四之二≫ 艮徑本塞 ≪小人道≫ 失道凶也 臨之大塗 ≪坎本自臨來≫ 今焉失之 不亦凶乎

○渙卦는 否卦로부터 왔다. ≪4가 2로 감≫ [否卦에서는] 艮의 샛길이 본래 막혔으니 ≪小人의 길≫ "길을 잃은 것(失道)"이 되어 흉하다. 臨卦에 있던 대로(大路)를 ≪坎卦는 본래 臨卦로부터 옴≫ 이제 잃어버렸으니, 또한 흉하지 않겠는가!

○案 此爻 若不倒看則 下變爲兌 ≪下今兌≫ 兌則爲脫 ≪說卦文≫ 脫乎[118]坎窞也 前路如舊 ≪無新阻≫ 非失道也

118) [校閱] 新朝本과 國中本에는 "于"로 되어 있으나 奎章本에는 "乎"로 되어 있다. 뜻은 같다.

䷜ ䷻

坎 → 節

○[案] 이 爻를 만약 뒤집어 보지 않으면, 下卦는 변하여 [節卦에서] 兌가 된다. ≪下卦는 이제 兌가 됨≫ 兌는 곧 벗겨짐의 뜻이 되니 ≪「說卦傳」의 글≫ 坎의 구덩이에서 탈출(脫出)하여, 앞 길이 옛날과 같으니 ≪새롭게 가로막는 것이 없음≫ "길을 잃은 것(失道)"은 아니다.119)

䷜

九二 : 坎有險, 求小得. ○ 象曰 : 求小得, 未出中也.

九二 : 坎에 험난(險難)함은 있으나, 구하는 것을 조금 얻을 수는 있을 것이다. ○ 「象傳」 : 구하는 것을 조금밖에 얻지 못하는 것은 아직 [험난한] 가운데서 벗어나지 못했기 때문이다.

此 坎之比也 於坎之位 ≪四五六≫ 有此坎險 ≪上今坎≫ 坎有險也 險與巖通 ≪砦亦同≫ 坎者石也 ≪互艮亦爲石≫

䷜ ䷇

坎 → 比

이것은 坎卦가 比卦로 변하는 경우이다. 坎卦의 자리에 ≪4·5·6은 坎

---

119) 卦를 뒤집어서 관찰하지 않는다면, 「象傳」의 "習坎, 入坎, 失道, 凶也"의 구절을 옳게 해석할 수 없다는 것을 말한 것이다.

位≫ 이 坎의 험난함이 있으므로 ≪上卦는 이제 坎≫ "坎有險"이라고 한 것이다. '險(험)'字는 '巖(암)'字와 더불어 通하니 ≪'嵒(암)'字도 역시 마찬가지임≫ 坎은 돌(石)을 뜻한다. ≪互艮도 역시 돌이 된다.≫

○卦自觀來 ≪上之二≫ 觀之義 求也 ≪雜卦文≫ 來而求之 ≪上之二≫ 若將大得 ≪移爲坎≫ 今變爲坤 ≪下今坤≫ 所得竟小 ≪陰曰 小≫ 筮而遇是者 求小物則得之 求大物則不得也 坤爲吝嗇 ≪說卦文≫ 何以得大 ≪坤之所與者皆小≫

觀→推移→坎→2爻變→比

○坎卦는 觀卦로부터 왔으니 ≪上이 2로 감≫ 觀卦의 뜻은 求함에 있으니 ≪「雜卦傳」의 글≫ 와서 구함에 ≪上이 2로 감≫ 장차 크게 얻을 것 같더니 ≪比卦로 옮기면 上卦가 坎이 됨≫ 이제 변하여 坤卦가 되면 ≪下卦가 이제 坤≫ 마침내 얻은 바가 얼마되지 않는다. ≪陰을 가리켜 작다고 함≫ 산대점을 쳐서 이 [坎卦 九二의] 괘를 얻을 경우에 작은 물건을 구한다면 얻을 것이거니와, 큰 물건을 구한다면 얻지 못할 것이다. 坤이 인색(吝嗇)함이 되니 ≪「說卦傳」의 글[120]≫ 어떻게 큰 것을 얻을 것인가! ≪坤이 준 바는 모두 작은 것이다.≫

○中剛今滅 ≪下坎亡≫ 未出中也

坎→2爻變→比

120) 「說卦傳」에 "坤 ……爲吝嗇"이라고 함.

○中剛이 이제 소멸되었으므로 《下卦의 坎이 없어짐》 "未出中", 즉 "가운데서 벗어나지 못했다"고 말한 것이다.

六三 : 來之坎坎, 險且枕, 入于坎窞, 勿用. ○象曰 : 來之坎坎, 終无功也.

六三 : 와서 坎이 되고, [또] 坎이 된다. [사나운 기세를 꺾기 위해서는 날뛰는 것을] 묶어서 또 [말뚝에] 매달을 것이다. 坎의 구덩이에 들어가니, [은둔할 것이며] 나서지 말지어다.121) ○「象傳」: "來之坎坎"이라고 한 것은 [그 노고(勞苦)에도 불구하고] 끝내 功이 없을 것임을 말한 것이다.

此 坎之井也 井自泰來 《一之五》 泰之時 震塗平坦 《三陽本皆震》 移之爲井 則一陰纔來 《五之一》 兩坎欻成 《下大坎》 來之坎坎也

坎→3효변→井←推移←泰

이것은 坎卦가 井卦로 변하는 경우이다. 井卦는 泰卦로부터 왔으니

121) 이 구절을 高亨은 "來之坎, 坎險且枕, 入于坎窞, 勿用"으로 끊어 읽었다. 高亨에 따르면, 이 구절의 의미는 "이 구덩이에 오니, 구덩이가 위험하고 또 깊다. 구덩이 속에 들어가 빠지니, 행하지 말라"가 된다. 또 고형은 여기서 "來之坎"은 "來此坎"의 뜻이라고 보았다(김상섭 역, 『高亨의 周易』, 예문서원, 1995, 265~266면).

≪1이 5로 감≫ 泰卦의 때에 震의 길이 평탄(平坦)하더니 ≪3陽이 본래 모두 震≫ 推移하여 井卦가 되면 한 개의 陰이 방금 와서 ≪5가 1로 감≫ 두 개의 坎이 문득 이루어지므로 ≪아래 大坎이 형성됨≫ "來之坎坎"라고 말한 것이다.

險古作檢 ≪說見下≫ 檢者 束也 ≪說文云≫ 枕與杌[122]同 ≪見字書≫ 繫豕之杙也 ≪亦云 繫牛杙≫

○ '險(험)'字는 옛날에는 '檢(검)'字로 썼으니 ≪說이 아래에 나타남≫ '檢(검)'은 묶는다(束)는 뜻이다. ≪『說文』에서 말함≫ '枕(침)'字는 '杌(축)'字와 더불어 같이 쓰니 ≪字書에 보임≫ 돼지를 묶는 말뚝(杙)을 뜻한다. ≪또한 소를 묶는 말뚝도 된다.≫

坎豕相逐 ≪上下坎≫ 其勢奔突 三之旣變 束以巽繩 ≪下今巽≫ 繫之震木 ≪本互震≫ 檢且枕也 大則制小人 當如是 小則爲篮牲之占也 若以爲枕席之枕 則文不合理 不可讀也

坎→3효변→井← 推移 ←泰

坎의 돼지가 서로 몰려다니며 ≪上卦와 下卦가 모두 坎≫ 그 기세(氣勢)가 내달려 부딪힐 듯하더니, 제3爻가 이미 변함에 巽의 줄로 묶어 ≪下今巽≫ 震의 나무에 매다니 ≪[井卦의 九三은] 본래 [泰卦의] 互震≫ "檢且枕", 즉 "묶고 또 [말뚝에] 매달다"라고 한 것이다.[123] [묶고 매달아야

122) [校閱] 新朝本과 國中本에는 "杌"으로 되어 있으나, 圭章本에는 "柷"으로 되어 있다. "杌"은 "枕"의 俗字이다. 그러나 奎章本의 "柷"은 誤記이다.

123) 茶山의 이러한 해석은 전통적 해석과 상당히 다르다. 『經典釋文』에서는 '枕'字를 古文에서는 '잠기다', '가라앉다'는 뜻의 '沈'字로 썼다고 하고, "險且枕"을 "險且深(위험

할 대상이] 크다면 그것은 곧 小人을 제압하는 경우에 해당될 것이며, 작으면 곧 [제사를 위하여] 희생의 동물을 잡는 점에 해당될 것이다. 만약 '枕(침)'字를 [잠잘 때 쓰는 베개와 자리를 뜻하는] 침석(枕席)의 '枕(침)'字처럼 해석한다면 文章이 이치에 합당하지 못할 것이니, 독해(讀解)가 불가능할 것이다.

○巽 入也 ≪說卦文≫ 本以坎陷[124] 今爲巽入 ≪下今巽≫ 入于坎窞也

坎→3효변→井

○巽은 들어감(入)의 뜻이니 ≪「說卦傳」의 글≫ 본래는 坎의 구덩이였는데, 이제 巽의 들어감이 되니 ≪下卦는 이제 巽≫ "入于坎窞"이라고 한 것이다.

於此再言者 明初六之詞 當倒看也 ≪彼亦巽≫ 不言習坎者 明今之入窞者 乃下卦也

坎 → 節←倒象→渙

[初六에서 이미 "入于坎窞"이라고 말했는데도] 여기에서 다시 언급하고 있는 것은 初六의 爻詞를 다땅히 뒤집어 보아야 한다는 것을 뜻한

하고 또 깊다)"의 뜻으로 해석하였다.

124) [校閱] 新朝本과 國中本에는 "窞"으로 되어 있으나 奎章本에는 "陷"로 되어 있다. 글자는 다르나, 의미는 통한다.

다. ≪[坎初六은 '坎之節'인데, 節卦를 뒤집어보면 渙卦가 되므로] 渙卦의 上卦는 또한 巽이 됨≫ ["來之坎坎"이라고만 하였지] '習坎'이라고 말하지 않은 것은 지금 구덩이로 들어가는 자가 곧 下卦에 있다는 것을 분명히 한 것이다.

○ 巽則爲伏 ≪雜卦文≫ 隱遯之卦也 是以勿用 ≪與乾初九同≫

坎→3효변→井

○[井卦의 下卦인] 巽은 곧 숨음(伏)의 뜻이 되니 ≪「雜卦傳」의 글≫ 은둔(隱遯)하는 괘인 까닭에, "勿用"이라고 한 것이다. ≪乾卦 初九의 경우와 같음[125]≫

○ 坎勞如此 ≪上下坎≫ 宜其有功 巽爲不果 ≪下今巽≫ 終亦无功也 ≪三爲下之終≫

坎→3효변→井

○坎의 勞苦가 이와 같으니 ≪위와 아래로 모두 坎이 있음≫ 그 功이 있어야 마땅함에도 불구하고, 巽이 "不果",[126] 즉 '열매를 맺지 못함'을 의미하니 ≪下卦는 이제 巽≫ 끝내 功이 없게 되는 것이다. ≪제3位는 下卦의 끝이다.≫

---

125) 乾卦 初九에 "潛龍勿用"이라고 함.
126) 「說卦傳」에서 "巽 …… 爲不果"라고 함.

○案 鄭玄本 險作檢 ≪向秀本 亦然≫ 鄭云 木在首曰枕 在手曰檢 ≪如桎梏之類≫ 盖以九家易 以坎爲桎梏 故取象如是 然 枕以安首 未聞其爲桎梏也

○[案] 鄭玄本에서는 '險(험)'字를 '檢(검)'字로 쓰고 있다. ≪상수본(向秀本)[127]도 역시 그러함≫ 鄭玄이 말하기를, "나무가 머리맡에 있으면 '베개 枕(침)'字가 되고, [나무가] 손에 있으면 '檢(검)'이 된다"고 하였다. ≪'檢(검)'은 차꼬와 쇠고랑의 종류≫ 대개 荀九家의 易에서는 坎으로써 질곡(桎梏 : 차꼬와 쇠고랑)을 삼았으므로 그 象을 취함이 이와 같다. 그러나 베개(枕)는 [본래] 머리를 편안하게 하는데 쓰는 것인데, 그것이 桎梏(차꼬와 쇠고랑)이 된다는 것은 [무슨 이치인지] 들어보지 못했다.

六四 : 樽酒, ≪句≫ 簋貳用缶. 納約自牖, 終无咎. ○象曰 : 樽酒簋貳, 剛柔際也.

六四 : [제사상(祭祀床)에] 술단지에 담긴 술을 ≪句≫ [흙으로 된 祭器인] 궤(簋)[의 祭器]로 권해 올릴 때에는 [검약(儉約)한 질그릇] 부(缶)를 사용할 것이다. [신뢰의 징표인 결승(結繩)의] 계약(契約)을 창문을 통해 [은밀히 동굴집 속으로] 들여놓으니, 마침내 허물이 없을 것이다. ○「象傳」: "준주궤이(樽酒簋貳)"라고 한 것은 剛과 柔가 서로 交際함을 말한 것이다.

此 坎之困也 卦自臨來 ≪一之五≫ 大震之樽 ≪兼畫震[128]≫ 上受

127) 상수(向秀)는 子는 子期이고, 河內 사람이다. 向은 姓氏일 때는 '상'으로 읽는다.

坎酒 《一之五爲坎》 樽有酒也 《此本象》 變而爲困 《四爻動》 則震簋之上 《本互震》 兌食有饛 《食音嗣》 簋有食也 《震竹塞底有簋象》 饋食之禮 酳食以酒 《見儀禮》 是 簋貳也 《貳者 佐也 侑食以佐之》 酳侑之酒 《上今大坎爲酳食之酒》 必用瓦缶 《義見下》 而坤土离燒 《下互离》 以成震缶 《本互震》 簋貳用缶也

臨→推移 →坎→제4효변 → 困

이것은 坎卦가 困卦로 변하는 경우이다. 坎卦는 臨卦로부터 왔으니 《1이 5로 감》 大震의 술통으로 《臨卦는 兼畫하면 震》 위로 坎의 술을 받으니 《1이 5로 가면 坎이 됨》 술통에 술이 있는 것이다. 《이것은 本象》 坎卦가 효변하여 困卦가 되면 《제4爻가 변동함》 震의 祭器 위에 《본래 互震》 兌의 밥이 수북히 있으니 《食은 사(嗣)로 읽음》 祭器에 밥이 있는 것이다. 《震의 대나무의 바닥이 막힌 것이 祭器의 형상임》 [제사상에] 음식을 올릴 때 예법(禮法)은 [먼저 시동(尸童)에게] 술을 올리는 것이니 《『儀禮』에 나타남[129]》 이것이 "궤이(簋貳)"이다. 《'이(貳)'는 '권하는 것', 혹은 '돕는 것'이니, 도움을 받아 제사상에 제사음식을 권해 올리는 것을 의미한다.》 [제사에] 술을 올릴 때에는 《위로 이제 大坎이 있으니 제사에 올리는 술이 됨》 반드시 질그릇(瓦缶)을 쓰는 법이니 《뜻이 下卦에 나타남》 坤의 흙에서 离의 불로 태움으로써 《下互는 离》 震의 질그릇(缶)을 이루니 《본래 互震》 "簋貳用缶", 즉 "제사음식을 권해 올릴 때 질그릇을 쓴다"고 말한 것이다.

---

128) [校閱] "兼畫震"이 新朝本에는 "兼畫畫"으로 되어 있는데, 誤記이다.

129) 『儀禮』「特牲饋食禮」에 "主人洗角, 升酌酳尸"라고 함. "인시(酳尸)"는 시동(尸童)에게 술을 드리는 일을 뜻한다. 尸童은 제사지낼 때, 神位 대신에 앉히는 어린아이이다.

○約者 約契也 ≪見周禮≫ 結繩爲信 謂之約 ≪古俗也≫ 刻木爲信謂之契也 ≪卽契券≫ 牖者 穴牕[130]也 ≪穿壁爲穴以爲牕≫

○'약(約)'[131]은 '계약(契約)을 맺음'을 뜻하니 ≪『周禮』에 보임[132]≫ [새끼를 묶는] 결승(結繩)으로써 [서로간에] 신뢰[의 징표]로 삼는 것을 '約'이라고 하고, ≪옛날의 풍속임≫ 나무를 새겨서 신뢰[의 징표]로 삼는 것을 '契'라고 하였다. ≪즉 계약의 표시≫ '유(牖)'는 동굴의 창(牕)을 말한다. ≪벽(壁)을 뚫어 동굴을 만들고, 창을 냄≫

困自否來 ≪上之二≫ 否之時 君子在外 ≪上三陽≫ 小人在內 ≪下三陰[133]≫ 險之至也 ≪卦本坎≫ 移之爲困 ≪上之二≫ 則在外之人 結其巽繩 ≪上倒巽≫ 以成离信 ≪二四互≫ 納之坤國之中 ≪上之二≫ 是納約也 ≪巽入故曰 納≫ 坎穴之內 ≪上下坎≫ 艮門通明 ≪今离明≫ 其象爲牖 ≪穴牕也≫ 納約自牖也 坎險之時 通其否塞者 ≪坎爲通≫ 謀事宜密

坎→4효변→困←推移←否

困卦는 否卦로부터 왔으니 ≪上이 2로 감≫ 否卦의 때에는 君子가 밖

130) [校閱] 新朝本에는 "窗"으로 되어 있으나 奎章本과 國中本에는 "牕"으로 되어 있다. "窗"과 牕"은 同字이다.

131) 高亨은 '約'字가 잘못 들어간 글자라고 보았다. 대개 '傳本'에 納字를 約字와 모양이 비슷하여 約字로 잘못 썼는데, 교정하는 사람이 이 두 글자를 같이 썼기 때문에, 잘못 들어가 約字가 되었을 뿐이라고 주장하였다(김상섭 역, 『高亨의 周易』, 예문서원, 1995, 268면).

132) 『周禮』「春官宗伯」「太史」에 "凡邦國都鄙, 及萬民之有約劑者"라고 함. '약제(約劑)'는 국제간의 조약, 민간의 계약 따위에 관한 문서를 뜻함.

133) [校閱] 新朝本과 國中本에는 "下三陰"으로 되어 있으나 奎章本에는 "下三陽"으로 되어 있다. 前者가 옳다.

에 있고 ≪上卦의 세 陽≫ 小人이 안에 있어 ≪下卦의 三陰≫ 험난함이 지극히 심하더니 ≪卦가 본래 坎≫ 推移하여 困卦가 되면 ≪上이 2로 감≫ 밖에 있던 사람이 그 巽의 줄(繩)을 묶어서 [결승(結繩)의 계약을 맺음으로써] ≪上卦는 뒤집혀진 巽≫ 离의 신뢰를 이루어 내고 ≪2·3·4의 互卦≫ [그것을] 坤國 안으로 들여놓으니 ≪上이 2로 감≫ 이것이 "納約", 즉 "결승(結繩)의 계약(契約)을 들여놓음"이요, ≪巽은 들어오는 것이 되는 까닭에 '納'이라고 함≫ 坎의 동굴 안에 ≪上卦와 下卦의 坎≫ 艮의 門이 밝은 데로 통하고 있어 ≪이제 离의 밝음이 있음≫ 그 象이 창문이 되므로 ≪동굴의 창문≫ "納約自牖", 즉 "창문을 통해 [결승(結繩)의 계약(契約)을] 들여놓는다"라고 말한 것이다. 坎의 험난한 때를 맞아 그 비색(否塞)한 상황을 [타파해서] 소통시키려는 자는 ≪坎은 通함이 됨≫ 사업을 도모(圖謀)할 적에 마땅히 은밀히 해야 하는 것이다.

○ 否塞之時 剛自外反 ≪上之二≫ 終无咎也 ≪否之上剛爲否卦之終≫

坎→4효변→困←推移← 否

○비색(否塞)한 때를 맞아 剛이 밖으로부터 돌아오므로 ≪上이 2로 감≫ "終无咎", 즉 "마침내 허물이 없을 것"이라고 한 것이다. ≪否卦의 上剛은 否卦의 '終', 즉 '끝'이 됨≫

○際者 交也 否之時 乾德太剛 坤德太柔 ≪天地 否≫ 移之爲困 ≪二之上≫ 剛柔際也

䷜ ䷮ ䷋

坎→4효변→困←推移←否

○'際'는 교제(交際)함을 뜻한다. 否卦의 때에 乾의 성질이 지나치게 剛한 반면에, 坤의 성질이 지나치게 柔하더니 ≪天地 否卦≫ 推移하여 困卦가 되면 ≪2가 上으로 감≫ 剛과 柔가 [서로] 주고받게 된다.

○案 古禮 五獻之樽 門外用缶 門內用壺 君用瓦甒 ≪見禮記≫ 此卦瓦缶 亦在艮門之下 所以爲簋貳也

○[案] 古禮에 [따르면] 오헌(五獻)의 술그릇(五獻之樽)[134]으로는 門 밖에서는 '부(缶)'의 항아리를 쓰며, 門 안에서는 '호(壺)'의 병을 쓰고, 君主는 질그릇의 술단지인 '와무(瓦甒)'를 쓴다고 하였다.[135] ≪『禮記』「禮器」에 나옴[136]≫ 이 [坎六四의] 卦에서 부(缶)의 질그릇도 역시 艮門 밑에 있으니, [문 밖에서] 술을 올리는 祭器인 '궤(簋)'[137]로 사용하기 위해 질그릇인 '부(缶)'를 썼음을 알 수 있다.

---

134) 오헌지준(五獻之樽): 왕이 臣下에게 연향(燕享)할 때와 신하들 상호간에 향례(享禮)를 행할 때에는 각각 그 命에 따라 잔을 드린다. 子男은 五命이므로, 오헌지준(五獻之樽)은 子男의 술그릇에 해당된다. 『禮記』「禮器」篇에 언급되어 있다(이상옥 역, 『禮記』 中, 명문당, 2003, 668면).

135) '부(缶)'·'호(壺)'·'와무(瓦甒)': '부(缶)'는 술그릇의 이름이며, 술을 담아 문 밖에 둔다. '호(壺)'도 술그릇이며, 술을 담아 문 안에 둔다. '와무(瓦甒)'는 '군준(君樽)', 즉 子男의 술그릇이며, 마루에 둔다. 와무는 그 용량이 닷말들이며, '부(缶)'는 '호(壺)'보다 용량이 더욱 많다. 용량(容量)이 작은 그릇일수록, 문 안쪽에 두고, 용량이 큰그릇일수록 문 바깥쪽에 두는 것은 작은 것을 더 귀하게 여기기 때문이다(이상옥 역, 『禮記』 中, 명문당, 2003, 668면).

136) 『禮記』「禮器」篇에 "五獻之尊, 門外缶, 門內壺. 君尊瓦甒(五獻의 술그릇은 문밖에서는 缶를 쓰고, 문안에서는 壺를 쓰고, 임금의 술그릇은 瓦甒를 쓴다)"라고 함(이상옥 역, 『禮記』 中, 명문당, 2003, 667면).

137) 궤(簋): 기장·쌀·조 등의 밥을 담아두는데 쓰이는 器物이다. 商周 시기에 궤(簋)는 매우 중요한 禮器로 사용되었다. 특히 西周시대에는 제사와 연향(宴饗)이 있을 때, 홀수로 배치되는 정(鼎)에 짝하여. 짝수로 배치되어 사용되었다(吳江原 譯註, 『儀禮』 卷3, 청계, 2000, 852면).

○又案[138] 此詞絶句 諸家不同 然 酒 缶 牖 咎 四字恰成四韻 以韻絶句 豈有誤哉 象傳 雖以樽酒簋貳爲句 孔子於象傳 本節 取以成文 不可拘也

○[又案] 이 爻詞의 句를 끊는 법에 있어서 여러 주석가들이 일치하지 않는다.[139] 그러나 酒(주)·缶(부)·牖(유)·咎(구)의 네 글자가 흡사히 네 번 韻을 맞추어 句를 끊은 것 같으니, 韻으로써 句를 끊는다면 어찌 잘못이 있겠는가? 「象傳」에서 비록 "樽酒簋貳"로써 句를 삼은 것 같으나 孔子가 「象傳」에서 본래 節을 취하여 문장을 형성하였으니 구애될 것이 없다.[140]

○又按 君子之道 處險宜儉 故儉險諧聲也 酒用瓦缶 飯用土簋 ≪禮注云 敦 土簋也≫ 皆處險之道也 漢碑直以儉爲險 ≪劉修碑≫

○[又按] 君子의 道는 險한 데 처해서는 마땅히 검약(儉約)해야 하는 까닭에 '儉(검)'字와 '險(험)'字는 해성(諧聲)의 관계에 있다. 술을 담기 위해 질그릇으로 된 祭器 '缶(부)'를 쓰고, 음식을 담기 위해 흙으로 된 祭器 '簋(궤)'를 쓰는 것은 ≪『禮記』의 注에, '敦(돈)'은 흙으로 된 祭器인 '궤(簋)'를 가리킨다라고 함[141]≫ 모두 험난한데 처하는 도이다. 漢나라 [유수(劉修)의] 碑에서는 곧바로 '儉'字로써 '險'字를 삼았다. ≪[한나라] 劉修[142]의 碑≫

---

138) [校閱] 新朝本에는 "案"으로 되어 있으나 奎章本에는 "按"으로 되어 있다.

139) 『經典釋文』에서는 "舊讀樽酒簋絶句, 貳用缶一句(옛날에는 "樽酒簋"에서 한 구절로 끊고, "貳用缶"를 한 구절로 읽었다고 함)." 朱子도 역시 『朱子語類』 卷71 「坎」에서 "樽酒簋요, 貳用缶하고(동이의 술과 簋요, 더하되 질그릇을 사용하고)"로 끊어 읽었다(『朱子語類』, 中華書局, 1986, 1807면). 그러나 程伊川은 "樽酒와 簋貳를 用缶하고(동이의 술과 簋 둘을 질그릇으로 사용하고)"로 끊어 읽었다(성백효 역주, 『周易傳義』 上, 전통문화연구회, 1999, 615면).

140) 茶山은 "簋貳用缶"를 한 句로 보았기 때문에, '樽酒簋貳'에서 끊는다면, 의미가 잘 연결되지 않게 된다.

141) 돈(敦)은 기장밥·쌀밥·조밥 등을 담아두는 기물이다. 돈(敦)은 세발솥(鼎)과 궤(簋)의 형태가 합쳐져 만들어진 것으로서, 『儀禮』에서는 종종 '돈(敦)'과 '궤(簋)'를 구분하지 않았다(吳江原 譯註, 『儀禮』 卷1, 청계, 2000, 226~227면).

○ 又按 虞仲翔 直以震爲缶 ≪亦象形≫ 非也 蒼筤之竹 ≪見說文≫ 安得爲土器 必以离燒之土 合於震器然後 方得爲缶 ≪離九二 比初六同≫

○ [又按] 우중상(虞仲翔)이 震으로써 곧바로 [질그릇] 부(缶)의 뜻을 삼았으나 ≪震이 질그릇이 된다는 說은 卦의 모양에서 비롯된 것≫ 그것은 잘못된 것이다. 푸른 빛 대나무가 ≪震이 '蒼筤之竹'이 된다는 것은 「說卦傳」의 글에 나옴143)≫ 어찌 [흙으로 만든] 토기(土器)가 될 수 있겠는가? 반드시 离의 불로써 구운 흙을 震의 그릇에 합친 뒤라야 비로소 '缶(부)'의 질그릇이 될 수 있다. ≪離卦 九二와 比卦 初六의 경우도 같음≫

䷆

九五 : 坎不盈, 祇既平, 无咎. ○ 象曰 : 坎不盈, 中未大也.

九五 : 구덩이에 [물이 가득] 차지 않을 것이며, 이미 [험난함이] 평탄(平坦)해졌으니, 허물이 없을 것이다. ○「象傳」: "坎不盈"이라고 한 것은 가운데 陽(大)이 없음을 말한 것이다.

此 坎之師也 五變爲坤 ≪上今坤≫ 於坎之位 ≪四五六≫ 今爲坤虛 ≪五今柔≫ 坎不盈也 ≪掘地144)爲窞以受水曰 坎≫

---

142) 劉修 : 前漢(西漢)의 경제(景帝)의 아들인 중산정왕(中山靖王) 유승(劉勝)의 후예인 중산회왕(中山懷王)을 가리킨다. 劉修는 B.C.55년에 죽었다. 삼국시대의 유비(劉備)도 역시 중산정왕(中山靖王) 유승(劉勝)의 후예라고 한다. 1973년에 河北의 定州에서 中山懷王 유수(劉修)의 묘(墓)가 출토(出土)되었는데, 그 중에는 『論語』·『文子』·『太公』 등의 죽간(竹簡)이 발견된 바 있다.

143) 「說卦傳」에 "震 …… 爲蒼筤竹"이라고 함.

坎 →제5효변→ 師

이것은 坎卦가 師卦로 변하는 경우이다. 제5爻가 변하여 坤이 되니 ≪上卦는 이제 坤≫ 坎의 위치에서 ≪4·5·6位는 坎位≫ 이제 坤의 空虛함이 되니 ≪제5位가 이제 柔로 됨≫ 이것이 "坎不盈", 즉 "구덩이가 차지 아니한 것"이다. ≪움푹 파인 땅은 구덩이가 되어, 거기에 물이 담기는데 그것을 坎이라고 한다.≫

○卦自臨來 ≪一之五≫ 移之爲坎 則震道之前 ≪二四震≫ 坎險不平 ≪上有坎≫ 今坎旣亡 ≪前無阻≫ 祇旣平也

臨→ 推移 →坎→5효변 →師

○坎卦는 臨卦로부터 왔으니 ≪1이 5로 감≫ 推移하여 坎卦가 되면 震의 길 앞으로 ≪2·3·4는 互震≫ 坎의 험난함이 평평해지지 않더니 ≪上卦에 坎이 있음≫ 이제는 坎이 이미 없어졌으므로 ≪앞을 가로막는 것이 없음≫ "祇旣平", 즉 "이미 평평해졌다"고 말한 것이다.

○坎險在外 與主爲敵 ≪上下坎≫ 今坤以順 是 无咎也

坎

144) [校閱] 新朝本과 國中本에는 "掘地"로 되어 있으나 奎章本에는 "掘水"로 되어 있다. 이치상으로 땅을 팔 수는 있어도 물은 팔 수 없다. 前者가 옳다.

○坎의 험난함이 밖에 있어서 주인과 더불어 敵이 되더니 ≪上卦와 下卦가 坎≫ 이제 坤으로써 순종하니 이것이 "无咎"라고 하는 까닭이다.

○中未大者 五未剛也 ≪陽曰 大≫

坎→제5효변→師

○"中未大"라고 한 것은 제5位가 剛이 아니기 때문이다. ≪陽을 가리켜 '大'라고 함≫

○案 京房本 祗作禔 ≪說文同≫ 史記 祗取辱 作禔取辱 皆徒然之意 ≪又與秪通字≫ 鄭玄本作泜 ≪形誤也≫

○[案] 京房本에서는 '祗'字를 '지(禔)'字로 쓰고 있으며 ≪『說文』과 동일함≫ 『史記』에서는 "祗取辱"의 구절을 "禔取辱"으로 쓰고 있으니,[145] 모두 도연(徒然)[146]의 뜻을 나타낸 것이다. ≪'지(祗)'字는 또 '지(秪)'字와 더불어 통함≫ 鄭玄本에서는 '泜(지)'字로 쓰고 있다.[147] ≪이것은 형태적 유사성

145) 『史記』에서 '祗取辱'의 句가 나오는 곳은 다음과 같으나, "禔取辱"으로 되어 있지 않고, '祗取辱'으로 되어 있다. 『史記』 卷4 「周本紀」 第4, "西伯陰行善, 諸侯皆來決平. 於是虞・芮之人有獄不能決, 乃如周. 入界, 耕者皆讓畔, 民俗皆讓長. 虞・芮之人未見西伯, 皆慙, 相謂曰: "吾所爭, 周人所恥, 何往爲, 祗取辱耳." 遂還, 俱讓而去. 諸侯聞之, 曰"西伯蓋受命之君.""(『史記』 第1冊, 中華書局, 117면) 또 『史記』 卷40 「楚世家」 第10, ""'靈王'聞'太子祿'之死也, 自投車下, 而曰: "人之愛子亦如是乎?" 侍者曰: "甚是." 王曰: "余殺人之子多矣, 能無及此乎?" 右尹曰: "請待於郊以聽國人." 王曰: "衆怒不可犯." 曰: "且入大縣而乞師於諸侯." 王曰: "皆叛矣." 又曰: "且奔諸侯以聽大國之慮." 王曰: "大福不再, 祗取辱耳." 於是王乘舟將欲入'鄢'. 右尹度王不用其計, 懼俱死, 亦去王亡."(『史記』 第5冊, 中華書局, 1707면)

146) 徒然: '하는 일이 없어 심심함', '부질없이', '헛되이'.

147) 鄭玄은 '지(祗字)'를 '물가 저(坻)'의 뜻으로 보았다. '저(坻)'는 물 가운데 있는 조그마한 언덕이라고 보았다. 현대의 高亨은 이러한 설에 의거하여, 坎九五의 효사를 "구덩이가 가득 차지 않았으나, 언덕은 이미 평평하게 되었으니, 허물이 없다"는 뜻으로

으로 인한 오류이다.》

䷺

上六 : 係用徽纆, 寘于叢棘, 三歲不得, 凶. ○象曰 : 上六失道, 凶三歲也.

上六 : 두겹 세겹의 오랏줄로 [겹겹이 꽉꽉] 묶어서, 가시나무로 둘러쳐진 감옥(監獄)에 가두니,148) 삼 년 동안 [감옥 밖으로] 벗어나지 못할 것이며, 흉할 것이다. ○「象傳」 : 上六에서 道를 잃으면 [이로 말미암아] 삼 년 동안 흉할 것임을 말한 것이다.

此 坎之渙也 渙自否來 《四之二》 艮之小人 《否者 小人道》 罪惡旣積 《積不善》 坤國之內 《否下坤》 坎律宜正也 移之爲渙則 巽繩下施 《上今巽》 坎法是揆 《下今坎》 艮手震足 《兩互也》 咸被拘係 《艮爲拘》 入于大离之獄 《巽爲入》 係用徽纆也 以下卦則 震木蕃茂 《二四互》 生於坎險 《下本坎》 是爲叢棘 《木之茂險者》 寘于叢棘也 擧而錯之曰 寘 《寘下坎之上》

해석하였다. 즉 "坎不盈, 祇旣平, 无咎"의 뜻은 "산간 평지의 구덩이는 비록 가득 차지 않았지만, 돌출한 작은 언덕은 이미 평평하게 되었으니, 이것은 많은 것을 덜어내어 적은 것을 보태는 것이고, 남는 것을 줄여서 부족한 것을 보충하여 점차 고르게 된 모습이니, 스스로 허물이 없다"는 것이 된다.

148) 옥 밖에 가시나무를 심은 것은 죄인이 도망가는 것을 방지하기 위해서이다. 『左傳』 '哀公 8年'條에 "邾나라 군주가 무도한 짓을 하니, 吳나라 군주는 大宰인 자여(子餘)로 하여금 邾나라를 치게 하였다. 子餘는 邾나라 군주를 궁전의 높은 다락에 가두고, 그 궁전 둘레에 가시나무를 심었다(邾子又無道, 吳子使大宰子餘討之, 囚諸樓臺, 栫之以棘)"라고 하였다.

坎 → 제6효변 → 渙 ← 推移 ← 否

이것은 坎卦가 渙卦로 변하는 경우이다. 渙卦는 否卦로부터 왔다. ≪4가 2로 간 것이다.≫ [否卦에서는] 艮의 小人이 ≪否卦는 小人의 道를 표현≫ 죄악을 이미 쌓았으니 ≪착하지 못한 일을 쌓음≫ 坤國의 내부에서 ≪否卦의 下卦인 坤을 말함≫ 坎의 법률을 바로잡아야 마땅하다. [否卦로부터] 추이하여 渙卦로 가면, 곧 巽의 오랏줄을 아래로 내리고 ≪上卦는 이제 巽≫ 坎의 法律을 옳게 헤아리니 ≪下卦는 이제 坎≫ 艮의 손과 震의 발이 ≪艮과 震은 渙卦의 兩互卦≫ 모두 붙잡혀 구속되어 ≪艮은 잡힘이 됨≫ 大离의 옥(獄)에 들어가니 ≪巽이 들어감이 됨≫ [이것이] "계용휘묵(係用徽纆 : 밧줄로 묶은 것)"이다. 下卦에서는 震의 나무가 우거져서 ≪2·3·4는 互卦≫ 坎의 험난함 속에서 자라나니 ≪下卦는 본래 坎≫ 이것이 "총극(叢棘 : 가시나무로 둘러싸인 감옥)"이 되니 ≪나무의 무성하고 험한 것≫ "치우총극(寘于叢棘 : 가시나무로 둘러싸인 감옥에 둔다)"라고 한 것이다. 들어서 놓음을 '치(寘)'라고 한다.[149] ≪下坎의 위에 둔 것이다.≫

○ 不得者 不得脫也 筮不遇兌 不得爲脫 ≪易例也≫ 據說卦方位 自巽至坤 ≪上今巽[150]≫ 恰過三宮 ≪巽离坤≫ 始逢兌脫 此 三歲不脫之象也 ≪每以一宮爲一歲≫ 諸卦言三歲者 皆同此例 ≪同人 漸 困 豐≫

---

149) 『經典釋文』에 "치(寘)는 장번(張璠)이 두다는 뜻의 치(置)로 썼다(寘, 張作置)"라고 하였는데, '寘'字와 '置'字는 옛날에 통용되었다고 함(김상섭 역, 『高亨의 周易』, 예문서원, 1995, 271면).

150) [校閱] 新朝本과 國中本에는 "上今坤"으로 되어 있으나, 誤記이다. 奎章本을 따른다.

○"不得"이라고 한 것은 벗어나지 못한다는 뜻이다.[151] 산대점을 쳐서 兌를 만나지 못하면 벗어남(脫)을 얻을 수 없음이니 ≪易例가 그러함≫ 「說卦傳」의 方位에 의거한다면 巽으로부터 坤에 이르기까지 ≪上卦는 이제 巽≫ 흡사히 세 宮을 지나야만 ≪巽과 离와 坤의 3宮≫ 비로소 兌의 벗어남을 만나는 것과 같으니, 이것은 삼 년 동안 벗어나지 못하는 象인 것이다. ≪매번 1宮으로써 1年을 삼음≫ 여러 卦에서 3歲를 언급한 것은 모두 이 例와 같다. ≪同人卦, 漸卦, 困卦, 豐卦 등의 예가 그러함≫

○卦自臨來 ≪一之五≫ 本爲得道 ≪兼畫震≫ 渙自否來 ≪二之四≫ 失道凶也 ≪否本小人道≫ 初六倒看 則爲渙 ≪上爲巽≫ 上六正看則爲渙 ≪上爲巽≫ 其稱失道之凶 二爻皆同 聖人之指示來學 明白如此

臨→ 推移 →坎→上爻變→ 渙←推移←否

○坎卦는 臨卦로부터 왔으니 ≪1이 5로 감≫ [臨卦에서는] 본래 길을

151) 高亨은 '得'을 그 소송사건의 상황을 알게 되는 것을 말한다고 하였다. 무릇 의심나는 소송사건을 들을 때는 반드시 상황을 알아야 판결을 내릴 수 있는 법인데, 삼 년이 지나도록 그 상황을 얻지 못했다면, 백성의 원망을 초래하게 되므로 흉한 것이 된다고 해석하였다(김상섭 역, 『高亨의 周易』, 예문서원, 1995, 272면).

얻은 것이 된다. ≪兼畫하면 震이 된다.≫ 渙卦는 否卦로부터 왔으니 ≪2가 4로 감≫ [否卦에서는] 길을 잃은 것이 되니 흉하다. ≪否卦는 본래 小人의 道≫ 坎卦 初六을 뒤집어 보면 곧 渙卦가 되고, ≪坎卦 初六을 뒤집어 보면 上卦가 巽이 됨≫ 上六을 [뒤집지 않고] 똑바로 보면 곧 渙卦가 되니 ≪上卦는 巽이 됨≫ 그 道를 잃으면 흉하다고 한 점에 있어서는 [坎卦 初六과 坎卦 上六의] 두 爻가 모두 같으니, 聖人이 후학들에게 가리켜 보여주심이 이처럼 명백하다.

○案 劉表曰 三股爲徽 兩股爲纆 ≪皆索名≫ 否之時 三股之徽也 ≪互巽繩上戴三陽≫ 渙而後 兩股之纆也 ≪上只有二剛≫ 聖人之取物象 精密如此

坎→上爻變→渙←推移←否

○[案] 劉表가 말하였다. "세 겹으로 된 밧줄(三股)을 '휘(徽)'라고 하고, 두 겹으로 된 밧줄(兩股)을 '묵(纆)'이라고 한다."[152] ≪모두 밧줄의 명칭이다.[153]≫ 否卦의 때에는 세 겹의 밧줄로 묶었는데 ≪互巽의 줄 위에 세 陽을 올려놓고 있음≫ 渙卦가 된 뒤에는 두 겹의 밧줄로 묶었으니 ≪上卦에 다만 두 剛이 있음≫ 聖人이 物象을 취함이 이처럼 정밀한 것이다.

○ 又案[154] 虞翻云 獄外種九棘 故稱叢棘 ≪劉瓛云 衆議于九棘之

152) 劉表의 말은 陸德明의 『經典釋文』에 나온다. 다산은 "皆索名"을 細注로 처리하였으나, 原文에서는 "三股爲徽, 兩股爲纆, 皆索名"이 전부 인용문이다.

153) 索은 '동아줄 索(삭)'으로 읽는다. '밧줄'을 뜻한다. '휘묵(徽纆)'은 죄인을 묶는 밧줄이다.

154) [校閱] 新朝本과 國中本에는 "案"으로 되어 있으나 奎章本에는 "按"으로 되어 있다.

下≫ 九家易曰 司寇公卿 議獄 上罪三年舍 ≪放釋也≫ 中二年舍 ≪如今徒二年≫ 下一年舍 ≪分輕重≫ 不舍 故不得也

○[又案] 우번(虞翻)이 말하였다. "獄 밖에 아홉 그루의 가시나무(棘)를 심으므로 '총극(叢棘)'이라고 칭한 것이다."[155] ≪유환(劉瓛)이 말하였다. "아홉 그루의 가시나무 밑에서 여러 사람이 의론(議論)한다."≫ 荀九家의 易에서 말하였다. "사구(司寇)와 공경(公卿)이 옥사(獄事)를 의논하니, [가장 큰 죄인] 上罪는 1년 [동안 옥살이를] 살고 ≪3년 뒤에 석방함≫ [그 다음으로] 中罪는 2년 [동안 옥살이를] 살고 ≪마치 요즈음 2년 뒤에 떠난다고 말하는 것과 같음≫ [그 다음으로] 下罪는 1년 [동안 옥살이를] 산다고 하였으니 ≪罪의 경중(輕重)을 나눈 것≫ 머물지 않는 까닭에 '不得'이라고 한 것이다."

○又按 荀九家 以坎爲叢棘 亦疏[156]矣

○[又按] 荀九家가 坎이 '총극(叢棘 : 가시나무)'의 뜻이 된다고 하였으나, 역시 정밀하지 못한 해석이다.[157]

---

155) 감옥 밖에 아홉 그루의 가시나무를 심어 감옥으로 만들었다는 뜻이다. 옥 밖에 가시나무를 심은 것은 죄인이 옥을 넘어 도망가는 것을 방지하기 위해서이다(김상섭 역, 『高亨의 周易』, 예문서원, 1995, 272면).

156) [校閱] 新朝本과 國中本에는 "踈"로 되어 있는데, "疏"와 "踈"는 同字이다.

157) 다산은 "震木蕃茂 ≪二四互≫ 生於坎險 ≪下本坎≫ 是爲叢棘 ≪木之茂險者≫"이라고 하였고, 또 离가 獄이 된다고 함. 즉, 총극(叢棘)의 뜻이 성립하기 위해서는 坎의 뜻만으로는 부족하고, 무성한 震木이 坎의 험난함 속에서 자라나야 하며, 덧붙여 离의 獄의 象이 결합되어야 한다는 것이다.

【30. 중화 리(重火 離)】

离下离上 ○ 第十八卦 ≪遯一之五 大壯上之二≫

遯 → 離 ← 大壯

离가 下卦이고, 离가 上卦이다. ○ 第18卦이다.[158] ≪遯卦의 1이 5로 가고, 大壯卦의 上이 2로 간다.≫

序卦傳曰 離者 麗也

「序卦傳」에 말하였다. "離는 麗이다."

○程子曰 火體虛 麗於物而明者也

○程子가 말했다. "불의 體性이 虛하니, 사물에 붙어서 밝은 것이다."

○鏞案 一陰 麗於兩陽之間 如鳥之麗其翼 曰 離也 ≪字從[159]隹≫ 又 離 別也 辨也 乾三陽相聚 而中一陰 以別之 曰離也 ≪易例 离爲辨≫ 又離 飛鳥也 ≪荀九家≫ 鳥之羽翮 皆脂膏所成 故能衝

---

158) 離卦는 똑바로 보거나, 뒤집어 보아도 어느 경우나 동일한 형태가 되므로 正卦나 反卦 등으로 부르지 않는다. 이처럼, 正卦와 反卦의 구별을 형성하지 않는 괘에는 乾, 坤, 坎, 離, 頤, 大過, 中孚, 小過의 8괘가 있다.

159) [校閱] 新朝本에는 "從"으로 되어 있으나 奎章本에는 "以"로 되어 있다.

氣上翥 得火性者也 古以倉庚爲黃鸝[160] ≪見說文≫ 離字從[161]隹 禽字從[162]离 皆其證也

☲
離

○[鏞案] 하나의 陰이 두 陽의 사이에 걸려서 마치 새가 자신의 날개를 펼치고 있는 듯한 모습을 가리켜 '離'라고 한다. ≪'離'字는 '새 隹(추)'字로부터 왔음≫ 또 '離'字는 나누어짐(別)이며 분별함(辨)을 뜻하니, 乾의 三陽이 서로 모여 있는데 가운데 一陰으로써 갈라놓는 것을 가리켜 '離'라고 한다. ≪易例에 '离'는 '辨', 즉 '분별함'이 된다고 함≫ 또 '離'字는 날아가는 새를 뜻하니 ≪荀九家의 說≫ 새의 깃촉이 모두 두터운 기름으로 되어 있는 까닭에 [하늘을] 찌를 듯한 기운으로 위로 날아오르니, 그것은 불의 성질을 얻은 것이다. 옛날에, 창경(倉庚)을 황색 꾀꼬리(黃鸝)라고 하였다.[163] ≪『說文』에 보임[164]≫ '離'字는 '隹'字로부터 나왔으며, '禽'字는 '离'字로부터 나왔다는 것이 모두 그 증거이다.[165]

卦自遯大壯來 日月之麗乎天 草木之麗乎土 ≪彖傳文≫ 推移之義也

---

160) [校閱] 新朝本과 國中本에는 "黃離"로 되어 있으나 奎章本에는 "黃鸝"로 되어 있다.
161) [校閱] 新朝本에는 "從"으로 되어 있으나 奎章本에는 "以"로 되어 있다.
162) [校閱] 新朝本에는 "從"으로 되어 있으나 奎章本에는 "以"로 되어 있다.
163) 『禮記』「月令」에 "始雨水, 桃始華, 倉庚鳴, 鷹化爲鳩"라는 말이 있음. 또한 『詩經』「豳風」「七月」과 『詩經』「小雅」「鹿鳴之什」「出車」에도 倉庚이 언급됨.
164) 『說文』에 "黃離는 倉庚이니 隹가 붙었고 음은 离이라"고 함.
165) 離의 卦名을 새이름과 연관시킨 것은 모기령의 학설에서 나온 것인데, 다산은 여기서 모기령의 학설을 따르고 있는 듯 하다(심경호, 「조선후기의 경학연구법분화와 毛奇齡 비판」, 『東洋學』 29집, 단국대 동양학연구소, 1999.6, 53면).

䷠ ䷝ ䷡

遯 → 離 ← 大壯

離卦는 遯卦와 大壯卦로부터 왔으니 "日月麗乎天, 百穀草木麗乎土", 즉 "해와 달은 하늘에 붙어 있고, 풀과 나무는 흙에 붙어 있다"라고 한 것은 ≪「彖傳」의 글≫ 推移의 뜻을 나타낸다.

䷝

離, 利貞, 亨. 畜牝牛, 吉.

離는 일을 맡아 처리함에 이로우니 형통할 것이다. 암소를 기르면 길할 것이다.

此 離之不變者也 二五中正 ≪卦形正≫ 夾成坎貞 ≪二五夾≫ 利幹事也 ≪貞 事也≫ 离以嘉會 其德爲亨

䷝

離

이것은 離卦가 변하지 않는 경우이다. 제2位와 제5位가 中正하여 ≪卦의 형태가 반듯함≫ 협괘(夾卦)로써 坎의 貞을 이루니 ≪2·3·4·5位의 夾坎≫ 일을 맡아 처리함에 이롭다. ≪貞은 일을 의미한다.≫ 离로써 기쁘게 모이니, 그 德이 형통함이 된다.

○ 乾爲駁馬 ≪見說卦≫ 則震坎皆馬也 坤爲母牛 ≪說卦文≫ 則巽离皆牛也 ≪左傳云 純离爲牛≫ 卦自遯來 ≪一之五≫ 大巽之牛 ≪兼畫三≫ 一牛而已 移之爲離 則大腹受孕 ≪說卦云 离爲大腹≫ 又生一离 ≪上亦离≫ 上下兩离 奄有二牛 ≪离爲牛≫ 畜牝牛吉也 卦自大壯 ≪上之二≫ 震之禾稼 ≪彼上震≫ 兌以收利 ≪兼畫兌≫ 稼穡之卦也 牝[166]牛之畜 子母成兩 ≪成二牛≫ 田家之利也

遯 → 離 ← 大壯

○乾이 얼룩말(駁馬)이라고 한다면 ≪「說卦傳」에 나타남≫ 震과 坎도 모두 말이 되며, 坤이 어미소(母牛)라면 ≪「說卦傳」의 글≫ 巽과 离도 모두 소가 된다.[167] ≪『左傳』에서 순수한 离는 牛가 된다고 말함[168]≫ 離卦는 遯卦로부터 왔으니 ≪1이 5로 감≫ [遯卦에는] 大巽의 소가 있어 ≪遯卦는 兼畫하면 三畫의 巽이 됨≫ [그] 한 마리 소 밖에는 없었는데 [遯卦로부터] 推移하여 離卦로 되면 큰 배로 임신하여 ≪「說卦傳」에서 离는 큰 배, 즉 '大腹'이 된다고 함≫ 또 한 개의 离를 낳으니 ≪上卦도 역시 离≫ 上下의 두 개의 离가 생겨, 갑자기 소가 두 마리 생긴 셈이니 ≪离는 소가 됨≫ [이것을 가리켜] "畜牝牛吉", 즉 "암소를 기르면 길하다"고 말한 것이다. 離卦는 大

---

166) [校閱] 新朝本과 國中本에는 "牝"으로 되어 있으나 奎章本에는 誤記되어 있다.

167) 「說卦傳」에 따르면, 소(牛)에 해당하는 것은 坤이지, 离가 아니다. 그러나 茶山은 『左傳』과 『國語』의 例를 따라, 坤뿐 아니라, 巽과 离도 모두 소가 된다고 주장하고 있다(坤爲母牛, 則巽离, 皆牛也; 『四箋』 卷2, 24가). 『春秋左氏傳』에서는 "純离爲牛"라고 하고 있는데, 离를 소(牛)로 보는 것은 卜史가 卦德을 논하면서, 광범위하게 物象을 확대해서 적용(旁取)했기 때문이다(离爲牛, 左傳國語, 卜史之論卦德者, 又可旁取; 『四箋』 卷1, 8가).

168) 純离爲牛 : 『春秋左氏傳』의 '叔孫豹之筮'(昭公 5年)에 나온다. 이때 '純'이라고 한 것은 單卦의 离를 지칭한 것이지, 重卦의 離를 지칭한 것은 아니다(唯春秋傳, 稱純离爲牛, 彼以單卦爲純, 非重卦也; 『易學緖言』 卷2, 7나).

壯卦로부터 왔으니 ≪上이 2로 감≫ [大壯卦에서는] 震의 익은 벼이삭을 ≪大壯卦에서도 上卦는 震≫ 兌로써 수확하여 이로우니 ≪大壯卦를 겸획(兼畫)하면 兌가 됨≫ [大壯卦는] 심고 거두는 [농사의] 괘에 해당된다. [離卦에서는] 암소를 길러 새끼소와 어미소의 두 마리가 생기니 ≪두 마리의 소를 형성함≫ 밭에서 농사짓는 집에 이로운 것이다.

○案 遯與无妄 巽离爲牛 ≪吳澄云 離一陰 坤之中畫也 故象牝牛≫

○[案] 遯卦와 无妄卦에서 [모두] 巽과 离가 소가 된다. ≪吳澄이 말하기를, "離의 一陰은 [본래] 坤의 중획(中畫)에서 온 것인 까닭에 離는 암소를 상징한다"고 하였다.≫

䷝

彖曰 : 離, 麗也, 日月麗乎天, 百穀草木麗乎土, 重明以麗乎正, 乃化成天下. 柔麗乎中正, 故亨, 是以畜牝牛, 吉也.

「彖傳」: 離는 [걸려서] 붙어 있는 것이니, 해와 달은 하늘에 붙어 있고, 백곡(百穀)과 초목(草木)은 땅에 붙어 있다. 正位에 근거하여 거듭 빛나니, 이에 天下를 변화시켜 이루는 것이다. 柔가 中正에 걸린 까닭에 형통하니, 이로써 암소를 기르면 길할 것이다.

麗者 罹也 雙丙爲目 ≪南方离火目≫ 鹿往離之 如於網也 ≪字義然≫ 卦自[169]遯來 ≪一之五≫ 二柔五剛 ≪天山卦≫ 离坎之日月也 移

169) [校閱] 奎章本과 國中本에는 "卦自遯來"로 되어 있으나 新朝本에는 "卦者遯來"로 되어 있다. 後者가 틀린 것은 아니지만, 茶山의 用例에 따라 前者를 따른다.

之爲離 則麗乎天也 ≪离日火坎月在於天位≫ 又自大壯來 ≪上之二≫ 上震蕃鮮 ≪雷天卦≫ 草[170]木與百穀也 移之爲离 則麗乎土也 ≪一二爲地位≫

遯 → 離 ← 大壯

‘麗’는 걸림(罹)을 뜻한다. [밝음을 상징하는] 丙이 겹으로 있는 것이 눈이 되니 ≪南方의 离火가 目이 됨≫ [麗字는] 사슴이 가서 그물에 걸려 있는 모습이다. ≪[麗字의] 字義가 그러함≫ 離卦는 遯卦로부터 왔으니 ≪1이 5로 감≫ [遯卦에서는] 제2位의 柔와 제5位의 剛이 ≪天山 遯卦≫ [1·2·3位는 离位이며, 4·5·6位는 坎位이므로 제2位와 제5位는 각각] 离의 해(日)와 坎의 달(月)에 해당된다. [그런데 遯卦로부터] 推移하여 離卦가 되면 “麗乎天”, 즉 “[해와 달이] 하늘에 걸려 [붙어] 있는 것”이 된다. ≪离의 해와 大坎의 달이 天位에 있음≫ 또 離卦는 大壯卦로부터 왔으니 ≪上이 2로 감≫ [大壯卦의] 上卦의 震의 무성하고 고운 것은 ≪[大壯卦는] 雷[☳]와 天[☰]으로 구성된 卦≫ 초목(草木)과 백곡(百穀)을 상징하더니 [大壯卦로부터] 推移하여 離卦가 되면 “麗乎土”, 즉 “땅에 붙어 있는 것”이 된다. ≪1·2位는 地位에 속함≫

○正者 二五也 离則爲化 ≪堯典云 南訛≫ 化成天下也 ≪遯之下卦爲天下≫

遯 → 離

170) [校閱] 新朝本에는 “艸”로 되어 있으나 奎章本에는 “草”로 되어 있다. “艸”는 “草”의 本字이다.

○[“以麗乎正”의] “正”은 제2位와 제5位를 가리킨 것이요, 离는 곧 변화시킴(化)을 뜻하니 ≪[『書經』「堯典」에서, “南訛”, 즉 “남쪽을 향하여 변화시킴”이라고 함[171]≫ “化成天下”, 즉 “天下를 변화시켜 이룬다”라고 한 것이다. ≪遯卦의 下卦가 ‘天下’가 됨≫

○遯之時 柔不得五 大壯之時 柔不得二 今皆得之 ≪二五柔≫ 柔麗[172]乎中正也

遯 → 離 ← 大壯

○遯卦의 때에는 柔가 제5位를 얻지 못하고, 大壯卦의 때에는 柔가 제2位를 얻지 못하였는데, 이제 [離卦로 되면] 모두를 얻었으므로 ≪離卦의 2와 5가 모두 柔≫ “柔麗乎中正”, 즉 “柔가 中正에 걸렸다”고 말한 것이다.

初九 : 履錯然, 敬之, 无咎. ○ 象曰 : 履錯之敬, 以辟咎也.[173]

初九 : [손님이 화를 내고 황급히 나가다가] 신발을 뒤집어 신는 일이 있더라도 [주인이 禮로써] 공경(恭敬)한다면 허물이 없을 것이다. ○「象

171) 『尙書』「堯典」. “申命羲叔, 宅南交, 平秩南訛, 敬致, 日永星火, 以正仲夏, 厥民因, 鳥獸希革. 分命和仲.”

172) [校閱] 新朝本과 國中本에는 “麗”로 되어 있으나 奎章本에는 “離”로 되어 있다. 「象傳」의 “柔麗乎中正”을 인용한 文句로 보고, 前者를 따르기로 한다.

173) “이피구야(以辟咎也)”로 읽는다. 이것은 다산이 注에서 “辟者, 違也 ≪讀作避≫”라고 한 것에 따른 것이다.

傳」: [손님이] 신발을 뒤집어 신더라도 [주인이 손님을] 공경하여 모시는 것은 허물을 피하기 위해서이다.

此 離之旅也 離者 別也 旅者 賓也 《見旅卦》

離 → 旅

이것은 離卦가 旅卦로 변하는 경우이다. 離는 떠남을 뜻하는 반면에, 旅는 손님을 뜻한다. 《旅卦에 나타남》

旅自否來 《三之五》 否之時 乾賓在位 《坐西北》 巽主致養 《互巽而下坤》 移之爲旅 《五之三》 則兌羜方薦 《上互兌》 坎酒載醑[174] 《二五夾》 而賓離其位 《乾爲离》 將以艮退 《下今艮》 降于乾階 《五之三》 倒厥震屣 《下倒震》 顚倒曰 錯 《字義然》 履錯然也 斯何故也 飮食之會 乾忿易發也 《損[175]大象 以乾爲忿》 當此之時 主人降階 《巽亦降一級》 坎以敬之 《二五夾》 則巽讓如舊 《今下巽》 离禮以成 《下艮成》 何咎之有

離 → 旅 ← 否

旅卦는 否卦로부터 오니 《3이 5로 감》 否卦의 때에는 乾의 손님은

---

174) [校閱] 新朝本에는 '반주 酳(윤)'으로 되어 있으나 奎章本과 國中本에는 '미주(美酒) 醑(서)'로 되어 있다. 의미는 어느 경우나 통한다. 여기서는 後者를 따르기로 한다.
175) [校閱] 新朝本과 國中本에는 "損"으로 되어 있으나 奎章本에는 "巽"으로 되어 있다. 乾으로써 忿함의 뜻을 삼은 것은 巽卦가 아니라, 損卦이다. 따라서 前者를 따른다.

자리에 머물고 있고 ≪西北쪽 방향에 앉음≫ 巽의 주인이 [손님에게] 음식을 대접하고 있다. ≪否卦에서 互巽은 주인이며, 下卦의 坤은 '致養'의 뜻이 됨≫ [그런데 否卦로부터] 추이하여 旅卦가 되면 ≪5가 3으로 감≫ 兌의 새끼양을 비로소 供物로 드리고 ≪旅卦의 上互卦는 兌가 됨≫ 坎의 술을 담아 맛있는 술을 거르고 있었는데 ≪2·3·4·5의 협괘(夾卦)는 坎≫ 이윽고 [乾의] 손님이 자신의 자리를 떠나서 ≪否卦에서 旅卦로 변하면, 上卦는 乾에서 离로 됨≫ 장차 艮으로써 물러가려고 ≪[旅卦의] 下卦는 지금 艮≫ 乾의 계단을 내려올 때 ≪5가 3으로 감≫ [그만] 자신의 震의 짚신[176]을 뒤집어 신어 버린 것이다. ≪旅卦의 下卦는 뒤집어진 震≫ 거꾸로 뒤집힌 것을 '錯'이라고 하니 ≪'錯'字의 뜻이 그러함≫ 이것을 가리켜 "履錯然", 즉 "신을 뒤집어 신었다"라고 한 것이다. 이것은 무슨 까닭인가? 음식을 먹는 모임에서는 乾의 [손님이] 화를 내[고 일어서]는 일이 [종종] 쉽게 일어난다. ≪損卦의 「大象傳」에서도 乾으로써 성냄, 즉 '忿'의 뜻으로 삼았음[177]≫ 이런 때를 맞이하여 主人이 [황급히] 계단을 내려와서 ≪否卦에서 旅卦로 변하면서 巽도 한 계단 내려온 것이 됨≫ 坎으로써 공경(恭敬)하니 ≪2·3·4·5는 夾坎≫ 巽의 겸양(謙讓)은 옛날과 같고 ≪이제 旅卦에서 下互卦는 巽이 됨≫ 离의 禮를 이루니 ≪旅卦의 下卦는 艮이니 '이룬다'는 뜻이 됨≫ 무슨 허물이 있을 것인가?

---

176) 震屝 : 震이 짚신이 된다는 것은 「說卦傳」에도 나오지 않고, 다산의 '今補'나 「其他物象」에도 나오지 않는다. 다만, 「說卦傳」에 震이 다리(足), '창랑죽(蒼筤竹)', '大塗(큰길)'가 된다고 한 것과 虞翻이 "震爲行"이라고 한 것 등을 종합해서, 震이 짚신(屝)이 된다고 본 것으로 추정해 볼 수 있다.

177) 損卦의 「大象傳」에 "山下有澤, 損, 君子, 以, 懲忿窒欲", 즉 "山 아래 못(澤)이 있는 것이 損卦의 象이니, 君子는 이 卦象을 보고, 성내는 마음을 가라앉히고, 욕심을 막는 것이다"라고 함. 茶山은 「大象傳」의 損卦의 註에서 "乾性太剛, 剛則易忿", 즉 "乾의 性質이 지나치게 剛하니, 剛하면, 쉽게 화를 내게 되는 법"이라고 하였다. 茶山은 損卦가 泰卦에서 왔기 때문에, 泰卦의 下卦인 乾이 忿한 마음을 뜻하는 것이 되는 것으로 본 것이다.

○否塞之時 剛反得位 ≪反乎[178]三≫ 是 无咎也 ≪善補過≫

離 → 旅 ← 否

○비색(否塞)한 때에 剛이 돌아와 位를 얻으니 ≪제3位로 돌아옴≫ 이것이 "无咎", 즉 "허물이 없음"의 까닭이다. ≪잘 허물을 보완함≫

○辟者 違也 ≪讀作避≫ 詩云 民之失德 乾餱以愆 寧適不來 微我有咎 ≪伐木篇≫ 辟咎之道也

○'피(辟)'는 '피하다(違)'는 뜻이니[179] ≪피할 '避(피)'字로 읽음≫ 『詩經』「녹명지습(鹿鳴之什)」「벌목(伐木)」에 이르기를 "民之失德 乾餱以愆 …… 寧適不來 微我有咎", 즉, "사람들이 德을 잃는 것은 마른 밥 때문에 허물이 생기는 것이니, …… 차라리 마침 일이 있어 오지 못할지언정 내가 잘못이 있는 것은 아니니라"고 하였으니 ≪「伐木」篇[180]≫ 그것은 허물을 피하는 道理인 것이다.

○案 離自遯來 ≪一之五≫ 巽主乾賓 ≪遯之物≫ 相見乎离 ≪今之象≫ 燕會之卦也 故其變如此

---

178) [校閱] 新朝本에는 "于"로 되어 있으나 奎章本에는 "乎"로 되어 있다. 의미는 같다.

179) 朱子의 『周易本義』에서도 "辟, 避同"이라고 함.

180) 民之失德 乾餱以愆 寧適不來 微我有咎 : 『詩經』 卷九 「鹿鳴之什」 중 「伐木」篇에 나오는 구절로, '民之失德 乾餱以愆'과 '寧適不來 微我有咎'의 두 부분은 原文에서는 연결되어 있지 않으며, 앞 부분과 뒷 부분이 순서가 서로 뒤바뀌어 있다. 즉 다산의 인용문의 후반부는 "旣有肥牡 以速諸舅, 寧適不來 微我有咎(이미 살찐 짐승을 장만하여 여러 외갓집 식 그들을 부르니, 차라리 마침 일이 있어 오지 못할지언정 내가 잘못이 있는 것은 아니다)"라는 原文 중의 일부분이며, 다산의 인용문의 전반부는 "民之失德 乾餱以愆 有酒湑我 無酒酤我(사람들이 德을 잃는 것은 마른 밥 때문에 허물이 생기는 것이니, 술이 있거든 내 술을 거를 것이며, 술이 없거든 내 받아올 것이며 ……)"라는 原文 중의 일부분이다.

遯 → 離

○[案] 離卦는 遯卦로부터 왔으니 ≪[遯卦의] 1이 5로 감≫ 巽의 주인과 乾의 손님이 ≪遯卦의 物象≫ 离에서 서로 만나보니 ≪지금 旅卦에서 上卦의 象≫ [離初九, 즉 '離之旅'의 괘는] 잔치와 會合의 卦(燕會之卦)이므로 그 변함이 이와 같다.

○學稼云 坎離諸卦 本取倒象 ≪無反對≫ 故倒震爲履[181] ≪坤初六 亦震爲履≫

坎 離

○學稼가 말하였다. "坎과 離의 諸卦는 본래 뒤집혀진 象을 취하는 까닭에 ≪反對되는 卦가 없음≫ [離卦 初九의 '履錯然'의 구절에서] 뒤집혀진 震으로서 履의 뜻을 삼은 것이다." ≪坤卦 初六의 "履霜堅氷"의 구절에서도 역시 震으로서 履의 뜻을 삼았음≫

○需上六 鼎九二 ≪鼎之旅≫ 宜參看

○需卦 上六[182]과 鼎卦 九二[183]의 경우도 ≪鼎卦가 旅卦로 가는 경우≫

181) [校閱] 新朝本에서는 "倒震爲復"으로 되어 있고, 奎章本과 國中本에는 "震倒爲履"로 되어 있다. 그런데 細註에 "坤初六, 亦震爲履"라고 되어 있으므로 奎章本과 國中本의 예를 따라서 "震倒爲履"로 바로 잡는 것이 옳은 것으로 보인다. 여기서 '履'字는 卦名으로서의 履卦를 지칭하는 것이 아니라, '신발', 혹은 '밟는다'는 뜻으로서의 履字의 의미를 가리키고 있다.

182) 需卦 上六은 '需之小畜'의 경우로서, 離卦 初九(離之旅)와 마찬가지로 주인이 손님을 맞는 점괘에 해당된다. 需卦 上六의 爻辭에 "有不速之客三人, 來, 敬之, 終吉", 즉 "부르지 않은 손님이 세 사람 오니, 공경하면 마침내 길할 것이다"라고 하였음

마땅히 참고해 보아야 한다.

六二 : 黃離, 元吉. ○ 象曰 : 黃離, 元吉, 得中道也.

六二 : 황색(黃色)[의 태양(太陽)]이 [하늘에] 걸려 있으니, 君主에게 길할 것이다. ○「象傳」: "黃離元吉"은 [君主가] 中道를 얻은 것을 말한 것이다.

此 離之大有也 震爲玄黃 《說卦文》 其一陽爲玄 《得於乾》 其二陰爲黃也 《得於坤》 卦自大壯來 《上之二》 震之一黃 《其陰畫》 來麗天中 《乾之中》 此 黃離也

大壯→ 推移→離→2효변→大有

이것은 離卦가 大有卦로 변하는 경우이다. 震은 검고 누런 색(玄黃)이니 《「說卦傳」의 글》 震卦의 一陽은 검은 색이 되며 《乾으로부터 얻음》 震卦의 二陰은 黃色이 된다. 《坤으로부터 얻음》 離卦는 大壯卦로부터 오니 《上이 2로 감》 震의 一黃이 《大壯卦의 上畫인 음획(陰畫)을 말함》 와서 중천(中天)에 걸려 있으니 《乾의 가운데》 이것이 "黃離"이다.

---

183) 離卦 初九(離之旅)가 잔치와 會合의 卦(燕會之卦)인 것과 마찬가지로, 鼎卦 九二(鼎之旅)도 역시 연회(燕會)의 괘가 된다. 鼎卦 九二의 爻辭에 "鼎有實, 我仇有疾, 不我能卽, 吉", 즉 "세발솥 안에 [손님을 대접할] 음식이 가득 있는데, 내가 초대한 손님이 병이 나서 내게로 올 수가 없다"라고 하였다.

○元者 善之長也 本以震主 ≪大壯之上震≫ 今得离明 ≪卦主取本象≫ 其占元吉 ≪君道吉≫

大壯→推移→離

○'元'은 善의 으뜸(長)이니, [離卦 六二는] 본래 [大壯卦에서는] 震의 주인이었으나 ≪大壯卦의 上卦는 震≫ 이제 离의 밝음을 얻었으므로 ≪卦主이므로 本象을 취함≫ 그 점이 "元吉", 즉 "우두머리가 길한 것"이다. ≪君道가 길한 것이다.≫

○本以震道 ≪大壯時≫ 今乃得中 ≪二爲中≫ 得中道也

大壯→推移→離

○본래 震의 道로써 하다가 ≪大壯卦의 때의 上畫인 陰≫ 이제 中道를 얻게 되었으므로 ≪2가 中이 됨≫ "得中道", 즉 "中道를 얻었다"고 말한 것이다.

○案 黃離者 太陽麗天之名 离日中於乾天 ≪大有象≫ 亦黃離也 今曆家 以日度所躔 爲黃離 蓋本於此 筮而遇是者 田獵則毛黃者來麗 軍旅則旗黃者來麗也

離→2효변→大有

○[案] “黃離”란 太陽이 하늘에 걸려 있는 것을 지칭하는 명칭이니, 离의 태양이 乾의 하늘의 한 가운데 있는 것도 ≪火天 大有卦의 象≫ 역시 “黃離”이다. 요즈음의 역가(曆家)들이 태양이 다니는 바의 궤도를 측량하여, “黃離”라고 지칭하는 것도 대개 여기에서 비롯된 것이니, 산대점을 쳐서 이 점괘를 만나는 사람은 들판에 사냥을 나가게 되면, 털이 누런 짐승이 와서 걸려들 것이요, 軍師를 부리게 되면, 黃旗를 내세운 자가 와서 붙잡힐 것이다.

○坤之黃裳 鼎之黃耳 解之黃矢 噬嗑之黃金 遯革之黃牛 宜參看

○坤卦의 ‘黃裳(누런 치마)’, 鼎卦의 ‘黃耳(누런 귀)’, 解卦의 ‘黃矢(누런 화살)’, 噬嗑卦의 ‘黃金(누런 금)’, 遯卦와 革卦의 ‘黃牛(누런 소)’의 경우를 참조해서 보아야 할 것이다.

九三 : 日昃之離, 不鼓缶而歌, 則大耋之嗟, 凶. ○象曰 : 日昃之離, 何可久也.

九三 : 해가 기울어 [서쪽 하늘에] 걸려 있으니, [늙은이가] 질그릇을 두드리며 노래부르는 일도 없을 것이다. 곧 큰 늙은이(大耋)의 탄식하는 소리가 들려올 것이니, 흉할 것이다. ○「象傳」: 해가 [이미] 기울어 [하늘에] 걸려 있으니, [늙은이의 목숨이] 어찌 오래갈 수 있겠는가?

此 離之噬嗑也 下卦位离 ≪一二三奇偶奇≫ 故易例 初爲日出 二

爲日中 三爲日昃 ≪說見九家易≫ 本以離卦 今當三爻 ≪离體竟≫ 日昃之離也 日之方昃 其勢倒懸 ≪落向下≫ 此爻之象 又宜倒看 ≪坎離等六卦 本取倒象≫

䷝ ䷔

離→3효변→噬嗑

이것은 離卦가 噬嗑卦로 변하는 경우이다. 下卦는 [본래] 离位에 있는 까닭에 ≪1·2·3位는 奇數·偶數·奇數≫ 易例에 初位는 日出(해가 솟음)의 자리가 되고, 제2位는 日中(해가 중천에 떠 있음)의 자리가 되고, 제3位는 日昃(해가 짐)의 자리가 되니 ≪순구가(荀九家)의 易說에 보임≫ 본래 離卦였고, 이제 [下卦는 离卦로서 그 중에서] 제3爻의 위치에 해당하므로 ≪제3位는 离의 體가 끝나는 위치≫ "日昃之離(기우는 해가 걸려 있다)"라고 한 것이다. 해가 바야흐로 기울 때에 그 기세가 마치 거꾸로 매달려 있는 것 같으니 ≪아래를 향하여 떨어짐≫ 이 [離卦 九三의] 爻象도 또한 마땅히 뒤집어 보아야 한다. ≪坎·離 [頤·大過·中孚·小過] 등의 여섯 괘는 본래 象을 뒤집어 취한다.≫

○以正[184]卦 則下震爲器 ≪下今震≫ 坤土离燒 ≪噬嗑本[185]坤土≫ 其器 缶也 上當艮手 ≪今互艮≫ 是 鼓缶也 离則爲喜 ≪下今[186]离≫ 震乃善鳴 ≪說卦文≫ 喜而鳴則歌也 倒之爲賁 ䷕ 則旣無震缶 ≪下

---

184) [校閱] 國中本에는 "正卦"가 "此卦"로 되어 있는데, 誤記이다.

185) [校閱] 奎章本에는 "噬嗑本坤土"로 되어 있고, 新朝本과 國中本에는 "噬嗑有坤土"로 되어 있다. 엄밀히 말해서 坤土는 지금의 噬嗑卦에 있는 것이 아니고, 그 辟卦인 否卦에 있는 것이기 때문에, 前者가 더 적합하다.

186) [校閱] 新朝本에는 "下今离"로 되어 있으나 奎章本과 國中本에는 "下本离"로 되어 있다. 下卦는 离位이므로 "下本离"라고 볼 수도 있겠으나, 噬嗑卦의 1·2·3·4에 大离가 있으므로, 구태여 그렇게 볼 필요가 없다. 따라서 前者를 따르기로 한다.

不變≫ 亦無震鳴 ≪無正震≫ 不鼓缶而歌也

離→3효변→噬嗑←倒象→賁

○[倒卦로 보지 않고] 正卦로 본다면 [噬嗑卦의] 下卦인 震은 그릇이 된다. ≪噬嗑卦의 下卦는 이제 震≫ 坤의 흙을 离의 불로써 구웠으니 ≪噬嗑卦가 [되기 이전에 否卦에서] 본래 가지고 있었던 坤의 흙≫ 그 그릇이 질그릇이 된다. [또] 위로는 艮의 손을 마주 대하고 있으니 ≪噬嗑卦의 下互卦는 艮≫ 이것이 [艮의 손으로] '질그릇을 두드림', 즉 '고부(鼓缶)'가 된다. 离는 곧 기쁨이 되고 ≪아래로 이제 大离가 있음≫ 震은 이에 '善鳴(잘 울림)'이 되니 ≪「說卦傳」의 글≫ 즐겁게 울리는 소리가 난다면, 그것은 곧 노래(歌)일 것이다. [噬嗑卦를] 거꾸로 뒤집어서 賁卦가 되면 거기에는 이미 震의 질그릇이 없고 ≪離卦일 때나 마찬가지로 下卦는 변하지 않음≫ 또 震의 울림도 없으니 ≪正卦로서 震도 없음≫ "不鼓缶而歌", 즉 "질그릇을 두드리면서 노래하지 않는 것"이 된다.

○ 賁自泰來 ≪二之上≫ 泰者[187] 震之積也 ≪復臨泰≫ 震爲老人 ≪見大過九二≫ 積至三 則大耋也 ≪老而又老者≫ 移之爲賁 則自其兌口 ≪泰互兌≫ 發其坎憂 ≪賁互坎≫ 口發憂則嗟也 嗟之奈何 乾移爲艮 ≪二之上≫ 艮則爲死 ≪萬物終乎艮≫ 大耋之嗟也

離→3효변→噬嗑←倒象→賁←推移← 泰

187) [校閱] 新朝本과 國中本에는 "者"로 되어 있으나 奎章本에는 "自"로 되어 있다. 前者가 옳다.

○賁卦는 泰卦로부터 왔으니 ≪2가 上으로 감≫ 泰卦는 震이 쌓인 것이다. ≪復·臨·泰로 진행되면서 震이 점차로 쌓임≫ 震은 老人이 되니 ≪大過卦 九二를 참조≫ 쌓여서 제3位에 이르면 곧 큰 늙은이(大耋)가 된다. ≪["대질(大耋)"이란] 더욱 더 늙은 늙은이를 가리킴≫ [泰卦로부터] 추이(推移)하여 賁卦가 되면, 곧 그 兌의 입으로부터 ≪泰卦의 互兌≫ 坎의 근심하는 소리를 내니 ≪賁卦의 互坎≫ 입으로 근심스러운 소리를 낸다면 그것은 곧 탄식일 것이다. [그러면] 어찌해서 탄식하는 것일까? 乾으로부터 옮겨져서 艮이 되었으니 ≪2가 上으로 감≫ 艮은 곧 죽음을 뜻하는 까닭에 ≪萬物은 艮에서 끝남≫ 큰 늙은이(大耋)가 탄식하게 된 것이다.

○何可久者 謂老人之不久於世 如昃日之不久於天也 君子旣老 ≪泰三陽≫ 艮死將迫 ≪賁上艮≫ 何嗟及矣 詩曰 子有鐘鼓 不鼓不考 宛其死矣 他人是保 ≪山有樞≫ 亦此意也

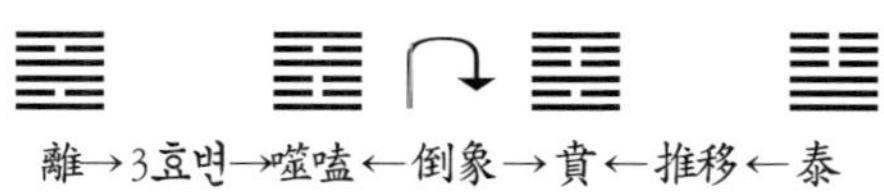

○"何可久", 즉 "어찌 오래갈 수 있겠는가"라고 말한 것은 老人이 세상에 오래 살지 못하는 것이 마치 기우는 해가 하늘에 오래 걸려 있지 못하는 것과 같기 때문이다. 君子가 이미 늙음에 ≪泰卦의 3陽≫ 艮의 죽음이 장차 닥치려고 하니 ≪賁卦의 上卦는 艮≫ 어찌 탄식이 미칠 것인가? 『詩經』「唐風」「山有樞」에서 말하기를 "子有鐘鼓, 不鼓不考, 宛其死矣, 他人是保", 즉 "그대가 종고(鐘鼓)가 있으되, 두들기지도 않고, 치지도 않지만 [만약 그대가] 완연(宛然)히 죽거든 타인이 이에 차지하리라"[188]고 하였으니, 역시 이와 같은 뜻이다.

188) 『詩經』 卷6 「唐風」「山有樞」.

○案 鄭玄本 鼓作擊 京房本 耋作絰 ≪又蜀才本 耋作咥≫ 皆誤

○[案] 鄭玄本에서는 '鼓'字를 '擊'字로 쓰고, 京房本에서는 '耋'字를 '絰'字로 썼으니 ≪또 蜀才本에서는 '耋'字를 '咥'字로 썼음≫ 모두 잘못된 것이다.

○風俗通曰 缶 瓦器 可以節歌 ≪戰國策 秦王擊缶≫ 鼓 擊也 ≪字從攴≫ 擊鼓曰 鼓

○『풍속통(風俗通)』[189]에서 말하기를 "부(缶)는 질그릇이니, 그것을 두드림으로써 노래의 장단을 맞출 수 있다"라고 하였으니[190] ≪『戰國策』[191]

---

189) 『풍속통(風俗通)』: 또 東漢人 응소(應劭)의 저서 『風俗通義』를 가리킨다. 應劭는 東漢 여남(汝南) 남둔(南頓) 사람으로 字는 중원(仲遠)이며, 그의 부친은 응봉(應奉)이다. 靈帝(168~188년 재위) 때, 태산(泰山) 태수를 지냈다. 박학다식하여 평생 11종, 136권을 저술하였다. 『風俗通義』는 풍속의 잘못을 바로 잡고, 그 의미를 밝힌 저술로서, 30권으로 이루어져 있었으나 지금은 대부분 산실(散失)되었으며, 『風俗通』이라고도 한다.

190) 缶, 瓦器, 可以節歌: 『風俗通義』 「聲音」(第六)에서 "缶者, 瓦器, 所以盛漿, 秦人鼓之以節歌"라고 함.

191) 『戰國策』: 戰國시대(B.C.403~B.C.221)에 활동한 사람들의 이야기를 적은 책이 『戰國策』인데, 『戰國策』의 原 저자는 밝혀져 있지 않다. 春秋時代(B.C.770~B.C.404)의 역사를 기록한 『春秋』가 엄밀하고 정확한 역사인 데 반하여, 『戰國策』은 그 시대의 인물의 말과 행동을 좋은 표현으로 적은 일종의 일화집이다. 또한 춘추는 역사에서 大義를 밝히기 위한 목적을 가지고 저술하였으나, 『戰國策』은 史實에는 별로 관심이 없고, 소진(蘇秦)·장의(張儀) 등의 권모술책을 다루고 있는 등 소설적 형식마저 지니고 있다. 지금의 형태로 편집하여 전국책이라는 이름을 붙인 사람은 前漢 末期 유향(劉向, B.C.77~B.C.6)이다. 유향이 天子의 서고에 있는 장서를 정리했을 때 「國策」·「國事」·「短長」·「修書」라는 제목의 죽간이 있었는데, 이들은 모두 전국시대에 유세(遊說)를 하던 선비들이 정치에 참여할 것을 계획하고 나라를 위해 수립한 책략들이었다. 유향은 이것을 나라별, 연대순으로 정리한 뒤 중복된 것은 삭제하여 1책 33편으로 만들고 『전국책』이라는 이름을 붙였다. 후한의 고유(高誘)가 주해(註解)를 했으나, 北宋 초에는 거의 소실되었던 것을 증공(曾鞏)이 대부분 복원하고 南宋의 요굉(姚宏)이 1146년에 책으로 펴냈다. 이와는 별도로 포표(鮑彪)는 1147년에 개개의 이야기를 연도순으로 편(篇)과 장(章)을 정리하고 자신이 주를 달아 책을 펴냈다. 요본(姚本)은 전33권, 포본(鮑本)은 전10권이다. 1365년에 간행된 포본에는 元나라 오사도(吳師道)의 교주(校註)가 있다. 1973~74년 長沙의 마왕퇴(馬王堆) 3호무덤에서 출토된 백서(帛書) 속에서 유향의 편찬 이전의 『戰國策』 原本을 볼 수 있다.

에서 진왕(秦王)이 부(缶)의 질그릇을 쳤다고 함[192]≫ 鼓는 치는 것이니 ≪'칠 鼓(고)'字는 '칠 攴(복)'字로부터 나옴≫ 북을 두드리는 것을 가리켜 '鼓'라고 하였다.

䷝

九四 : 突如其來如, 焚如, 死如, 棄如. ○ 象曰 : 突如其來如, 无所容也.

九四 : [돼지가] 갑자기 돌진(突進)해 오더니, 불에 타서, 죽는지라, [내다] 버리게 될 것이다. ○「象傳」: [돼지가] 갑자기 돌진(突進)하여 오니, [불에 타서 죽은 돼지의 시체를 내다 버리려고 해도 담장 안에는] 수용(收容)할 곳이 없다.[193]

---

192) 『史記』 卷81 「廉頗藺相如列傳」에도 이와 관련된 내용이 있다. 이와 관련된 내용을 요약하면 다음과 같다. 秦나라가 趙나라를 공격하여 石城을 함락시켰고, 이듬해 또 다시 趙나라를 쳐서, 2만 명을 죽였다. 秦나라 왕은 사신을 趙나라 왕에게 보내서, 평화회담을 하고 싶다고 하였다. 秦나라 왕은 술자리가 무르익어 가자, 趙나라 왕에게 거문고를 연주케 하였고, 이를 趙나라 御史가 "某年, 某月, 某日에 秦나라 왕은 趙나라 왕을 만나 술을 마시며 趙나라 왕에게 거문고를 타게 하였다"라고 기록하였다. 그러자, 인상여(藺相如)가 한 걸음 나와 "秦나라 대왕께서도 秦나라 음악에 능하다고 들으셨습니다. 대왕께 분부(盆缶)를 올릴 테니, 연주해 주십시오"라고 청하였다. 그러나 秦나라 왕은 노여워하며 승낙하지 않았다. 그러자 인상여는 앞으로 나와 분부를 바치며 무릎을 꿇고 秦나라 왕에게 청하였다. 그래도 秦나라 왕이 분부를 두들기며 노래하기를 거부하자, 상여는 끝까지 거부하면 자기의 목을 피로 물들이겠다고 협박하였다. 秦나라 왕은 마지못해 분부를 한 번 두드렸다. 그러자, 상여는 뒤를 돌아보며 趙나라의 御史를 불러 "某年, 某月, 某日에 秦나라 왕이 趙나라 왕을 위해서 분부(盆缶)를 쳤다"라고 기록하게 하였다(정범진 역, 『史記列傳』 上, 까치, 1994, 315~316면).

193) 다산은 細註에서 "无所容者, 不容於离垣之內, 而最在卦外也"라고 하였다. 즉, "无所容"이라고 한 것은 [죽은 돼지의 시체를] 离의 담장(垣)의 안쪽에는 용납치 않고 가장 바깥에 두는 것을 말함이다.

此 離之賁也 賁自泰來 一陰忽來 ≪上之二≫ 坎豕衝突 ≪二四互≫ 突如來如也 遂成离火 ≪下今离≫ 焚[194]燒之燹也

䷝ ䷕ ䷊

離 →4효변→賁←推移←泰

이것은 離卦가 賁卦로 변하는 경우이다. 賁卦는 泰卦로부터 왔으니, 한 개의 陰이 갑자기 옴에 ≪上이 2로 감≫ 坎의 돼지가 충돌(衝突)함이니 ≪2·3·4의 互坎≫ [그것은] "突如來如", 즉 "갑자기 부딪혀 오는 것"이다. 마침내 离의 불이 일어나니 ≪下卦는 이제 离≫ [그것은 사냥을 위해] 질러놓은 불(焚燒之燹)이다.

○移者爲艮 ≪二之上≫ 艮則爲死 ≪萬物終乎艮≫ 离垣之外 又過震藩 ≪三五互≫ 棄之艮山之阿 ≪二之上≫ 死如棄如也 离爲戈兵 ≪說卦文≫ 兩离相敵 ≪上下离≫ 本有兵象 故其占如此

䷝ ䷕ ䷊

離 →4효변→賁←推移← 泰

○[泰卦로부터] 옮겨간 것은 艮이 되니 ≪2가 上으로 감≫ 艮은 곧 죽음이 된다. ≪[「說卦傳」에서] "萬物終乎艮"이라고 함≫ 离의 담장 밖에서 또 震의 휘장을 지나서 ≪賁卦의 3·4·5의 互震≫ 艮山의 언덕에 버리니 ≪2가 上으로 감≫ "죽은 것(死如)"을 "내다버린 것(棄如)"이다. 离는 창과 무기가 되는데 ≪「說卦傳」의 글≫ 두 개의 离가 서로 敵이 되어 마주하고 있고 ≪賁卦의 3·4·5·6도 离이며, 下卦도 离≫ [离에는] 본래부터 兵器의 象이

194) [校閱] 新朝本에는 "楚"로 되어 있으나 奎章本과 國中本에는 "焚"으로 되어 있다. 後者가 옳다.

있으므로, 그 占이 이와 같다.

○ 无所容者 不容於离垣之內 ≪上之二≫ 而最在卦外也

離→4효변 →賁←推移← 泰

○"无所容"이라고 한 것은 [죽은 돼지의 시체를] 离의 담장 안쪽에 수용(收容)하지 않고 ≪上이 2로 감≫ 바깥쪽 가장 먼 곳에 두는 것을 말함이다.

六五 : 出涕, 沱若, 戚嗟若, 吉. ○ 象曰 : 六五之吉, 離王公也.

六五 : [임금과 신하가 서로 헤어짐에] 콧물이 흐르고, 눈물이 흘러서, 슬퍼 탄식하는 듯하나, [나중에는 콧물과 눈물을 모두 거두고, 더 이상 탄식도 일어나지 않을 것이니] 길할 것이다. ○「象傳」: 六五의 [지금 왕공(王公)과 재회(再會)하여] 길함은 [옛적에] 왕공(王公)과 이별(離別)하였기 때문이다.

此 離之同人也 卦自大壯來 ≪上之二≫ 大壯之時 乾王在內 震公在外 ≪雷天卦≫ 移之爲離 則离兵隳突 ≪上下离≫ 坎寇中梗 ≪二五夾≫ 乾王震公 都失所在 ≪卦中無乾震≫ 當此之時 二陰舊臣 ≪二與五≫ 憂哀愍惻 ≪坎心痛[195]≫ 當如何哉

大壯→推移→離→5효변→同人

이것은 離卦가 同人卦로 변하는 경우이다. 離卦는 大壯卦로부터 오니 《上이 2로 감》 大壯卦의 때에는 乾의 임금이 안에 있고, 震의 제후가 밖에 머무르고 있다. 《雷天 大壯卦》 推移하여 離卦가 되면 곧 离의 兵士가 부딪혀 무너지고 《上卦와 下卦가 离》 坎의 도적이 가운데 가로막고 있음에 《2·3·4·5의 협괘(夾卦)》 乾의 임금과 震의 제후가 모두 있는 곳을 잃어버리거늘 《離卦 중에는 乾과 震이 없음》 이런 때를 맞이하여 두 陰의 옛 신하가 《離卦의 2와 5를 가리킴》 근심하고 슬퍼하니 《坎은 '心痛', 즉 '마음의 아픔'이 됨》 이런 때를 맞이하여 어찌할 것인가?

卦自遯來 《一之五》 昔之艮鼻 《遯下艮》 坎水滂沱 《中大坎》 出涕沱若也 《鼻液曰 涕也》 又自大壯 《上之二》 昔之兌口 《兼畫兌》 坎憂仰噓 《坎心痛》 戚嗟若也 《憂發口爲嗟》

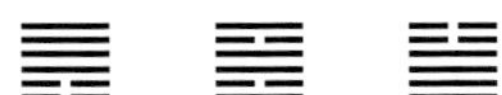

遯 → 離 ← 大壯

離卦는 遯卦로부터 왔으니 《1이 5로 감》 옛 적에 艮의 코에서 《遯卦의 下卦는 艮》 坎의 물이 주루룩 흘러내리므로 《離卦의 가운데 있는 2·3·4·5는 大坎卦가 됨》 "출체타약(出涕沱若)", 즉 "콧물이 흐르는 것이 눈물이 흐르는 듯하다"고 한 것이다. 《코에서 나오는 액체를 '涕', 즉 '콧물'이라고 함[196]》 또 離卦는 大壯卦로부터 온 것이니 《上이 2로 감》 옛날의 兌의 입으로 《大壯卦는 兼畫하면 兌가 됨》 坎의 근심을 들이키고 내쉬므로 《坎

195) [校閱] "坎心痛"이 奎章本에는 "坎心通"으로 되어 있는데, 誤記이다.
196) '涕'는 일반적으로 '눈물 (체)'字로 풀이하지만, 茶山은 '콧물'의 뜻으로 해석하고 있다.

은 心痛을 상징함≫ "척차약(戚嗟若)", 즉 "슬퍼하고 탄식하는 듯하다"고 말한 것이다. ≪근심을 입으로 드러내면 '嗟', 즉 '탄식'이 된다.≫

○五之既變 諸象都滅 ≪無大坎≫ 遂以离目 得見乾君 ≪上今乾≫ 涕淚既收 嗟嘆不興 大吉之占也 乾之同人曰 利見大人

大壯→推移→離→5효변→同人

○제5爻가 이미 변함에 모든 象이 함께 소멸하니 ≪大坎이 없음≫ 마침내 离의 눈으로 乾의 君主를 만나보니 ≪上卦는 이제 乾≫ 콧물과 눈물은 이미 거두어 들였고, 탄식은 [더 이상] 일어나지 않으니, 크게 길한 점(占)이다. [乾卦 九二인] '乾之同人'에서는 "利見大人"이라고 하였다.197)

○離者 別也 大壯之移 遂失乾震 ≪雷天卦≫ 離王公也 今之云吉 以舊離也

大壯→推移→離

○'離'는 헤어짐(別)이니, 大壯卦로부터 옮겨지면 마침내 乾과 震을 잃어버리게 되므로 ≪大壯卦는 雷와 天으로 구성된 괘≫ "離王公", 즉 "임금과 제후로부터 헤어진다"고 말한 것이다. [그런데] 지금 길하다고 말한 것은 옛 離로 말미암은 것이다.198)

---

197) 乾之同人曰 利見大人 : 離卦 六五인 離之同人에서는 '利見大人'이라는 말이 없지만, 그 속뜻으로 본다면, 離卦 六五의 뜻도 乾卦 九二의 경우와 마찬가지로 '利見大人'과 같은 내용이라고 할 수 있다. 乾卦 九二와 離卦 六五가 모두 爻變을 하게 되면 之卦가 同人卦가 된다는 점에 주목할 필요가 있다.

○子夏傳 戚嗟作嘁咨

○『子夏傳』에서는 ‘척차(戚嗟)’를 ‘잡자(嘁咨)’로 썼다.

䷶

上九 : 王用出征, 有嘉折首, 獲匪其醜, 无咎. ○[199] 象曰 : 王用出征, 以正邦也.

上九 : 王이 정벌(征伐)에 나서서 [적장(敵將)의] 머리를 베니, 경사(慶事)가 있는 것이요, [포로(捕虜)로] 잡은 것이 [아군(我軍)의] 같은 무리가 아니니, 허물이 없을 것이다. ○「象傳」: 王이 정벌(征伐)에 나서는 것은 나라를 바로잡기 위해서이다.

≪王肅本 又云 獲匪其醜 大有功也≫

≪王肅本에서는 또 “獲匪其醜, 大有功也”라고 하였다.≫

---

198) 今之云 吉 以舊離也 : 象傳에서 ‘六五之吉, 離王公也’, 즉 “六五의 길함은 임금(王)과 제후(公)로부터 헤어지기 때문이다”라고 말한 것과 관련된 다산의 언급이다. 다산의 해석에서 나타나는 것처럼, 離卦 九五는 王公과 헤어지기 때문에 길한 경우가 아니라, 王公과 만나기 때문에 길한 괘임을 알 수 있다. 즉 離卦 九五는 離之同人으로서 ‘利見大人’에 해당되는 괘이기 때문에, 大人을 만나보기 때문에 길한 것인데, 왜 王公으로부터 헤어지기 때문에 길한 것인가 하는 의문이 들 수 있다. 그러나 다산은 ‘今之云吉, 以舊離也’라고 말함으로써, 여기서 길하다고 한 것은 離가 同人으로 되면서, 大人을 만나보는 것을 가리킨 것이 아니라, 辟卦인 大壯卦에서 衍卦인 離卦로 변하면서, 大壯卦에 있던 乾王과 震公이 離卦에서 없어진 것을 가리키고 있다. 엄밀하게 말한다면 乾王과 震公으로부터 헤어졌던 것은 결코 길한 경우라고는 볼 수 없겠지만, 지금 同人卦로 변하면서, 눈물과 탄식은 사라지고, 그들을 再會하게 된 기쁨이 있게 되었으니, 역설적으로 말한다면, 옛적에 헤어졌던 아픔이 있었기 때문에, 지금 더욱 더 기쁜 것이다.

199) [校閱] 奎章本에는 “○”의 표시가 빠져 있다.

此 離之豐也 豐自泰來 《二之四》 本以乾王 《泰下乾》 出征坤國 《二之四》 王用出征也 离爲戈兵 《說卦文》 故其占如此

離→4효변→豊←推移←泰

이것은 離卦가 豐卦로 변하는 경우이다. 豐卦는 泰卦로부터 왔으니 《2가 4로 감》 본래 乾王이었는데 《泰卦의 下卦는 乾》 坤의 나라로 정벌하러 나갔으므로 《2가 4로 감》 "王用出征"이라고 말한 것이다. 离는 창과 무기가 되는 까닭에 《「說卦傳」의 글》 그 점이 이와 같다.

○ 泰之旣移 《二之四》 遂成离喜 《下今离》 是 有嘉也 卦自遯來 《一之五》 乾則爲首 《遯上乾》 爲離爲豐 《卦再變》 乾首乃折 《上今坼》 有嘉折首也 征而獻馘 庸無嘉乎

遯→推移→離→4효변→豊←推移←泰

○ 泰卦로부터 이미 [풍괘(離卦)로] 추이하게 되면 《2가 4로 감》 마침내 离의 즐거움을 이루니 《[豐卦의] 下卦는 지금 离》 이것이 "有嘉"이다. 離卦는 遯卦로부터 왔으니 《1이 5로 감》 乾은 곧 머리가 되니 《遯卦의 上卦는 乾》 離卦가 되고, 豐卦가 되면서 《卦가 두 번 변함》 乾의 머리가 이에 잘리게 되므로 《上卦는 이제 터짐》 "有嘉折首"라고 한 것이다. 정벌에 나가, 머리를 베어 바치니, 어찌 경사스럽지 않겠는가?

○ 泰之旣移 《二之四》 遂獲一俘 《四之二》 獲則獲矣 本以乾陽 《泰下乾》 得此坤陰 《四之二》 匪其類也 故曰 獲匪其醜 《醜 類也》

離→ 4효변→豊←推移←泰

○泰卦로부터 이미 推移되어 ≪2가 4로 감≫ 마침내 한 명의 포로를 잡았으니 ≪4가 2로 감≫ [포로로] 붙잡은 것은 붙잡은 것이지만, 본래 乾의 陽으로써 ≪泰卦의 下卦는 乾≫ 이 坤陰을 얻었으니 ≪4가 2로 감≫ 그 [같은] 무리가 아닌 것이다. 그러므로 "획비기추(獲匪其醜)", 즉 "그 [같은] 무리가 아니다"라고 한 것이다. ≪'추(醜)'는 類를 말한다.[200]≫

○ 自大壯來 ≪上之二≫ 中失其震 ≪移爲离≫ 今震如舊 ≪上今震≫ 是 无咎也 ≪無所失≫

大壯→推移→離 → 上爻變 → 豊

○[離卦는] 大壯卦로부터 와서 ≪上이 2로 감≫ 가운데 그 震을 잃어버리더니 ≪[大壯卦에서 離卦로] 推移되면 [上卦인 震이] 离가 됨≫ 이제 [豐卦가 되면서] 震이 옛날과 같으니 ≪豐卦의 上卦는 이제 震≫ 이것이 "无咎"라고 한 까닭이다. ≪잃어버린 바가 없음≫

○ 邦者 坤國也 ≪泰上坤≫ 坎之罪惡 ≪二五夾≫ 震以聲之 ≪上今震≫ 以正邦也

離→ 4효변→豊←推移←泰

200) 李鼎祚의 『周易集解』(北京市中國書店, 1990)에서 우번(虞翻)의 말을 인용하여, "醜, 類也"라고 함.

○'邦'은 坤의 나라를 가리킴이니 ≪泰卦의 上卦는 坤≫ 坎의 罪惡을 ≪2·3·4·5는 夾坎≫ 震으로써 성토(聲討)하므로 ≪豐卦의 上卦는 이제 震≫ "以正邦也"라고 한 것이다.

○或曰 折首者 殲厥渠魁也 ≪陳湯傳云 第[201]誅其首惡≫ 獲匪其醜者 脅從罔治也 ≪赦黨類不俘≫ 說亦有理 但於卦象無當

○或者가 말하기를 "'折首(머리를 벤다)'라고 한 것은 [『尙書』에서 말한 바] '섬궐거괴'(殲厥渠魁 : 우두머리[202]를 죽이는 것)에 해당되고,[203] ≪『漢書』「진탕전(陳湯傳)」[204]에서 "그 수괴(首魁)의 악한 머리를 베어 죽이는 것을 경사스럽게 여긴다"라고 함[205]≫ '獲匪其醜'란 [『尙書』에서 말한 바] '脅從罔治'(위협에 눌려 복종한 자는 처벌하지 않음)[206]에 해당된다"고 하였다. ≪무리를 사

201) [校閱] 原文에는 "제(第)"가 "미(美)"로 되어 있다. 즉, 『漢書』「傅常鄭甘陳段傳」(第40)의 原文에서 "易曰, 有嘉折首, 獲匪其醜 言美誅首惡之人"이라고 함(班固 撰, 顔師古 注, 『漢書』 卷9, 中華書局, 1983, 3017면).

202) 거괴(渠魁) : 악당(惡黨)의 우두머리, 괴수(魁首).

203) 섬궐거괴(殲厥渠魁) : 『尙書』「胤征」(第4)에 나오는 말이다. "섬궐거괴(殲厥渠魁)"는 그 수령인 자를 쳐서 멸망시키는 것을 뜻한다.

204) 『漢書』 卷70 「傅常鄭甘陳段傳」(第40)에 나오는 「陳湯傳」을 가리킨다. 진탕(陳湯)은 後漢의 장군이다. 漢 武帝의 흉노 정벌 이후 흉노족은 기원전 48년 內紛으로 말미암아 東흉노와 西흉노로 분열되어 세력이 급격히 약화되었다. 東흉노는 漢과 긴밀한 교섭을 유지하였으나, 西흉노는 漢과 적대적 관계에 있었다. 宣帝시대 타림분지에 대한 중국의 진출은 괄목할 만했는데, 기원전 71년 장군 상혜(常惠)는 일리 계곡에 있는 오손의 도움을 받아 흉노를 공격하여 흉노로부터 실크로드의 지배권을 빼앗았다. 西흉노는 질지의 영도 아래 서방의 이리 지방으로 이동한 후 다시 중앙아시아의 탈라스 지역으로 갔으나 漢의 서역도독의 공격을 받아 붕괴되었다. 기원전 36년 때, 陳湯은 대담하게 추강 지역까지 습격해 들어가 西흉노가 손쓸 틈도 주지 않고 西흉노의 將帥 질지를 잡아 목을 베었다. 이렇게 질지가 죽은 후에 질지를 따라서 아랄 지역까지 들어온 西흉노의 자취는 사라져버렸고, 더 이상 西흉노에 대한 기록은 없다.

205) 『漢書』「傅常鄭甘陳段傳」(第40)의 原文에서 "易曰, 有嘉折首, 獲匪其醜 言美誅首惡之人, 而諸不順者, 皆來從也, 今延壽, 湯所誅震, 雖易之折首, 詩之雷霆不能及也, 論大功者不錄小過, 擧大美者, 不疵細瑕"라고 함(班固 撰, 顔師古 注, 『漢書』 卷9, 中華書局, 1983, 3017면).

206) 협종망치(脅從罔治) : 『尙書』「胤征」에 "殲厥渠魁, 脅從罔治", 즉 "그 수령인 자를 쳐서 멸망시키거니와, 억지로 가담했던 사람까지 모두 처벌하지는 않을 것"이라고 함

면하고, 포로로 잡지 아니함≫ 그 說에 이치는 있으나, 다만 卦象에 있어서는 해당되는 바가 없다.

○ 男學稼云 易例 初爲趾 上爲首 故上九曰 折首 ≪上今坼≫

○ 男學稼가 말하였다. "易例에 初位는 발이 되고, 上位는 머리가 되므로, 上九에서 말하기를, '折首', 즉 '머리를 벤다'고 하였다." ≪[豐卦의] 上卦는 이제 震이므로 乾의 온전함이 터진 형태≫

(成百曉 譯註,『書經集傳』上, 전통문화연구회, 1998, 266면).

周易四箋 戊辰本 卷之十一

역론(易論)[1]

1) 다산에게는 두 편의 「易論」이 있는데, 『與猶堂全書』(신조선사본) 第1集 『詩文集』 卷11 「論」에 「易論一」과 「易論二」가 모두 실려 있다. 「易論一」은 宋代 소순(蘇洵)의 주장을 비평하면서 성인이 지은 『易』이 결코 신비한 것이 아니라는 점을 지적하고 있으며, 「易論二」는 성인이 『易』을 지은 목적이 하늘의 명에 따르기 위한 것이라는 점과 8괘와 12벽괘, 50연괘 등이 만들어지는 과정과 그 의미를 설명하고 있다. 여기 실린 「易論」은 소위 「易論二」에 해당되는데, 이 중 「易論二」의 저술 시기를 보여주는 "奠楹之後, 二千二百八十五年春, 洌水, 丁鏞 撰, 丙寅春"이라는 언급이 신조선사본 제2집 『經集』의 『周易四箋』 卷40 안에 있는 「易論」 끝에 실려 있다. 이 「易論」은 같은 본의 제1집 『詩文集』에 실려 있는 「易論二」와 같은 내용으로, 이 한 행에 따르면 공자를 장례지낸 후 2285년 봄, 열수(洌水) 정약용이 지은 것이다. 다산은 병인년(丙寅年, 1806) 봄에 「易論二」를 완성한 것이다. 다산은 을축년(乙丑年, 1805) 겨울에 그간 거처하던 주막집 한 구석의 사의재(四宜齋)로부터 보은산방(寶恩山房, 高聲寺)으로 옮겨오게 되는데, 이로부터 얼마 지나지 않은 봄날에 「易論二」를 저술한 것이다. 「易論二」는 규장각본에서는 『詩文集』에는 들어 있으나, 『周易四箋』에는 들어 있지 않은 반면에, 신조선사본에서는 『詩文集』뿐 아니라, 『周易四箋』(제2집 『經集』 제40권)의 「括例表下」 앞쪽에도 실려 있다. 따라서 「易論二」는 신조선사본에서는 중복해서 실려 있는 셈이 된다. 규장각본에 「易論二」가 포함되어 있지 않은 것으로 보아 「易論一」과 「易論二」는 『周易四箋』의 편집체제와는 별개로 지어졌을 가능성이 있다(황병기, 「茶山 丁若鏞의 易象學」, 연세대 박사논문, 2004). 한편 國中本에는 신조선사본(新朝本)의 『周易四箋』과 마찬가지로 上經의 離卦의 뒤와 「括例表下」의 앞에 「易論二」가 배치되어 있다.

易 何爲而作也 聖人 所以請天之命 而順其旨者也 夫事之出於公正之善 足以必天之助之成 而予之福者 聖人不復請也 事之出於公正之善 而時與勢有不利 可以[2]必其事之敗 而不能受天之福者 聖人不復請也 事之不出於公正之善 而逆天理傷人紀者 雖必其事之成 而徼目前之福 聖人不復請也 唯事之出於公正之善 而其成敗禍福 有不能逆睹而縣度之者 於是乎 請之也

易이란 무엇을 위해서 지은 것인가? 聖人이 하늘의 命을 청(請)하여, 그 취지(趣旨)에 따르기 위한 것이다. 대저 일이 공정하고 바른 善에 근거하고 있어, 반드시 하늘의 도움으로 [일이] 이루어지고 福을 받기에 충분한 경우에는, 聖人이 다시 [그 문제를 하늘에] 여쭈지 않았다. 일이 公正한 善에 입각하여 있으나, 그 時期나 氣勢가 不利하여, 그 일이 반드시 실패하게 되어 있어, 하늘의 福을 받을 수 없는 경우에는, 聖人은 그 일을 [하늘에] 다시 여쭙지 않았다. 일이 公正한 善에 입각한 것이 아니어서, 天理를 거스르고 人倫을 해치는 것일 경우, 비록 그 일이 성공하여 반드시 目前의 福樂을 얻을 수 있다고 해도, 聖人은 다시 하늘에 물어보지 않으셨다. 오직 다만 일이 公正한 善에 바탕을 두고 있으나, 그 成·敗와 禍·福을 미리 알아보고 헤아릴 수 없을 때만 그에 대해 하늘에 물어 보는 것이다.

雖然 聖人 能切切然請之 天不能諄諄然命之 則天雖欲告之成而勸之使行 末由也 又雖欲告之敗而沮之使勿行 亦末由也 聖人是憫 蚤夜以思 仰而觀乎天 頫而察乎地 思有以紹天之明

2) [校閱] 『詩文集』 卷11 「論」에 있는 「易論二」에서는 “足以”로 되어 있으나 新朝本의 『周易四箋』에는 “可以”로 되어 있다.

而請其命者 一朝欣然拍案而起曰 予有術矣

그런데 한편 聖人이 그런 일에 대해 하늘에 절실하게 물어본다 해도, 하늘이 그에 대해 순순히 일러 줄 수가 없다면, 즉 하늘이 비록 成功을 기약하고, 그 일을 장려하여 실행하게끔 하고자 해도 말미암을 데가 없으며, 또한 하늘이 그 실패를 알려주어 그 일을 저지하여 하지 못하게 막고자 해도, 역시 말미암을 데가 없는 것이다. 따라서 聖人이 이를 근심하여, 아침부터 저녁까지 숙고함에, 우러러 하늘을 보고 아래로는 땅을 살피며, 하늘의 밝음(天明)을 이어받아 그 命을 묻는 방안을 생각하였는데, 어느 날 갑자기 기뻐서 책상을 치고 일어나며 "내게 좋은 방법이 있다"고 하였던 것이다.

於是 以手畫地 爲奇偶剛柔之形 曰 此 天地水火變化生物之象也 ≪此 八卦≫ 因以爲之進退消長之勢 曰 此 四時之象也 ≪此 十二辟卦≫ 又取之爲升降往來之狀 曰 此 萬物之象也 ≪此 五十衍卦≫

이에 손으로 땅에 그림을 그려, 홀수와 짝수, 또는 陰陽의 형태를 만들어 놓고는, "이는 天地水火가 變化해서, 萬物을 낳는 形象이다"라고 하였다. 이어서 이런 八卦를 가지고서 進退消長의 형세를 만들어 두고는, "이것은 四時의 形象이다"라고 하고, 또한 이 12개의 辟卦를 가지고 升降往來하는 상황을 꾸며 놓고는, "이는 萬物의 形象이 된다"라고 하였다. ≪이것이 50개의 衍卦인 것이다.≫

於是 取其所畫地 爲奇偶剛柔之勢者 玩其象 憶其似 若得其髣髴者 而命之 名曰 此 馬也 彼 牛也 此 車也 彼 宮室也 此 戈兵也 彼 弓矢也 著之爲法式 冀天之因其名而用之 雖人立之名 非天之所以爲實 然 天苟欲鑒吾誠而告之 故則亦庶幾因吾

之所爲名 而遂以是用之也 ≪此 說卦≫

이에, 땅에 그려 둔 그 奇偶・剛柔의 형세를 가지고, 그 象을 음미하여 그와 유사한 事物을 연상(聯想)함에, 그 象에 방불(髣髴)한 것을 얻는 경우, 그것에 이름을 붙여 말하기를, "이것은 말(馬)이고, 저것은 소(牛)다. 이것은 수레(車)이고 저것은 궁실(宮室)이다. 이것은 창과 군사(戈兵)이고 저것은 가히 활과 화살(弓矢)이다"라고 하였다. 이런 것들을 저록(著錄)하여 전형적인 사례(法式)로 삼으니, 바라건대 하늘이 이런 명칭에 의거하시어, [장래의 일을 예고하는데 그 명칭을] 사용하시기를 기대하여 보는 것이다. 비록 사람이 정한 명칭일 뿐이요, 하늘이 실제로 그렇게 삼은 것은 아니지만, 하늘이 진실로 나의 정성을 살펴서, 그 어떤 일(故)에 대해 알려주시고자 한다면, 또한 바라간대(庶幾) 내가 지은 이름에 입각하여(因), 장래를 알려주시는 일에 그것들을 사용하시지 않을까 한다라고 한 것이다. ≪이는 「說卦傳」에 나오는 상징들이다.≫

於是 出于野 取芳草 若干莖 與其所爲升降往來者 合其數以相應 敬以藏之於室 而待之也 ≪此 蓍策五十≫ 每有事 出而握之 旣又爲之劈而四之 曰 此 四時之象也 又于是 散之聚之 參伍之 變通之 曰 此 萬物之象也

이에, 들판으로 나가서, 향내나는 풀 몇 줄기를 취하되, 그 승강왕래(升降往來)하는 것과 개수(個數)를 맞추어 상응하게 하는데,[3] 이것을 삼가 정성스럽게 방(室) 안에 간직해 두고, 사용할 때를 기다리는 것이다. ≪이것이 시책(蓍策) 50개이다.≫ 이리하여 매양 해당하는 일(事)이 있으면, 이것을 꺼내어 손에 쥐고는, 또한 그것을 운용하되, 4개씩 갈라서 나누는데, 이에 이르기를 "이는 四時의 象徵이다"라고 한 것이다. 또 다음으로 그 시책(蓍策)들을 흩었다 모았다 하는데, 그것들을 헤아려 가지런히 했다가

3) 進退消長은 12벽괘, 升降往來는 50衍卦, 蓍策은 50연괘와 同數.

다시 뒤섞었다 하면서 변통(變通)시킴에, "이것은 萬物의 상징이다"라고 한 것이다.

既已[4]算其數而著其形 形成而體立 ≪此 筮得一卦≫ 於是 取所謂馬牛車宮室戈兵弓矢 髣髴之象 察其所升降往來之跡 而其形之或全或虧 或相與或相背 其情之或舒或蹙 或可悅或可憂可恃可懼 可安可危者 無不以其髣髴者 而玩之 ≪此 占其吉凶≫ 玩之誠吉 於是乎 作而言曰 天其命予而行之矣 玩之誠不吉 兢兢然 莫之敢行 此 易之所爲作也 此 聖人之所以請天之命 而順其旨者也

이렇게 한 다음에는, 그 數를 계산하여 그 [卦의] 형상을 나타내게 되는데, 이에 卦의 형태가 이루어져서 그 占卦(體)가 정해진다. ≪이 단계는 占筮하여 하나의 卦를 얻은 것이다.≫ 이에 다음으로 소위 마(馬)·우(牛)·거(車)·궁실(宮室)·과병(戈兵)·궁시(弓矢) 등 거의 비슷하게 설정된 象을 가지고, 그 卦의 승강왕래(升降往來)하는 과정(跡)을 살피게 되는데, 그 卦의 形體는 온전한 경우도 있고, [결손(缺損)되어] 이지러진 경우도 있으며, 혹은 상호부합하기도 하고 위배되어 어긋나기도 한다. 그리고 그 정황(情況)은 신장(伸張)되는 것일 수도 있고 위축되는 것일 수도 있으며, 즐거운 것일 수도 있고 근심스러운 것일 수도 있는 것이다. 이처럼, 확신을 할 수도 있고, 불안하고 두렵게 여길 수도 있고, 안전할 수도 있고, 위태로울 수도 있는 卦의 형태와 정황들은 [「說卦傳」에 언급된] 그러한 방불(髣髴)한 象을 가지고 [그것을] 살피는 것이다. ≪이는 그 얻은 卦의 吉凶을 점치는 것이다.≫ 그렇게 살펴서 진실로 吉하다면 이에 그 일을 수행하며(作) 말하기를, "하늘이 그것을 하도록 나에게 명하시니, 그것을 행할 것이다"라고 하는 것이

4) [校閱] 新朝本에는 "기기(旣己)"로 되어 있으나 奎章本에는 "기이(旣已)"로 되어 있다. 後者를 따른다.

며, 점괘(占卦)를 살펴봄에, 참으로 不吉하다면 전전긍긍(戰戰兢兢)하여 감히 그 일을 행하지 않는 것이겠다. 이것이 易이 만들어진 이유인데, 이는 바로 聖人이 天命을 물어 그 뜻을 따르고자 함이다.

曰 然則卜亦然 亦所以請天之命而順其旨者也 聖人 何不尊之爲六經 使其書 亡也 曰 卜之兆也 直以著其吉凶之成象 方功義弓 各有定體 雨霽蟊圛 各具本色 體一百二十 而其繇 什[5)]之 故不相用 不相用則其升降往來之象 不寓於其中也 故當大事 以之請天之命而紹天之明 則長於易 若夫居而玩其辭 因以審其進退存亡之故 而知其所以自處也 則唯易有之 故 聖人唯易

한편, 이에 或者가 묻기를, "그렇다면 거북점(卜)도 또한 그러한 것으로, 그것 역시 天命을 물어 그 뜻에 순응하기 위한 것이겠는데, 聖人은 어째서 그것을 귀하게 받들어 六經[6)] 중의 하나로 만들지 않고, 그 글들이 없어지게 내버려두었단 말인가?"라고 한다면, 다음과 같이 대답할 수 있을 것이다. 龜卜에서 나타나는 징조(徵兆)는 단지(直) 그 吉凶의 확정적인 상(象)만을 나타내는 것으로, 방(方)·공(功)·의(義)·궁(弓)[7)]의 兆에 각기 정해진 形體가 있으며, 우(雨)·제(霽)·모(蟊)·역(圛)[8)]에 각기 本色

5) [校閱] 新朝本에는 "其繇仆之"처럼 보이지만, '엎드릴 仆(부)'字로는 뜻이 통하지 않는다. "其繇什之"가 옳다.

6) '六經'이란 易, 書, 時, 春秋, 禮記, 樂記를 말한다. 六經에서 樂記를 뺀 것은 五經이 된다. 현재 五經이 있는데, 왜 龜卜을 더하여 六經으로 하지 않았는가 하는 뜻이다.

7) 방(方)·공(功)·의(義)·궁(弓): 卜事의 네 가지 조짐을 가리키는데, 『周禮』「春官」「宗伯」의 「卜師」에 그 내용이 나온다. 복사(卜師)는 占에 임하여 거북껍질을 불에 그을려 그 탄 흔적으로 거북점을 본다. 卜에서 거북껍질의 上·下·左·右의 네 방향의 陰陽을 판단하여 거북에게 점칠 일을 고한 大宗伯에게 점괘를 주어서 占事를 아뢰게 한다. 卜師는 거북의 4가지 조짐을 관장하는데, ① 方, ② 功, ③ 義, ④ 弓이 그것이다. 금이 갈라진 방향에 따라 분류하면, 4종류가 각각 30개의 항목으로 세분되어 총 120가지의 경우가 만들어진다(池載熙, 李俊寧 譯, 『周禮』, 자유문고, 2002, 286면).

8) 우(雨)·제(霽)·모(蟊)·역(圛): 『尙書』「周書」「洪範」에서 언급한 卜師가 관장하는 7가지 징조 중 우(雨)·제(霽)·몽(蒙)·역(驛)의 네 가지를 가리키는 것으로 보인다. 즉,

이 갖추어져 있거니와, 그 占卦(體)는 120가지인데 그 주사(繇詞)는 그것의 10배나 되기 때문에, 그 점괘(體)와 주사(繇詞)를 서로 연관지어 응용할 수가 없다. 서로 연관되어 사용되지 못하면, 그 升降往來의 상징(象徵)이 그 안에 담기지 못하게 되는 것이다. 그러므로 大事를 맞아서는 [龜卜으로] 天命을 물어 하늘의 영명함을 계시(啓示)받는 것이 『周易』보다 [龜卜이] 뛰어나지만, 만약 평상시(居)에 그 주사(繇詞)를 음미하고 그 進退存亡의 연유(故)를 살펴서, 그 스스로 처신할 바를 아는 데 있어서는, 오직 『周易』이 있을 뿐인 것이다. 그래서 聖人이 오직 『周易』만을 소중하게 여기신 것이다.[9]

奠楹之後 二千二百八十五年春 洌水 丁鏞 撰 《丙寅春》

孔子님 돌아가신 지[10] 2285年[11]되는 봄날에 《丙寅年[12] 봄》 洌水 丁若鏞 짓다.[13]

「洪範」의 제7條 '稽疑'에서 "稽疑, 擇建立卜筮人, 乃命卜筮. 曰雨, 曰霽, 曰蒙, 曰驛, 曰克, 曰貞, 曰悔"이라고 함. 즉, "稽疑는 卜筮할 사람을 가려 세우고 이에 命하여 卜筮한다. 그것은 ①雨, ②霽, ③蒙, ④驛, ⑤克, ⑥貞, ⑦悔의 7가지이다"라고 함. 이 중에서 ①, ②, ③, ④, ⑤는 卜에 관련된 것이고, ⑥, ⑦은 筮에 관련된 것이다. 첫 번째, '우(雨)'는 비가 오는 것이니 그 조짐이 水가 되고, 두 번째, '제(霽)'는 개임이니, 그 조짐이 火가 되고, 세 번째, '몽(蒙)'은 몽매(蒙昧)함이니, 그 조짐이 木이 되고, 네 번째 '역(驛)'은 낙역(絡驛)하여 이어지지 않음이니, 그 조짐이 金이 된다고 함(成百曉 譯註, 『書經集傳』 下, 전통문화연구회, 1998, 70~71면).

9) 聖人이 바로 易이라는 뜻은 아니다.

10) 奠楹 : 王光漢・徐成志 著, 『常用典故詞典』(上海辭書出版社, 1985), 93면.

11) 孔子(B.C.552~B.C.479)는 B.C.479년에 73세로 生을 마감하였는데, "丙寅春"의 丙寅年은 순조 6년인 1806년, 茶山 나이 45세에 해당된다. 따라서 479년에 1806년을 더하면, 2285년이 된다.

12) 丙寅年 : 1806년, 순조 6년, 茶山 45세.

13) 奠楹之後, 二千二百八十五年春, 洌水 丁鏞撰. 丙寅春 : 이 刊記는 신조선사본 『與猶堂全書』 第2集 『經集』(『周易四箋』 卷40 「易論下」)에만 실려 있고, 『與猶堂全書』 第1集 『詩文集』에 실려 있는 「易論二」에는 빠져 있다.

괄례표 하(括例表 下)

1. 교역표(交易表)
2. 변역표(變易表)
3. 상경십팔궁반역표(上經十八宮反易表)
4. 하경십팔궁반역표(下經十八宮反易表)
5. 교역변역겸반역표(交易變易兼反易表)
6. 교역겸변역표(交易兼變易表)
7. 교역겸반역표(交易兼反易表)
8. 변역겸반역표(變易兼反易表)
9. 상하경분괘지수(上下經分卦之數)

推移正義之外 尙有三易 一曰 交易 二曰 變易 三曰 反易 庖羲 畫卦之初 因八爲重 泰交爲否 益交爲恒 此之謂 交易也 六位皆變 厥德相反 屯變爲鼎 蒙變爲革 此之謂 變易也 卦體顚倒 又見一卦 需反爲訟 師反爲比 此之謂 反易也 易之爲道 唯變所適 三易之義 亦時用之 玆 開列爲表 以備居玩 然 非所急也 錄于下經之首 俾不與推移正義 混淆難分也

推移라는 정통적인 의미 이외에 또한 세 가지 易(변화)[의 방식]이 있다.[14] 첫째는 交易(상하괘의 교체)이며, 둘째는 變易(여섯 획이 모두 각각 반대로 변한 것)이며, 셋째는 反易(顚倒시킨 것)이다. 포희씨(庖羲氏)가 애초에 卦를 그릴 때, 8卦에 입각하여 64개의 重卦를 만들었다.[15]

---

14) 三易 : 連山 · 歸藏 · 周易을 三易이라 하기도 하며, 三易에 "不易"이라는 항목을 넣는 경우도 있다(『四箋』 卷7, 23가~나).

15) 이는 '伏羲가 八卦만 그리고 文王이 重卦를 했다'는 전래의 설과는 상반되는 것이다.

泰　　否

←上下卦 交易→

益　　恒

←上下卦 交易→

泰卦의 上下를 교체하여 否卦를 만들고, 益卦의 上下를 교체하여 恒卦를 만드니, 이것을 일러 交易이라 한다.

屯　　鼎

← 反對로 變化 →

蒙　　革

← 反對로 變化 →

그리고 6位가 모두 변하면 그 德이 서로 반대로 되는데, 屯卦가 鼎卦로 되고, 蒙卦가 革卦로 되니, 이것을 일러 變易이라 한다.

需←反易→訟

師←反易→比

卦 전체를 거꾸로 하면 또한 다른 하나의 卦를 볼 수 있는데, 需卦를 뒤집어 거꾸로 보면 訟卦가 되고, 師卦를 뒤집어 거꾸로 보면 比卦가 된다. 이것을 일러 反易이라 한다.

易의 道는 오직 변화만을 따르는 바이니,[16] 이상 세 가지 易의 방식도 역시 때때로 사용되는 것이다. 따라서 여기에서 그것을 분류하고 나열하여 표로 만들어, 평소 가만히 살펴 음미하는데 편리하게 갖추어 놓았다. 그런데 [以上의 三易의 의미를 파악하는 것이] 그리 시급한 것도 아니므로, 下經의 첫머리에 수록하여, 推移라는 정통적인 뜻과 뒤섞여 분간하는데 곤란하지 않도록 하였다.

16) 易之爲道 唯變所適 : (다른 가능한 해석) 易의 道는 오로지 適切한 바에 따라 변하는 것이니.

1) 교역표(交易表)

泰	否	益	恒	未濟	旣濟	咸	損
䷊	䷋	䷩	䷟	䷿	䷾	䷞	䷨
乾下坤上	坤下乾上	震下巽上	巽下震上	坎下离上	离下坎上	艮下兌上	兌下艮上
與否交	與泰交	與恒交	與益交	與旣濟交	與未濟交	與損交	與咸交

泰卦는 乾이 下卦이고, 坤이 上卦인데, 否卦와 交易 관계이다.
否卦는 坤이 下卦이고, 坤이 上卦인데, 泰卦와 交易 관계이다.
益卦는 震이 下卦이고, 巽이 上卦인데, 恒卦와 交易 관계이다.
恒卦는 巽이 下卦이고, 震이 上卦인데, 益卦와 交易 관계이다.
未濟卦는 坎이 下卦이고, 离가 上卦인데, 旣濟卦와 交易 관계이다.
旣濟卦는 离가 下卦이고, 坎이 上卦인데, 未濟卦와 交易 관계이다.
咸卦는 艮이 下卦이고, 兌가 上卦인데, 損卦와 交易 관계이다.
損卦는 兌가 下卦이고, 艮이 上卦인데, 咸卦와 交易 관계이다.

諸卦取交易 皆倣此

여타 卦들에서 交易을 취하는 방식은 모두 이와 같다.

2) 변역표(變易表)[17)]

乾	坤	大過	頤	坎	離	小過	中孚
䷀	䷁	䷛	䷚	䷜	䷝	䷽	䷼
坤之變	乾之變	頤之變	大過之變	離之變	坎之變	中孚之變	小過之變

乾卦는 坤卦의 變易이다.
坤卦는 乾卦의 變易이다.[18)]
大過卦는 頤卦의 變易이다.
頤卦는 大過卦의 變易이다.[19)]
坎卦는 離卦의 變易이다.
離卦는 坎卦의 變易이다.
小過卦는 中孚卦의 變易이다.
中孚卦는 小過卦의 變易이다.

諸卦取變易 皆倣此
여타 卦들에서 變易을 취하는 방식은 모두 이와 같다.

庖犧 畫卦之初 只有交易 有他易哉 交而易之 重卦旣成 而後聖人 設而玩之 得推移之妙義也 其周流六虛 風霆鼓發之妙 雖不如推移 而其往來升降 有足取者 其在易詞 十二辟卦之强直

17) [校閱] 奎章本에는 "變易表"라는 表題가 빠져 있다.
18) 乾·坤卦는 변역만 가능하고, 反易·交易이 성립하지 않는 卦이다.
19) 大過와 頤는 反易이 성립하지 않는 경우이다.

寡變者 必取交易之義 以撰其繇 若泰之云 小往大來 夬之云 揚于王庭 是也 又如 剝六五之貫魚 大壯六五之喪羊 皆交易之象也 交易而可少哉

포희씨(庖犧氏)가 卦를 처음 그릴 적에, 다만 交易의 방법만이 있었지, 다른 易의 방법이 있었겠는가? [上卦와 下卦를] 서로 바꾸어 [즉 交易을 하여] 重卦를 성립시키고 나서, 그 이후에야 비로소 聖人이 그것을 펼쳐 두고 음미하여서, 推移라는 오묘한 의미를 얻은 것이다. [交易이라는 방식이] 六虛에 周流하고, 바람과 번개(風霆)가 힘차게 발생(鼓發)하는 오묘함은, 비록 推移와는 같지 않다고 해도, 그러나 交易의 방식에 따른 변화와 이동(往來昇降)에도 취할 만한 것은 있는 것이다. [그래서] 易詞에서 보면, 12辟卦 중에서 굳건하여 變化가 적은 卦는 반드시 交易의 의미를 취하여서 그 주사(繇詞)를 지었던 것이다. 예를 들면, 泰卦 卦辭에서 말하는 "小往大來", 夬卦의 卦辭에서 말하는 "揚于王庭(왕의 뜰에서 위로 오름)"이 바로 이것이다. 또 예를 들면, 剝卦 六五의 "貫魚", 大壯 六五의 "喪羊"은 모두 交易에 따른 象인 것이다. 交易이라는 것을 어찌 소홀히 할 수 있겠는가?

○周易 編卦之序 全用反易 其无反對者 乃以變易作對 乾坤坎離等 八卦 是也 其在易詞 變易之義 亦時有之 臨變爲遯 則八月有凶 姤變爲復 則七日來復 師變同人 則謂之大師 亦所以明此義也

○『周易』에서 卦를 배열한 순서는 전반적으로 反易의 방법을 사용한

것인데, 그 중 反易을 해도 다른 卦가 나오지 않는 것은 變易의 방법으로 對比되는 卦를 만들어 내었다. 乾, 坤, 坎, 離 등 8개의 卦가 그것이다.[20)]

臨←變易→遯　　姤←變易→復　　師←變易→同人

그 易詞에 있어 變易의 의미가 또한 때때로 나타나는데, 臨卦가 變易하여 遯卦가 될 것 같으면, 즉 "八月有凶"(臨卦 卦辭)이라 하고, 姤卦가 變易하여 復卦가 되니, 즉 "七日來復"(復卦 卦辭)이라 하고, 師卦가 變易하여 同人卦가 되니, "大師"(同人의 九五)라고 말하는 것은, 역시 이런 變易의 의미를 밝히고자 한 까닭이다.

3) 상경십팔궁반역표(上經十八宮反易表)

重天乾 重地坤

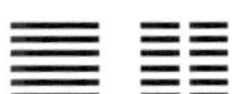

水雷屯 水天需 地水師 風天小畜　地天泰 天火同人　地山謙 澤雷隨 地澤臨 火雷噬嗑　山地剝 天雷无妄

山水蒙 天水訟 水地比 天澤履　天地否 火天大有　雷地豫 山風蠱 風地觀 山火賁[21)]　地雷復 山天大畜

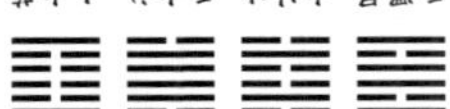

山雷頤 澤風大過 重水坎 重火離[22)]

---

20) [乾↔坤], [坎↔離] 이외에, [頤↔大過], [中孚↔小過]가 變易의 관계에 있다. 따라서 乾, 坤, 坎, 離, 頤, 大過, 中孚, 小過의 8괘가 變易卦라고 말한 것이다.

21) [校閱] "山火 賁"가 新朝本에는 "火山 賁"로 되어 있는데, 誤記이다.

22) [校閱] 新朝本과 國中本에는 "重火离"로 되어 있으나 奎章本에는 "重火離"로 되어

已上 三十卦 ≪反易者 二十四卦≫

이상은 30개 卦이다.[23] ≪反易은 [12쌍으로] 24개 卦이다.≫

自乾至履 六宮之內 凡得陽畫十八 陰畫十八 而後 更立泰否 以爲之綱

乾卦에서 履卦에 이르기까지 6宮(10개 卦)의 안에 모두 陽畫이 18개 있고, 陰畫이 18개 있다.[24] 그 이후에 다시금 泰卦와 否卦를 내세워 중심(綱)으로 삼았다.

○ 乾坤坎离 四正之卦也 其重卦 並入上經 尊本質也

○乾, 坤, 坎, 离는 四正卦이다. 그 乾, 坤, 坎, 离의 重卦를 모두 上經에 편입시켜 둔 것은 본바탕(本質)을 존중한 것이다.

自泰至賁 六宮之內 凡得陽畫十七 陰畫十九 而後 更立剝復 以爲之綱

泰卦에서 賁卦까지 6宮의 안에 ≪12개의 卦≫ 모두 陽畫이 17개 있고, 陰畫이 19개 있다. 그 이후에 다시금 剝卦와 復卦를 내세워 중심으로 삼았다.

○ 乾坤之外 辟閏之卦 十二 而上經得其半焉 ≪泰 否 臨 觀 剝 復≫

○乾卦・坤卦 이외에 辟卦와 再閏卦가 12개 있는데, 上經에 그 半數가 있다. ≪泰, 否, 臨, 觀, 剝, 復≫

自剝至離 六宮之內 凡得陽畫十七 陰畫十九 而後 扃之以坎

있다. 여기서는 奎章本을 따른다.

23) 6宮이 3차례 나오므로 "18宮"(18개 괘)이고, 反易 관계가 12개이므로, 총 30개이다.

24) 6宮이라 결국 6개 卦이니 총 36획이고, 그 중 陰陽이 각각 18개라는 것이다.

離 終焉

剝卦에서 離卦까지의 6宮 안에 ≪8개의 卦≫ 陽畫이 모두 17개요, 陰畫이 19개이다. 그리고 그 끝을 마감을 하는 데 있어, 坎卦와 離卦로서 종결을 지었다

○雷風山澤之卦 无反對者 四宮 而上經得其二焉 ≪頤 大過≫

○雷風 山澤이 포함된 卦에서, 그 反對되는 卦(反易)가 없는 경우가 4宮이 있는데, 上經에는 그 중 2개가 들어 있다.[25] ≪頤와 大過이다.≫

4) 하경십팔궁반역표(下經十八宮反易表)[26]

已上 三十四卦 ≪反易 三十二卦≫

이상은 34개 卦이다. ≪反易卦는 32개 괘이다.[27]≫

---

25) 風澤 中孚와 雷山 小過는 下經에 있다.
26) 卦는 각각 30개와 34개이지만, 上 · 下經이 동일하게 "18궁"이다.
27) 18(6宮×3)+16(32÷2)=34=36(18×2; 나열된 괘의 개수)−2(反易이 없는 것).

自咸至益 六宮之內 凡得陽畫十八 陰畫十八 而後 更立夬姤以爲之綱

咸卦에서 益卦에 이르기까지 6宮의 안에 ≪12개의 괘≫ 모두 陽畫이 18개 있으며, 陰畫이 18개 있다. 그 이후에 다시금 夬卦와 姤卦를 세워 중심으로 삼았다.

○ 震巽艮兌 四偏之卦也 其重卦 並入下經 略變質也 自夬至歸妹 六宮之內 凡得陽畫十九 陰畫十七 而後 漸 歸妹爲扃焉

○震, 巽, 艮, 兌는 四偏卦인데, 그 重卦를 모두 下經에 편입하여,[28] 다소 본질을 변화시켰다. 夬卦에서 歸妹卦까지 6宮의 안에(12개의 卦) 모두 陽畫이 19개 있고, 陰畫이 17개 있다.[29] 그 후반에 漸卦와 歸妹卦를 종결(扃)로 삼았다.

○乾坤之外 辟閏之卦 十二 而下經得其半焉 ≪遯 大壯 夬 姤 中孚 小過≫

○乾・坤 이외에, 辟・閏卦 12개는 下經에 그 半數가 실려 있다. ≪遯, 大壯, 夬, 姤, 中孚, 小過가 그것이다.[30]≫

自豐至未濟 六宮之內 凡得陽畫十九 陰畫十七 而後 扃之以旣濟 未濟 終焉

---

28) 震은 제51괘이며, 巽은 제57괘이고, 艮은 제52괘이며, 兌는 제58이다.

29) 陰－陽;

夬; 1-5	升; 4-2	革; 2-4	艮; 4-2
姤; 1-5	困; 3-3	鼎; 2-4	漸; 3-3
萃; 4-2	井; 3-3	震; 4-2	歸妹; 3-3
6-12	10-8	8-10	10-8

이상에서, 陰→34, 그러므로 '17', 陽→38 그러므로 '19'이다.

30) 결국 14벽괘 가운데 8개는 上經에, 6개는 下經에 있는 셈이다.

豐卦에서 未濟卦에 이르기까지 6宮의 內에(9개의 卦) 陽畫은 모두 19개, 陰畫은 17개이다. 그 후반부를 마감하는 데 있어 旣濟卦와 未濟卦로 끝맺음을 하였다.

○雷風山澤之卦 无反對者 四宮 而下經得其二焉 ≪中孚 小過≫

○雷, 風, 山, 澤으로 된 卦에서 反對卦가 없는 것이 4宮인데, 下經에는 그 중 두 개가 속해 있다. ≪中孚卦와 小過卦이다.≫

反易之義 易詞 屢致意焉 如 師九二之王三錫命 比九五之王用三驅 明此義也 損六五之十朋之龜 益六二之十朋之龜 明此義也 夬九四之臀无膚 姤九三之臀无膚 明此義也 反易之卦 二五相照 三四相互也

反易의 뜻은 易詞에서 거듭 밝히고 있다. 예를 들면, 師卦 九二의 "王三錫命", 比卦 九五의 "王用三驅"라는 말은, 이런 [反易의] 의미를 밝힌 것이다. 또한 損卦 六五의 "十朋之龜", 益卦 六二의 "十朋之龜"라는 말도 이런 反易의 뜻을 밝힌 것이다. 夬卦 九四의 "臀无膚", 姤卦 九三의 "臀无膚"라는 말도 이런 의미를 밝힌 것이다. [이상에서 알 수 있듯이] 反易卦에서는, 제2畫와 제5畫이 서로 조응하고(相照), 제3획과 제4획이 서로 호응한다.

5) 교역·변역겸반역표(交易變易兼反易表: 交易變易反易의 三易을 겸하는 卦의 圖表)

泰[31]	否[32]	既濟[33]	未濟[34]
橫	竪	橫	竪
看	看	看	看
天	地[35]	水[36]	火[37]
地	天	火	水
變	交	變	交

兼三易者 只此四卦

變易, 交易, 反易, 즉 三易의 관계를 [상호간에] 모두 갖추고 있는 것은 단지 이상의 [泰卦와 否卦 간에, 그리고 既濟卦와 未濟卦 간에] 4개 卦뿐이다.

---

31) 泰卦와 否卦는 옆으로 보면, 天과 地가 變易한 관계이다.

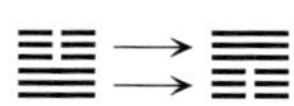

泰 否

32) 否卦와 泰卦를 세로로 보면, 地와 天이 交易한 관계이다.

否 泰

33) 既濟卦와 未濟卦를 옆으로 보면, 水와 火가 變易한 관계이다.

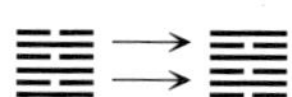

既濟 未濟

34) 未濟卦와 既濟卦를 [나란히 세워두고] 세로로 보면, 火와 水가 交易된 관계이다.

未濟 既濟

35) [校閱] 奎章本에는 "竪看, 天地交"라 나오는데, 新朝本에 의거하여 "地天交"라 바로 잡는다.

36) [校閱] 奎章本이나 新朝本에 모두 "水火變"이라 나오는데, 앞서 "泰否, 橫看, 天地

6) 교역겸변역표(交易兼變易表: 交易과 變易의 관계가 동시에 성립하는 사례表)[38]

咸[39]	損[40]	恒[41]	益[42]
䷞	䷨	䷟	䷩
橫看山澤變	竪看澤山交	橫看雷風變	竪看風[43]雷交

兼交變者 只此四卦

[상호간에] 交易과 變易의 관계를 갖추고 있는 것은, 단지 [咸과 損, 恒과 益으로] 이 4개 괘뿐이다.

變"의 例로 본다면, 여기서도 "旣濟未濟, 橫艮, 火水變"이 되어야 할 것으로 보인다.

37) [校閱] "火水交"도 역시 앞서 "否泰, 竪看, 地天交"의 例에 비추어 볼 때 "水火交"가 되어야 할 것으로 보인다.

38) [校閱] "交易兼變易表"의 표제가 奎章本에는 빠져 있다.

39) 咸卦는 [損卦와 나란히 두고] 옆으로 보면, 山과 澤이 變易한 관계이다.

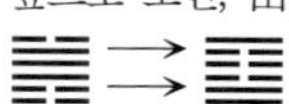

咸→變易→損

괘그림 위의 卦名은 일단 제외하고 "橫看山澤變, 竪看澤山交"라 해석하는 것이 자연스럽다. 또는 "咸卦와 損卦는 ……"이라는 식으로 둘 씩 묶어서 말하는 것이 자연스럽다.

40) 損卦는 [咸卦와 나란히 두고] 세로로 보면, 澤과 山이 交易되는 관계이다.

咸←交易→損

41) 恒卦와 [益卦는] 옆으로 보면 雷와 風이 變易한 관계이다.

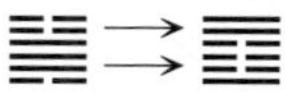

恒→變易→益

42) [益卦와 恒卦는] 세로로 보면, 風과 雷가 交易된 것이다.

恒←交易→益

7) 교역겸반역표(交易兼反易表 : 交易과 反易을 겸비하는 사례表)

需[44] 大有[45] 比[46] 晉[47]

正倒 正倒 正倒 正倒
看看 看看 看看 看看
水天 火天 水地 火地
天水 天火 地水 地火
交反 交反 交反 交反

兼交反者 只此四宮

---

43) [校閱] 여기서도 "雷風變"은 "風雷變"으로 되어야 하고, "風雷交"는 "雷風交"로 되어야 할 것으로 보인다.

44) 需卦와 訟卦는 [나란히 두고] 바로 보면(正看), 水와 天이 交易한 것이고, [나란히 두고] 거꾸로 뒤집어 보면(倒看), 天과 水가 反易한 것이다.

需 ← 交易 · 反易 → 訟

45) 大有와 同人은 바로 보면, 火와 天이 交易한 관계가 성립하고, 거꾸로 보면, 天과 火의 反易 관계가 성립한다.

大有 ← 交易 · 反易 → 同人

46) 比卦와 師卦는 바로 보면 水와 地가 교체한 것이고, 거꾸로 보면, 地와 水의 반대이다.

比 ← 交易 · 反易 → 師

47) 晉卦와 明夷卦는 바로 보면, 火와 地가 交易한 것이고, 거꾸로 보면, 地와 火의 反易卦이다.

晉 ← 交易 · 反易 → 明夷

交易과 反易을 상호간에 같이 이루는 것은, 단지 이 4宮(8개 卦)뿐이다.

8) 변역겸반역표(變易兼反易表 : 變易과 反易을 겸하는 사례表)

隨[48]	蠱[49]	漸[50]	歸妹[51]

蠱	隨	歸妹	漸
倒看	倒看	倒看	倒看
澤雷變	山風變	風山變	雷澤變

48) 澤雷 隨卦의 反易(倒艮)은 그 澤과 雷가 變易한 것이기도 하다.

隨 ← 反易 · 變易 → 蠱

49) 蠱卦는 倒看하면, 隨卦가 되고, 이는 蠱卦의 山과 風이 變한 것이다.

蠱 ← 反易 · 變易 → 蠱

50) 風山 漸卦는 거꾸로 보면(즉 反易하면) 歸妹가 되고, 이는 동시에 漸卦의 風과 山이 變易한 것이다.

漸← 反易 · 變易 → 歸妹

51) 歸妹卦는 거꾸로 보면, 그 雷와 澤이 變易한 것이다.

歸妹 ← 反易 · 變易 → 漸

兼變反者 只此四卦

變易과 反易을 겸하고 있는 것은 오직 이 4개 卦뿐이다.

右所列三易之義 亦易家之妙觀 然 無交反者 四卦 乾 坤 坎 離 是也

오른쪽에서 나열한 三易의 뜻은 역시 易家의 오묘한 관점이다. 그런데 交易·反易이 없는 것이 4개 卦가 있는데, 乾, 坤, 坎, 離가 그것이다.[52)]

无反者 四卦 頤 大過 中孚 小過 是也 唯無變之卦 不可得也

反易이 없는 것이 또한 4개 卦가 있는데, 頤, 大過, 中孚, 小過가 그것이다. 그러나 變易이 없는 卦는 있을 수가 없다.

夏商之易 其詳 雖不可知 要之 多主於變易故 有所謂 艮之八 泰之八 屯豫之八 皆 以爻變之多小 定其貞悔也

夏·商시대의 易에 대해 그 상세한 것은 비록 알 수 없지만, 요컨대 주로 變易의 방법에 의거했던 것 같다. 그러므로 이른바 "艮之八"이니 "泰之八"이니, "屯·豫의 八"이니 하는 등의 말이 있는 것이며, 이 모두 爻變의 多小로서 그 '貞'과 '悔'를 정하였던 것이다.

9) 상하경분괘지수(上下經分卦之數 : 上·下經으로 卦를 분류한 個數)

52) 이상의 乾坤坎離는 물론 重卦를 말한다.

一陽之卦 六 皆在上篇

一陰之卦 六 四卦在上篇 二卦在下篇

二陽之卦 十五 六卦在上篇 九卦在下篇

二陰之卦 十五 六卦在上篇 九卦在下篇

三陽之卦 十 三卦在上篇 七卦在下篇

三陰之卦 十 三卦在上篇 七卦在下篇

一陽卦는 6개인데, 모두 上篇에 있다.

一陰卦는 6개인데, 4卦는 上篇에 있고, 2卦는 下篇에 있다.

二陽卦는 15개인데, 6卦는 上篇에 있고, 9卦는 下篇에 있다.

二陰卦는 15개인데, 6卦는 上篇에 있고, 9卦는 下篇에 있다.

三陽卦는 10개인데, 3卦는 上篇에 있고, 7卦는 下篇에 있다.

三陰卦도 10개인데, 3卦는 上篇에 있고, 7卦는 下篇에 있다.

右二編所分 雖若錯落 其所得陰陽之數 大約均平

오른쪽, 즉 위에서 上·下 두 편에 나누어진 것이 비록 두서(頭緖) 없이 보일지라도, 그 각각에 陰·陽의 數는 대략적으로 고르게 분포되어 있다.[53]

53) 乾坤을 제외한다면, 上篇에는 陰이 88개, 陽이 80개가 있으며, 下篇에는 陰이 98개, 陽이 106개가 있다. 따라서 상편에는 陰이 8개 많은 반면에. 하편에는 陽이 8개 많다. 乾坤卦를 합쳐서 계산하면, 상편에는 陰畫이 94개, 陽畫이 86개, 합치면 총 180개가 되고, 하편에 陰畫가 98개, 陽畫이 106개 있으므로, 총 204개가 된다. 따라서 180개와 204개를 합쳐서, 모두 384畫이 되는 것이다. 卦의 숫자로 계산하면, 上篇에 30卦, 下篇에 34卦가 있어 합치면 64괘가 된다.

分類	篇	卦　　　名		計
一陽卦	上篇	師(7), 比(8), 謙(15), 豫(16), 剝(23), 復(24).	6	6
	下篇	·		
一陰卦	上篇	小畜(9), 履(10), 同人(13), 大有(14).	4	6
	下篇	夬(43), 姤(44).	2	
二陽卦	上篇	屯(3), 蒙(4), 臨(19), 觀(20), 頤(27), 坎(29).	6	15
	下篇	晉(35), 明夷(36), 蹇(29), 解(40), 萃(45), 升(46), 震(57), 艮(52), 小過(62).	9	
二陰卦	上篇	需(5), 訟(6), 无妄(25), 大畜(26), 大過(28), 離(30).	6	15
	下篇	遯(33), 大壯(34), 家人(37), 睽(38), 革(49), 鼎(50), 巽(57), 兌(58), 中孚(61).	9	
三陽卦	上篇	泰(11), 蠱(18), 賁(22).	3	10
	下篇	恒(32), 損(41), 井(48), 歸妹(54), 豐(55), 節(60), 旣濟(63).	7	
三陰卦	上篇	否(12), 隨(17), 噬嗑(21).	3	10
	下篇	咸(31), 益(42), 困(47), 漸(53), 旅(56), 渙(59), 未濟(64).	7	
		* 乾·坤 제외		62

分類		上篇 陰	上篇 陽	下篇 陰	下篇 陽			總計
1陽卦	上; 6개	30	6			36	36	372
	下; 0개			·	·	0		
1陰卦	上; 4개	4	20			24	36	
	下; 2개			2	10	12		
2陽卦	上; 6개	24	12			36	90	
	下; 9개			36	18	54		
2陰卦	上; 6개	12	24			36	90	
	下; 9개			18	36	54		
3陽卦	上; 3개	9	9			18	60	
	下; 7개			21	21	42		
3陰卦	上; 3개	9	9			18	60	
	下; 7개			21	21	42		
총 62개	上;28개	88	80			168		372
	下;34개			98	106	204		
陰　爻		88	·	98	·	186		372
陽　爻		·	80	·	106	186		

역례비석 하(易例比釋 下)

1. 이견대인 예(利見大人 例)
2. 이섭대천 예(利涉大川 例)
3. 이유유왕 예(利有攸往 例)
4. 제사 예(祭祀 例)
5. 혼구 예(婚媾 例)
6. 질병 예(疾病 例)
7. 복 예(福 例)
8. 세월일 예(歲月日 例)
9. 동서남북 예(東西南北 例)
10. 무불리 예(无不利 例)
11. 무유리 예(无攸利 例)

1) 이견대인 예(利見大人 例)

乾九二 ䷀ 利見大人 ≪德施普也≫

乾九五 ䷀ 利見大人 ≪大人造也≫

訟之彖 ䷅ 利見大人 ≪尙中正也≫

蹇上六 ䷦ 利見大人 ≪以從貴也≫

萃之彖 ䷬ 利見大人 ≪聚以正也≫

巽之彖 ䷸ 利見大人 ≪正而志行≫

升之彖 ䷭ 用見大人 ≪往[54]有慶也≫

大人者 君也 其見者 臣也 說卦 乾則爲君 离則相見故 卦有乾离 方爲見君之占

54) [校閱] 奎章本과 新朝本과 國中本에 모두 "往有慶也"로 되어 있으나 升卦 「彖傳」에는 "往"이 없고, "有慶也"로 되어 있다.

大人이란 군주(君)이며, 그를 만나는 자는 신하이다. 「說卦傳」에 乾은 君이 되고, 离는 相見이 되는데, 그러므로 卦에 乾과 离가 있어야, 비로소 군주를 알현하는 占이 되는 것이다.

乾固毋論 漸與訟巽 ≪蹇之漸[55]≫ 本自否遯來 皆以上乾爲君 ≪否遯 本[56]上乾≫ 而相見乎离也 然 有臣而後 可以見君 柔者 爲臣也 乾之二五 皆以一陰爲臣

否→ 三之四→漸　　遯→二之三→訟→遯 二之四→巽

乾卦는 물론이고, 漸卦・訟卦・巽卦도 ≪蹇上六은 蹇卦에서 漸卦로 변하는 경우≫ 본래 否卦나 遯卦에서 나온 것인데, 모두 그 上乾이 君이 되며 ≪否卦와 遯卦는 본래 上卦가 乾≫ 离에서 相見하는 것이다. 그런데 臣下가 있은 이후에야 '군주를 알현한다(見君)'고 할 수 있는 것이니, 柔는 '臣'이 되는데, 乾卦의 二와 五는 모두 1陰이 臣이 된 것이다.

○萃兩互 漸也 升兩互 歸妹也 漸與歸妹 皆有乾离 ≪否泰時 有乾≫ 故 得見大人 無二例也 謂之利見者 以兌巽也

萃　漸 (三陰卦)　升　歸妹(三陽卦)

○萃卦의 兩互卦를 취하면 漸卦이며, 升卦의 兩互卦를 취하면 歸妹

55) [校閱] 新朝本과 國中本에는 "蹇之漸"으로 되어 있으나 奎章本에는 "乾之漸"으로 되어 있다. 前者가 옳다.

56) [校閱] 奎章本과 國中本에는 "否遯, 本上乾"으로 되어 있으나 新朝本에는 "本"이 없다(『四箋』 卷4, 20나).

卦가 되거니와, 漸卦와 歸妹卦에는 모두 乾과 离가 있다. ≪三陰卦의 母卦인 否와 三陽卦의 母卦인 泰卦인 때에 乾이 있었다.≫ 그러므로 이 경우도 역시 大人을 알현함을 얻게 되는 것이며, [“見大人”에는] 이런 것 이외의 다른 방식의 용례는 없다. 그리고 그것을 “利見”이라 하는 것은 兌나 巽 때문이다.

2) 이섭대천 예(利涉大川 例)

需之彖 ䷄ 利涉大川 ≪往有功也≫
同人之彖 ䷌ 利涉大川 ≪乾行也≫
蠱之彖 ䷑ 利涉大川 ≪往有事也≫
大畜之彖 ䷙ 利涉大川 ≪應乎天也≫
益之彖 ䷩ 利涉大川 ≪木道乃行≫
渙之彖 ䷺ 利涉大川 ≪乘木有功≫
中孚之彖 ䷼ 利涉大川 ≪乘木舟虛≫
頤上九 ䷚ 利涉大川 ≪大有慶也≫
未濟六三 ䷿ 利涉大川
謙初六 ䷎ 用涉大川
訟之彖 ䷅ 不利涉大川 ≪入于淵也≫
頤六五 ䷚ 不可涉大川

乘危涉險 君子畏之故 將涉大川 必以[57]筮稽 愼之至也

위험을 무릅쓰는 것이나 모험을 감행하는 것을 君子는 삼가하고 두려워한다. 그러므로 장차 큰 강이나 물을 건너고자 함에 있어 [즉 모험을 감행하고자 함에 있어] 반드시 점을 쳐서 헤아려 보니, 삼가고 신중함이 지극한 것이다.

又 或艱憂在前 良佐濟時 書曰 若涉大川 其无津涯 又曰 若濟巨川 用汝 作舟楫 諸卦之云 利涉大川 旣可爲涉川之專占 亦可爲濟時之通象也 其在卦象 或以坎川 或以兌澤 或以交易 或以推移 不一例也

한편, ["涉大川"은] 어떤 경우 위급하고 곤란함(艱憂)에 당면하여 탁월한 보좌관(良佐)이 그 상황을 구제하는 것(濟時)이니, 『書經』에서 "마치 큰 물(大水)을 건너고자 하는데, 나루(津涯)가 없는 것과 같다"라고 하였고,[58] 또한 『書經』에서 "만약 큰 물(巨川)을 건너는 것과 같은 상황이라면, 그대(汝)를 배(舟)와 노(楫)로 삼을 것이오"라고 하였다.[59]

[이상의 측면을 볼 때] 여러 卦들에서 "利涉大川"이라 한 것은, 본래(旣) 물을 건너는 일(涉川)에 대한 고유한 占(專占)이면서, 또한 시대를 구제하는 일(濟時)의 일반적인 상징(通象)이 될 수도 있는 것이다.

"涉大川"(其)은 卦象의 측면에 있어서는 坎의 川에 입각하기도 하고, 혹은 兌의 澤에[60] 의거하기도 하며, 혹은 交易으로, 或은 推移로 설명되기도 하여, 한 가지 例가 아니다.

---

57) [校閱] 奎章本과 國中本에는 "以"가 있으나, 新朝本에는 없다. 여기서는 前者를 따른다.

58) 『書經』「微子」에 "若涉大水, 其無津涯"라고 함.

59) 『書經』「說命」에 "若濟巨川, 用汝作舟楫"이라고 함.

60) "兌澤; 兌則爲淵 ≪乾九四≫, 坎爲流水, 不曰淵也."(『四箋』 卷2, 13가)

3) 이유유왕 예(利有攸往 例)

復之象 ䷗ 利有攸往 ≪剛長也≫
大過之象 ䷛ 利有攸往
恒之象 ䷟ 利有攸往 ≪終則有始≫
損之象 ䷨ 利有攸往 ≪其道上行≫
益之象 ䷩ 利有攸往 ≪中正有慶≫
夬之象 ䷪ 利有攸往 ≪剛長乃終≫
萃之象 ䷬ 利有攸往 ≪順天命也≫
巽之象 ䷸ 利有攸往
无妄六二 ䷘ 利有攸往 ≪順天命也[61]≫
大畜九三 ䷙ 利有攸往 ≪上合志也≫
損上九 ䷨ 利有攸往 ≪大得志也≫
賁之象 ䷕ 小利有攸往 ≪天文也≫

此 行者之占也 大傳曰 君子 將有爲也 將有行也 問焉 其受命如響 此之謂也 其在卦象 或往而得位 或往而得道 ≪得震道≫ 或卦德利往 不一例也 謂之利者 以兌巽也 ≪兌爲利 巽爲利市≫ 彖詞則自外而來 ≪自上降≫ 亦或云 往

이는 [使臣 등의 임무로 먼] 길을 떠나는 자(行者)의 占이다. 「大傳」에

61) [校閱] "順天命也"의 細注가 新朝本에는 있으나, 奎章本과 國中本에는 없다. 无妄卦의 「彖傳」에는 "順天命也"라는 句가 없으므로, 後者가 옳다. 오른 편의 "萃之象"에 "順天命也"가 나오므로, 잘못해서 중복되어 들어간 것으로 보인다.

"君子가 장차 무엇을 하려고 하거나, 임무로 먼길을 떠날 때에는 점을 쳐서 물어보니, …… 하늘로부터 그 命을 받음이 메아리(響)와 같다"라고 하였으니, ["利有攸往"이란] 바로 이런 경우를 말하는 것이다.

["利有攸往"은] 그 卦象의 측면에서 보면, 혹 [안에서 밖으로] 나아가서 바른 자리를 얻은 경우, 혹은 [안에서 밖으로] 나아감에 [순탄하고 바른] 길(道)을 얻는 경우 ≪震의 道를 얻은 것≫ 혹은 卦德이 [兌利나 巽利로 인해] 나아감이 이로운 경우(利往)에 해당하며, 한 가지 동일한 사례가 아니다.

"利"라 말하는 것은 兌와 巽 때문이다. ≪兌는 利가 되고 巽은 "利市"가 된다.≫ 彖詞에서는 밖에서 안으로 들어온 경우를 ≪즉 위에서 아래로 내려온 경우를≫ "往"이라고 말하기도 하였다.

○四時之卦 又以次月之卦 爲往故 坤曰 君子有[62]攸往者 以將復也 ≪震君子 往于坤國≫

坤 → 復

○四時卦(辟卦)의 경우는 또한 그 다음 달(月)의 卦를 "往"으로 간주하기도 한다. 그러므로 坤卦에서 "君子[有]攸往", 즉 "군자가 갈 바가 있다"라고 한 것은 그것이 장차 復卦로 되기 때문이다. ≪復卦에서 보면, 震의 君子가 坤國으로 나아간다.≫

62) [校閱] 原文에는 "君子有攸往"으로 되어 있으나 新朝本과 奎章本에는 모두 "有"가 빠져 있다. "有"字가 생략되어도 의미가 통하지 않는 것은 아니다. 따라서 누락된 것이라기보다는 다산이 생략한 것이라고 볼 수도 있다. "勿用有攸往"의 경우도, "攸"字를 실수로 누락한 것이 아니라 생략한 사례가 있다(『四箋』 卷1, 17나에 "勿用有往"이라고 한 例를 참조).

復曰 利有攸往者 以將臨也 ≪孔子曰 剛長也 剛長者 臨也≫

坤 → 復 → 臨

復卦에서 "利有攸往"이라 한 것은 그것이 장차 臨卦로 되기 때문이다. ≪孔子는 이에 대해 "剛長也", 즉 "剛이 자라기 때문이다"라고 하였는데, "剛長"이란 바로 臨卦이다.≫

夬曰 利有攸往者 以將乾也 ≪孔子曰 剛長乃終 謂將乾也≫

夬 → 乾

夬卦에서 "利有攸往"이라 한 것은 이것이 장차 乾卦로 되기 때문이다. ≪孔子는 "剛長乃終", 즉 "剛의 장성함이 이에 종결되기 때문이다"라고 하였는데, 이는 [夬卦가] 장차 乾卦가 됨을 말한 것이다.≫

姤初六曰 有攸往 見凶者 以將遯也 ≪遯初六云 勿用有攸往≫

姤 → 遯

姤卦 初六에서 "有攸往, 見凶", 즉 "갈 곳이 있으면, 凶한 경우를 당할 것이다"라고 한 것도 [姤卦가] 장차 遯卦로 되기 때문이다. ≪遯卦의 初六에서도 "勿用有攸往", 즉 "그 가야 할 곳에 가지 말라"고 하였다.≫

剝曰 不利有攸往者 以將坤也

䷖ → ䷁
剝 → 坤

剝卦에서 "不利有攸往", 즉 "[어디] 갈 일이 있음에 이롭지 않다"라고 한 것은 [剝卦가] 장차 坤卦로 되기 때문이다.

聖人於陰陽消長之機 必審必察 以之爲出處進退之要 故 自復至剝 首尾立戒 若是 其深切著明也

聖人은 [天地自然의] 음양소장(陰陽消長)의 기미(機微)를 오로지 치밀하게 살피고 궁구(窮究)하시어, 그것에 입각하여 [사회생활의] 출처진퇴(出處進退)의 근본(要)을 제시하셨거니와, 그러므로 復卦에서 剝卦에 이르기까지 수미일관하게(首尾) 출처진퇴(出處進退)를 신중히 할 것을 훈계하시니, 그가 간곡히 밝히심이 이와 같다!

坤之彖 ䷁ 君子有攸往
解之彖 ䷧ 有攸往 夙吉
大有九二 ䷍ 有攸往 无咎
明夷初九 ䷣ 有攸往有言
姤初六 ䷫ 有攸往 見凶 ≪姤初六[63]爲卦主 爻詞如彖詞≫
剝之彖 ䷖ 不利有攸往
无妄之彖 ䷘ 不利有攸往

63) [校閱] 奎章本에는 "姤初六"으로 되어 있으나, 新朝本에는 "姤初五"로 되어 있으며, 國中本에는 "六"이 빠져 있다. 新朝本의 "五"는 誤記이다. 여기서는 奎章本을 따른다.

屯之象  勿用有攸往
遯初六  勿用有攸往

不利 勿用 見凶之占 槪以艮迷失道 戒其不利 或以坎險在前 戒之勿往 ≪屯之象≫

“不利(이롭지 않다)”나 “勿用(그렇게 하지 말라)”[이]라고 한 것은 흉한 일을 당하는 占에 해당된다. [그런 경우에는] 대개 [卦象에] 艮의 미혹함으로 말미암아 失道하게 되니, 그 不利함을 경계한 것인데, 어떤 경우에는 坎의 험난함(險)이 앞에 가로막고 있는 象이 있어, “가지 말라(勿往)”고 경계하는 경우도 있다. ≪屯卦의 象의 경우≫

故 无妄之象 亦以兩互爲漸 爲不利也 ≪漸下艮≫ 然 卦德苟善 亦無定象 損雖上艮 亦利往也

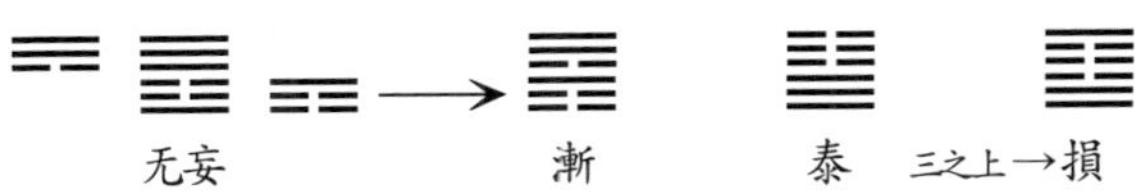

그러므로 无妄卦의 卦辭(彖)도 역시 兩互卦를 취하면 漸卦가 되니 “不利”가 되는 것이다. ≪漸卦의 下卦가 艮이다.≫ 그러나 卦德이 진실로 좋다면 또한 [易에] 定해진 象이란 없는 것이니, 損卦는 비록 上卦가 艮이라도 또한 “利往”인 것이다.

○又如往吉 ≪屯 无妄 晉 睽≫ 往无咎 ≪履 睽 萃≫ 往吝 ≪屯 蒙 蠱 咸≫ 往有尙 ≪豐 節 坎≫ 之類 散見諸爻 皆宜[64] 比觀而推通之 玆不具著

○ 한편, “往吉”, ≪屯 · 无妄 · 晉 · 睽卦≫ “往无咎”, ≪履 · 睽 · 萃卦≫ “往

64) [校閱] 新朝本과 國中本에는 “皆宜”로 되어 있으나, 奎章本에는 “宜皆”로 되어 있다. 여기서는 前者를 따른다.

吝", ≪屯·蒙·蠱·咸卦≫ "往有尙" ≪豐·節·坎卦≫ 등의 사례가 諸爻에서 散見되거니와, 이런 사례들도 마땅히 [이상의 것들과] 아울러(皆) 비교해 살펴보고, 연관지어 해명해야(推通) 할 것이지만, [다른 해당 부분에서 언급되므로] 여기서(玆)는 같이 다루지 않는다.

4) 제사 예(祭祀 例)

困九二 ䷮ 利用享祀
困九五 ䷮ 利用祭祀 ≪受福也≫
萃之象 ䷬ 王假有廟 ≪致孝享也≫
渙之象 ䷺ 王假有廟 ≪王乃在中≫
隨上六 ䷐ 王用享于西山
升六四 ䷭ 王用享于岐山
萃六二 ䷬ 孚乃利用禴
升九二 ䷭ 孚乃利用禴
旣濟九五 ䷾ 不如西鄰禴祭 ≪吉大來也≫

古人祭祀 皆筮日而行之 此 其繇也 祭祀之義 唯誠唯潔 故 离以孚格 巽以潔齊 其占乃吉也 或以艮爲廟 或以坤爲牲 或坎以敬之 或兌以饋之 唯視卦德 不一例也

古人들은 祭祀를 지냄에, 모두 그 날(日)을 점쳐보고 시행하였는데, 이상의 사례들은 그 占詞이다.

제사(祭祀)에서 지켜야 할 도리는 [푸짐한 祭需에 있는 것이 아니라]

오직 정성스러운 마음(誠)과 삼가 정결한 태도(潔)에 있을 뿐이다. 그러므로 离로써 [정성을 드려] 믿음(孚)[65]이 이르게 하고, 巽으로써 [삼가서] 정결히 하면, 그 占이 이에 吉하게 된다.

[이상의 사례에서 보면] 혹은 艮을 사당(廟)으로 간주하고, 或은 坤을 희생의 제물(祭物)로 간주하며, 或은 坎에 의해 공경하는 마음을 올리는 것으로, 或은 兌로서 제사음식을 차리거나 나누는 것으로 보는데, [이처럼 다양한 卦와 연관되어] 다만 卦德을 고려할(視) 뿐이니, 동일한 한 가지 사례가 아니다.

○祭祀之占 不止是也 或係箍牲 ≪中孚 姤≫ 玆不具著 又凡有孚 皆祭祀之占也

○제사(祭祀)에 관한 占이 이상에 한정되는 것은 아니다. 간혹 제사에 바치는 희생제물(牲)에 대해 점친 것이 있는데 ≪中孚卦와 姤卦의 사례를 참조할 것≫ 여기서는 일일이 언급하지 않는다. 또한 대개 [앞서 「역례비석(易例比釋)」上에서 언급한] "有孚"는 모두 祭祀에 관한 占이다.

5) 혼구 예(婚媾 例)[66]

屯六四 ䷂ 求婚媾往 ≪明也≫

---

65) "孚"字는 '손톱 爪'와 '아들 子'의 결합. 어른이 아이를 어루만져 주는 형상. 즉 上帝가 인간을 어루만져주고 축복해 주는 것. 다시 말해 하늘이 은혜를 베푸는 것이다.

66) [校閱] 奎章本에 보면 이 부분 卦그림에 착오가 있다. 즉 좌측의 漸卦가 여기 蒙卦 자리에 그려져 있고, 그 옆의 歸妹卦가 漸卦 자리에 와 있으며, 歸妹卦 자리에는 괘그림이 빠져 있다. 그리고 國中本에는 蒙卦 자리에 賁卦가 그려져 있다. 그러나 新朝本에는 모두 바르게 되어 있다.

震上六  婚媾有言

屯六二  匪寇婚媾

賁六四  匪寇婚媾 ≪終无尤也≫

睽上九  匪寇婚媾

蒙九二  納婦吉

咸之彖  取女吉 ≪二氣感應≫

漸之彖  女歸吉

泰六五  帝乙歸妹

歸妹六五  帝乙歸妹 ≪以貴行也≫

婚媾之占 以少男少女之牉合 ≪艮兌合≫ 爲正 然 世有再娶 亦有再嫁 未必長少皆均也

婚姻에 관한 占은 少男과 少女의 牉合이 ≪艮[의 少男]과 兌[의 少女]의 결합≫ 정상적인 경우이다. 그러나 세상에는 남자의 再娶가 있는 것이며, 또한 여자의 再嫁도 있는 것이니, 반드시 늙고 젊음이 모두 고를 수는 없는 것이다.[67]

故 震賁兩爻 以震而取离 ≪老夫 得中女≫ 屯之六二 以坎而取兌 ≪中男 得少女≫ 皆所以前民用也

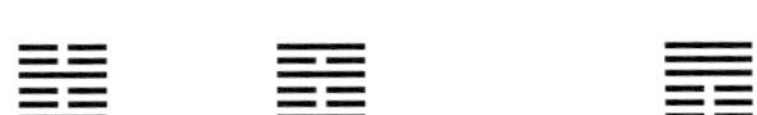

震→上爻變→噬嗑← 5가 1로 감 ← 否

67) 少男과 少女가 맺어지는 것이 결혼의 일반적인 경우이지만, 그렇지 않은 경우도 얼마든지 있을 수 있기 때문에 획일적으로 말할 수 없다는 뜻.

그래서 震卦[68]와 賁卦의 六四의 두 개 爻에서 震으로서 离를 취하였고 ≪[震의] 老夫가 [离의] 中女를 얻은 것≫ 屯卦 六二에서는 坎이 兌를 취하였으니 ≪[坎의] 中男이 [兌의] 少女를 얻은 것≫ 모두 백성의 생활에 편리하도록(前民用) 만든 까닭이다.

○ 歸妹諸爻 皆可以婚媾 而帝乙歸妹 必以六五者 五位君也

歸妹

○歸妹卦의 諸爻는 모두 혼인(婚媾)에 관한 것일 수 있다. 그러나 "帝乙歸妹"를 굳이 六五에 배치한 것은 제5位가 임금(君)의 자리에 해당되기 때문이다.

大過九二		老夫 得其女妻
大過九五[69]		老婦 得其士夫
蒙六三		勿用取女 ≪行不順也≫
姤之象		勿用取女 ≪不可與長≫

咸[70]旣下艮 ≪大過之九二≫ 指爲老夫 ≪爲倒震≫ 恒旣上震 ≪大過之九五≫ 指爲少士者 ≪爲倒艮≫ 婚配之卦 取倒合也 餘見本卦

68) 震卦 上六에 "婚媾有言"이라는 爻詞가 있으나, 이 경우는 茶山이 말한 것처럼 "以震而取离"의 경우가 아니라, 艮男과 兌女 사이에 婚談이 있는 경우이다.

69) [校閱] "大過九五"가 奎章本에는 "大過九二"로 되어 있으나 誤記이다.

70) [校閱] 奎章本과 新朝本과 國中本에 모두 "漸旣下艮"이라고 나오나, "咸旣下艮"이 되어야 옳다. "漸"은 "咸"의 誤記이다.

䷛	䷞	䷴	䷛	䷟
大過 →	2爻變 →咸	漸	大過 →	5爻變 → 恒

咸卦는 원래(旣) 下卦가 艮(少男)이지만 ≪大過卦 九二의 경우≫ [도리어] 늙은 남자(老夫)를 가리키고 ≪艮이 倒震으로 된다.≫ 恒卦는 上卦가 震(長男)이지만 ≪大過卦 九五의 경우≫ [도리어] 젊은 사내(少士)를 의미하게 되는 것은 ≪震이 倒艮으로 된다.≫ 혼인(婚配)과 연관되는 卦는 倒合(뒤집어 결합하는 방법)을 취하기 때문이다. 나머지 [자세한] 것은 해당 卦에 나온다.

6) 질병 예(疾病 例)

豫六五 ䷏ 貞疾 恒不死 ≪中未亡也≫
復之象 ䷗ 出入无疾 ≪以順行≫
无妄九五 ䷘ 无妄之疾 ≪勿藥有喜≫
損六四 ䷨ 損其疾 ≪亦可喜也≫
鼎九二 ䷱ 我仇有疾 ≪愼所之也≫
豐六二 ䷶ 往得疑疾
兌九四 ䷹ 介疾有喜 ≪有慶也≫
遯九三 ䷠ 繫遯有疾 ≪憊也≫

疾病之筮 非占死生 用藥治病 而占其利害也 ≪无妄九五 卽此義≫ 故 坎之疾病 巽以爲藥 离以治之 震以生之 其占爲吉 或

艮徑遂終 ≪艮爲死≫ 或巽命中絶 其占 凶也 遯九三 馬疾也 ≪見本卦≫

疾病에 대해 점치는 것은 生死를 [예측하고자] 점치는 것이 아니라, 藥을 복용하고 病을 치료함에 있어, 그 藥이나 치료방법이 이로운지 해로운지를 점치는 것이다. ≪无妄卦의 九五가 바로 이런 의미이다.≫

그러므로 坎의 疾病에 巽으로 藥을 하고, 离로서 치료를 하여, 震으로 소생(蘇生)하게 되면, 그 占이 吉한 것으로 나오는 것이다. 或은 艮의 '徑'이 마침내 끝나거나 ≪艮은 死가 된다.≫ 或은 巽의 命이 도중에 단절되면, 그 占은 凶한 것이 된다. 遯卦 九三은 말(馬)의 질병에 대한 것이다. ≪이에 대한 설명은 本卦를 참조할 것≫

○[71] 又如 小畜之有孚血 渙上九之渙其血 巽兩爻之巽在牀下 皆疾病之占也 並見本卦

○ 한편, 小畜卦의 "有孚血", 渙卦 上九의 "渙其血", 巽卦의 九二와 上九 兩爻에 "巽在牀下"는 모두 질병(疾病)과 연관된 占인데, 해당 卦에서 설명을 제시하였다.

7) 복 예(福 例)

泰九三 ䷊ 于食有福

晉六二 ䷢ 受茲介福 ≪以中正也≫

---

71) [校閱] "○"의 표시가 奎章本과 國中本에는 있으나, 新朝本에는 없다.

井九三 ䷯ 並受其福

旣濟九五 ䷾ 實受其福 ≪吉大來也≫

泰六五 ䷊ 以祉元吉 ≪中以行願≫

否九四 ䷋ 疇離祉 ≪志行也≫

易例 坎憂离喜 其德相反 故坎爲刑法 ≪爲疾病≫ 离爲祉福也 福自天降故 其在卦象 亦必有隕自上 ≪柔自上來 亦爲隕≫ 而後方爲福象也

易例에서 坎은 憂이고 离는 喜로, 그 성격이 相反된다. 그러므로 坎은 刑法이 되고 ≪또 疾病이 됨≫ 离는 祉福이 된다.

福이란 하늘에서 내리는 것이다. 그러므로 이는 卦象에 또한 반드시 위에서 내려오는 것이 있은 ≪柔가 위에서 오는 것도 역시 내려옴이 된다.≫ 이후에야 비로소 福의 象이 되는 것이다.

○ 孔子於經文之外 亦或言福 謙之福謙 ≪謙之彖≫ 困之受福 ≪困九五≫ 震之致福 ≪彖與初九文≫ 噬嗑之言小人之福 ≪初九傳≫ 皆可以比玩也

○孔子가 經文 이외에서 또한 간혹 "福"에 대해 말하였는데, 謙卦의 "福謙"≪謙卦의 「彖傳」에 나오는 말[72]≫, 困卦의 "受福"≪困卦의 九五의 「小象傳」에 나오는 말≫, 震卦의 "致福"≪「彖傳」과 初九의 「小象傳」에 나오는 글≫, 噬嗑卦와 연관하여 [「繫辭傳」에서] "小人之福"이라 말한 것≪噬嗑卦 初九의 「繫辭傳」≫ 이 모두는 [앞의 사례들과] 비교하여 음미(比玩)할 만한 것이다.

72) 茶山은 통상 卦辭를 "彖"이라 하였는데, 여기서는 「彖傳」을 "彖"이라 표시하였다.

8) 세월일 예(歲月日 例)[73]

同人九三 ䷌ 三歲不興 ≪安行也≫
坎上六 ䷜ 三歲不得 ≪失道凶≫
困初六 ䷮ 三歲不覿 ≪幽不明也≫
豐上六 ䷶ 三歲不覿 ≪自藏也≫
漸九五 ䷴ 三歲不孕
旣濟九三 ䷾ 三年克之 ≪憊也≫
未濟九四 ䷿ 三年有賞 ≪志行也≫
屯六二 ䷂ 十年乃字 ≪反常也≫
復上六 ䷗ 十年不克征 ≪反君道也≫
頤六三 ䷚ 十年勿用 ≪道大悖也≫

易例 占歲占日 皆以說卦方位 順序數之 ≪震而巽≫ 筮永貞 則以一宮 當一歲 筮近事 則以一宮 當一日 無二例也 漸本下艮 自艮至巽 須歷三宮 ≪艮震巽≫ 始以离孕 故曰 三歲不孕 ≪又有別義 見本卦≫ 諸卦倣此

73) "歲月日例"는 햇수(歲)나 달수(月) 날짜(日)에 대해 점친 사례를 말한다. 이는 주로 어떤 일에 소요되는 시간이나 성사될 시기를 물은 것이다. 이와 무관하게 "終日乾乾" 식의 사례도 있다. 그러나 어떤 일이 언제 발생할 것인가를 물은 것은 아닌 것으로 보인다. 이 例는 결국 ① 햇수(歲), ② 달수(月)나 계절, ③ 날짜(日), ④ 아침, 저녁, 오전, 오후 등 하루를 또 구분한 것의 4부분으로 구성된다.

易例에서 햇수(歲)를 점치거나 날짜(日)를 점치는 것은 모두 「說卦傳」의 方位의 순서에 따라서 헤아린다. ≪東쪽인 震에서 [시작하여 시계 반대 방향으로 돌아] 南東쪽인 巽까지 [헤아림]≫

長久한 사안(永貞)에 관해 점치는 경우는 一宮을 1년(一歲)으로 치고, 가까운 일(近事)에 대해 점치는 경우는 一宮을 하루(一日)로 치니, 그 밖의 다른 방식은 없다.

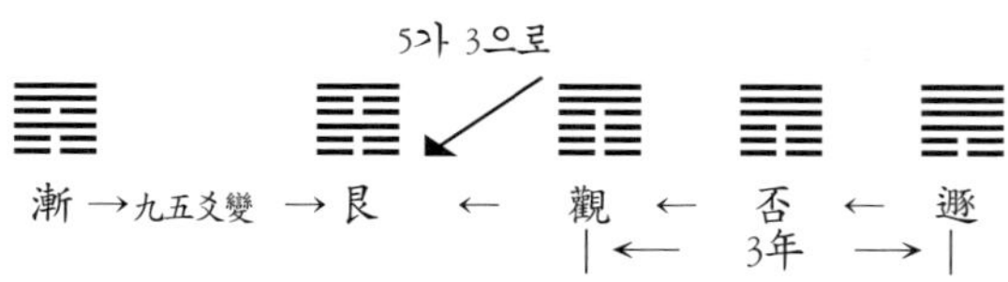

漸卦의 九五는 본래 下卦가 艮이고, 艮에서 [震을 거쳐] 巽에 이르기까지, 三宮을 거쳐야만 ≪艮에서 震을 거쳐 巽까지≫ 비로소 离의 잉태를 하게 되니, 그러므로 "三歲不孕"이라고 하는 것이다.[74] ≪이에는 또한 다른 설명방식이 있는데 本卦에서 설명하였다.[75]≫ 諸卦가 이와 같다.

○春秋傳 晉伯姬之筮 ≪僖 十五年≫ 云 六年其逋 亦以說卦方

---

74) 說卦方位圖를 보면, 艮·震·巽의 三宮을 거친 뒤에, 离가 있다.

75) 茶山은 漸卦 九五의 爻詞에서 遯卦→否卦→觀卦로 卦가 세 번 변하는 과정을 통해, 어느 경우에나 모두 离의 잉태(孕胎)의 象이 없으므로, 이것은 삼년(三歲)을 잉태하지 못하는 象에 해당된다고 하였다.

位 謂之 六年 ≪詳見官占注≫ 無二例也

上六 爻變→ ←3이 6으로

歸妹 → 睽 ← 大壯

○『春秋左傳』에 晉나라 伯姬의 [혼사에 관한] 占筮(僖公 15年)에 이르기를 "六年其逋", 즉 "6년 후에 그는 달아나게 되는데"라고 한 것도 역시 「說卦傳」의 方位에 입각하여 "6年"이라고 한 것이며 ≪상세한 설명은 이후의 「춘추관점보주(春秋官占補註)」를 참조할 것≫ [說卦方位가 아닌] 다른 방식(二例)은 없다.

○其曰 十年者 卦有震艮 則自艮至震 旣爲二年 自震至艮 又爲八年 故得爲十年 然 必有坤而後 方得爲十者 ≪屯 復 頤≫ 地數十也 ≪古者 晝地爲井 方十里百里 至于千里≫

○이상에서(其曰) "十年"이라고 말한 경우는 그 卦에 震과 艮이 있는데, 즉 艮에서 震까지가 이미 2年이고, 震에서 艮까지가 또한 8年이 되므로 "10年"이 되는 것이다.

그런데 반드시 坤이 있어야만 비로소 '十년'이 되는 이유는 ≪위의 屯·復·頤卦의 경우 모두 그러하다.≫ 地數(坤)가 '十'이기 때문이다. ≪古代에 耕地를 나누어 井田으로 만드는 경우 [모두 10의 배수로] 사방 10里, 100里, 1千里로 하였다.≫

臨之象  八月有凶 ≪消不久也≫

小畜上九  月幾望 ≪君子征凶≫

歸妹六五  月幾望

中孚六四 ䷼ 月幾望 ≪馬匹亡≫

十二辟卦 旣配四時 則可以占月 臨之象 以遯 爲八月 是也

12辟卦를 [春·夏·秋·冬의] 四時에 배정하였으니, 달(月)에 대해 점칠 수가 있는 것이다. 臨卦의 象에서 遯卦를 8月로 간주한 것이 바로 이런 사례이다.

月	1	2	3	4	5	6	7	8	9	10	11	12
卦名	泰	大壯	夬	乾	姤	遯	否	觀	剝	坤	復	臨
卦象	䷊	䷡	䷪	䷀	䷫	䷠	䷋	䷓	䷖	䷁	䷗	䷒
地支	寅	卯	辰	巳	午	未	申	酉	戌	亥	子	丑
	夏正										周正	殷正

然 若遇衍卦 無以占月 據說卦 震离兌坎 爲春夏秋冬 故 益曰 利用大作者 震爲春也 ≪卽東作≫ 旣濟曰 不如西鄰之禴祭者 离爲夏也 ≪禴 夏享也 見周禮≫ 无妄曰 不耕穫者 兌爲秋也 明夷曰 于南狩者 坎爲冬也 ≪冬獵曰 狩≫

그러나 만약에 衍卦를 얻었다면 달(月)을 점칠 수가 없으니, 「說卦傳」의 방위에 의거하여 震(東)·离(南)·兌(西)·坎(北)를 각각 春·夏·秋·冬으로 간주한다. 그러므로 益卦 初九에서 "利用大作"이라 한 것은 震을 春으로 본 것이다. ≪이른바 "東作(봄농사)"이다.≫

旣濟卦 九五에서 "不如西鄰之禴祭"라고 한 것은 [즉 禴祭라고 한 것은] 离를 여름(夏)으로 본 것이다. ≪"禴"은 여름제사(夏享)인데, 『周禮』에 설명이 나온다.≫

无妄卦 六二에서 "不耕穫(밭을 耕作하지 않고 거둔다)"이라 한 것은 [즉 穫(거둔다)이라 한 것은] 兌를 가을로 간주한 것이며, 明夷卦에서 "于南

狩"라고 한 것은 ≪즉, 狩가 나오는 것≫ 坎을 겨울로 간주한 것이다. ≪겨울철의 사냥을 "狩"라고 한다.≫

○ 上卦位坎 ≪四五六≫ 坎月之位 得乾爲圜[76] ≪說卦文≫ 則月正望也 故 兌在坎位 則月爲幾望[77] ≪幾乎至乾圜≫

○上卦의 자리는 坎이니 ≪4·5·6의 자리≫ 坎月의 자리(位)에 乾을 얻어 둥글게(圜) 되면 ≪"乾爲圜"은 「說卦傳」에 나오는 말이다.≫ 바로 "月正望"이다. 그러므로 [乾을 기준으로 결여되어 있는, 또는 八卦의 순서상 乾의 앞에 있는] 兌가 坎位에 자리하면 달(月)이 "幾望"으로 되는 것이니 ≪"幾望"이란 건환(乾圜, 즉 乾의 둥근 상태)에 거의 가까운 상태≫

小畜與履 ≪中孚九四 履也≫ 皆自夬來 夬之時 兌在坎位也

小畜卦와 履卦는 ≪中孚卦 九四는 爻變하면 履卦이다.≫ 모두 夬卦에서 나왔는데, 夬卦의 때에는 兌가 坎位에 있다.[78]

以是推之 巽在坎位 則月既望也 ≪自乾而爲巽≫ 震在坎位 則月生明也 ≪自坤而爲震≫

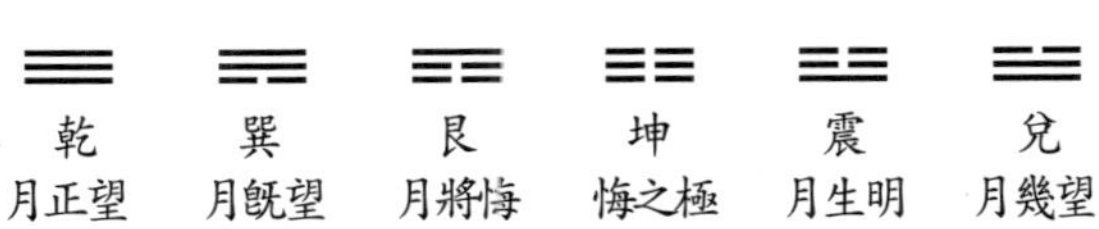

76) [校閱] 新朝本과 國中本에는 "圓"으로 되어 있으나, 奎章本에는 "圜"으로 되어 있다. 여기서는 後者를 따른다.

77) [校閱] 新朝本과 國中本에는 "則爲月幾望"으로 되어 있으나, 奎章本에는 "則月爲幾望"으로 되어 있다.

78) 그래서 小畜上九와 中孚六四에서 "月幾望"이라고 한 것이다.

이상의 사례에서 미루어 보면, 巽이 坎位에 있으면 "月旣望(달이 이미 보름이 지남)"이 되고 ≪乾에서 다음으로 巽이 된다.≫ 震이 坎位에 있으면 달에서 밝음이 생겨난 상태(月生明)"가 된다. ≪坤에서 震이 된다.≫

艮在坎位 則月將晦也 坤在坎位 則晦之極也 故 离在坎位 則爲月食之象 鼎之九三曰 方雨虧 ≪卽未濟≫ 虧者 月食也

䷱　　䷿　　䷋

鼎 → 九三 爻變 → 未濟 ← 5가 2로 ← 否

艮이 坎位에 있으면, 달이 장차 그믐이 되려는 상태(月將晦)가 되고, 坤이 坎位에 있으면, 그믐이 완전히 된 상태(晦之極)가 되는 것이니, 그러므로 离가 坎位에 있으면 '月食'의 象이 되는 것이니, 鼎卦 九三에 "方雨, 虧"라고 하였는데 ≪[鼎卦 九三이 효변하면] 곧 未濟卦가 됨≫ 여기 "虧(이지러질 휴)"라는 것은 "月食"이다.

革之象 ䷰ 已日乃孚 ≪革而信之≫
明夷初九 ䷣ 三日不食
震六二 ䷲ 七日得
旣濟六二 ䷾ 七日得 ≪以中道也≫
蠱之象 ䷑ 先甲三日 後甲三日 ≪終則有始 天行也≫
巽九五 ䷸ 先庚三日 後庚三日

已日者 一日也 离在离位 ≪一二三≫ 只一日也 三日 七日 皆以說卦方位順序數之 無二例也 若 復之云 七日來復 是 又以七月爲七日 ≪自姤五月 至子月≫ 別是一例 唯辟卦 用此例也

革卦 彖의 "已日"이라는 것은 하루(一日)를 말하는 것이다. 离가 离의 자리에 있으니 ≪下卦인 1·2·3은 离位이다.≫ 단지 하루인 것이다. 3일이나 7일이라는 것도 모두 「說卦傳」의 方位에 따라서 헤아린 것이며, 다른 방식이 없다. 한편 예컨대 復卦에서 "七日來復"이라고 하였는데,[79] 이는 또한 7개월을 7일로 본 것으로 ≪姤卦의 五月에서 子月(復卦)까지≫ [說卦方位와는] 다른 하나의 방식에 따른 것이다. 오직 벽괘(辟卦)만이 이런 방식(例)을 사용한다.

晉之象 ䷢ 晝日三接 ≪明出地上≫

夬九二 ䷪ 莫夜有戒 ≪得中道也≫

解之彖 ䷧ 夙吉 ≪往有功也≫

豐之彖 ䷶ 宜日中 ≪宜照天下也≫

離九三 ䷝ 日昃之離 ≪何可久[80]也≫

乾九三 ䷀ 夕惕若

乾九三 ䷀ 終日乾乾 ≪反復道也≫

豫六二 ䷏ 不終日 ≪以中正也≫

旣濟六四 ䷾ 終日戒 ≪有所疑也≫

晉 以日在地上 爲晝 ≪火地 晉≫ 明夷者 夜也 ≪見本卦≫

晉卦의 경우는 해(日)가 地上에 있는 것을 '낮(晝)'이라 하였다. ≪火地晉卦≫ 明夷라는 것은 밤(夜)이다. ≪本卦에 설명이 나온다.≫

○ 易例 下卦位离 ≪一二三≫ 故以其三畫 爲朝午夕三時 ≪夙

79) 復卦의 彖詞: …… 反復其道, 七日來復.

80) [校閱] 新朝本과 奎章本과 國中本에 모두 "何可長也"라고 되어 있으나 離卦 九三의 「象傳」에는 본래 "何可久也"로 되어 있다.

朝也≫ 上卦位坎 ≪四五六≫ 故革自大壯來 ≪五之二≫ 以五爲夜 ≪爲中夜≫ 可推而知也

大壯 →5가 2로 → 革

○易例에 下卦位는 离位이다. ≪1·2·3位≫ 그러므로 그 3개 畫은 아침(朝)·정오(午)·저녁(夕)의 '三時'가 된다. ≪"夙"은 朝이다.≫ 上卦位는 坎位이다. ≪4·5·6位≫ 그러므로 [夬卦 九二의 경우, 이는 革卦로 변하는 것으로] 革卦는 大壯卦로부터 왔는데 ≪5가 2로 감≫ 그 5가 "夜"가 된다는 것을 ≪보다 구체적으로는 '中夜(莫夜)'가 된다.≫ 미루어 알 수가 있는 것이다.

既濟云 終日戒者 革自遯來 亦以下艮 爲終日也

遯 → 推移 → 革

[既濟 六四도 革卦로 변하는 것인데] 既濟에서 "終日戒"라고 한 것은 革卦는 [또한] 遯卦에서 나왔으니, 역시 下艮을 "終日"로 본 것이다.

○左傳 叔孫豹之筮 ≪昭 五年≫ 有食日朝日之說 係術家所言 非正義也

明夷→初爻變→謙

○『左傳』의 숙손표(叔孫豹)의 占筮에 ≪昭公 5年≫ [하루를 十時로 나누어] "食日"이니 "朝日"(旦日)이니 하는 說이 나오는데, [이런 것들은] 술가(術家)들이나 할 만한 소리이지, 바른 의미가 아닌 것이다.

9) 동서남북 예(東西南北 例)

既濟九五 ䷾ 東隣殺牛 不如西鄰之禴祭
明夷九三 ䷣ 于南狩 ≪乃大得也≫
升之彖 ䷭ 南征吉 ≪志行也≫
既濟九三 ䷾ 伐鬼方
未濟九四 ䷿ 伐鬼方 ≪志行也≫

易詞 八方之例 皆遵說卦方位 小畜小過之自我西郊 隨上六之享于西山 皆以兌爲西 坤與蹇解之西南東北 亦指坤艮 無可疑也

易詞에서 [東西南北의] 八方의 사례는 모두 「說卦傳」에 제시되는 方位에 따른 것이다. 小畜의 彖과 小過 六五의 "自我西郊"나 隨卦 上六의 "享[亨]于西山"은 모두 兌에 의거하여 西쪽이라 한 것이다. 坤卦의 彖과 蹇卦의 彖, 解卦의 彖에 언급되는 '西南쪽'과 '東北쪽'도 또한 각각 坤과 艮을 가리킴은 의심할 바가 없다.

然 左傳 鄢陵之筮 ≪成 十六年≫ 明以下卦位离 謂之南國 既濟

未濟之伐鬼方 ≪鬼方 北狄也≫ 明以剛自下升 謂之北伐 ≪見本卦≫ 則筮例 下南而上北 可知也

그런데 『左傳』에서 晉侯가 언릉(鄢陵)에서 전투를 벌리며, 그에 대해 친 占筮에서 ≪成公 16年≫ 분명히 下卦位인 离를 가지고 南國이라고 하였으며, [위에서 나온] 旣濟·未濟의 "伐鬼方"은 ≪"鬼方"은 北狄이다.≫ 명백히 剛이 아래에서 위로 상승한 것에 근거하여 "北伐"이라고 말하였으니 ≪자세한 설명은 해당 卦를 참조할 것≫ 따라서 占筮의 사례에서는 下卦가 南쪽이 되고, 上卦가 北쪽이 됨을 [또한] 알 수가 있는 것이다.

古人尙左故 易例 下右而上左 豐九三之折其右肱者 折下肱也 明夷六二之夷于左股者 傷上股也 ≪見本卦≫ 左則爲東 右則爲西故 旣濟九五 乃以上卦爲東鄰 下卦爲西鄰 不但以泰兩互之震兌 分其東西也 ≪旣濟自泰來≫

[한편] 古人들은 左측을 높였으니, 그러므로 易例에서는 下卦가 右이고 上卦가 左이다. 豐卦 九三에 "折其右肱(그 오른팔이 꺾인다)"이란 "下卦에서의 팔"이 꺾인 것이다. 明夷 六二에 "夷于左股(왼다리를 다친다)"란 "上卦에서의 다리(上股)"를 상한 것이다. ≪해당 卦를 주석한 부분에 자세한 설명이 나온다.≫

[또한] 左(上卦)는 東이 되고 右(下卦)는 西쪽이 되니, 그러므로 旣濟 九五에서는 곧 上卦(左－東)를 "東鄰"으로 보았고, 下卦(右－西)를 "西鄰"으로 본 것이니, 단지 泰卦의 兩互卦인 震과 兌로 그 東西를 구분한 것이 아니다. ≪旣濟는 泰卦에서 나왔다.≫

若夫 晉 伯姬之筮 ≪僖十五年≫ 以下卦爲西鄰者 歸妹爲卦 上震下兌 故以下爲西 不可據也

歸妹 → 上六爻變 → 睽

다른 한편(若夫) [『左傳』에 나오는] 晉나라 백희(伯姬)의 占筮에서 ≪『左傳』'僖公 15年'≫ 下卦를 "西鄰"으로 본 것은 歸妹라는 卦 자체가 上震·下兌이므로 下卦를 [「說卦傳」의 方位에 의거하여] 西쪽으로 간주한 것이니 [上卦가 東이 되고, 下卦가 西가 된다는 것의] 근거가 될 수 없다.

10) 무불리 예(无不利 例)

坤六二  无不利 ≪地道光也≫

屯六四  无不利 ≪明也≫

大有上九  无不利

謙六四 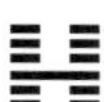 无不利 ≪不違則也≫

謙六五 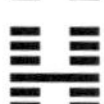 无不利

臨九二  无不利

剝六五 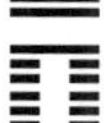 无不利 ≪終无尤也≫

大過九二  无不利

遯上九  无不利 ≪无所疑也≫

晉六五  无不利 ≪往有慶也≫

解上六 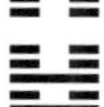 无不利

巽九五　䷸　无不利 《位正中也》

易例 兌巽爲利 然 卦德善變者 雖失兌巽 亦无不利 又據易例 坎則爲害 《坎爲盜爲病》 然 卦德旣好 雖有坎 而無害 亦所謂无不利也

易例에 따르면 兌와 巽은 利(이로움)의 뜻이 된다. 그러나 卦德이 바르게 변한 경우는 비록 兌·巽을 상실하여도 여전히 "无不利(불리할 것이 없다)"라고 하는 것이다. 한편 易例에 따르면 坎이 곧 害(해로움)의 뜻이 되지만 《坎은 盜가 되고 病이 됨》 卦德이 이미 좋으면(好) 비록 坎이 있어도 害가 없으니, 또한 "无不利(불리할 것이 없다)"라고 이르는 것이다.

11) 무유리 예(无攸利 例)

蒙六三　䷃　无攸利 《行不順也》
臨六三　䷒　无攸利 《位不當也》
无妄上九　䷘　无攸利 《窮之災也》
頤六三　䷚　无攸利 《道大悖也》
恒初六　䷟　无攸利
大壯上六　䷡　无攸利
萃六三　䷬　无攸利
歸妹之象　䷵　无攸利 《柔乘剛也》

歸妹上六 ䷵ 无攸利
未濟之象 ䷿ 无攸利 ≪不續終也≫

兌者 義之和也 和則爲利 ≪兩字 皆從禾≫ 或其卦德不順者 雖有兌而不利 或前有兌 而今失者 皆所謂 无攸利也 據說卦 巽亦爲利故 易例 失其舊巽者 亦謂之无攸利

兌는 '義의 和'이고, '和'는 곧 '利'가 되는데 ≪이 두 글자는 모두 '화(禾)'字에 의거함≫ 간혹 그 卦德이 不順한 경우는 비록 兌가 있다고 해도 "不利"하게 되며, 혹은 앞서는 兌가 있었는데 현재 그것을 상실한 경우도, 모두 이른바 "无攸利"라고 하는 것이다.

「說卦傳」에 따르면 巽도 역시 '利'가 되는데, 그러므로 易例에 보면 본래부터 있던 巽을 상실하는 경우도 역시 "无攸利"라고 한다.

○餘如田獵 戰伐 建侯 遷國之類 及趾 尾 股 首 等例 皆宜比觀 不具述也

○그 밖의 다른 田獵(사냥)·戰伐(전쟁)·建侯(제후옹립)·遷國(遷都) 등의 사례와 趾·尾·股·首 등과 같은 사례도 모두 마땅히 비교하여 살펴보아야 하겠지만, 여기서는 모두 설명하지 못하였다.

【31. 택산 함(澤山 咸)】

艮下兌上 ○第十九卦之正 ≪否三之上≫

艮이 下卦이고, 兌는 上卦이다. ○제19卦의 正卦이다. ≪否卦의 3이 上으로 간다.≫

序卦傳曰 有天地然後 有萬物 有萬物然後 有男女 有男女然後 有夫婦 有夫婦然後 有父子 有父子然後 有君臣 有君臣然後 有上下 有上下然後 禮儀有所錯

「序卦傳」에서 말하였다. "하늘과 땅이 있은 뒤에 萬物이 있고, 만물이 있은 뒤에 男女가 있고, 남녀가 있은 뒤에 夫婦가 있고, 부부가 있은 뒤에 父子가 있고, 부자가 있은 뒤에 君臣이 있고, 군신이 있은 뒤에 上下가 있고, 상하가 있은 뒤에 예의(禮儀)가 시행됨[81]이 있게 된다."

○雜卦傳曰 咸 速也 ≪蔡氏云 感應 故速≫

○「雜卦傳」에서 말하였다. "咸은 신속(迅速)함을 의미한다." ≪채연(蔡

---

81) 錯: '어긋나다', '섞이다', '버무리다', '맷돌', '그르치다', '틀리다', '꾸미다', '행하다' 등의 뜻. 여기서는 '행하다', '시행하다'의 뜻으로 쓰이고 있다.

淵)[82]이 말하였다. "感하면 곧 應하기 때문에 신속(迅速)한 것이다."[83])≫

○程子曰 男女相感之深 莫如少者 故二少爲咸也

○程子가 말하였다. "男女가 서로 交感하는 깊이에 있어, 젊은이만 한 경우가 없으므로, [兌의 少女와 艮의 少男의] 두 젊은이가 [합쳐져서] 咸卦를 구성하고 있는 것이다"

○朱子曰 咸 交感也

○朱子가 말하였다. "咸은 交感을 뜻한다."[84]

○鏞案 乾坤 天道之始 男女 人道之始 此 其所以爲首於二篇也 咸者 感也 左傳所謂 窕則不咸 是也 ≪昭 二十一年≫

○[鏞案] 乾과 坤은 天道의 시원(始源)이요, 男과 女는 人道의 시발(始發)이다. 이것이 [乾卦와 咸卦가] 각각 上篇과 下篇의 序頭에 자리잡게 된 까닭이다. 咸은 '感', 즉 '느끼는 것'이다. 『左傳』에, "조즉불함(窕則不咸)", 즉 "소리가 너무 희미하면, [듣는 이의 마음에] 느낌이 없다"라고 하였으니, 그것이 바로 [感의 뜻으로서 '咸'字의] 用例이다. ≪『左傳』의 '昭公 21年'[85]≫

---

82) 蔡氏 : 南宋 때 학자인 채연(蔡淵, 1148~1236)을 가리킨다. 蔡淵의 字는 백정(伯靜)이며, 號는 절재(節齋)이며, 채원정(蔡元定)의 아들이고, 채침(蔡沈)의 兄이다.

83) 咸卦는 感應하는 것인데, 感應은 빠른 것이므로, 이런 말을 하는 것. 原文은 "有感則應, 故速"이라 되어 있음(朝鮮圖書株式會社 編輯部 編纂, 『備旨具解原本周易』, 1175면).

84) 朱子 著, 白殷基 譯註, 『譯註 周易本義』, 여강출판사, 1999, 284면.

85) 『左傳』 '昭公 21年', "物和則嘉成, 故和聲入於耳而藏於心, 心億則樂, 窕則不咸(악기의 소리가 조화되면, 좋은 음악이 이루어진다. 조화된 음악소리는 사람들의 귀에 들어가 마음에 아름답게 담아지는 것이다. 마음이 편안하면 즐거워지는데, 소리가 너무 희미하면, 듣는 이의 마음에 맞지 않는다)."(남기현 역, 『春秋左傳』 下, 자유문고, 2003, 168면)

卦自否來 陽上陰下 二氣不交 於是 坤升于上 ≪三之上≫ 乾降于下 ≪上之三≫ 以相交感 此之謂 咸也 在物則山澤通氣 在人則少男少女 交感尤切 咸之時義也

否 → 추이 → 咸

咸卦는 否卦로부터 왔다. [否卦의 때에] 陽은 [모두] 위에 있고, 陰은 [모두] 아래에 있어서, [陰陽의] 두 기운이 서로 교섭하지 않더니, [바로] 이런 때에, 坤[의 陰]은 위로 올라가고 ≪否卦의 3이 上으로 감≫ 乾[의 陽]은 아래로 내려와서 ≪上이 3으로 감≫ 서로 交感하니, 이것을 '咸'이라고 한다. 사물에 있어서는 山과 澤이 氣運을 [서로] 통하고[86] 사람에 있어서는 젊은 남자와 젊은 여자가 [서로] 교감함이 더욱 절실하니, [이것이] 咸卦의 時機가 갖는 意義(時義)인 것이다.

又 咸者 和也 ≪左傳云 周公弔二叔之不咸≫ 二氣旣交 物莫不和 乾變爲兌 和之至也 咸者 徧也 ≪魯語云 小賜不咸≫ 六位皆應 有不徧乎

또 咸은 和合하는 것을 뜻한다. ≪『左傳』 '僖公 24年'에 "周公, 弔二叔之不咸", 즉 "周公은 [관숙(管叔)과 채숙(蔡叔)의] 두 숙부(叔父)가 [왕실과] 和合치 못함을 슬퍼하였]다"라고 하였다.[87]≫ [陰陽의] 두 氣가 교류(交流)하니, 萬物이 화합치 않음이 없고, [否卦의 上卦인] 乾이 변해 [咸卦의 上卦인] 兌로

86) '山澤通氣'란 말은 「說卦傳」에 나온다.

87) 周公弔二叔之不咸 : 『左傳』 '僖公 24年'에 나오는 말이다. "昔周公弔二叔之不咸, 故封建親戚以蕃屛周(옛날에, 周公께서는 管叔과 蔡叔의 二叔이 王室과 不和하였다가 망한 것을 슬퍼하셨나이다. 그래서 친척을 제후로 봉하여, 주나라 왕실을 둘러싸는 나라로 삼았습니다)"이라고 함. 실제로는 두 사람이 不和의 관계에 있었던 것이 아니라, 왕실과 不和한 것이다(文璇奎 역, 『春秋左氏傳』 上, 명문당, 1987, 347면).

되니, 이것이 和合의 극치이다.[88] [또] 咸은 '徧(두루 미침)'의 뜻이다. ≪[『國語』] 「魯語」에서 "소사불함(小賜不咸)", 즉 "작게 베풀어, 두루 미치지 못하면" 이라고 하였다.[89]≫ 咸卦는 [1과 4, 2와 5, 3과 上의] 여섯 자리가 모두 [陰과 陽이 되어] 서로 상응하니 [어찌] 두루 미치지 못함이 있을 것인가!

咸者 減也 ≪古字通≫ 一剛上損 ≪否上乾≫ 无所減乎

䷋ ䷞

否→推移→咸

咸은 '減少시킨다'의 뜻이다. ≪古字에서 '함(咸)'字와 '감(減)'字는 서로 통한다.≫ [否卦로부터 咸卦로 추이되면서] 한 개의 剛을 上卦로부터 덜어냈으니 ≪否卦의 上卦는 乾≫ [어찌] 감소(減少)하는 바가 없겠는가?!

此 皆名卦之義也

以上 [다섯 가지가] 모두 卦名을 '咸'이라고 命名한 이유이다.[90]

≪又按[91] 天地者 乾坤也 萬物者 屯蒙 以下諸卦也 男女者 咸也 夫婦者 恒也 乾父艮男 遯之父子也 乾王震侯 大壯之君臣也 夫然後 晉明夷之禼禮 得以化民而成俗也 此 序卦之義≫

≪[又按] [「說卦傳」에 따르면] "天地"라고 함은 乾卦와 坤卦를 가리키고, "萬物"이

88) 兌가 '和'의 의미가 되는 것에 대해서는 乾卦의 「文言」을 설명한 『四箋』(卷1, 35나) 참조. 또 李道平의 『周易集解纂疏』(潘雨廷 點校, 中華書局, 1994, 314면)에 "利者, 義之和"라는 乾卦의 「文言」의 말을 언급하고 있다.

89) "今將惠以小賜, 祀以獨恭. 小賜不咸, 獨恭不憂. 不咸, 民不歸也."(董立章, 『國語譯注辨析』, 暨南大出版社, 1993, 153면 이후 참조)

90) 以上에서 다산이 언급한 咸卦의 名卦之義를 요약하면, ① 迅速 ② 交感 ③ 感(느낌) 혹은 交感 ④ 和合 ⑤ 徧(두루미침) ⑥ 減(감소함)의 다섯 가지 뜻이 咸의 卦義가 된다.

91) [校閱] 新朝本에는 "案"으로 되어 있으나 奎章本과 國中本에는 "按"으로 되어 있다.

라고 함은 屯卦와 蒙卦 以下의 諸卦를 가리킨다. "男女"는 咸卦에 해당되고, "夫婦"는 恒卦에 해당된다. [그리고] 乾의 父親과 艮의 男子는 遯卦에 있어서 父子관계를 형성하며, 乾의 帝王과 震의 諸侯는 大壯卦에 있어서 君臣관계를 형성한다. 그런 뒤에, [晉卦와 明夷卦에 있어서] 离의 禮를 얻음으로써 백성을 敎化하고, 風俗을 이루니, 이것이 [咸, 恒, 遯, 大壯, 晉, 明夷를 下經에 배치한] 卦의 순서에 담긴 의미이다.≫

蜀才 朱升 皆云 卦自否來

촉재(蜀才)[92]와 주승(朱升)[93]이 모두 말하기를, "咸卦는 否卦로부터 왔다"고 하였다.[94]

䷞

咸, 亨, 利貞, 取女吉.

咸은 형통하니, 일을 맡아 처리함에 이로우며, 여자를 얻으면, 길할 것이다.

此 咸之不變者也 否塞之時 ≪自否來≫ 二氣交感 ≪三之上≫ 六位皆應 其占亨也

---

92) 陸德明, 『經典釋文』, 上海古籍出版社, 1985, 24면에 거명됨. 蜀才 : 3세기 전후 생존. 일명 范長, 荀九家에 속하는 인물이 아님. 蜀才는 다만 漢代 象數易學者들 중의 한 사람이라고 할 수 있음.

93) 朱升(約 1302~1373) : 元末 明初의 인물. 伍華 主編, 『周易大辭典』, 中山大學出版社, 1993, 851면.

94) 이정조(李鼎祚)의 『주역집해(周易集解)』(北京市 中國書店, 1990)의 「咸卦」 「彖傳」의 注에 촉재(蜀才)의 말이 인용되어 있다. 또한 이도평(李道平)의 『주역집해찬소(周易集解纂疏)』(中華書局, 1994, 314면)에도 나온다.

䷋ ䷞

否 → 咸

이것은 咸卦가 변하지 않는 경우이다. 否卦의 막혀 있던 時機에 ≪[咸卦는] 否卦로부터 왔음≫ 陰陽의 두 기운이 交感하여 ≪3이 上으로 감≫ [1과 4, 2와 5, 3과 上의] 여섯 자리가 모두 [陰陽이 되어] 상응하게 되니, 그 占이 형통한 것이다.

○ 遂成大坎 ≪二六[95]夾≫ 其德堅固 利幹事也 ≪兌爲利≫

䷞

咸

○ 마침내 大坎을 이루니, ≪咸卦의 제2位에서 제6位까지 합친 것은 협괘(夾卦)로서 大坎卦를 형성≫ 그 성질이 견실한 까닭에, 일을 맡아 처리함(幹事=貞)에 있어 이로운 것이다. ≪兌는 이로움이 된다.≫

○ 兌女在外 雖未成禮 ≪不牉合≫ 志則相應 ≪二五應≫ 取女吉也

䷞

咸

○ 兌의 女子가 밖에 있어서, 비록 [혼례(婚禮)의] 禮를 이루지 못하였으나 ≪'반합(牉合)',[96] 즉 "짝을 만나 합침"을 하지 못함≫ 그 뜻이 서로 호응하

---

95) [校閱] 新朝本과 奎章本과 國中本에 모두 "二五夾"으로 되어 있으나 『四箋』(卷4, 36가)에서는 유사한 경우를 "二六夾"으로 설명하고 있다. "五"는 "六"의 誤記로 의심된다.

96) 牉合 : 卦를 뒤집어서 보는 해석법을 말한다(『四箋』 卷1, 9가).

니 ≪2와 5가 陰과 陽이 되어 서로 응함≫ "取女吉"의 뜻이 된다.

漸則顚兌正艮 ≪風山漸≫ 其形牉合 故爲女歸之吉 咸則艮兌相順 不相牉合 故 爲取女之吉

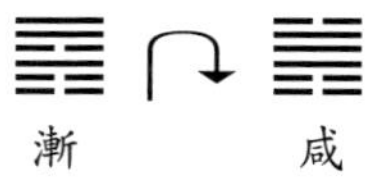

漸卦는 전도(顚倒)된 兌와 正艮으로 이루어져 있으니 ≪[漸卦는] 風과 山으로 구성된 괘≫ 그 형태가 반합(牉合)을 취한 것이다. 따라서 女子가 시집감에 있어서 길한 경우가 된다. [반면에] 咸卦[의 경우에]는 艮과 兌가 서로 順應하여, 서로 반합(牉合)하지 않으므로, [남자가] 女子를 얻음에 있어 길한 경우가 된다.

○鄭玄云 嘉會禮通 ≪亨≫ 和順于義 ≪利≫ 幹事能正 ≪貞≫ 具此三德 而用以取女 所以爲吉

○정현(鄭玄)이 말하였다. "① 기쁘게 모여서 禮로써 소통함, ≪亨에 해당됨≫ ② 의로움(義)에 순응하여 화합함, ≪利에 해당됨≫ ③ 일을 올바르게 처리함, ≪貞에 해당됨≫ 이 세 가지 德을 갖추어서 여자를 얻으니, 그것이 吉하게 되는 까닭이다."97)

97) 以上은 茶山이 그 原文을 축약하여 인용한 것으로 보인다. 原文은 다음과 같다. "鄭玄曰 …… 嘉會禮通, 和順于義, 幹事能正, 三十之男, 有此三德, 以下, 二十之女, 正而相親說取之則吉也."(李道平, 『周易集解纂疏』 一, 文史哲出版社, 臺北 : 中華民國 60년, 438면)

彖曰 : 咸, 感也. 柔上而剛下, 二氣, 感應以相與, 止而說, 男下女, 是以亨, 利貞, 取女吉也. 天地感而萬物化生, 聖人感人心而天下和平, 觀其所感而天地萬物之情, 可見矣.

「彖傳」: 咸은 感應함이다. 柔가 상승하고, 剛이 하강하여[98] [陰과 陽의] 두 氣가 감응하여서, 서로 참여하고, 머무르며 즐거워하니, 남자가 여자에게 낮추는 형국이다. 이런 까닭에 형통하니, 일을 맡아 처리함에 이롭고, 여자를 얻으면, 길할 것이다. 하늘과 땅이 감응하여 만물이 변화하여 생겨나고, 聖人이 백성들의 마음을 감화시킴에 天下가 平和롭게 되니, 그 感應하는 것을 보면, 天地萬物의 情을 볼 수 있을 것이다.

卦自否來 《三之上》 柔上而剛下也 《上之三》 陽降成男 《下今艮》 陰升成女 《上今兌》 男下女也

否 → 咸

98) 茶山은 이 구절을 孔子도 이미 卦變을 적용하여 『周易』을 해석한 증거로 보거니와, 순상(荀爽)과 우번(虞翻) 등에서 비로소 卦變說이 나오는 것으로 흔히 보는데(이는 '원래 이런 취지가 『周易』에 있었던 것은 아니고, 後代에 卦變說로 해석하게 되었다'는 의미가 강한 것), 「彖傳」의 이 구절을 보면 孔子도 이미 卦變을 적용하였다는 것이 분명한 셈이다(이 이외에도 「彖傳」에서 9가지 정도 지적할 수 있음). 그리고 彖辭는 文王이, 그에 대한 해석인 「彖傳」은 孔子가 지은 것으로 보는 전통적 학설을 茶山은 따르는데, 卦變說은 孔子가 처음 시도한 것이 아니고, 단순한 하나의 해석방법론도 아닌, 본래부터 있던 作易大義로 본다. 한편, 卦變의 사례가 너무 적다는 식의 반박이 가능하나, 모든 사례를 적시할 이유는 없거니와, 損·益 등의 卦名에서도 卦變의 논리는 나타나는 셈이므로, 그 사례가 적다고만 볼 수 없는 측면이 있다(방인, 「다산역학사상에 대한 연구」, 한국학중앙연구원 한국학대학원 석사논문, 1983, 77면).

咸卦는 否卦로부터 왔으니 ≪3이 上으로 감≫ 柔는 상승하고, 剛이 하강한 것이다. ≪上이 3으로 감≫ 陽이 내려와서 男子가 되고 ≪[咸卦의] 下卦가 이제 艮≫ 陰이 상승하여 女子가 되니 ≪[咸卦의] 上卦가 현재 兌≫ [이것을 일컬어] "男下女", 즉 "남자가 여자에게 낮춘다"라고 하는 것이다.[99)]

婚姻之禮 男先於女 ≪下卦先≫ 故壻爲婦 御車授綏 ≪士昏禮≫ 男下女之義也

혼례(婚禮)의 禮로 볼 때, 남자가 먼저 여자에 앞서는 까닭에[100)] ≪下卦가 먼저임≫ 신랑이 신부(新婦)를 위하여 수레를 끌어와서, 그 [수레의] 끈(綏)을 건네니 ≪『儀禮』「士昏禮」에 나옴[101)]≫ [이것도] 역시 "男下女"의 뜻이다.[102)]

---

99) 문맥상으로 볼 때, "男下女"를 "남자가 여자에게 낮춘다"는 의미로 풀이하는 것이 타당할 것이다. 다만, 다산이 注에서 "婚姻之禮, 男先於女, 故, 壻爲婦, 御車授綏, 男下女之義也"라고 말하고 있기 때문에, 다산의 해석을 따른다면, "男下女"가 "男先於女"와 의미가 일치해야 한다는 것이 문제이다. 鄭玄은 『儀禮』「士昏禮」의 "壻乘其東, 先, 俟于門外"의 句에 대한 注에서 婚姻의 禮에서 "男先於女"하는 것은 "男率女, 女從男(남자는 여자를 이끌고, 여자는 남자를 따름)"의 뜻으로 풀이하고 있다. 따라서 다산이 "男下女"를 "남자가 여자에게 낮춘다"는 의미로 풀이하는 것과는 오히려 반대의 의미로 풀이하고 있다고 보아야 할 것이다.

100) 男先於女 : 鄭玄은 『儀禮』「士昏禮」의 '壻乘其東, 先, 俟于門外'의 句에 대한 注에서 "壻車在大門外, 乘之先者, 道之也, 男率女, 女從男, 夫婦剛柔之義, 自此始也"라고 하였다. 즉, "신랑의 수레가 대문 바깥에 먼저 이르러 신부의 수레를 기다리는 것은 앞서 이끈다는 뜻에서이다. 앞서 이끈다는 것은 남자는 여자를 이끌고, 여자는 남자를 따른다는 것을 나타내기 위한 것인데, 부부간의 剛柔의 道를 신랑측 집에 들어가기 직전부터 가르치는 것이다."(吳江原 譯註, 『儀禮』 卷1, 청계, 2000, 237~238면) 『禮記』「昏義」에도 "男先於女"라는 말이 나온다(이상옥 역, 『新完譯 禮記』 下, 명문당, 1991, 1528면).

101) 『儀禮』「士昏禮」에 "壻御婦車, 授綏", 즉 "신랑이 신부의 수레에 올라가서는 수레를 끄는 고삐를 신부측 사람에게 건네준다"라고 함(吳江原 譯註, 『儀禮』 卷1, 청계, 2000, 230~231면). 신랑이 수레를 직접 모는데, 그 전에 먼저 복인(僕人)의 禮에 따라 고삐를 신부측 사람에게 수레를 몰라고 건네주어야 한다. 그런데 신부측 사람이 신랑보다 지위나 신분이 낮은 경우에는 사양하는 것이 예이다. 무(姆)가 고삐받는 것을 사양하는 것은 신랑보다 신분이 낮기 때문이다(같은 책, 236~237면).

102) 『禮記』「昏義」에도 동일한 설명이 나온다(이상옥 역, 『新完譯 禮記』 下, 명문당, 1991, 1528~1529면). 또한 『儀禮譯註』(楊天宇, 『周禮注疏』, 上海古籍出版社, 1987, 50

○乾坤相交 男女乃生 ≪艮兌生≫ 天地感而萬物化生也

否 → 咸

○[否卦의] 하늘과 땅이 서로 교섭하여, [咸卦의] 男과 女가 이에 생겨나니 ≪艮의 少男과 兌의 少女가 생김≫ [이것을 가리켜] "天地感而萬物化生", 즉 "천지가 감응하여 만물이 化生한다"고 한 것이다.

乾君降德 ≪上之三≫ 坎心乃格 ≪今大坎≫ 坤之萬民 遂以兌悅 ≪坤升而爲兌≫ 聖人感人心而天下和平也 ≪乾下 坤爲兌≫

否 → 咸

[否卦에서] 乾의 君主가 그 德을 아래로 베푸니 ≪上이 3으로 감≫ [咸卦에서] 坎의 마음이 이에 바로잡아지고 ≪咸卦의 2·3·4·5·6은 이제 大坎卦를 형성함≫ [否卦의 下卦에 있는] 坤의 萬民이 마침내 兌로써 즐거워하니 ≪[否卦의 제3位의 柔가 上位로 올라감으로써, 결과적으로] 坤이 위로 올라간 셈이 되어, [咸卦에서 上卦가] 兌가 됨≫ [이것은] "聖人感人心而天下和平", 즉 "聖人이 백성들의 마음을 감화시켜서, 天下가 平和롭게 된 것"이다. ≪否卦의 上剛이 제3位로 내려옴으로써, [결과적으로] 乾이 아래로 내려오고, 坤이 兌로 변화됨≫

면)를 참조할 것.

初六 : 咸其拇. ○[103] 象曰 : 咸其拇, 志在外也.

初六 : 그 엄지발가락으로 느낀다. ○「象傳」: "咸其拇"는 마음(志)이 밖에 있음을 가리킨다.

此 咸之革也 拇者 足之將指也 ≪通作踇≫ 革自大壯來 ≪五之二≫ 剛自下升 ≪二之五≫ 感其震足 ≪變爲兌≫ 咸其拇也 易例 初乃爲趾 然 其取象 必以震足 不憑空也

咸 → 革 ← 大壯

이것은 咸卦가 革卦로 변하는 경우이다. '무(拇)'는 발의 장지(將指),[104] 즉 엄지발가락을 가리킨다. ≪'踇'와 통함≫ 革卦는 大壯卦로부터 왔으니 ≪5가 2로 감≫ [大壯卦의] 剛이 아래로부터 상승하여 ≪2가 5로 감≫ 上卦인 震의 다리를 느끼니 ≪震이 변하여 兌가 됨≫ 이것을 일러, "咸其拇", 즉 "그 엄지발가락으로 느낀다"고 한 것이다.

易經의 用例로 볼 때, 初位는 곧 '趾(발 혹은 발가락)'에 해당된다. 그러나 그 象을 취함에 있어서는 [初位라고 해서, 무조건적으로 '趾'에 해당되는 것이 아니고, 반드시 震卦가 下卦로 있을 경우에만] 震의 발(足)로써 '趾'의 뜻으로 삼는 것이니, 易經의 取象法은 [결코] 공허한 것에 근거하고 있지 않다.

---

103) [校閱] 奎章本에는 "○"의 표시가 빠져 있다.

104) 將指 : 손가락을 가리킬 때는 가운데 손가락을 뜻하나, 발가락의 경우에는 엄지발가락을 뜻한다.

○乾人离志 ≪大壯之下乾≫ 在於外卦故 往而感之 ≪二之五≫ 志在外也

咸 → 革 ← 大壯

○[大壯卦로부터 革卦로 推移하면, 大壯卦에서] 乾의 사람이 품고 있던 离의 意志가 ≪大壯卦의 下卦는 乾≫ [革卦에서는] 外卦에 있는 까닭에, [이것은] 가서 느낀 것이니 ≪2가 5로 감≫ "志在外", 즉 "뜻이 밖에 있음"이다.[105]

○子夏傳 拇作踇

○『子夏易傳』에서는 ["咸其拇"의] '拇'字를 '踇'라고 썼다.[106]

○案 咸者 感也 感而動之 物乃和悅故 諸爻 皆以兌悅爲咸

○[案] '咸'은 '느낀다(感)'는 뜻이다. 감응하여 움직임이니, 사물이 이에 화합하고 즐거워하는 까닭에, 咸卦의 여러 爻에서 모두 즐거움(和悅)을 뜻하는 兌로써 '咸'字의 의미로 삼았다.

≪焦弱侯云 天地以氣感 夫婦以形感故 下自拇腓 上至頰舌 四支百體 无不相感≫

≪초약후(焦弱侯)[107]가 말하였다. "天地는 氣運을 통해 감응하고, 夫婦는 육체를

105) 荀九家에 따르면 坎은 志이며(『四箋』 卷8, 38나), 离는 志이다(『四箋』 卷2, 30나).

106) 『經典釋文』에 "拇는 마융(馬融), 정현(鄭玄), 설우(薛虞)가 엄지발가락이라고 하였다. 子夏는 '踇'로 썼고, 荀爽은 '母'로 썼다(拇, 馬, 鄭, 薛云: 足大指也, 子夏作踇, 荀作母)"라고 함(김상섭 역, 『高亨의 周易』, 예문서원, 1995, 281면). 그러나 四庫全書本에는 그대로 '拇'로 되어 있다(『中國古代易學叢書』 1, 中國書店出版社, 1992, 46면). 茶山은 이 『子夏易傳』을 僞書로 본다.

107) 焦弱侯: 明代의 초횡(焦竑, 1541~1620)을 가리킨다. 약후(弱侯)는 초횡(焦竑)의 字이며, 號는 담원(澹園)이다. 저서로 『老子翼』·『莊子翼』 등이 있다.

통해 감응하는 까닭에, 아래로는 엄지발가락과 장단지로부터, 위로는 뺨과 혀에 이르기까지, 사지(四支)와 몸의 모든 부분이 서로 감응하지 않음이 없다."≫

○又按 泰初九曰 志在外 渙六三曰 志在外 初與三 皆內卦故明其志之在外也 臨上六曰 志在內 蹇上六曰 志在內 上六爲外卦 故 明其志之在內也

○[又案] 泰卦 初九[의 「象傳」]에서 말하기를, "志在外"라고 하였고,[108] 渙卦 六三[의 「象傳」]에서도 [역시] "志在外"라고 하였으니,[109] 初位와 제3位가 모두 內卦에 있는 까닭에, 그 뜻이 밖에 있음을 밝힌 것이다. 臨卦 上六[의 「象傳」]에서 "志在內"라고 한 것과 蹇卦 上六[의 「象傳」]에서 "志在內"라고 한 경우는 [泰卦 初九와 渙卦 六三의 경우와는 반대로] 上六이 外卦에 있는 까닭에, 그 뜻이 內卦에 있음을 밝힌 것이다.

䷞

六二 : 咸其腓, 凶, 居吉. ○象曰 : 雖凶居吉, 順不害也.

六二 : 그 장딴지로 [즐거운 감응(感應)을] 느끼니,[110] 흉하지만, 머무르

108) 『四箋』 卷2, 30나.

109) 『四箋』 卷6, 40나.

110) 咸其腓 : 高亨의 『周易古經今注』에 따르면, "咸其腓"는 크게 다친 모습을 뜻하니, 본래 흉한 것이라고 한다. 따라서 "咸其腓, 凶, 居吉"을 "그 장딴지를 베어 다치니 흉하나, 머무를 곳에 대한 점은 길하다"로 해석될 수 있다(김상섭 역, 『高亨의 周易』, 예문서원, 1995, 282면). 그러나 다산의 주석에서 "咸其腓"를 "베어 다친다"로 해석할 근거가 없다. 즉, "感此巽股 遂以兌悅"이라고 하였으니, 이것은 다쳐서 아픈 것이 아니라, 오히려, 장딴지로 감응하여 兌의 즐거움을 느끼는 것이 된다.

면 길할 것이다. ○「象傳」: 비록 "흉하지만, 머무르면 길하다"라고 한 것은 순종하여 해롭지 않기 때문이다.

此 咸之大過也 腓者 脚[111]腨腸也 大過自遯來 《二之上》 大巽之股 《兼畫也》 二其腓也 《位在下之中》 剛自上來 《上之二》 感此巽股 遂以兌悅 《大過本顚兌》 咸其腓也 《本[112]以巽股 移亦爲巽》

咸 → 大過 ← 遯

이것은 咸卦가 大過卦로 변하는 경우이다. 비(腓)는 다리의 장딴지(脚腨) 중에서 불룩한 부분(腸)을 가리킨다. 大過卦는 遯卦로부터 왔다. 《2가 上으로 감》 大巽은 넓적다리(股)이니 《遯卦를 兼畫하면 大巽》 六二는 그 중에서도 장딴지(腓)에 해당된다. 《六二의 위치는 下卦의 가운데에 위치하고 있다.》 [大過卦는 遯卦로부터 왔으니, 遯卦의] 剛이 上으로부터 와서 《上이 2로 감》 이 巽의 다리에 감응하여, 마침내 [大過卦에서] 兌의 즐거움을 이루니 《大過卦의 下卦는 巽이지만, 본래 兌를 뒤집은 형태임[113]》 [그것을 일러] "咸其腓"라고 하는 것이다. 《遯卦에서 下卦는 본래 巽의 股[다리]를 형성하고 있었지만, 推移하여 大過卦가 되어도 역시 巽이 됨》

大巽之德 有順無逆 《陰在下》 移爲大過 則一陰乘剛 《上今兌》 其象甚厲 所以凶也

111) [校閱] 奎章本에는 "脚"의 本字가 쓰여져 있다.
112) [校閱] 新朝本에는 "本"이 "奉"으로 되어 있는데, 誤記이다.
113) 大過本顚兌: 다산은 大過卦에서 倒看(뒤집어서 보는 것)의 해석법을 취하고 있다. 이것은 「雜卦傳」에서 "大過, 顚也"라고 한 것에 典據를 갖는다(『四箋』 卷4, 5가).

咸→2효변→大過←推移←遯

[遯卦에서] 大巽의 德은 순종하기만 하고, 거스르는 일이 없지만 ≪[遯卦에서] 陰이 下卦에 있음≫ 推移하여 大過卦가 되면, 한 개의 陰이 [陰이 네 개의] 剛을 올라타서 ≪上卦가 이제 兌가 됨≫ 그 象이 매우 위태로우니, 이런 까닭에 凶한 것이다.[114)]

○大過又自大壯來 ≪五之一≫ 大壯之時 大兌乘剛 ≪陰在上≫ 移之大過 柔降爲巽 ≪下今巽≫ 其占吉也

咸→2효변→大過←推移←大壯

○大過卦는 또 大壯卦로부터 온 것이다. ≪5가 1로 감≫ 大壯卦의 때에는 [大壯卦는 大兌의 형태가 되니] 大兌로써 [陰이] 剛을 타고 있었는데, [大壯卦가] 推移하여 大過卦가 되면, 柔가 내려가서 巽이 되니, 그 점이 길한 것이다.[115)]

以遯則 柔自內出 ≪二之上≫ 遂以兌厲[116)] 行者之凶也 以大壯則 柔自外入 ≪五之一≫ 遂以巽伏 居者之吉也

---

114) 遯卦로부터 옮겨가면 凶하게 되므로, 반대로 옮겨가지 않고, 그대로 머무르면 길한 것이 된다. 따라서 '居吉', 즉 "머무르면 길하다"라고 한 것이다.

115) 柔降爲巽 其占吉也 : 大過卦의 下卦인 巽에서 陰이 陽아래 있으니 吉한 것이라고 해석한 것이다.

116) 上兌에서 陰이 陽 위에 있으므로, 陰이 陽을 타고 있는 것이 되어 위태로운 것임.

咸→2효변→大過←推移←遯

遯卦의 경우에는 柔가 內卦로부터 나와서 ≪2가 上으로 감≫ 마침내 兌로써 위태롭게 되었으니, [위로] 가는 자가 凶한 것이다. [반면에] 大壯卦의 경우에는 柔가 밖으로부터 들어와서 ≪5가 1로 감≫ 마침내 巽으로써 숨으니, 머무르는 자가 길한 것이다.117)

九三 : 咸其股. 執其隨. 往吝. ◯ 象曰 : 咸其股, 亦不處也. 志在隨人, 所執下也.

九三 : 그 허벅지로 느낀다. [자기를] 뒤쫓아오던 사람을 [오히려] 붙잡을 것이다. 가더라도 [허물을 고침에] 인색함이 있을 것이다. ◯「象傳」: "咸其股"는 역시 머물지 않는다는 뜻이다. 뜻이 뒤쫓아가는 사람에게 있으니, 그 [뒤쫓아가다가 도리어] 붙잡힌 것은 아래쪽에 있던 사람이다.

此 咸之萃也 萃自觀來 ≪上之四≫ 柔自下升 ≪四之上≫ 感其巽股 ≪動觀之上巽≫ 咸其股也

117) 以大壯則 柔自外入 遂以巽伏 居者之吉也 : 大壯卦의 경우에 柔가 밖으로부터 들어와서, 마침내 안에 머무르게 되므로, 居者之吉에 해당되는 것이다. 앞서 말한 바와 같이, 遯卦에서 大過卦로 안에서 밖으로 옮겨가면 凶하게 되니, 이와 반대로 밖에서 안으로 들어와 居하면 吉한 것이다.

咸→3효변→萃←推移←觀

이것은 咸卦가 萃卦로 변하는 경우이다. 萃卦는 觀卦로부터 왔으니, ≪上이 4로 감≫ [觀卦의] 柔가 아래로부터 올라가 ≪4가 上으로 감≫ 巽의 허벅다리를 감응시키니 ≪觀卦의 上卦인 巽을 움직이게 함≫ [이것을 일러] "咸其股", 즉 "그 허벅다리로 느낀다"라고 한 것이다.

○否之時 三人同行 ≪乾三人≫ 遯于境外 ≪自遯而爲否≫ 移之爲咸 則其最先行者 却行在後 ≪上之三≫ 以從二人 ≪從四五≫ 此之謂 隨也 遂以艮手 執此從者 ≪艮剛 當于三≫ 執其隨也 三爲卦主故 言其本象 若於追亡之筮 而遇是爻 則從者 被執也 ≪如 寺人披不能執重耳≫

遯→推移→否→推移→咸

○[咸卦의 辟卦인] 否卦의 때에는 세 사람이 同行하여 가다가 ≪乾의 세 개의 剛은 세 사람을 상징≫ 경계(境界) 밖으로 달아난 상황이다. ≪[辟卦의 推移로 볼 때] 遯卦로부터 변하여 否卦가 됨≫ [그런데 否卦로부터] 推移하여 咸卦가 되면, 그 [중에서] 가장 앞서 가던 사람이 갑자기 뒤로 와서 ≪上이 3으로 감≫ [이전에는 자기보다 뒤에 있던] 두 사람을 좇아가게 되니 ≪4와 5를 좇아감≫ 이것을 일러 '隨'라고 한 것이다.

마침내 艮의 손(手)으로써 이 [자신을] 좇던 사람을 붙잡으니 ≪艮의 剛이 제3位에 해당함≫ 이것을 일러 "執其隨", 즉 "그 뒤좇아가는 자를 붙잡는다"라고 한 것이다. 제3位는 卦主가 되는 까닭에, [爻變을 취하지 않

고] 그 本象을 말한 것이다.[118]

만약 도망자(逃亡者)를 쫓는 점을 쳐서, 이 爻를 얻게 되면 [도망자를] 좇는 자[119]가 [도리어] 잡힐 것이다. ≪예를 들면, 내시(內侍) 피(披)[120]가 중이(重耳)[121]를 잡을 수 없었던 경우와 같다.≫

○否移爲咸 柔往乘剛 ≪三之上爲兌≫ 觀之爲萃 柔又往乘 ≪四之上爲兌≫ 不改過也 非往吝乎

否→推移→咸→3爻變→萃←推移←觀

○否卦로부터 推移하여 咸卦가 된 경우에, 柔가 가서 剛을 올라타더

118) 否卦의 上이 三으로 감으로써 咸卦가 성립되었으니, 咸卦가 咸卦가 되는 所以然이 바로 이 第三畫爻에 달려 있다고 말할 수 있다. 따라서 咸卦의 九三爻가 卦主가 되는 까닭이다. 예컨대 地雷 復卦의 경우, 初九가 卦主가 되는 것은 復卦가 復卦가 되는 所以가 바로 여기에 있기 때문이다. 卦主는 「讀易要旨」의 18則 중에서 留動의 원칙과 연관된다(『四箋』 卷1, 18나).

119) 전후 문맥상, 從者는 "뒤쳐져 따라 간다", "뒤쳐져 같이 도망간다"는 의미가 아니라, "뒤에서 잡으러 간다"는 의미이다.

120) 寺人 피(披) : 君主의 명령에 따라, 중이(重耳)를 해치려고 했던 인물. 피(披)는 도망가는 重耳의 옷소매를 잘랐으나, 重耳는 마침내 狄땅으로 달아났다(『左傳』 魯 '僖公 5年'; 남기현 역, 『春秋左傳』 上, 자유문고, 2003, 271면). 나중에 僖公 24年에, 重耳가 晉나라로 돌아와, 晉文公이 되었는데, 여생(呂甥)과 극예(郤芮)가 새 군주에게 핍박받을 것을 두려워하여 군주의 궁전을 불태워 晉나라 군주를 죽이려고 한 음모를 꾸몄는지를 피(披)가 重耳에게 밀고함으로써, 重耳는 이들을 진압할 수가 있었다(『左傳』 魯 '僖公 24年'; 남기현 역, 같은 책, 364면).

121) 중이(重耳) : B.C.655, 春秋時代 愛妾 여희(驪姬)에게 빠진 晉나라 헌공(獻公)이 王位를 愛妾 所生인 해제(奚齊)에게 물려주려고 太子 신생(申生)을 죽이자 겁이 난 동생 중이(重耳)는 繼母의 陰謀를 避하기 爲하여 介子推 등의 大臣들과 外國에서 망명생활에 들어가게 된다. 중이(重耳)는 어머니 나라인 狄나라에 망명하여, 계속 머물렀으나 B.C.644년 惠公이 重耳를 암살하기 위해 자객을 보내자 중이는 이를 피해 衛→齊→曹→宋→楚 등 무려 19년 간을 망명생활을 보내야 했다. B.C.637년 혜공이 죽자 다음 해 重耳는 역시 진 목공의 도움으로 楚나라로부터 晉나라로 돌아와 51세에 왕위에 올랐으니, 이가 晉文公이다. 재위 기간은 B.C.635~628의 기간으로 8년 동안이다.

니 ≪3이 上으로 가서, 兌가 됨≫ 觀卦로부터 推移하여 萃卦가 된 경우에도 역시 柔가 가서 [剛을] 올라타니 ≪4가 上으로 가서 兌가 됨≫ 허물을 고치지 않는 것이 된다. [이것이] "가더라도 [허물을 고침에] 인색한 것(往吝)"이 아니고 무엇이겠는가?[122]

○大坎不改 宜其處也 ≪坎爲處≫ 乾人在外 終不反內 ≪如否時≫ 亦不處也

咸→3효변→萃←推移←觀

○[咸卦에서 萃卦로 변하더라도] 大坎은 고쳐지지 않았으니, 그 자리에 머물러 있는 것이 당연하겠으나 ≪坎은 居處함이 된다.≫ 乾의 사람이 밖에 나가, 끝내 안으로 돌아오지 않으므로 ≪否卦의 때와 같음≫ [이것을 일러] "亦不處", 즉 "역시 머물지 않는다"라고 말한 것이다.

○隨人者 從者也 坎志所向 ≪三六坎≫ 本在從者故 艮手所捉 僅獲其隨 ≪得從者≫ 所執下也

遯→推移→否→推移→咸→3효변→萃

○"隨人(뒤따르는 사람)"이란 [곧] 뒤좇는 사람을 말한다. 坎의 意志의 향하는 바가 ≪萃卦의 3·4·5·6이 坎卦가 됨≫ 본래 그 뒤좇는 자(從者)에게

---

122) 咸卦에서도 陰이 三剛을 올라타고 있었는데, 萃卦의 경우에도 陰이 二剛을 올라타고 있으니, 咸卦와 萃卦의 경우 모두 陰이 陽을 타고 있는 점에 있어서 마찬가지이다. 따라서 咸卦가 萃卦로 가더라도 그 허물은 고쳐지지 않는 '吝'의 점이 되는 것이다.

있었던 까닭에, 艮의 손으로 붙잡아, 그 뒤쫓는 자를 겨우 잡았으니 ≪뒤쫓는 자를 잡음≫ "所執下也", 즉 "그 붙잡힌 것이 아래 있[던 사람이]다"라고 말한 것이다.[123)]

○案 隨者 墮也 ≪自上落下曰 隨≫ 義詳隨卦 艮六二 宜參看

○[案] '隨'는 '떨어짐(墮)'이니, ≪위로부터 아래로 떨어지는 것을 '隨'라고 함≫ 隨卦를 보면 그 뜻을 상세히 알 수 있다. 艮卦 六二[124)]의 경우도 마땅히 참고해야 한다.

九四 : 貞吉, 悔亡. 憧憧往來, 朋從爾思. ○象曰 : 貞吉悔亡, 未感害也, 憧憧往來, 未光大也.

九四 : 일을 맡아 처리하면 길할 것이며, 바뀌는 것이 없을 것이다. [벗을 그리워하며, 마치 어린아이처럼] 들뜬 마음으로 왕래하니, 벗들이 [지

---

123) 결과적으로 볼 때, 붙잡히게 된 사람은 뒤에서 뒤쫓아가던 사람이므로 '所執下也'라고 말한 것이다.

124) 艮卦 六二(艮之蠱)의 爻辭의 "不拯其隨(그 [물에] 빠진 자를 건져주지 못한다)"에 대한 주석에서, 茶山은 咸卦 九三(咸之萃)의 경우와 마찬가지로 가장 앞서 가던 자가 낙오하여 뒤로 처지는 것으로 해석하고 있다.

艮 → 蠱 ← 泰

즉, "泰卦의 때에 坤의 친구들이 同行하여 가다가, 그 중에서 가장 앞서 가던 자가 낙오하여 뒤로 처지니, 이것이 그 따르는 자이다(泰之時, 坤朋同行, 其最先行者, 落而在後, 此, 其隨者也)." 泰卦로부터 推移하여 蠱卦로 되면, 泰卦의 最上位에 있던 陰은 蠱卦의 最下位로 내려오니, 밑으로 떨어진 자가 된다.

금 이 곳에 없는] 너를 생각하며 그리워할 것이다. ○「象傳」: "貞吉悔亡"은 感應하지 않아서, 해로움이 없음을 말한 것이요, "憧憧往來"는 빛남이 아직 크지 않음을 말한 것이다.

此 咸之蹇也 蹇自小過來 ≪四之五≫ 坎德貞固 ≪兼畫三≫ 移不失坎 ≪上今坎≫ 幹事 吉也 本以大坎 ≪兼畫三≫ 移爲習坎 ≪上下坎≫ 是 悔亡也 ≪象无變≫

咸→4효변→蹇←推移←小過

이것은 咸卦가 蹇卦로 변하는 경우이다. 蹇卦는 小過卦로부터 왔다. ≪4가 5로 간 것이다.≫ [小過卦에서] 坎의 성격이 곧고 견고(堅固)하였는데 ≪小過卦는 겸획(兼畫)하여 三畫卦로 보면 坎이 됨≫ [蹇卦로] 推移하여도 坎을 잃어버리지 않으니 ≪蹇卦의 上卦는 지금 坎≫ 일을 맡아 처리함에 있어 길한 것이다. [咸卦는] 본래 大坎이었는데, [蹇卦로] 推移하여도 習坎[125]이 되니 ≪蹇卦의 上卦와 下互卦가 坎≫ 이것을 일러 "悔亡"이라고 한다. ≪象이 변하지 않았음을 가리킨 것이다.≫

○憧憧者 心之動也 ≪說文云 意不定皃[126]≫ 憧者 童心也 躁擾不定 如童穉之心 曰 憧憧也

○"동동(憧憧)"은 마음의 동요되는 모양을 가리킨다. ≪『說文』에서 이르기를, '["憧憧"이란] 마음이 안정되지 못한 모습(意不定皃)을 뜻한다고 하였다.≫ '憧(동)'은 동심(童心)을 뜻하니, 조급하고 들떠 있어서 안정되지 못한 모습이

125) 習坎 : 蹇卦에서 坎이 연달아 있는 것을 가리킨 것이다.
126) [校閱] 奎章本에는 "貌"가 "皃"로 되어 있는데, "皃"는 "貌"와 同字이다.

마치 어린 아이의 마음과 같으므로, "憧憧"이라고 한 것이다.

蹇自觀來 ≪上之三≫ 大艮童也 ≪兼畫三≫ 移之爲蹇 坎心勞傷 ≪上今坎≫ 其象 憧也 ≪艮童之坎心≫ 遂爲疊坎 ≪下互坎≫ 其象 憧憧也

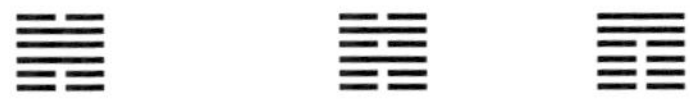

咸→ 제4효변 → 蹇←推移← 觀

蹇卦는 觀卦로부터 왔다. ≪上이 3으로 간 것이다.≫ [觀卦는 大艮의 형태이니] 大艮은 어린아이를 상징한다. ≪觀卦를 兼畫하여 三畫으로 보면 大艮≫ [觀卦로부터] 推移하여 蹇이 되면, 坎으로써 노력하더라도, [결국에는] 마음을 傷하게 되니 ≪蹇卦의 上卦는 지금 坎≫ 그 象이 '憧', 즉 '마음이 불안하여 안정되지 못한 모습'이 된다. ≪艮의 동자(童子)가 갖는 坎心≫ 마침내 [蹇卦에 이르게 되면] 坎이 겹쳐져 있으니 ≪蹇卦의 下互卦는 坎≫ 그 象이 "憧憧", 즉 "어린아이의 마음처럼 불안한 모습"이 된다.

柔往爲坎 ≪三之上≫ 剛來爲坎 ≪上之三≫ 憧憧然往來也 若是者何也 戀彼坤朋也

咸→ 4효변 →蹇←推移← 觀

[柔의 往來의 관점에서 보면, 觀卦로부터] 柔가 가서 [蹇卦의 上卦인] 坎을 형성하며 ≪3이 上으로 감≫ [剛의 往來의 관점에서 보면, 觀卦로부터] 剛이 와서 [蹇卦의 下互卦인] 坎을 형성하니 ≪上이 3으로 감≫ 들뜬 마음으로 [분주하게] 왔다갔다 하는 것이 된다. 이처럼 [분주하게 왕

래하게] 되는 것은 무슨 까닭인가? 그것은 저 坤의 친구를 그리워하기 때문이다.

○觀之時 坤朋聚合 ≪下本坤≫ 移之爲蹇 則分散極矣 ≪剛柔 凡五易≫ 下乃爲艮 ≪坤變艮≫ 東北之喪朋也 ≪見坤卦≫ 坎心勞思 ≪上下坎≫ 朋從爾思也

咸→4효변→蹇←推移←觀

○觀卦의 때에는 坤의 친구들이 다같이 모여 있었는데 ≪觀卦의 下卦는 본래 坤≫ 推移하여 蹇卦가 되면, 모두가 뿔뿔이 흩어지게 된다. ≪[蹇卦의 형태를 관찰해보면, 上畫으로부터 初畫에 이르기까지 柔－剛－柔－剛－柔－柔의 순서로 되어 있으니] 剛과 柔가 모두 다섯 번 변하게 된다.≫ [蹇卦의] 下卦가 艮이 되니 ≪觀卦의 坤이 변하여, 蹇卦의 艮이 됨≫ 東北쪽[127]에서 벗을 잃고서는 ≪坤卦에 나옴≫ 坎의 마음으로 노심초사(勞心焦思)하면서 그리워하니 ≪[蹇卦의] 위와 아래에 모두 坎이 있음≫ [이것을 일러] "朋從爾思"라고 한 것이다.

○未感害者 未變坎也 ≪小過 本大坎≫ 卦無兌和 ≪上今坎≫ 所以未感也

咸→4효변→蹇←推移←小過

○"未感害"라고 한 것은 [小過卦로부터 蹇卦로 변하여도] 坎이 아

127) 艮은 東北方이 됨.

직 변하지 않았기 때문이다. ≪小過는 본래 大坎의 형태이다.≫ 蹇卦에 兌의 和合함이 없으므로 ≪현재 蹇卦의 上卦는 坎≫ "未感(感應하지 않은 것)"이 된다.

○坤本光大 ≪見坤卦≫ 今旣分析 ≪三之上≫ 未光大也

咸→4효변→蹇←推移←觀

○坤은 본래 그 빛남이 크지만 ≪坤卦에서 "含弘光大"라고 함≫ 이제 [觀卦에 있던 坤의 세력이 蹇卦에 이르면] 이미 [이리저리] 갈라지니 ≪3이 上으로 감≫ "未光大也", 즉 "빛남이 크지 않다"고 말한 것이다.

○程子曰 九四不言咸其心者 感乃心也 四在中而居上 當心之位故 爲感之主[128)]

咸

○程子가 말하였다. "九四에서 '咸其心'이라고 말하지 않은 것은[129)] 感應의 주체가 곧 마음이기 때문이다. 제4位는 가운데 있으면서 위에 머무르니, 마음에 해당되는 자리인 까닭에, 感應의 [대상이 아니라] 주체가 된다."

---

128) [校閱] 奎章本과 國中本에는 "主"로 되어 있으나, 新朝本에는 "至"로 되어 있다.

129) "咸其拇", "咸其腓", "咸其股"로 이어지는 맥락에서 본다면, 九四에서 당연히 "咸其心"이라는 말이 나와야 되겠으나, 그런 말이 나오지 않으므로, 그 이유를 程頤가 설명한 것이다.

≪案 四爻動 上无兌 故 不言咸≫

咸→4효변→蹇

≪[案] [내 견해로는] 咸卦의 九四爻가 변동하면, [咸卦의 上卦에 있던] 兌가 없어지게 되므로, "咸(其心)"이라고 말하지 않은 것이다.≫

孔子曰 天下 何思何慮 ≪天下 坤也≫ 天下 同歸而殊塗 ≪坎爲歸≫ 一致而百慮 ≪坤爲百≫ 天下 何思何慮 ≪坎 勞心≫ 日往則月來 月往則日來 ≪坎离爲月日≫ 日月相推而明生焉 ≪推移也≫ 寒往則暑來 ≪乾爲寒≫ 暑往則寒來 ≪坤爲溫≫ 寒暑相推而歲成焉 ≪坎冬 以艮成≫

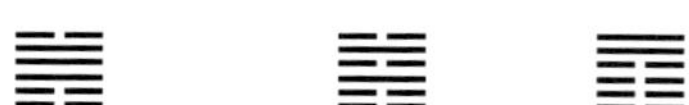

咸→ 제4효변 →蹇←推移← 觀

孔子가 [「繫辭傳」에서] 말하였다. "天下에 무엇을 생각하고, 무엇을 근심하리오! ≪天下는 坤을 가리킨다.≫ 天下는 [마침내] 같은 곳으로 돌아가지만, 그 길이 다를 뿐이니 ≪坎은 귀환(歸還)함이 됨≫ [결국 같은] 하나에 다다르지만. 생각을 백 가지로 달리하는 것뿐이다. ≪坤은 숫자로 100이 됨≫ [그러니] 천하에 무엇을 생각하고, 무엇을 근심하리오! ≪坎은 마음을 수고롭게 씀이 됨≫

해가 지면 달이 떠오르고, 달이 지면 해가 떠오르니 ≪蹇卦의 上卦는 坎이니, 달이 되고, 上互卦는 离이니, 해가 됨≫ 해와 달이 서로 옮겨가면서, 밝음이 생기는 것이다. ≪[해와 달이] 밀어서 옮겨감≫

추위가 가면 더위가 오고 ≪乾은 추위가 됨≫ 더위가 가면 추위가 오니

≪坤은 따뜻함이 됨≫ 추위와 더위가 서로 번갈아 들면서, 한 해가 성립하는 것이다." ≪坎의 겨울은 艮으로 완성된다.≫

往者 屈也 ≪觀之時 巽屈≫ 來者 信也 ≪今坎直≫ 屈信相感而利生焉 ≪內得陽 爲利≫

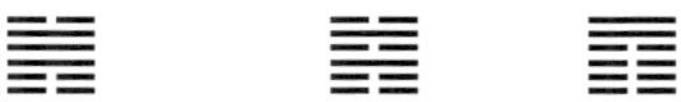

咸→ 제4효변 →蹇←推移← 觀

"'간다(往)'라고 한 것은 굽히는 것을 말함이며 ≪觀卦의 때에 [그 上卦는] 巽이니, 굽힘을 뜻함≫ '온다(來)'라고 한 것은 펴는 것을 말함이다. ≪蹇卦의 上卦는 이제 坎이니, 곧바르게 펴는 것을 뜻한다.≫ 굽히고 펴는 것이 서로 感應하여, 이로움이 생겨나는 것이다." ≪[괘의 推移와 爻變을 통해] 內卦에서는 陽을 얻었으니, 이롭게 된 것이다.≫

尺蠖之屈 以求信也 ≪巽爲蠖≫ 龍蛇之蟄 以存身也 ≪小過震爲龍≫ 精義入神 ≪乾精兌義 又巽入艮神≫ 以致用也 ≪坎爲庸≫ 利用安身 ≪艮止而安身≫ 以崇德也 ≪坎在上≫ 過此以往 未之或知也 ≪坎爲知≫ 窮神知化 ≪艮爲窮神 坎知而离化≫ 德之盛也

咸→4효변→蹇←推移←小過

"자벌레가 굽히는 것은 그렇게 함으로써 펴기 위함이며 ≪巽은 자벌레가 됨≫ 龍과 뱀이 숨는 것은 그렇게 함으로써 자신을 보존하기 위함이다. ≪小過卦의 上卦인 震은 龍이 된다.≫ 義理를 정밀히 하여 神의 경지에 들어가는 것은 ≪乾은 精이 되고, 兌는 義가 되며, 巽은 入이 되고, 艮은 神이 된다.130)≫ 그렇게 함으로써 그 활용(活用)을 지극히 하기 위함이다. ≪坎은 '씀[庸]'이 된다.≫ 이롭게 활용하여, 몸을 편안하게 하는 것은 ≪艮에 머물러131) 몸을 편안히 한다.≫ 그렇게 함으로써 德을 숭상(崇尙)하기 위함이다. ≪坎이 上卦에 있다.≫ 이 以上은 어쩌면 알 수 없는 것이지만 ≪坎은 앎이 됨≫ 精神을 다하여 변화를 아는 것은 ≪艮卦는 정신을 다함이 되며, 坎은 앎이 되고, 离는 變化가 된다.≫ 德이 盛大한 것이다."

○案 蹇自觀小過來 ≪咸九四≫ 小過者 大坎也 ≪兼畫三≫ 坤民歸坎 此 天下同歸也 ≪坎爲歸≫ 一坎之中 震爲大塗 ≪小過之上震≫ 艮爲徑路 ≪雷山卦≫ 此 同歸而殊塗也 ≪同作大坎 而道各不同≫

小過→推移→蹇←推移←觀

○[案] 蹇卦는 觀卦와 小過卦로부터 왔다. ≪咸卦 九四는 咸之蹇≫ 小過卦는 大坎의 형태가 되니 ≪小過卦를 兼畫하여 三畫卦로 보면 大坎卦가 됨≫ 坤의 백성들132)이 坎으로 돌아가니, 이것을 일러 "天下同歸", 즉 "天下가 같은 곳으로 돌아간다"라고 한 것이다. ≪坎은 돌아감이 됨≫

[小過卦는 大坎卦인데] 하나의 大坎 중에서 震은 큰 길(大塗)이 되고 ≪小過卦의 上卦는 震≫ 艮은 작은 길(徑路)이 되니 ≪雷와 山이 합쳐서 小過卦가 구성됨≫ 이것을 일러 "同歸而殊塗", 즉 "天下는 [마침내] 같은 곳으로 돌아가지만, 그 길이 다를 뿐이다"라고 말한 것이다. ≪震과 艮은 함께 大坎을 이루지만, 그 길은 각기 다르다.≫

---

130) 咸卦에는 乾(上互卦), 兌(上卦), 巽(下互卦), 艮(下卦)이 모두 있으니, 합쳐서 '精義入神'의 의미를 구성한다.

131) 咸卦와 蹇卦의 下卦는 艮이니, 머무름(止)이 된다.

132) 坤民 : 小過의 1・2와 5・6, 혹은 觀卦의 1・2・3・4를 지칭하는 것으로 볼 수 있다.

觀者 大艮也 ≪兼畫三≫ 物終乎艮 ≪說卦文≫ 其所致者 一也

咸→4효변→蹇←推移←觀

觀卦는 大艮이니 ≪觀卦를 兼畫하여 三畫卦로 만들면 大艮이 됨≫ 萬物은 艮方에서 끝나니 ≪「說卦傳」의 글≫ 그 다다르는 곳이 한 가지이다. [따라서 "一致而百慮"에서 "一致"라고 말한 것이다.]

兩坤相乘 ≪四陰爲兩坤≫ 其數百也 ≪地數十≫ 今以坎思 ≪上今坎≫ 一致而百慮也 ≪坎勞心≫ 若是者 何謂也 萬物芸芸 散而之四 而畢竟 同歸於坎宮 萬物擾擾 百慮勞心 而畢竟 同至[133)]於艮終 ≪有生 必有死≫ 由是言之 天下之事 原不足以勞我心思也

두 개의 坤의 숫자를 서로 곱하면 ≪四陰이란 小過卦의 1·2와 5·6 혹은 觀卦의 1·2·3·4를 가리킴≫ 그 數가 백(百)이 된다. ≪地數는 10인데, 10에 10을 곱하면 100이 되므로, '百慮'라고 한 것≫ 이제 坎으로써 생각하니 ≪蹇卦의 上卦는 지금 坎이 됨≫ "一致而百慮也", 즉 "[결국 같은] 하나에 다다르지만 생각을 백 가지로 달리 하는 것뿐이다"라고 말한 것이다. ≪坎은 노심초사(勞心焦思)함이 된다.≫

이와 같은 것은 무엇을 말하는가? 만물이 왕성하게 자라나, 사방(四方)으로 뻗어가지만, 결국에는 坎의 집(宮)으로 함께 돌아가게 된다. 비록 만물이 복잡하게 얽혀 있어서[134)] 백 가지로 노심초사하게 되더라도, 마침내는 다같이 艮의 종말(終末)에 다다르게 됨을 말한 것이다. ≪태어남이 있으면, 반드시 죽음이 있다.≫ 이것으로 말미암아 말한다면, 천하의 일은 原來

---

133) [校閱] 奎章本에는 "同至"가 上句와 동일하게 "同歸"로 되어 있다. 의미상으로는 어떻게 쓰더라도 아무런 문제가 없다.

134) 擾擾 : ① 어지럽고 요란한 모양, ② 많은 모양 擾. ① 물리칠 '양', ② 어지럽힐 '녕'.

나의 心思를 수고롭게 할 만한 것이 아닌 것이다.

觀移爲蹇 則上坎下离 ≪下互离≫ 此 月往而日來也 ≪坎爲月≫

咸→4효변→蹇←推移← 觀

觀卦가 추이(推移)하여 건괘(蹇卦)로 되면 ≪上이 3으로 감≫ 上卦는 坎이 되고, 下卦는 离가 되니 ≪下互卦는 离≫ 이것을 일러 "月往而日來", 즉 "달이 가고, 해가 온다"고 말한 것이다. ≪坎은 달이 된다.≫

否移爲咸 則坤升乾降 ≪上之三≫ 此 暑往而寒來也 ≪乾寒而坤暑≫ 推移之故 中成离明 ≪三五互≫ 此 日月相推而明生也

否→推移→ 咸→4효변→ 蹇

否卦가 推移하여 咸卦가 되면, 坤은 上升하고, 乾은 下降하니 ≪上이 3으로 감≫ 이것을 일러 "暑往而寒來", 즉 "더위는 가고, 추위가 온다"라고 말한 것이다. ≪乾은 추위이고, 坤은 더위이다.≫

推移之故 上爲坎冬 此 寒暑相推而歲成也 ≪艮以成≫ 巽以柔撓 其象屈也 坎以剛直 其象伸也 ≪信伸通≫ 觀以巽屈 蹇以坎伸 ≪上今坎≫ 屈信相感也 ≪感 動也≫

小過→推移→蹇←推移← 觀

[觀卦로부터 蹇卦로 변하거나, 혹은 小過卦로부터 蹇卦로 변하는] 推移(즉 卦變)로 말미암아, 그 가운데 离의 밝음이 성립하게 되었으니 ≪蹇卦의 3·4·5는 互卦로서 离가 됨≫ 이것을 일러 "日月相推而明生", 즉 "해와 달이 서로 옮겨가면서, 밝음이 생긴다"고 말한 것이다.

推移로 말미암아 蹇卦의 上卦는 坎의 겨울이 되었으니, 이것을 일러 "寒暑相推而歲成", 즉 "추위와 더위가 서로 번갈아 들어, 한 해가 성립한다"고 말한 것이다. ≪蹇卦의 下卦는 艮이 되니, 艮으로써 완성함≫

巽으로써 부드럽게 휘어지니, 그 象이 '굽힘'이 된다. 坎은 굳세고, 곧으니 그 象이 '폄(伸)'이 된다. ≪'信'字는 그 의미에 있어 '伸'字와 더불어 통함≫ 觀卦에서는 巽으로 말미암아 구부러지고, 蹇卦에서는 坎으로 말미암아 펴지니, 이것을 일러 "屈信相感", 즉 "굽히고 펴는 것이 서로 感應한다"고 말한 것이다. ≪感은 움직임을 뜻함≫

剛自外來 ≪上之三≫ 以利坤民 ≪內得陽≫ 此 屈信相感而利生也

否→推移 → 咸→4효변→ 蹇←推移← 觀

剛이 밖으로부터 와서 ≪觀卦의 上이 3으로 와서 蹇卦가 됨, 혹은 否卦의 上이 3으로 와서 咸이 됨≫ 坤의 백성을 이롭게 하니 ≪內卦가 陽을 얻음≫ 이것을 일러 "屈信相感而利生", 즉 "굽히고 펴는 것이 서로 感應하여, 이로움이 생겨난다"고 말한 것이다.

移之自觀 則巽之尺蠖 ≪巽爲蟲≫ 今以坎直 ≪上今坎≫ 此 屈抑以求伸也 移自小過 則震之龍蛇 今以坎隱 ≪上今坎≫ 此 蟄伏以存

身也 ≪剛 不亡≫

小過→推移→蹇←推移← 觀

觀卦로부터 推移하게 되면, [觀卦에 있었던] 巽의 자벌레는 ≪巽은 벌레가 됨≫ 이제 [蹇卦에서는] 坎으로서 펴지니, 이것은 굽힘으로써 펴기 위함이다. 小過卦로부터 推移하게 되면, [小過卦의 上卦이었던] 震의 龍과 뱀은 이제 [蹇卦에서는] 坎으로써 숨어버리니, 이것은 숨어 엎드림으로써 몸을 보존하는 것이다. ≪小過卦에 있던 震의 剛이 없어지지 않았으므로 '存'[보존함]이 된다.≫

義以乾精 ≪兌爲義≫ 入於艮神 ≪巽爲入≫ 精義入神也 坎爲功庸 ≪勞乎坎≫ 以致用也 艮以止之 保[135]此坤安 ≪觀下坤≫ 利用安身也 ≪內爲我≫ 坎德在上 以崇德也

否→推移→咸→4효변→蹇←推移← 觀

義理는 乾으로써 정밀하게 되고 ≪兌는 義가 됨≫ 艮의 神妙함에 들어가니, 이것을 일러 "精義入神", 즉 "義理를 정밀히 하여 神의 경지에 들어간다"라고 말하는 것이다. 坎은 功庸(나라와 백성의 일)이 되므로, ≪「說卦傳」에서 "勞乎坎"이라고 함≫ "以致用", 즉 "그 活用을 지극히 하기 위함"이라고 말한 것이다.

艮으로써 멈추고, 이 坤의 안녕(安寧)을 보존하니 ≪觀卦의 下卦는 坤≫ [이것을 일러] "利用安身", 즉 "이롭게 활용하여, 몸을 편안하게 하는

135) [校閱] 新朝本에는 "保"가 "侯"로 되어 있는데, 誤記이다.

것"이라고 말한 것이다. ≪內卦는 나[我]의 쪽이 된다.≫ [蹇卦 혹은 咸卦의 2·3·4·5·6인 大坎卦에서] 坎의 德이 위에 있으므로, "以崇德", 즉 "그렇게 함으로써 德을 숭상한다"고 말한 것이다.

咸至九四 陰陽之感動 極矣 故孔子 極言屈[136]伸往來之理

咸卦 九四에 이르러, 陰陽이 감응(感應)하여 움직임이 그 극(極)에 이르렀다. 그러므로 孔子께서 굴신왕래(屈伸往來)의 이치를 지극하게 말씀하신 것이다.

○鏞 嘗讀周禮[137] 知周公致治之才乎[138] 精義入神故 規模節目 粲[139]然森整 後之從政者 內懷粗濁 外持大體 何以致治哉

○[案] 나는 일찍이 『周禮』를 읽고, 周公의 政治하는 재주를 알았도다. 精義入神의 경지에 이르러, 그 규모(規模)와 규칙의 조목(節目)이 찬연하고 엄밀하였다.[140] 後代에 政治에 종사하는 자들이 안으로는 조잡하고 혼탁한 마음을 품고 있으면서, 밖으로 큰 모양새(大體)만을 유지하고자 하니, 어찌 [올바른] 政治에 이를 수 있을 것인가!

---

136) [校閱] 新朝本에는 "屈"이 "往"으로 되어 있는데, 誤記이다.

137) [校閱] 國中本에는 "周禮"가 "周易"으로 되어 있는데, 誤記이다.

138) [校閱] 新朝本의 "乎"가 奎章本과 國中本에는 "在乎"로 되어 있다. 이렇게 될 경우, 끊어 읽는 법이 다르게 된다. 즉, 前者는 "知周公致治之才乎, 精義入神"으로 끊어 읽게 되지만, 後者는 "知周公致治之才, 在乎精義入神"으로 끊어 읽게 된다.

139) [校閱] 新朝本에는 "찬(粲)"이 "자(粢)"로 되어 있는데, 誤記이다.

140) 奎章本을 따르게 되면, "鏞, 嘗讀周禮, 知周公致治之才, 在乎精義入神故 ……"로 끊어 읽게 되고, 그 뜻은 다음과 같이 된다. "나는 일찍이 『周禮』를 읽고, 周公이 政治하는 재주(방법)가 精義入神에 있는 까닭에, ……함을 알았도다."

九五 : 咸其脢, 无悔. ◯ 象曰 : 咸其脢, 志末也.[141)]

九五 : 그 등뼈[에 붙은 살]로 느낀다. 바뀌는 것이 없을 것이다. ◯ 象曰 : "그 등뼈[에 붙은 살]로 느끼니, [그] 뜻이 어둡다.

此 咸之小過也 脢者 脊肉也 ≪說文云≫ 小過者 大坎也 ≪兼畫三≫ 大坎之脊 ≪北方卦 中剛≫ 兌以感之 ≪有互兌≫ 咸其脢也 上卦位坎 ≪四五六≫ 五其脊也 ≪坎中剛≫

咸→5효변→小過

이것은 咸卦가 小過卦로 변하는 경우이다. '매(脢)'는 등뼈에 붙은 살을 뜻한다. ≪『說文』에서 말했다.≫ 小過는 大坎이다. ≪小過卦를 겸획(兼畫)하면 삼획(三畫)의 大坎이 된다.≫ 大坎의 등뼈(脊)가 ≪坎은 北方卦이며, 가운데 剛이 있음≫ 兌로써 감응하니 ≪小過卦의 3·4·5에 互兌가 있음≫ "함기매(咸其脢)"라고 말한 것이다. 上卦는 坎의 자리이며 ≪4·5·6은 坎位≫ 5는 그 등뼈(脊)이다. ≪坎의 중획(中畫)은 剛이다.≫

◯ 无悔者 象不變也 兌悅艮止 ≪澤山 咸≫ 坎之貞固 ≪二六夾≫ 今皆不變 无所悔也

咸→5효변→小過

141) "志末也"는 '지매야'로 읽어야 한다. 아래 다산의 注에 설명이 나온다.

○"无悔"라고 한 것은 그 象이 변하지 않았음을 말한 것이다. [咸卦에 있던] 兌의 즐거움, 艮의 멈춤 ≪澤과 山으로 구성된 咸卦≫ 그리고 坎의 견고함이 ≪咸卦의 2·3·4·5·6은 협괘(夾卦)로서 坎이 됨≫ 지금 [小過卦로 추이(推移)한 뒤에서도] 변하지 않았으니, "无悔"라고 한 것이다.[142)]

○ 末讀作昧 未之譌也 漢書 律曆志[143)]云 昧薆於未 ≪幽昧也≫ 本通字也 上與外害叶韻 无可疑也

○["志末也"라고 했을 때] '末'字는 '어두울 昧(매)'字로 읽어야 하니, '未'字가 와전(訛傳)된 것이다. 『漢書』 「율력지(律曆志)」[144)]에 "未月(6월)[145)]에 [초목이] 짙게 우거지고"라고 하였으니[146)] ≪그윽하고 어두운 것이다.≫ ['昧'와 '未'는] 본래 [서로] 통용되는 글자이다. 위에서 [咸卦 初六과 咸卦 六二와 咸卦 九四의 「象傳」에서] 나온 '外'字와 '害'字는 [서로] 협운(叶韻)이니, ['末'字도 역시 '外(외)'字와 '害(해)'字와 더불어 협운(叶韻)이 되어야 한다는 것은] 의심할 바가 없다.[147)]

小過之卦 本以頤交 ≪山雷交≫ 頤之時 离志大明 交之小過 大坎晦昧 ≪反离明≫ 其志末也

---

142) 咸卦에 있던 兌와 艮과 坎이 小過卦에도 그대로 있으므로 '无悔'함이 된다고 해석한 것이다.

143) [校閱] 奎章本과 新朝本과 國中本에 모두 "律歷志"라고 되어 있으나 "律曆志"가 옳다.

144) 班固 撰, 顔師古 注, 『漢書』 卷4, 中華書局, 1983, 964면.

145) 子月(11월)은 復卦, …… 午月(5월)은 姤卦, 未月(6월)은 遯卦에 해당된다. 未는 8번째 지지(地支)로서 西南方(坤卦)이며, 未時는 오후 1~3시경에 해당된다.

146) 昧薆於未: 『漢書』 卷21上 「律曆志」 第一上에 나오는 句이다.

147) 다산은 '末'字가 '未'字가 잘못 쓰인 것이라고 보고, '末'字가 '未', 혹은 '昧'가 되어야 하는 이유를 叶韻에서 찾았다. 즉 咸初六의 「象傳」에서 '志在外'라고 한 것과 咸六二의 「象傳」에서 '順不害'라고 한 것과 咸九四의 「象傳」에서 '未感害'라고 한 것은 모두 '外'字와 '害'字를 叶韻에 맞추어 쓴 것이므로, 末字도 역시 '外'字·'害字와 더불어 叶韻이 되어야 한다고 본 것이다.

頤　　小過

小過의 卦는 본래 頤卦로부터 交易[148]된 괘이다. ≪山雷 頤卦가 交易하여 雷山 小過가 된 것이다.≫ 頤卦의 경우에는 离의 뜻(志)이 크게 밝았으나, 交易하여 小過卦가 되면 大坎의 어두움(晦昧)이 되니, ≪离의 밝음의 반대≫ 그 뜻이 어두운 것이다.

上六 : 咸其輔, ≪句≫ 頰舌. ○象曰 : 咸其輔, ≪句≫ 頰舌, 滕口說[149]也.

上六 : 그 광대뼈로 느끼니, ≪句≫ [그것은 곧] 뺨과 혀처럼 [서로 일체(一體)가 되어] 느끼는 것을 말한다. ○「象傳」: "咸其輔, ≪句≫ 頰舌"이라고 한 것은 [혀와] 입을 위로 움직여서 설득함을 가리킨다.

此 咸之遯也 輔者 口旁骨也 ≪通作顴≫ 兌口乾骨 ≪上本乾≫ 其象 輔也

咸→上爻變→遯

148) 전통적으로는『易緯乾鑿度』에 근거하여 ① 變易, ② 不易, ③ 簡易가 三易之義가 된다고 한다. 그러나 茶山은 交易・變易・反易을 三易之義로 보았다.

149) [校閱] 新朝本에는 "滕口說"로 되어 있으나 奎章本에는 "滕口舌"로 되어 있다. 新朝本이 옳다.

이것은 咸卦에서 遯卦로 변하는 경우이다. '輔'는 입의 측면에 있는 뼈(口旁骨), 곧 광대뼈를 가리킨다. ≪'광대뼈 頔(보)'字와 통한다.≫ [咸卦에서] 兌는 입이고, 乾은 뼈이니 ≪[否卦의] 上卦는 본래 乾≫ 그 형상이 광대뼈(輔)이다.

卦自否來 柔自下升 ≪三之上≫ 感之以口 ≪動之以兌口≫ 咸其輔也 上爲卦主 故言其本象

否→推移→咸

咸卦는 否卦로부터 왔다. 柔가 아래로부터 상승하여 ≪3이 上으로 감≫ 입으로써 感應하니 ≪兌의 입을 움직이게 함≫ "咸其輔"라고 한 것이다. 上六이 卦主가 되므로, 그 本象을 말한 것이다.[150]

○[151] 頰者 口旁之夾肉也 ≪左兩旁≫ 坤膚旣分 ≪三之上≫ 夾此兌舌 ≪陰在其上下≫ 是 頰舌也 舌之有頰 所以說言 ≪无頰則 雖有舌 不能[152]言≫ 一體相須 感之道也

否→推移→咸

○'頰(협)'은 입의 주변을 둘러싸고 있는 살을 가리킨다. ≪입의 양쪽에 있는 살을 가리킨다.≫ [否卦로부터 咸卦로 변하면서] 坤의 피부가 이미 兩

---

150) 上爲卦主 故言其本象 : 留動의 원칙에 따라, 天山遯으로 해석하지 않는다는 뜻이다.
151) [校閱] 奎章本에는 "○"의 표시가 빠져 있다.
152) [校閱] 新朝本에는 "不胣言"으로 되어 있으나 奎章本과 國中本에는 "不能言"으로 되어 있다. 後者의 경우에 의미가 더 잘 통한다.

分되어 ≪3이 上으로 감≫ 兌의 혀를 감싸고 있으니, 이것이 "협설(頰舌)"이다. 혀에 뺨의 근육이 있으므로, 말을 할 수 있다. ≪만일 뺨이 없다면, 비록 혀가 있다고 하더라도, 말할 수 없을 것이다.≫ 이처럼 [뺨과 혀는] 한 몸(一體)이 되어 서로를 필요로 하니, [이것이] 감응(感應)의 道이다.

○滕者 騰也 ≪朱子曰 滕騰通用≫ 柔自下騰 ≪三之上≫ 揚其口舌 ≪上今兌≫ 滕口說[153]也 ≪說 去聲 叶韻≫

否→推移→咸

○'滕'字는 '[오를] 騰(등)'字와 같다. ≪朱子가 말하였다. "'滕'字와 '騰'字는 통용된다."≫ 柔가 아래로부터 올라가서 ≪3이 上으로 감≫ 그 입과 혀를 올리니 ≪咸卦의 上卦는 지금 兌≫ [이것을 일러] "滕口說"이라고 한다. ≪'달랠 說(세)'는 去聲이고, 협운(叶韻)이다.[154]≫

○鄭玄本 滕作媵 ≪虞氏云 媵者 送也≫ 鄭云 咸道極薄 徒送口舌言語相感而已

○鄭玄本에서는 '滕'字가 '보낼 媵(등)'字로 되어 있다. ≪우번(虞翻)은 '媵'字를 '보낸다'의 뜻으로 풀이하였다.≫ 鄭玄이 말하였다. "咸의 道는 매우 박약하여, 다만 입과 혀로만 전하여, 언어로써 서로 감응할 따름이다."

---

153) [校閱] 新朝本과 國中本에는 "滕口說"로 되어 있으나 奎章本에는 "滕口舌"로 되어 있다. 前者가 옳다.

154) 叶韻: 앞서 다산은 初六 象傳의 '志在外', 六二 象傳의 '順不害', 九四 象傳의 '未感害'에서, '外'와 '害'가 叶韻의 관계에 있다고 말한 바 있다. 그렇다면 이것은 '說'이 '外'와 '害'와 叶韻의 관계에 있다는 것을 의미하는 듯 하다. 또 현대어에서 外(wài), 害(hài)는 去聲(4성)이 된다. 그렇다면 '滕口說'의 '說'은 '설득할', '달랠', '遊說(유세)할'의 뜻으로서, '세'字로 읽어야 할 것이다. 그것이 아니라면 말할 '說'字 혹은 즐거울 '悅(열)'字로 읽어야 할 것이다.

○案 荀九家 兌爲輔頰故 諸家 皆連讀五字 恐非也 艮六五云 艮其輔 此云 咸其輔 文例本同 不可殊也

○[案]荀九家는 兌를 "보협(輔頰)"이 된다고 하였으니, [이것은] 諸家가 모두 "咸其輔頰舌"의 다섯 글자를 연결하여 읽었다는 것을 뜻하거니와, 나의 생각으로는 이것은 아마도 잘못된 견해가 아닌가 한다. 艮卦 六五에서 "艮其輔"라고 하였거니와, 여기서 "咸其輔"라고 한 것도, 문장의 例가 [艮卦의 경우와] 근본적으로 동일하니, 다르지 않은 것이다.[155]

32. 뇌풍 항(雷風 恒)

巽下震上 ○ 第十九卦之反 ≪泰一之四≫

巽이 下卦이고, 震은 上卦이다. ○제19괘의 反卦이다. ≪泰卦의 1이 4

155) '咸其輔'를 '艮其輔'의 경우처럼 해석한다고 하더라도 '頰舌'을 어떻게 읽어야 할지의 문제는 남는다. "咸其輔, 咸其頰, 咸其舌"처럼 각각 해석해야 할지, 아니면 "咸其輔니, 마치 빰과 혀의 관계와 같다"처럼 '咸其輔'와 '頰舌'을 별개의 문장으로 보아야 할지가 문제이다. 譯者는 茶山의 意中을 최대한 참작하여, '咸其輔頰舌'을 "그 광대뼈로 느끼는 것이니, [그것은 곧] 빰(頰)과 혀(舌)처럼 [한 몸이 되어] 느끼는 것이다"로 해석하였다.

로 간다.≫

序卦傳曰 恒者 久也

「序卦傳」에서 말하였다. "恒은 장구(長久)함이다."

○雜卦傳曰 恒 久也

○「雜卦傳」에서 말하였다. "恒은 장구(長久)함이다."

○大傳曰 恒 德之固也 ≪乾而[156]坎≫ 恒 雜而不厭 ≪雜於陰 而不亂羣≫ 恒以[157]一德 ≪乾不變≫

○「계사전(繫辭傳)」에서 말하였다. "恒은 德의 확고함이다. ≪[下互卦인] 乾이 있고, [恒卦 전체적으로는] 大坎의 형태이다.≫ 恒은 섞여 있어도, 싫어하지 않는 것이니 ≪陰에 섞여 있으면서도, 무리를 어지럽히지 않음≫ 恒으로써 德을 한결같이 하는 것이다."[158] ≪[벽괘(辟卦)인 泰卦에도 乾이 있었으나, 변하여서 恒卦가 되어도] 乾은 변하지 않는다.≫

○程子曰 男尊女卑 夫婦居室之常道也

○程子가 말하였다. "남존여비(男尊女卑)는 부부(夫婦)가 집안에서 처신하는 변하지 않는 법도이다."[159]

○鏞案 恒者 常也 卦自泰來 泰以復進 ≪一而三≫ 震道自强 爲

---

156) [校閱] 奎章本과 國中本에는 "乾而坎"로 되어 있고, 新朝本에는 "乾爲坎"으로 되어 있다. 前者가 문맥에 보다 더 적합해 보이므로, 여기서는 前者를 따른다.

157) [校閱] 新朝本과 國中本에는 "以"로 되어 있으나 奎章本에는 "而"로 되어 있다. 「繫辭傳」의 원문에는 "以"로 되어 있으므로, 여기서는 前者를 따른다.

158) 「繫辭傳」 第7章에 나온다.

159) 恒卦는 長男인 震이 上卦에 있고, 長女인 巽이 下卦에 있으므로, 程子가 이것을 男尊女卑로 풀이한 것이다.

臨爲泰 移之爲恒 則又以此道 行之及物 ≪上今震≫ 自初至究[160) ≪一至三≫ 唯道是遵 ≪震三積≫ 由內達外 ≪一之四≫ 唯道是行 ≪上今震≫ 常之至也 泰之乾剛 移不失乾 ≪今互乾≫ 常以震足 履此乾德 ≪自泰然≫ 常之至也

復 → 臨 → 泰 → 恒

○[鏞案] 恒은 항상 변하지 않음이다. 恒卦는 泰卦로부터 왔다. 泰卦는 復卦로부터 前進해 온 것이니 ≪陽이 한 개 있는 復卦로부터 발달하여 陽이 세 개 있는 泰卦로 됨≫ 震의 道가 스스로 强健하여, 臨卦가 되고, [그 다음으로] 泰卦가 된 것이다. [泰卦로부터] 推移하여 恒卦가 되면 [이 경우에도 여전히] 또한 이 震道로써 행하여, 만물에까지 미치는 것이다. ≪恒卦의 上卦는 지금 震이다.≫ [復卦에서 泰卦에 이르기까지의 과정에서 볼 때] 처음부터 끝까지 ≪1에서 3까지 도달함≫ 오직 이 震의 길(道)만을 옳게 여기고 따랐었는데 ≪震이 세 번 축적됨≫ [恒卦에 이르러] 안으로부터 밖에까지 도달함에 있어서도 ≪泰卦의 1이 4로 가서 恒이 됨≫ 오직 이 道를 행할 뿐이니 ≪恒卦의 上卦가 지금 震≫ [이것이야말로] 항상 변하지 않는 道(常道)의 지극함이다. 泰卦에 있는 乾의 세 剛은 [恒卦로] 推移하더라도 그 乾을 잃어버리지 않았고 ≪[恒卦에서도] 지금 下互卦는 乾≫ 항상 震의 다리로써 乾의 德을 실천하였으니 ≪泰卦 以後로 [계속] 그러함≫ [이것이야말로] 항상 변하지 않음의 극치인 것이다.

彰厥有常 德之吉也 ≪見尙書≫ 此之謂 恒也

[『尙書』에서] "그것들(九德)을 밝힘(彰)에 있어 항상됨이 있으니, ……

160) [校閱] 新朝本에는 "自初至究"의 "究"가 "九"로 되어 있는데, 誤記이다.

德의 길함이다"라고 하였으니 ≪『書經』에 나옴[161]≫ 이것을 일컬어 '恒'이라고 한다.

≪古文 恒與亘[162]通 象舟竟兩岸也 通卦爲坎川 上震爲舟 亦其所以名≫

恒

≪古文에서는 '恒(항)'字와 '亘(환)'字가 [서로] 통용되었으니, '亘'字는 배가 마침내 양쪽 언덕(兩岸)에 도달한 것을 象形한 글자이다. [恒卦는] 괘 전체를 통틀어 보면 坎의 내(川)가 되고, 上卦인 震은 배(舟)가 되니, 이것이 또한 卦의 이름을 [恒卦라고] 지은 이유이다.≫

侯果 虞翻 蜀才 及朱升 諸易皆云 卦自泰來

후과(侯果)와 우번(虞翻)과 촉재(蜀才)와 주승(朱升)[163] 등의 여러 학자들의 易學書에서 모두 "恒卦가 泰卦로부터 왔다"고 하였다.

䷟

恒, 亨, 无咎, 利貞, 利有攸往.

---

161) 『書經』「虞書」·「皐陶謨」를 참조할 것.

162) [校閱] 新朝本에는 "亘"이 "互"로 되어 있는데, 誤記이다.

163) 朱升(1299~1370) : 중국 元末 明初의 학자이며 詩文家. 字는 윤승(允升)이며, 풍림선생(楓林先生)으로 불려졌다. 주승(朱升)은 五經에 대하여 모두 旁註를 남겼는데, 易에 관해서는 『周易旁註前圖』(2卷)를 남겼다. 그 밖의 저술로는 『朱楓林集』(10卷)이 있다(金勝東, 『易思想辭典』, 부산대 출판부, 1998, 1004면).

恒은 형통하고, 허물이 없을 것이다. 일을 맡아 처리함이 이로우니, 가는 곳을 두면 이로울 것이다.

此 恒之不變者也 剛柔相交 《自泰移》 六位皆應 其占 亨也

泰 → 恒

이것은 恒卦가 변하지 않는 경우이다. [泰卦의 1이 4로 가니] 剛과 柔가 서로 교체(交替)되어 《恒卦는 泰卦로부터 推移된 것》 [恒卦의] 여섯 位가 모두 [剛과 柔의 관계가 되어 서로] 상응하니, 그 占이 형통한 것이 된다.

○泰之時 三陰在上 移之爲恒 柔降爲巽 《四之一》 是 无咎也

泰 → 恒

○泰卦의 때에는 3陰이 上卦에 있는데, 推移하여 恒卦가 되면, 陰이 내려가서 巽이 되니 《4가 1로 감》 이것은 "无咎"가 된다.

○遂爲大坎 《一五夾》 坎德堅固 利幹事也 《巽爲利》

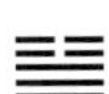

恒

○[恒卦는] 마침내 大坎이 되었으니 《恒卦의 1·2·3·4·5는 협감괘(夾

坎卦)가 됨≫ 坎의 성격이 견고(堅固)한지라, 일을 주관함에 있어 이로운 것이다. ≪[恒卦의 下卦인] 巽은 이로움이 된다.≫

○剛自內往 ≪一之四≫ 遂得坤民 ≪上本坤≫ 以行其道 ≪上今震≫ 利有攸往也 ≪巽爲利≫

䷊ ䷟

泰 → 恒

○陽剛이 內卦로부터 [外卦로] 나아가 ≪1이 4로 감≫ 마침내 坤의 백성을 얻음으로써 ≪上卦는 본래 坤≫ 그 道를 행하니 ≪[恒卦의] 上卦는 지금 震이 됨≫ "利有攸往"이라고 한 것이다.

䷟

彖曰 : 恒, 久也, 剛上而柔下, 雷風相與, 巽而動, 剛柔皆應, 恒, 恒亨无咎利貞, 久於其道也, 天地之道, 恒久而不已也, 利有攸往, 終則有[164)]始也. 日月得天而能久照, 四時變化而能久成, 聖人久於其道而天下化成, 觀其所恒而天地萬物之情, 可見矣.

「彖傳」: 恒은 長久함을 뜻한다. 剛이 위로 올라가고, 柔는 아래로 내려와, 우레[☳]와 바람[☴]이 함께 하며, 순종하여 움직이니,[165)] 剛과 柔가 모두 상응하는 것이 恒이다. "恒, 亨, 无咎, 利貞"이라고 한 것은 그 道를

164) [校閱] 新朝本에는 "終則有始也"의 "有"가 "上"으로 되어 있는데, 誤記이다.
165) 雷－動, 風－巽이다.

오랫동안 실천함을 가리키니, 天地의 道는 恒久的인 것이기 때문에, 중단함이 없는 것이다. “利有攸往”이라고 한 것은 마치면 곧 [다시] 시작함이 있기 때문이다. 해와 달은 하늘을 얻음으로써 오랫동안 비출 수 있으며, 四時가 변화함으로써 오랫동안 성립할 수 있다. 聖人은 그 道를 오랫동안 실천함으로써 天下를 교화시켜 이루니, 그 항구적(恒久的)으로 하는 바를 관찰한다면, 天地萬物의 실정(實情)을 볼 수가 있을 것이다.

卦自泰來 剛上而柔下也 ≪一之四≫ 乾火變化 同氣相求 雷風相與也 ≪二者同≫

泰 → 恒

恒卦는 泰卦로부터 왔으니, “剛上而柔下”, 즉 “剛은 위로 가고, 柔는 아래로 내려간다”라고 한 것이다. ≪1이 4로 간 것이다.≫ [泰卦에 있던] 乾의 불[☲]이 변화함에 있어,166) [“同氣相求”라 하였으니] 같은 [경향성의] 氣를 지닌 존재는 서로를 향하여 求하는 것이니,167) 우레[☳]와 바람[☴]이 서로 함께 있는 것이다. ≪[恒卦에서는] 우레와 바람의 두 가지가 같이 있다.≫

○天地者 泰之乾坤也 道者 其震也 卦之既移 震道不改 ≪上今震≫ 久於其道也

---

166) 伏體로 보면, 下卦는 본래 离位이며, 上卦는 본래 坎位이다. 따라서 泰卦의 下卦는 乾(天)이지만, 본래 离位에 있으므로, 兩者를 결합시켜 乾火라고 한 것으로 보인다.

167) “風雷相會, 同聲相應也”(『四箋』 卷1, 42가)라고 하였으므로, 同氣相求가 아니라 ‘同聲相應’으로 볼 수도 있다.

泰 → 恒

○"天地"라고 한 것은 泰卦의 乾·坤을 지칭한 것이며, "道"라고 한 것은 [泰卦의 上互卦와 恒卦의 上卦인] 그 震을 지칭한 것이다. [泰卦로부터 恒卦로] 卦가 이미 옮겨가더라도 震의 道가 바뀌지 않았으니 ≪恒卦의 上卦가 지금 震≫ 이것을 가리켜 "久於其道", 즉 "그 道를 오랫동안 실천한다"라고 말한 것이다.

○ 終者 內卦終也 泰之三陽 自修旣終 震之一陽 於焉更始 ≪萬物始乎震≫ 終則有始也

泰 → 恒

○["終則有始"의] '終'은 內卦의 끝을 가리키니, 泰卦의 세 陽이 스스로 닦음(修)을 끝마치나, 震의 一陽이 이에 다시 시작하니 ≪萬物은 震에서 시작함≫ [이것을 일컬어] "終則有始"라고 한 것이다.

○下卦位离 ≪一二三≫ 上卦位坎 ≪四五六≫ 是 日月也 ≪坎爲月≫ 泰移爲恒 不失爲乾 ≪今互乾≫ 日月得天也 自泰以來 六位照應 ≪剛與柔相照≫ 能久照也 ≪陽照陰≫ 泰之爲卦 本應四時 ≪十二辟≫ 變而爲恒 四時變化也

泰 → 恒

○下卦는 [본래] 离의 자리이며 ≪1·2·3은 离位≫ 上卦는 [본래] 坎의 자리이니 ≪4·5·6은 坎位≫ 이것이 [바로] '日月', 즉 '해와 달'이다. ≪坎은 달이 됨≫ 泰卦로부터 추이하여 恒卦가 되어도, 乾의 하늘을 잃어버리지 않으니 ≪恒卦의 下互卦는 지금 乾≫ 이것을 일컬어 "日月得天", 즉 "해와 달이 하늘을 얻는다"고 말한 것이다. 泰卦 以來로 [恒卦에 이르기까지] 여섯 자리(六位)가 [서로] 비추면서 상응하는 까닭에 ≪[泰卦에서도 剛과 柔가 相應하였는데, 恒卦에서도] 剛과 柔가 [相應하고 있으므로] 서로 비춘다고 함≫ "오랫동안 비출 수 있다(能久照)"고 말한 것이다. ≪陽이 陰을 비춤≫ 泰卦는 본래 四時에 相應하는 卦인데[168] ≪12辟卦 가운데 하나≫ 변하여 恒卦로 되었으므로 "四時變化", 즉 "四時가 변화한다"라고 말한 것이다.

自泰以來 乾道常成 ≪成於三≫ 能久成也 自復以來 乾之聖人得此震道 ≪復下震≫ 爲臨爲泰 其道彌進 ≪皆有震≫ 移之爲恒 其道如舊 ≪上今震≫ 而坤之萬民 ≪泰上坤≫ 丕變其俗 ≪坤今變≫ 咸歸大道 ≪變爲震≫ 聖人久於其道 而天下化成也

復 → 臨 → 泰 → 恒

泰卦 以來로 乾의 道가 항상 성립하는 까닭에[169] ≪제3位에서 이룬다.≫

168) 泰卦는 十二月 중에서 正月인 一月에 해당된다.

169) 앞에서 '自泰以來 六位照應'이라고 하였을 때, '自泰以來'는 '泰卦에서 恒卦에 이르기까지'를 가리킨다고 한다면, 여기에서 '自泰以來 乾道常成'라고 하였을 때 '自泰以來'는 '泰卦→大壯卦→夬卦⇒乾卦'의 과정을 가리킨다고 보아야 할 것으로 보인다. 왜냐하면, 前者에서는 泰卦와 恒卦에서 六位가 서로 照應하는 반면에, 後者에서는 泰卦에서 乾卦에 이르기까지의 辟卦의 推移 과정을 통하여 乾이 계속적으로 성립되어 있기 때문이다.

"能久成"이라고 말한 것이다. 復卦 以來로 乾의 聖人이 이 震의 道를 얻어서 ≪復卦의 下卦는 震≫ 臨卦가 되고, [다시 또] 泰卦로 되었으니, 그 道가 오랫동안 前進해 온 것이다. ≪復卦→臨卦→泰卦에 이르기까지 모두 震이 있음≫

泰卦로부터 推移되어 恒卦가 되어도, 그 [震의] 道가 옛날과 같으니 ≪恒卦의 上卦가 지금 震≫ 坤의 萬民이 ≪泰卦의 上卦인 坤≫ 그 풍속을 크게 변화시켜 ≪坤이 이제 변함≫ 모두 大道로 돌아가게 된 까닭에 ≪坤이 변하여 震으로 됨≫ "聖人久於其道而天下化成", 즉 "聖人이 그 道를 오랫동안 실천함으로써, 天下를 교화시켜 이룬다"라고 말한 것이다.

䷡

初六 : 浚恒, 貞[170]凶, 无攸利. ◯ 象曰 : 浚恒之凶, 始求深也.

初六 : [우물을 뚫을 때에는 깨끗한 물이 나올 때까지] 꾸준하게 파내려가야 하니, [만일 중도에 그만 둔다면] 일을 맡아 처리하더라도 흉할 것이며, 이로울 것이 없을 것이다. ◯「象傳」: 꾸준하게 파내려 갔는데도 흉한 것은 시작할 때에만 너무 깊이 파려고 [하다가 나중에 포기]하였기 때문이다.

此 恒之大壯也 淪井使深曰 浚 ≪與濬同≫ 鑿井而不及泉 則前功盡棄 故浚井之法 貴於恒久 此所謂 浚恒也

170) [校閱] "貞凶"이 奎章本에는 "征凶"으로 되어 있으나 誤記이다.

泰→推移→恒→初爻變→大壯

이것은 恒卦가 大壯卦로 변하는 경우이다. 우물을 쳐서 청소할 때, 깊게 파서 씻는 것을 '浚(준)'이라고 한다. ≪['파내어 물길을 통하게 한다'는 뜻의] '濬(준)'字와 같은 의미이다.≫ 우물을 뚫는데 그 샘[의 원천(源泉)]에까지 미치지 못한다면, 앞서 [애썼던] 노력이 모두 수포로 돌아가게 된다. 그러므로 우물을 파는 법에 있어서는 꾸준하게 오랫동안 파내려는 것을 중요하게 여기니, 이것이 이른바 "준항(浚恒)", 즉 "꾸준하게 파내려간다"라고 말하는 것이다.

卦自泰來 柔自外入 ≪四之一≫ 遂徹地底 ≪一二爲地位≫ 巽木既深 坎水將出 ≪卦大坎≫ 初之既變 其井還塞 ≪下今實≫ 此 始求諸深 而終亦自廢也 幹事如此 何往不凶

泰→推移→恒→初爻變→大壯

[恒卦는] 泰卦로부터 왔다. 柔가 밖에서부터 안으로 들어와 ≪4가 1로 감≫ 드디어 땅 밑까지 뚫고 들어갔으니 ≪1·2는 地位에 해당됨≫ 巽의 나무가 이미 깊이 들어가, 坎의 물이 장차 분출(噴出)하려고 하고 있다. ≪恒卦는 大坎의 형태≫

[恒卦가 爻變하여 恒卦가 大壯卦로 되면] 초획(初畫)이 이미 변하게 되어, 그 우물이 다시 막히게 되니 ≪아래의 [비었던 공간이] 이제 채워짐≫ 이것은 처음에는 깊이 파려고 하다가 마침내는 스스로 포기한 것이다. 일의 추진을 이처럼 한다면, 무엇을 하더라도 흉하지 않겠는가?

○巽順旣亡 ≪下今乾≫ 兌德乘剛 ≪今大兌≫ 雖有兌和 无攸利也

恒→初爻變→大壯

○[恒卦 初六이 爻變을 하여 大壯卦로 되니] 巽의 순종함은 이미 사라져 버리고 ≪大壯卦의 下卦가 지금 乾≫ 兌의 성질(德)은 [柔로써] 剛을 올라타는 것이니 ≪지금 大壯은 大兌의 형태≫ 비록 兌의 和合함이 있다고 하더라도, 이로울 바가 없다.

○鑿至地底 以求坎水 ≪卦大坎≫ 始求深也 ≪始 本也≫ 朱子曰 巽性務入 故深

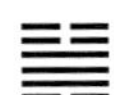

恒

○땅 밑바닥에 다다를 때까지 파서 坎의 물을 구하니 ≪恒卦는 大坎의 형태≫ [이것을 일컬어] "始求深也"라고 말한 것이다. ≪'始'는 '본래'의 뜻이다.≫ 朱子가 말하기를, "巽의 성질은 힘써서 파고들기 때문에, 깊은 것"이라고 하였다.

○[171] 鄭玄本 浚作濬

○鄭玄의 책에서는 '浚(준)'字를 '濬(준)'[172]字로 쓰고 있다.

---

171) [校閱] 奎章本에는 "○"의 표시가 빠져 있다.
172) 濬 : "파내어 물길을 통하게 하다"는 뜻.

九二 : 悔亡. ○象曰 : 九二悔亡, 能久中也.

九二 : 변한 것이 있더라도 없어져 다시 본래대로 될 것이다. ○「象傳」: 九二의 "悔亡"은 中道를 오래 지킬 수 있기 때문이다.

此 恒之小過也 悔亡者 象无所變也 大坎之貞 ≪恒 大坎≫ 今亦不變 ≪小過亦大坎≫ 是 悔亡也

恒→2효변→小過

이것은 恒卦가 小過卦로 변하는 경우이다. "悔亡"이라고 한 것은 象에 변화가 없기 때문이다. 大坎의 貞이 ≪恒卦는 大坎의 형태≫ 지금도 역시 변하지 않았으니 ≪小過卦도 역시 大坎의 형태≫ 이것을 가리켜 "悔亡"이라고 한 것이다.

○三四 卦中也 恒之旣變 中剛不改 ≪三四剛≫ 能久中也

恒→2효변→小過

○3 · 4는 恒卦의 가운데(中)에 자리잡고 있다. 恒卦가 [小過卦로] 이미 변하였지만, 그 가운데의 剛은 변하지 않았으므로 ≪3 · 4는 小過卦의 2剛≫ "能久中也", 즉 "그 中道를 오래 지킨다"라고 말한 것이다.

○案 无悔者 無所變也 悔亡者 變者亡也 語意似異 然 咸之小過曰 无悔 恒之小過曰 悔亡 ≪反易之卦 二五相照≫ 由此觀之 則 无悔與悔亡 本无異義 特以叶韻之故 或稱无悔 或稱悔亡也

○[案] "无悔"는 [象이] 변하지 않았음을 가리키며, "悔亡"은 변했던 것이 없어지는 것을, [즉 원래대로 돌아오는 것을] 가리킨다. [언뜻] 그 말뜻에 차이가 있는 듯 하지만, [咸卦의 九五爻가 爻變하여] 咸卦가 小過卦로 변하는 경우에는 "无悔"라고 하였고, 여기에서 [恒卦의 九二爻가 爻變하여] 恒卦가 小過卦로 변하는 경우에는 "悔亡"이라고 하였으니 ≪咸卦와 恒卦는 反易卦인데, 反易卦는 2와 5가 서로 對照됨[173]≫ 이것으로 말미암아 관찰해 본다면, "无悔"와 "悔亡"은 본질적으로 다른 뜻이 없는 것이며, 다만 협운(叶韻)을 고려하는 까닭에 [어떤 경우에는] 혹 "无悔"라고 하고, [또 다른 경우에는] 혹 "悔亡"이라고 하는 것이다.[174]

咸九五 悔與脢叶 此爻 則亡與凶叶 ≪初六[175]云 貞凶≫

咸卦 九五에서 '회(悔)'와 '매(脢)'가 협운(叶韻)이고, 이 [恒卦 九二에서는] "망(亡)"과 初六의 "흉(凶)"이 협운(叶韻)이다. ≪初六에서 "貞凶"이라 하였다.≫

173) 다산이 "反易之卦, 二五相照, 三四相互"라고 한 것을 참조할 것(『四箋』 卷4, 19나).

174) 悔亡例와 无悔例에 대해서는 『周易四箋』 中 「易例比釋」을 참조할 것.

175) [校閱] 奎章本과 新朝本과 國中本에 모두 "初九"로 적고 있으나, "貞凶"은 咸初六에 나온다. 따라서 "初九"는 誤字이므로 初六으로 바로잡는다.

九三 : 不恒其德, 或承之羞, 貞吝. ○ 象曰 : 不恒其德, 无所容也.

九三 : 그 德을 항상(恒常) [변하지 않게] 유지하지 못한다면, 혹시 [君子를 대할 적에] 부끄러운 일을 당할 지도 모른다. 일을 맡아 처리하더라도 [허물을 고치지 않는다면] 인색함이 있을 것이다. ○「象傳」: "그 德을 항상 [일정하게] 유지하지 못하는 것(不恒其德)"은 [군자와 소인이 서로] 용납하지 않기 때문이다.

此 恒之解也 恒之爲恒 以乾德也 ≪二四互≫ 三之旣變 乾體中斷 ≪今互离≫ 一陰一陽 倏往倏來 ≪陰陽 凡五易≫ 不恒其德也

恒→2효변→ 解←推移←小過

이것은 恒卦가 解卦로 변하는 경우이다. 恒卦가 恒卦가 되는 까닭은 乾의 德으로써 말미암는 것이다. ≪2·3·4의 互卦가 乾≫ [그런데 恒卦의] 제3爻가 이미 변하게 되면, [恒卦는 解卦로 되어] 乾의 形體의 가운데가 잘려지고, ≪지금 解卦에서는 互离[로써 乾體가 절단됨][176]≫ 하나의 陰과 하나의 陽이 잠깐 가는 듯 했다가 [다시] 잠깐 오니 ≪陰과 陽이 모두 다섯 번 바뀜≫ "不恒其德"이라고 말한 것이다.

○ 解自小過來 ≪三之二≫ 君子在上 ≪震在上≫ 我爲小人 ≪我爲

---

176) 离에는 나누다, 가르다, 떨어지다의 뜻이 있음.

艮≫ 移之爲解 坎罪是正 ≪下今坎≫ 視彼君子 ≪上猶震≫ 我心忸怩 ≪坎心痛≫ 是 可羞也

恒 →2효변→解←推移←小過

○解卦는 小過卦로부터 왔다. ≪3이 2로 간다.≫ [小過卦에서는] 君子가 위에 있고 ≪震의 君子가 上卦에 있음≫ 나는 小人인 상황이다. ≪我는 艮이 된다.≫ [그런데 小過卦로부터] 推移하여 解卦가 되면, [내가 지은] 坎의 罪를 시정(是正)하고 ≪[解卦의] 下卦가 지금 坎≫ 저 君子를 바라보니 ≪上卦는 여전히 震≫ 내 마음이 부끄러운지라 ≪坎은 마음의 아픔이 됨≫ 이것이 부끄러워하는 이유가 되는 것이다.

本以艮手 上接君子 承之羞也 ≪艮爲承≫ 卦有二母 ≪解又自臨來≫ 象不一定 ≪自臨來 則無此象≫ 疑則或之 ≪見乾卦≫ 或承之羞也

臨→推移 →解←推移←小過

본래 [小過卦에서] 艮의 손(手)으로써 위로 君子와 접촉하니, 이것을 일컬어 "承之羞"라고 말한 것이다. ≪艮은 '承', 즉 '받드는 것'이 된다.≫ 解卦에는 [두 개의 辟卦로써] 두 개의 母卦가 있는 까닭에 ≪解卦는 [小過卦와 더불어] 또한 臨卦로부터 나온 것임≫ 그 象이 일정하지 않다. ≪臨卦에서 온 경우에는 이러한 [위로 군자와 접촉하고, 부끄러움을 이어받는 것과 같은] 象이 없다.≫ [이처럼 확실하지 않은 경우, 의심을 하게 되고] 만약 의심을 하게 되면, 혹시(或之)하는 가정(假定)을 하게 되므로[177] ≪乾卦 九四에 그러한 예

177) 『禮記』 下(이상옥 역, 명문당, 2003, 127면)에 '疑 …… 惑'의 용례가 나온다.

가 보임》 "或承之羞"라고 말한 것이다.

○解自臨來 《一之四》 柔本乘剛 《臨下兌》 移之爲解 猶據匪位 《柔居三》 其占吝也 《不改過》 坎德雖貞 《下今坎》 以之幹事 未易改也

恒→2효변→解← 推移←臨

○解卦는 臨卦로부터 왔다. 《1이 4로 간 것이다.》 [臨卦에서는] 柔가 본래 剛을 타고 있었는데 《臨卦의 下卦는 兌》 推移하여 解卦가 되어도, 여전히 그 [적당한] 자리가 아닌데도 불구하고 거처하니 《柔가 제3位에 머무름》 그 占이 [허물을 고치는 데] '吝(인색함)'의 점괘가 되는 것이다. 《잘못을 고치지 않는다.》 坎의 德이 비록 곧으나 《解卦의 下卦는 지금 坎》 그것으로써 일을 맡아 처리하더라도 아직 [그 허물을] 고치지 않은 것이다.

○[178] 小過之時 君子小人 同處坎宮 《本大坎》 猶得相容 移之爲解[179] 則析其坎宮 《大坎分》 不相容接 《二剛不[180]相連[181]》 无所容也

恒→2효변→解←推移←小過

○小過卦의 때에는 君子와 小人이 坎의 집(宮)에 함께 거처하고 있

178) [校閱] ○의 표시가 奎章本과 國中本에는 있으나, 新朝本에는 없다.
179) [校閱] 新朝本에는 "解"가 빠져 있는데, 잘못된 것이다.
180) [校閱] 新朝本에는 "不"이 "下"로 되어 있는데, 誤記이다.
181) [校閱] 國中本에는 "連"이 "容"으로 되어 있는데, 誤記이다.

으면서 ≪小過卦는 본래 大坎卦니, 坎은 宮室이 됨≫ 여전히 서로 포용하고 있었다. [그런데 小過卦로부터] 推移하여 解卦가 되면, 그 坎의 집(宮)을 갈라 쪼개니 ≪大坎의 형체가 분리됨≫ 서로 포용하고 접촉하지 않게 된다. ≪[解卦에서는] 두 개의 剛이 서로 연결되지 못한다.≫ [이것을 일컬어] "无所容也", 즉 "[서로] 용납하지 않는다"고 말한 것이다.

孔子曰 ≪緇衣篇≫ 南人有言曰 人而无恒 不可以爲卜筮 古之遺言與[182] 兌命曰[183] 純而祭祀 是爲不敬 事煩則亂 事神則難 易曰 不恒其德 或承之羞 ≪禮注 承 進也≫ 恒其德 ≪句≫ 偵 婦人吉 夫子凶 ≪六五[184]詞≫

孔子께서 [다음과 같이] 말씀하셨다. ≪『禮記』「치의(緇衣)」篇에 나옴[185]≫ "南쪽 지방 사람들의 말(言)에, '사람에게 꾸준함이 없으면, 卜筮마저도 할 수가 없다'라는 말이 있으니,[186] [이것은] 옛날로부터 전해지는 말일 것이로다."[187]

[그리고] 『尙書』「兌命」에서는 [다음과 같이] 말하였다. "…… 구분 없이(純=皆)[188] 제사(祭祀)를 모심은 불경(不敬)한 일이 되고, 일이 번거로우면 혼란스럽게 되고, [이처럼 혼란스럽게] 귀신(鬼神)을 섬기면, [도리

182) 原文에는 "古之遺言與"와 "兌命曰" 사이에 "龜筮猶不能知也, 而況於人乎, 詩云, 我龜旣厭, 不我告猶"이라는 구절이 있는데, 引用句에서는 생략되어 있다.

183) 原文에는 "兌命曰"과 "純而祭祀" 사이에 "爵無及惡德, 民立而正事"가 있는데, 引用句에서는 생략되어 있다.

184) [校閱] 國中本에는 "六五"가 "五六"으로 되어 있는데, 誤記이다.

185) 陳澔, 『禮記集說』(新刊四書五經), 中國書店, 1994, 467면; 이상옥 역, 『禮記』 下, 명문당, 2003, 140면; 『漢文大系』 卷17 「緇衣」, 9면.

186) 이와 유사한 내용으로 『論語』「子路」篇에 "子曰, 南人有言曰, 人而無恆, 不可以作巫醫' 善夫, 不恆其德, 或承之羞, 子曰, 不占而已矣"라고 한 구절이 보인다.

187) 『新完譯 禮記』 下, 명문당, 2003, 1413면에 "南人"을 '殷나라의 卜筮를 맡은 사람'이라고 함. 이상옥, 장기근 역주, 『論語』, 명문당, 1973, 334면에는 그냥 남쪽 지방의 사람이라고 함.

188) 『漢文大系』 卷17 「緇衣」, 10면.

어] 곤란해진다"라고.[189] 또 『周易』[의 恒卦 九三]에서는 "不恒其德, 或承之羞", 즉 "그 德을 항상 유지하지 않으면, 혹 부끄러움을 받는다"라고 하였고 ≪『禮記』의 注에서는 "承"이 進의 뜻이라고 함[190]≫ [恒卦 六五의 爻詞에서는] "恒其德, 貞(=偵), 婦人吉, 夫子凶", 즉 "그 德을 항상 유지하니, 이를 가지고 점을 치면(偵)[191] 부인(婦人)의 경우는 吉하지만, 남자의 경우는 凶하다"라고 하였다.[192] ≪恒卦 六五의 爻詞≫

九四 : 田无禽. ○ 象曰 : 久非其位, 安得禽也.

九四 : 밭에 날짐승이 없다. ○「象傳」: 오래도록 그 [있을] 자리가 아닌데도 머무르고 있으니, 어떻게 날짐승을 잡을 것인가?

此 恒之升也 卦自泰來 王自內出 ≪一之四≫ 以其震車 適彼坤田 ≪上本坤≫ 田獵之卦也 四之旣變 坤田遂空 ≪上今坤≫ 田无禽也 ≪無坎豕≫ 升自小過 ≪四之二≫ 其占同也 ≪亦震變而坤≫

泰→推移→恒→4爻變→升

189) 현행『尙書』에는 이 구절과 동일하지가 않음. 成百曉 譯註,『書經集傳』上, 전통문화연구회, 1998, 376면에 해당 구절이 나옴.

190) 陳澔,『禮記集說』(新刊四書五經), 中國書店, 1994, 468면.

191)『新完譯 禮記』下, 명문당, 2003, 1413면에는 貞으로 되어 있으나『漢文大系』에는 '偵'으로 되어 있음. 偵 : 묻다, 점치다.

192)『禮記』「緇衣」篇의 孔子의 발언의 인용은 여기까지이다.

이것은 恒卦가 升卦로 변하는 경우이다. 恒卦는 泰卦로부터 왔으니, 王이 안에서 나와서 ≪泰卦의 1이 4로 감≫ 그 震의 수레를 타고 저 坤의 들판을 내달리니 ≪泰卦의 上卦는 본래 坤≫ [밭에서 사냥하는] 전렵(田獵)의 卦이다.

[이제 恒卦의] 제4爻가 이미 변하여, 坤의 밭이 마침내 텅 비게 되니 ≪升卦의 上卦가 지금 坤≫ 이것이 "田无禽"이라고 말한 까닭이다. ≪坎의 돼지가 없다.[193]≫ 升卦는 小過卦로부터 왔으므로 ≪4가 2로 감≫ 그 占이 동일하다. ≪역시 震이 변하여 坤으로 된 것이다.≫

○[194] 恒之時 剛失其位 ≪陽居四≫ 小過亦然 ≪陽居四≫ 移之爲升 ≪四之二≫ 又失其位 ≪陽居二≫ 久非其位也

恒→4爻變→升←推移←小過

○恒卦의 때에 [九四爻의] 剛이 그 [바른] 자리를 잃어버리고 있었는데 ≪陽이 [陰의 자리인] 제4位에 머무름≫ 小過의 때에도 역시 그러하더니 ≪陽이 제4位에 머무름≫ [小過卦로부터] 推移하여 升卦가 되어도 ≪4가 2로 감≫ 여전히 그 [합당한] 자리를 상실(喪失)하니 ≪陽이 제2位에 머무름≫ "久非其位", 즉 "오래도록 그 자리가 아닌데도 머무른다"고 말한 것이다.

---

193) 升卦의 1·2·3·4位가 大坎이 되는 것은 사실이지만, 4·5·6位가 坤田이 되므로, 坤田에 坎豕가 없음을 말한 것이다.

194) [校閱] "○"의 표시가 新朝本과 國中本에는 있으나, 奎章本에는 빠져 있다.

六五 : 恒其德, ≪句≫ 貞, ≪句≫ 婦人吉, 夫子凶. ◯ 象曰 : 婦人貞吉, 從一而終也, 夫子制義, 從婦凶也.

六五 : 그 德을 항상 [변하지 않게] 유지함이니, ≪句≫ 일을 맡아 처리함에 있어 ≪句≫ 婦人은 길하고, 지아비는 흉할 것이다. ◯「象傳」: 婦人의 일에 吉한 것은 한 지아비만을 섬기면서 [평생을] 마치기 때문이며, 지아비는 義에 따라 행동해야 하거늘, 부인[의 뜻]을 따라서 [행동]하니, 흉할 것이다.

此 恒之大過也

恒→5爻變→大過

이것은 恒卦가 大過卦로 변하는 경우이다.

大過自大壯來 ≪一之五≫ 自復而壯 ≪一而四≫ 乾道有恒 移之大過 乾德不改 ≪猶互乾≫ 恒其德也

恒→5爻變→大過←推移←大壯 ← 泰 ← 臨 ← 復

大過卦는 大壯卦로부터 왔다. ≪1이 5로 간 것이다.≫ 復卦로부터 大壯卦에 이르기까지 ≪1陽에서 4陽으로 됨≫ 乾道에는 恒常됨이 있었는데, [大壯卦로부터] 推移하여 大過卦가 되어도 그 乾의 德이 바뀌지 않으니

≪여전히 互乾이 있음≫ 이것을 가리켜 "恒其德"이라고 말한 것이다.

○若論幹事之占 婦吉夫凶 曷然哉 婦人之德 貴於巽順 男子之德 宜於震剛 今內巽不渝 ≪巽如舊≫ 婦人吉也 上震遂亡 ≪上今兌≫ 夫子凶也

恒→5爻變→大過

○일을 주간(主幹)하는 [즉 幹事에 관한] 占을 치는데, 婦人에게 길하지만, 남자에게는 흉한 것은 어떤 까닭인가? 婦人의 德은 巽의 순종함을 귀하게 여기지만, 男子의 德은 당연히 震의 剛健함을 귀하게 여긴다. 지금 [恒卦에서 大過卦로 변해도] 內卦의 巽은 변하지 않으니 ≪巽이 옛날과 같음≫ "婦人吉"이라고 한 것이다. [반면에 恒卦의] 上卦인 震은 마침내 없어지게 되는 까닭에 ≪大過卦의 上卦는 지금 兌≫ "夫子凶"이라고 한 것이다.

○內巽外震 其位本正 今震夫之處 忽見巽妻 ≪大過 本倒巽≫ 妻從夫也 ≪上本震≫ 卦位亦終 ≪上位終≫ 此 從一而終也 ≪從震之一陽≫ 震體遂滅 ≪上今兌≫ 夫從婦也 ≪從巽妻而亡≫ 本有兌義 ≪三五互≫ 可以義制 ≪西方卦≫ 不此之爲 唯婦言是聽 ≪兌爲言≫ 其道凶也

恒→5爻變→大過

○[恒卦의] 內卦는 巽이며 外卦는 震이니, 그 자리(位)가 본래 올바른 자리인데, 지금 [大過卦에 이르면] 震의 지아비의 자리에 갑자기 巽의 아내가 나타나니, ≪大過의 上卦인 兌는 본래 뒤집어진 巽이 됨[195]≫ [이것은] 아내가 지아비를 따르는 것이다 ≪恒卦의 上卦는 본래 震≫ 卦의 위치(位)가 또한 끝(終)에 해당되니 ≪上位[196]는 終의 위치가 됨≫ 이것을 [일컬어] "從一而終", 즉 "한 지아비를 좇아서 끝까지 마친다"라고 한 것이다.[197] ≪震의 1陽을 따름≫

[지아비의 경우는, 恒卦가 大過卦로 되면서] 震의 形體가 결국 없어지니 ≪大過卦의 上卦가 지금 兌≫ [이것은] 지아비가 아내를 따르는 것이다. ≪巽의 아내를 따르다가 없어진 것이다.≫ [恒卦에는] 본래 兌의 義가 있어서 ≪恒卦의 上互卦가 兌≫ 義에 따라 행동할 수 있었는데 ≪兌는 西方卦이므로, 義에 해당됨≫ 이렇게 하지 않고, 오직 婦人의 말만 옳다고 하고 들으니 ≪兌는 言이다.≫ 그 道가 흉한 것이다.

○案 左傳 畢萬之筮曰 車從馬 ≪震爲車≫ 棠姜之筮曰 夫從風 ≪坎變巽≫ 皆以變爲從 亦文例也

○[案] 『左傳』의 필만(畢萬)의 筮에 이르기를, "車從馬", 즉 "수레가 말을 따른다"라고 하였고, ≪震은 수레가 됨≫ [최저(崔杼)가] 당강(棠姜)을 아내로 취하고자 친 占筮[198]에서 말하기를 "夫從風", 즉 "지아비가 바람을 따른다"라고 하였으니 ≪坎이 변하여 巽으로 됨≫ 이것은 모두 [A卦가 B卦로 변하는 경우] 변하는 것[B]으로써, 따라야 할 대상(從=B)으로 삼았으니, 이것은 또한 易詞에 있어 '從'字의 용례(文例)인 것이다.

---

195) 大壯은 兼畫하면 大巽으로, 역시 倒巽이다. 그러나 이 구절에서는 大壯은 언급하지 않는 것으로 사료됨.

196) 여기의 上位는 '六'만 말하는 것이 아님. 1과 2를 下位, 3과 4를 中, 5와 6을 上位로 보아, 현재의 제5位를 上位라고 말하는 것.

197) 그래서 "婦人, 吉"인 것이다.

198) 「春秋官占補注」의 '崔杼取姜之筮'(襄公 25年)에 나온다.

○又按 貞字 當屬下句讀 師之象曰 貞 丈人吉 困之象曰 貞 大人吉 貞 謂幹事之占也 易凡言貞吉者 以之幹事 無所不吉 ≪合正理之事 皆吉≫ 其云 丈人吉 大人吉 婦人吉之類 唯此人得吉 餘未必吉也

○[又按] 恒卦 六五의 爻詞에서 "恒其德, 貞, 婦人吉, 夫子凶"이라고 하였을 때, '貞'字는 당연히 아래 文句에 붙여 읽어야 한다. [그것은 마치] 師卦의 彖辭에서 "貞, 丈人吉"이라고 한 것과, 困卦의 彖辭에서 "貞, 大人吉"이라고 한 것과 같으니, [이상의 사례에서 볼 수 있듯이] '貞'은 일을 주관함의 占에 해당되는 것이다.

易에서 무릇 "貞吉"이라고 한 경우, [그것은] 일을 주관하면, 길하지 않은 바가 없다는 것을 뜻한다. ≪올바른 도리에 부합하는 일이라면 모두 길하다.≫ [한편『易』에서] "丈人吉", "大人吉", "婦人吉"이라고 말했을 경우, 그것은 오직 [언급된 바의] 이 사람만이 길하다는 뜻이며, 나머지 사람의 경우에는 반드시 吉하다고 말할 수 없다.

䷟

上六 : 振恒, 凶. ○象曰 : 振恒在上, 大无功也.

上六 : [德을] 꾸준하게 진작(振作)시키고자 하나, [뜻대로 되지 않으니] 흉할 것이다. ○「象傳」: 위에서 [德을] 꾸준하게 진작(振作)시키고자 하나, 크게 공덕(功德)이 없을 것이다.

此 恒之鼎也 振 擧也 禮曰 引重鼎 不程其力 ≪儒行篇≫ 喩擧德

也 詩云 德輶如毛 民鮮克擧之 ≪見大雅≫ 孟子曰 力足以擧百鈞 而不擧一羽 喩擧德也 擧德之法 貴於恒久 ≪用力久≫ 恒者 擧德之卦也

恒→上爻變→鼎

이것은 恒卦가 鼎卦로 변하는 경우이다. '振'은 들어올림(擧)이다. 『禮記』에 이르기를 "引重鼎, 不程其力", 즉 "선비는 무거운 솥(중요한 책무)을 들게 하더라도, 그 힘을 헤아릴 수 없다"라고 하였으니 ≪『禮記』「儒行」편[199]≫ 이것은 德을 들어올리는 것에 비유한 것이다. 또 『詩經』에 이르기를 "德輶如毛, 民鮮克擧之", 즉 "德은 가볍기가 터럭과 같으나, 백성들 중에는 능히 그것을 드는 이가 적다"라고 하였다. ≪『詩經』「大雅」에 나온다.[200]≫ 『孟子』「양혜왕(梁惠王)」에서도 "力, 足以擧百鈞, 而不擧一羽", 즉 "[나의] 힘은 삼천 근을 들 수 있으나, 하나의 새 날개를 들지 못한다[……라고 한다면 왕께서는 정말 믿으시겠습니까?]"라고 하였으니,[201] [이것도] 역시 德을 들어올리는 것에 비유한 것이다. 德을 들어올리는 방법은 꾸준함을 중시하는 것이니 ≪노력을 꾸준히 하는 것을 말함≫ 恒卦는 德을 [수

---

199) 引重鼎不程其力 : 무거운 세발 솥을 드는 것과 같은 일에 있어서도, 자신의 힘이 그것을 감당할지 여부를 헤아리지 않는다. '重鼎'은 어렵고 무거운 직무를 가리킨다.

200) 『詩經』「大雅」「蕩之什」「烝民」에 나온다. "人亦有言, 德輶如毛, 民鮮克擧之(사람들이 모두 말하기를, '德이 심히 가벼워, 거행하기가 쉬우나, 사람들이 능히 거행하는 이가 없다'고 한다)."(成百曉 譯註, 『書經集傳』下, 전통문화연구회, 1998, 326~327면)

201) 力, 足以擧百鈞, 而不擧一羽 : 『孟子』「梁惠王上」篇 제7장에 나오는 구절을 縮約한 것이다. 原文은 다음과 같다. "有復於王者曰, 吾力足以擧百鈞, 而不足以擧一羽, 明足以察秋毫之末, 而不見輿薪, 則王許之乎?(어떤 사람이 왕께 보고하여 말하기를 '나의 힘은 3,000근을 들을 수 있으나 하나의 새 날개는 들지 못하며, 시력은 가는 터럭끝은 살필 수 있으나 수레에 가득 실은 섶은 보지 못합니다'고 하면, 왕께서는 정말이라 믿으시겠습니까?)"

양하여] 들어올리는 괘인 것이다.

卦自泰來 《一之四》 擧其乾德 力能離地 《下乾爲互乾》 擧德之卦也 《如泰初九之拔茅》

泰 → 恒

恒卦는 泰卦로부터 왔다. 《1이 4로 간 것이다.》 그 乾의 德을 들어올림에 힘으로 능히 땅에서 떼어놓을 수 있으니 《[泰卦의] 下卦에 있던 乾이 [恒卦가 되면 들어 올려져서] 互乾이 됨[202]》 [恒卦는] 德을 들어올리는 卦인 것이다. 《예컨대 泰卦 初九의 "발모(拔茅)", 즉 "띠풀을 들어올린다"라고 한 경우와 같다.》

鼎自大壯來 《一之上》 亦擧德之卦也 《擧下乾》 雖然 擧之離地 《下乾升》 力乃中斷 《上今离》 乾德墜下 《乾在下》 前功遂盡 《大无功》 振恒凶也 卦今爲鼎 故喩之以擧鼎也

恒→上爻變→鼎←推移←大壯

鼎卦는 大壯卦로부터 왔다. 《1이 上으로 간 것이다.》 [鼎卦도] 역시 德을 들어올리는 卦이다 《大壯卦의 下卦에 있는 乾을 들어 올림》 그러나 [德을 들어올려] 땅에서 떼어놓으려고 할 때 《大壯卦의 下卦인 乾이 올라간 것》 그 힘이 [부쳐서] 중단(中斷)되니 《鼎卦의 上卦가 지금 离》 乾의 德은 아래로 추락(墜落)해 버리고 《乾이 아래에 있음》 以前의 功德은 마침내 소진(消盡)되어

202) 泰卦의 1·2·3이 들어 올려져서 恒의 2·3·4로 간 것을 가리킨다.

버렸으므로 ≪[恒卦 上六의 「象傳」에서] "大无功"이라고 함≫ "振恒, 凶"이라고 말한 것이다. 恒卦가 이제 鼎卦가 된 까닭에, 솥(鼎)을 드는 것을 德을 들어 올리는 것에 비유한 것이다.

○於坎之位 ≪四五六≫ 今乃离斷 ≪上今离≫ 大无功也 ≪坎爲功≫

恒→上爻變→鼎

○坎位에서 ≪4・5・6≫ 이제 离로써 단절(斷絶)되니 ≪鼎卦의 上卦가 지금 离≫ "大无功", 즉 "크게 功德이 없다"라고 말한 것이다. ≪坎은 功이 된다.≫

○虞氏本 振作震 ≪聲誤也≫ 說文 又作榰

○우번(虞翻)의 책에는 '振'字가 '震'字로 되어 있다. ≪聲誤, 즉 음성의 유사성으로 인한 착오이다.[203]≫ 『說文』에는 ['振'字가] '榰(지)'字로 되어 있다.[204]

○案 恒之爲道 陽與陽聚 不相離也 故六爻之詞 凡陽聚曰 恒 ≪初與五≫ 陽散曰 不恒 ≪九三云≫ 此云 振恒者 不恒之類也

---

203) 꼭 발음의 착오라 보기는 어려운 것이 아닌가 한다. 『廣雅』 「釋詁」에 "振, 動也"라 했고, 『爾雅』 「釋詁」에는 "震, 動也"라 했다(김상섭 역, 『高亨의 周易』, 예문서원, 1995, 288면).

204) "榰, 柱氐也. 古木用, 今以石. 從木, 耆聲. 易曰, 榰恒, 凶是."(鄭玄云, 『周禮注疏』(十三經注疏本), 上海古籍出版社, 1987, 6편 上, 254면). 김상섭 역, 『高亨의 周易』, 예문서원, 1995, 228면 참조.

恒→上爻變→鼎

○[案] 恒卦의 道는 陽과 陽이 모여서 서로 떨어지지 않는 데 존립한다. 그러므로 여섯 爻의 爻詞에서, 대개 陽이 모여 있으면 "恒"이라고 말하고 ≪初爻와 제5爻의 경우≫ 陽이 흩어져 있으면 "不恒"이라고 말하였으니 ≪九三의 爻詞≫ 여기 [恒卦 上六에서] "진항(振恒)"이라고 한 경우는 "不恒"에 속하는 종류이다.

周易四箋 戊辰本 卷之十二

【33. 천산 둔(天山 遯)】

艮下乾上 ○ 第二十卦之正 ≪姤一陰進≫

艮은 下卦이고, 乾은 上卦이다. ○ 第20卦의 正卦이다. ≪姤卦로부터 한 개의 陰이 [더 축적되어] 前進해 온 것이다.≫

序卦傳曰 遯者 退也

「序卦傳」에서 말하였다. “둔(遯)은 물러남의 뜻이 된다.”

○雜卦傳曰 遯則退也

○「雜卦傳」에서 말하였다. “둔(遯)은 물러남의 뜻이다.”

○[1]程子曰 二陰生 而小人漸盛 君子退而避之 故爲遯也

○程子가 말하였다. “두 개의 陰이 생기니, 小人[의 세력]은 점차로 왕성해지는 반면에, 君子는 물러나 피하게 되는 까닭에, 遯이 되는 것이다.”

○[2] 鏞案 卦以姤進 ≪一而二≫ 二陰既長 小人在內 ≪下今艮≫ 其勢沖天 震之君子 ≪乾六陽 皆震≫ 逋于艮邑之外 ≪乾在外≫ 此所謂遯于荒野也 ≪乾爲野≫ 遂爲大巽 ≪兼畫三≫ 巽則爲隱 ≪大傳文[3]≫ 爲伏爲入 ≪說卦文≫ 其象爲遯 乾初九之遯世无悶 亦以巽也 又遯者 豚走也 凡獸逃曰 遯 乾馬外逸 艮手執之 亦遯之所以名遯也 又 遯者 退也 退之爲字 從[4]艮從[5]辵 退者 艮也 內卦爲艮 ≪天山卦≫ 所以退也

姤 → 遯

1) [校閱] 奎章本에는 “○”의 표시가 빠져 있다.
2) [校閱] 奎章本에는 “○”의 표시가 빠져 있다.
3) [校閱] 奎章本과 國中本에는 “大傳文”으로 되어 있으나 新朝本에서는 “大傳爲文”으로 되어 있다. “爲”는 잘못 들어간 글자이다. 前者를 따른다.
4) [校閱] 新朝本에는 “從”으로 되어 있으나 奎章本에는 “以”로 되어 있다.
5) [校閱] 新朝本에는 “從”으로 되어 있으나 奎章本에는 “以”로 되어 있다.

○[鏞案] 둔괘(遯卦)는 구괘(姤卦)로부터 [시작하여] 나아온 괘이다. ≪한 개의 陰에서 두 개의 陰으로 된 것이다.≫ 두 개의 陰이 이미 자라나고, 小人은 안에 있어서 ≪下卦는 지금 艮인데 小人을 상징함≫ 그 기세(氣勢)가 하늘을 찌를 듯 하므로, 震의 君子가 ≪乾卦의 여섯 陽은 모두 震[6]≫ 艮의 마을 밖으로 달아나니 ≪遯卦에서 乾이 外卦에 있음≫ 이것이 이른바 "遯于荒野"의 뜻이다. ≪遯卦의 上卦인 乾은 들판을 뜻한다.[7]≫ [遯卦는] 마침내 大巽이 되니 ≪遯卦를 兼畫하여 3畫으로 보면 大巽≫ 巽은 곧 은둔(隱遁)의 뜻이므로 ≪「繫辭傳」의 글[8]≫ 엎드리는 것이 되고, 들어가는 것이 되니 ≪「說卦傳」의 글[9]≫ 그 象이 피하여 숨는 것(遯)이 된다. 乾卦 初九의 「文言」에서 "둔세무민(遯世無悶)"[의 '遯'의 뜻을 성립시키는 것]도 역시 巽 때문이다.[10] 또 '遯'은 돼지가 달려가는 것을 뜻한다.[11] 무릇 짐승이 도망하는 것을 가리켜 '遯'이라고 한다. [遯卦의 上卦인] 乾의 말이 밖으로 내달릴 때, [內卦인] 艮의 손으로 그것을 잡으니, 이것도 역시 遯이 遯이라고 불리는 까닭이다. 또 '遯'은 물러남(退)의 뜻이니, '退'字를 보면, '그칠 艮(간)'字와 '달릴 辵(착)'字의 두 부분으로 구성되어 있으니, '退'는 [곧] 艮이다. [遯卦는] 內卦가 艮이 되는 까닭에 ≪遯卦는 天과 山으로 구성된 卦≫ '물러날 退(퇴)'의 뜻이 된다.

○侯果云 卦自乾來

6) 復卦에서 乾卦에 이르기까지의 十二辟卦의 展開의 과정에서 볼 때, 乾卦의 六陽은 復卦로부터 震을 하나씩 축적시켜 옴으로써 성립된 것이므로, 여섯 개의 陽爻를 모두 震이라고 하는 것이다.

7) 「說卦傳」의 '今補'에 나온다(『四箋』 卷8, 34나).

8) 「繫辭下傳」에서 "巽, 稱而隱"이라고 함. 이는 重卦인 巽을 가리킨다.

9) 「說卦傳」에 "巽, 入也"라고 함. 또 「序卦傳」에서는 "巽者, 入也"라고 함. 그리고 「雜卦傳」에서는 "兌見而巽伏"이라고 함.

10) 『四箋』 卷1, 38나.

11) 『說文』이나 『康熙字典』에 이런 뜻이 나오는 것은 아니다(김상섭 역, 『高亨의 周易』, 예문서원, 1995, 293면).

○ 후과(侯果)[12]가 말하였다. "遯卦는 乾卦에서 왔다."

遯, 亨, 小利貞.

遯은 형통하니, 작은 일을 맡아 처리함에 이로울 것이다.

此 遯之不變者也 离位虛中 《一二三》 坎剛相應 《五之剛》 其占亨也

이것은 遯卦가 변하지 않는 경우이다. [遯卦의] 离位는 그 가운데(中)가 [陰이니] 비어 있다. 《1·2·3이 离位》 [제2位의 柔에 대하여] 坎의 剛이 상응하니 《[4·5·6位는 坎位에 해당하는데, 坎位의 5剛이 离位의 2柔와 상응함》 그 占이 형통한 것이 된다.

○陰道漸長 利小事也 《陰爲小》

---

12) 侯果는 唐代의 易學者. 茶山의 推移論에 따른다면, '12辟卦의 消長進退'로 볼 때, 遯은 [乾→姤→遯]의 발전 과정에서 나온 것이다. 따라서 侯果의 주장은 茶山說과 근본적으로 일치한다고 볼 수 있다.

○陰道가 점차로 자라나므로, 작은 일에 이로운 것이다. ≪陰은 작은 것이다.≫

䷠

彖曰 : 遯亨, 遯而亨也, 剛當位而應. 與時行也, 小利貞, 浸而長也, 遯之時義, 大矣哉!

「彖傳」: "遯亨"은 도망하였으나 형통한 것이니, [그것은] 剛이 있어야 할 자리에 있으면서 相應하기 때문이다. 四時와 더불어 운행함이요, "小利貞"은 [陰이] 점점 자라고 있음을 뜻하니, 遯卦의 시기(時期)와 [그] 의의(意義)는 [정말로] 크다고 할 수 있다.

遯而亨者 身雖逃而道亨也 五剛當位 與二應也 ≪二則柔≫

"遯而亨"은 몸은 비록 도피했으나 그 道는 형통한 것을 말한다. 제5位의 剛이 그 있어야 할 자리에 있고, 제2位[의 柔]와 더불어 相應하기 때문이다. ≪第2爻가 陰이다.≫

○與時行者 卦應四時也 ≪十二辟≫

○"與時行"이라고 말한 것은 遯卦가 四時에 대응됨을 말한 것이다.13) ≪[遯卦는] 12辟卦 중의 하나이다.≫

○浸者 如水益漬也 孔子於臨卦之傳曰 剛浸長 此亦曰 浸而

13) 遯卦는 辟卦에 속하므로, 四時와 호응한다고 말하였다는 뜻이다.

長 所以明臨遯爲變易也

䷒　䷠

臨←變易→遯

○'浸'은 물이 점점 스며드는 모양을 뜻한다. 孔子가 臨卦의 「彖傳」에서, "剛侵(而)長"이라고 하였고, 여기 遯卦의 「彖傳」에서도 역시 "浸而長"이라고 하였으니, [그것은] 臨卦와 遯卦가 서로 變易의 관계에 있음을 분명히 밝히기 위해서이다.

䷠

初六 : 遯尾厲, 勿用有攸往. ○象曰 : 遯尾之厲, 不往, 何災也.

初六 : 도망치다가 꼬리가 [잘리는] 위태로움에 처하게 될 것이니, 가는 곳을 두지 말아야 한다. ○「象傳」: 도망치다가 꼬리가 [잘리는] 위태로움에 처하게 될 것이나, 가지 않는다면 무슨 재앙이 있겠는가!

此 遯之同人也 同人自姤來 ≪一之二≫ 姤之一陰 遯之尾也 ≪自姤而向前≫ 乾馬外走 ≪首向外≫ 柔在後者 其尾也 ≪易例 初爲尾≫ 變而爲离 ≪下今离≫ 遂斷其尾 ≪离兵以截之≫ 遯尾厲也

䷠　䷌　䷫

遯→ 初爻變 →同人←推移←姤

이것은 遯卦가 同人卦로 변하는 경우이다. 同人卦는 姤卦로부터 왔다. ≪1이 2로 간 것이다.≫ 姤卦에 있는 한 개의 陰은 遯卦의 꼬리에 해당된다. ≪姤卦로부터 앞으로 향하여 前進한 것이다.≫ 乾의 말이 밖으로 내달릴 적에 ≪머리가 밖으로 향함≫ 柔가 뒤에 남아 있으니, [그것은 바로] 꼬리이다. ≪易例에서 初는 꼬리에 해당된다.≫ [遯卦로부터 同人卦로 가면, 下卦가] 변하여 离로 되니 ≪同人卦의 下卦가 지금 离≫ 마침내 그 꼬리가 절단되어 버린 까닭에 ≪离의 兵士가 그 꼬리를 자름≫ "遯尾厲(도망침에 꼬리가 위태롭다)"라고 말한 것이다.

○ 姤之時 巽德本順 ≪姤下巽≫ 移之同人 陰乃乘剛 ≪一之二≫ 其象 厲也

遯 →初爻變→ 同人←推移←姤

○姤卦의 때에는 巽의 德이 본래 順하였으나, 同人卦로 推移하면, 陰이 이에 陽을 올라타니 ≪1이 2로 감≫ 그 象이 위태로운 것이다.

○ 姤之一陰 往而向前 ≪一之二≫ 遭此离割 ≪下今离≫ 勿用有往也

遯 →初爻變→ 同人←推移←姤

○姤卦의 한 개의 陰이 가면서 앞으로 향하다가 ≪1이 2로 감≫ [마침내 同人卦에 이르러] 이처럼 离로써 절단됨을 당하게 된 까닭에 ≪[同人卦의] 下卦가 지금 离≫ 가는 곳을 두지 말라고 한 것이다.

○姤之一陰 若不前往 不逢离斷 不往何災也 ≪离爲災≫

遯 →初爻變→ 同人←推移←姤

○姤卦의 한 개의 陰이 만약에 앞으로 나아가지 않는다면, [离로 말미암아 꼬리가] 절단되는 일도 당하지 않을 것이므로, "不往何災"라고 말한 것이다. ≪离는 재앙의 뜻이 된다.≫

○程子曰 尾 在後之物也 遯而在後 不及者也 是以危也

○程子가 말하였다. "꼬리는 [신체의] 뒤쪽에 있는 것이다. 도망갈 때, 뒤에 있는 것은 미치지 못하니, [잘못하면 꼬리가 미쳐 도망가지 못하고 잡히는 까닭에] 이것으로 말미암아 위태로운 것이다."

○案 旣未濟 亦初爲尾 然 虞翻云 艮爲尾 ≪遯下艮≫

○[案] 旣濟卦와 未濟卦의 경우에도 역시 初畫은 꼬리에 해당된다.14) 그러나 우번(虞翻)은 艮이 꼬리가 된다고 하였다. ≪遯卦의 下卦가 艮≫

六二 : 執之用黃牛之革, 莫之勝說. ○ 象曰 : 執用黃牛, 固志也. ≪說音脫≫

14) 旣濟 初九에서 '濡其尾'라 하였고, 未濟 初六에서는 '濡其尾'라고 하였다.

六二 : 황소가죽으로 만든 고삐를 써서 [말을] 붙잡아매니, [말이 벗어나려고 해도] 벗어날 수 없을 것이다. ○「象傳」: 황소가죽으로 만든 고삐를 써서 [말을] 붙잡아맨다는 것은 [무릇 君子를 초빙함에 있어 떠나가지 못하게 만류(挽留)하려는] 의지(意志)가 [그처럼] 견고함을 말한 것이다. ≪'說'字는 '脫(탈)'로 읽는다.15)≫

此 遯之姤也 乾馬外走 長往不顧 ≪義見上≫ 艮雖欲止 ≪下本艮≫ 不可得也 二之旣變 乾馬之走 忽退一步 ≪今巽爲進退≫ 是 何故也 本以艮手 ≪下本艮≫ 今執巽繩 ≪下今巽≫ 其所執者 轡也 ≪在後執轡 以御馬≫

遯→2효변→姤

이것은 遯卦가 姤卦로 변하는 경우이다. [遯卦의] 乾의 말이 밖으로 내달려, 멀리 가서 되돌아보지 않으니 ≪이 뜻은 앞서 나왔음16)≫ 艮으로써 비록 [乾의 말을] 멈추게 하려고 하지만 ≪遯卦에서 下卦가 본래 艮≫ 그렇게 하지 못하는 것이다. [遯卦가 姤卦로 되면] 제2爻가 이미 변하니 乾의 말이 [앞으로] 달리다가, 갑자기 한 걸음 뒤로 물러나니 ≪지금 姤卦의 下卦인 巽은 '進退', 즉 나아가거나 물러감을 뜻함17)≫ 이것은 무슨 까닭인가? 본래 있던 艮의 손으로 ≪遯卦의 下卦는 본래 艮≫ 이제 巽의 밧줄을 잡으니 ≪姤卦의 下卦는 이제 巽≫ [그 결과, 달려가던 말이 앞으로 전진하지 못하고, 뒤로 후퇴하게 되었으니] 그 잡고 있는 것은 고삐(轡)이다. ≪[말의] 뒤에서, 고삐를 잡아서 말을 제어(制御)하는 것이다.≫

15) "막지승탈(莫之勝說)"로 읽는다는 뜻이다.
16) '首向外'를 말함.
17) 「說卦傳」에 '巽爲進退'라고 함.

遯進一步 卦將爲坤 ≪將爲否≫ 是 黃牛之體 隱然在內也 ≪坤爲黃≫ 姤之一陰 實包坤膚 ≪陰之在表者≫ 黃牛之革也 攣之有力 如此 雖欲脫去 ≪謂乾馬≫ 其可得乎 兌則爲脫 今兌既倒 ≪下今巽≫ 莫之勝說也 人國之勉留君子 當如是也

姤 → 遯 → 否

遯卦는 한 걸음 더 나아가서, 그 卦가 장차 坤으로 되려하니 ≪遯卦는 [한 걸음 더 나아가면] 否卦가 됨[18]≫ 이것은 黃牛의 성질(體)이 이미 [遯卦 내부에] 은연중에 숨어 있다는 것을 뜻한다. ≪坤은 황색이 됨≫ [그리고] 姤卦의 一陰은 사실상 坤의 피부(皮膚)를 감싸고 있으니 ≪陰이 표면에 있음≫ 이것을 가리켜 "黃牛之革(황소의 가죽)"이라고 한 것이다. 고삐가 이와 같다면, [즉 고삐가 황소가죽으로 만들어져서 질기다면] 비록 [말(馬)이 그로부터] 벗어나려고 하더라도 ≪乾馬를 가리킴≫ 그것이 가능하겠는가? 兌는 벗어남(脫)의 뜻이니, 지금 [姤卦에서] 兌가 이미 거꾸로 엎어져 있기 때문에 ≪[姤卦에서] 下卦가 지금 巽인데, 巽은 뒤집어진 兌의 형태≫ "막지승탈(莫之勝說)", 즉 "벗어날 수 없다"라고 말한 것이다. 사람이 [사람답게] 사는 나라에서는 [무릇] 君子를 [초빙할 때] 머무르도록 권함에 있어서 마땅히 이와 같이 해야 하는 것이다.

○ 离位中剛 ≪二今剛≫ 其志固也

遯→ 2효변→姤

---

18) 十二辟卦의 進退消長의 과정에서 遯卦는 장차 否卦를 거쳐서 坤卦로 된다. 즉 [遯→否→觀→剝→坤]의 과정을 거친다.

○[姤卦에서 보면, 1・2・3位의] 离位의 가운데 陽畫이 있으므로 ≪第2畫이 현재 剛≫ 그 뜻이 굳다고 말한 것이다.

○[19] 案 震坎皆馬 則巽离皆牛也 然 謂之黃牛者 必坤牛也 ≪革初九≫ 卦凡三畫 其中畫爲膚骨 其上下二畫 皆爲皮革 理宜然也

○[案] 震과 坎이 모두 말에 해당된다고 한다면, 巽과 离는 모두 소에 해당된다고 할 수 있다. 그러나 黃牛라고 할 경우에는 [巽과 离는 안 되고] 반드시 坤의 소(牛)이지 않으면 안 된다. ≪革卦 初九를 참조할 것[20]≫ 무릇 卦의 三畫 중에서, 그 中畫은 살(膚)과 뼈(骨)에 해당되고, 그 上畫과 下畫의 두 획(畫)은 모두 가죽에 해당되니, [이처럼 六二에서 "黃牛之革"을 언급한 것은] 이치로 볼 때, 당연한 것이다.

䷠

九三 : 繫遯, 有疾, 厲. 畜臣妾, 吉. ○ 象曰 : 繫遯之厲, 有疾, 憊也, 畜臣妾吉, 不可大事也.

九三 : 도망치려고 하는 것을 [강제로] 붙들어 매니, [자기의 뜻을 이루지 못하므로] 병이 들어 위태로울 것이다. 臣下와 첩을 돌보는 것은 길할 것이다. ○「象傳」: 도망치려고 하는 것을 붙들어 맬 때, 위태로운 것은 병이 들어 피곤하기 때문이다. 臣下와 첩을 돌보는 데는 吉하겠지만 [君子가] 큰 일을 하는 것은 가능하지 않을 것이다.

---

19) [校閱] 奎章本에는 "○"의 표시가 빠져 있다.
20) 『四箋』 卷6, 2나.

此 遯之否也

遯→3효변→否

이것은 遯卦가 否卦로 변하는 경우이다.

遯之兩互 其卦姤也 姤之九三 其卦訟也 ䷅ 訟自遯來 ≪二之三≫ 乾馬外走 引而挽之 ≪三之二≫ 遂以巽繩 ≪本互巽≫ 繫之坎木 ≪多心之堅木≫ 是 繫遯也 坎爲疾病 ≪訟下坎≫ 繫有疾也 馬之將逸 其氣莫遏 今 縶之維之 跼蹐疲頓 而不能展其追風之步 其勢 不能不有疾也 君子 當遯否之時 志在遜荒 而不能遂其遐擧之志 則亦必憂懼[21] 而致疾也

遯→兩互作卦 →姤→3효변→訟← 推移←遯

遯卦의 兩互卦로 卦를 만들면 姤卦가 된다. 姤卦 九三은 [爻變하게 되면] 訟卦가 된다. 訟卦는 遯卦로부터 왔다. ≪2가 3으로 감≫ 乾의 말이 밖으로 달리려고 할 때, [그 말을] 끌어 당겨서 ≪[遯卦에서] 3이 2로 감≫ 마침내 [訟卦가 되면] 巽의 밧줄로써 ≪訟卦의 上互卦는 본래 巽≫ [訟卦의 下卦인] 坎의 나무에 붙들어 매니 ≪가운데가 굵은 단단한 나무[22]≫ 이것을 가리켜 "繫遯"이라고 한 것이다. 坎은 질병(疾病)이 되기 때문에 ≪訟卦의 下卦가 坎≫ 붙들어 매니 병이 든다고 한 것이다. 말이 장차 달아나려고 할 때는 그 기운을 [도저히] 막을 수가 없다. [그런데] 이제 고삐를 매고,

---

21) [校閱] 新朝本과 國中本에는 "憂疚"로 되어 있으나 奎章本에는 "憂懼"로 되어 있다. "憂疚"도 뜻은 통하지만, 문맥으로 볼 때, "憂懼"가 더 적합해 보인다. 後者를 따른다.
22) 「說卦傳」에 나오는 "堅多心"을 "多心之堅木"이라 한 것.

밧줄로 매니, [말이] 몸을 오그리고 비실비실 걷다가, [마침내] 피로하여 쓰러져 버리게 된 것이다. 그 바람처럼 날던 발걸음을 [이제는 고삐로 묶여 더 이상] 내달릴 수 없는 까닭에, 그 기세(氣勢)에 병이 생기지 않을 수 없는 것이다. 君子가 물러가야 하는 불운(不運)한 때를 당하면, [당연히] 은둔하고자 하는 뜻을 두게 되지만[23] 그 멀리 피해 있고자 하는 뜻을 이룰 수 없는 경우에는 또한 근심하고 두려워하여 반드시 병이 나게 되는 것이다.

○遯之爲卦 有順無危 ≪本大巽≫ 移之爲訟 則柔乃乘剛 ≪二之三≫ 以居匪位 ≪陰居三≫ 其占厲也

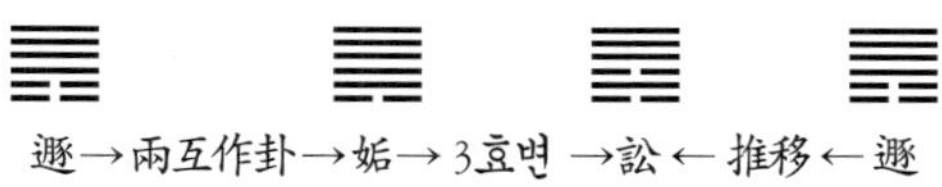

○遯卦의 성격은 본래 순종하여서 위태로움이 없다. ≪遯卦는 본래 大巽≫ [그런데 遯卦로부터] 推移하여 訟卦가 되면, 陰이 陽을 올라탐으로써 ≪遯卦의 2가 3으로 감≫ 제 자리가 아닌데도 머물러 있으니, 그 점괘가 위태로운 것이 된다.

○臣者 閹寺之小臣也 妾者 嬪御之賤女也 訟自遯來 ≪二之三≫ 艮 小臣也 ≪說卦云 艮爲閽寺≫ 亦自中孚 ≪四之一≫ 兌其妾也 ≪孚下兌≫ 移之爲訟 則坎以效[24]忠 ≪下今坎≫ 以事乾君 ≪坎爲事[25]≫

23) 明夷卦에도 이런 내용이 나오는데 "家髦遜荒"이라고 함(『四箋』 卷4, 46가). 그리고 『書經』(車相轅 譯, 명문당, 1973, 165면)을 참조할 것.

24) [校閱] 奎章本에는 "效"(효)로 되어 있으나, 新朝本과 國中本에는 "効"(효)로 되어 있다. "効"는 "效"의 俗字이다.

25) [校閱] 新朝本에는 "坎爲下"로 되어 있으나 奎章本과 國中本에는 "坎爲事"로 되어 있다. 訟卦에서 坎이 下卦에 있는 것도 사실이므로, "坎爲下"라고 해도 틀린 것은 아

畜臣妾吉也 當此之時 君子遯荒 時運否塞 ≪遯之否≫ 君之所恃唯有婦寺之忠 不亦危乎

中孚→推移→訟←推移←遯

○"臣"은 환관(宦官)처럼 직급이 낮은 신하를 가리키고, "첩(妾)"은 궁녀처럼 비천한 여자를 가리킨다. 訟卦는 遯卦로부터 왔으니 ≪2가 3으로 감≫ [遯卦의 下卦는 艮인데] 艮은 小臣에 해당된다. ≪「說卦傳」에서 艮은 '혼시(閽寺)'라고 하였다.≫ 또 [訟卦는] 中孚卦로부터 왔으니 ≪4가 1로 감≫ [中孚卦의] 兌는 그 妾에 해당된다. ≪中孚卦의 下卦는 兌≫ [遯卦로부터] 옮겨져서 訟卦가 되면, 坎으로써 충성을 바침으로써 ≪[訟卦의] 下卦가 지금 坎≫ 乾의 君主를 섬기는 까닭에 ≪坎은 섬기는 것이 됨≫ "畜臣妾吉"이라고 한 것이다. 이러한 때를 당하여, 君子는 초야에 은둔해 있고, 時運은 막혀 있는데 ≪遯卦가 否卦로 변함≫ 君主가 믿는 것이 겨우 아녀자나 내시의 충성뿐이니, 어찌 위태롭지 않겠는가?

○旣勞乎坎 ≪訟下坎≫ 馬則憊也

○이미 坎에서 힘을 썼으니 ≪訟卦의 下卦가 坎≫ 말이 피곤한 것이다.

○卦才如此 小事雖吉 ≪陰爲小≫ 不可大事也

○괘의 성질이 이와 같으니, 비록 작은 일에는 길하겠지만 ≪陰은 작은 것이 됨≫ 큰 일은 이룰 수 없는 것이다.

○學稼云 卦今爲否 上乾下坤 其色玄黃 ≪坤文言≫ 玄黃者 馬

니지만, 여기서는 "以事乾君"의 "事"에 대한 설명이므로, 後者가 더 적합해 보인다.

疾也 ≪卷耳注≫

遯→ 제3효변 → 否

◯ 학가(學稼)[26]가 말하였다. "遯卦가 지금 否卦로 되었으니, [否卦의] 上卦는 乾이고 下卦는 坤인데, [否卦에서 乾·坤의] 그 色은 검고 누런 색이 될 것이니 ≪坤卦의 「文言」에 나옴[27]≫ 검고 누렇게 되는 것[28]은 말에게 나타나는 질병이다." ≪[『詩經』 「國風」 「周南」의] 「권이(卷耳)」[29]의 주(注)에 나온다.≫

九四 : 好遯, 君子吉, 小人否. ◯ 象曰 : 君子好遯, 小人否也.

九四 : 은둔(隱遁)을 좋아하니, 君子는 길하지만, 小人은 그렇지 못할 것이다. ◯「象傳」: 君子는 은둔(隱遁)을 좋아하지만, 小人은 그렇지 못하다.

此 遯之漸也 漸之爲卦 例取倒合 ≪夫婦之象 取倒合≫ 本以震夫

26) 學稼(學淵) : 학가(學稼)는 茶山의 맏아들인 丁學淵(1783~1859)을 가리킨다. 學稼(또는 武牂)는 그의 兒名이다. 字는 穉修이며, 號는 유산(酉山)이다. 의술에 밝았다.

27) 坤卦 上六의 「文言」에 "天玄而地黃"이라 함(『四箋』 卷1, 50나). 한편, 「說卦傳」에서는 震이 玄黃이라 한다(『四箋』 卷8, 35나).

28) 玄黃 : 검은 말이 병들면 누런빛이 된다는 뜻에서 나옴. 말이 병들어 괴로워하는 疾病을 가리킴.

29) 『詩經』 「國風」 「周南」 「卷耳」에 "陟彼高岡, 我馬玄黃. 我姑酌彼兕觥, 維以不永傷"이라고 함. 또 그 註釋에 "玄黃은 검은 말에 黃色 무늬가 있은 것이니, 病이 極해져서 변색한 것이다"라고 함.

≪下倒震≫ 得配巽妻 ≪上今巽≫ 當遯之時 成此巽隱 ≪上今巽≫ 此 夫婦偕隱也 ≪古有偕隱歌≫ 非好遯乎 ≪字從[30]子從[31]女≫ 遂以離喜 ≪上互离≫ 亦好遯也

遯→ 제4효변 →漸

이것은 遯卦가 漸卦로 변하는 경우이다. 漸卦는 뒤집어서 결합시키는 경우의 例를 취한다. ≪夫婦의 象은 뒤집어서 결합시킴≫ 본래 [漸卦에서] 震의 지아비로서 ≪漸卦의 下艮은 뒤집어진 震≫ 巽의 아내를 배필로 얻었으니 ≪漸卦의 上卦는 현재 巽≫ 遯卦의 때를 당하여 이처럼 巽의 은둔(隱遁)을 이루었으니 ≪漸卦의 上卦는 지금 巽≫ 이것은 부부(夫婦)가 함께 은둔하는 것이니 ≪옛 적에 「해은가(偕隱歌)」[32]가 있었음≫ [이것이 어찌] "好遯", 즉 "은둔함을 좋아하는 것"이 아니겠는가? ≪'好'字는 '子'字와 '女'字를 결합한 것≫ 마침내 离로써 즐거워하니 ≪漸卦의 上互卦는 离≫ [이것도] 역시 "好遯"인 것이다.

然 惟君子而後 方有衡泌之樂 ≪義見下≫ 小人則妻子亦戚戚矣 卦有艮兌 ≪上顚兌≫ 亦夫婦也 ≪亦倒合≫ 然 艮爲小人 ≪見泰否≫ 兌則非巽 ≪取兌象≫ 不可隱也 ≪巽爲隱≫ 亦有坎憂 ≪下互坎≫ 非好遯也 故曰 小人否

遯→ 제4효변 →漸

---

30) [校閱] 新朝本에는 "從"으로 되어 있으나 奎章本에는 "以"로 되어 있다.

31) [校閱] 新朝本에는 "從"으로 되어 있으나 奎章本에는 "以"로 되어 있다.

32) 『古詩賞析』(『漢文大系』 卷18, 「周時」, 「祝牧」, 19면)에 나온다. 뒤에 언급되는 古歌가 바로 이것이다.

그러나, 오직 君子가 된 이후라야 비로소 '형비(衡泌)의 즐거움'[33]을 누릴 수 있는 것이니, ≪[형비(衡泌)의] 뜻은 다음에 [인용되는 『詩經』에] 나옴≫ 小人의 경우에는 그 처자들도 역시 [은둔함을] 슬퍼하는 것이다. [지금] 漸卦에 艮과 兌가 있으니 ≪上卦의 巽은 뒤집어진 兌≫ 역시 夫婦의 象이다. ≪역시 倒合을 취함≫ [그런데] 艮은 小人이 되고 ≪泰卦와 否卦에 나옴[34]≫ 兌는 巽이 아니므로 ≪漸卦의 上巽을 뒤집어서 兌의 象을 취함≫ 은둔할 수가 없고 ≪巽은 숨음이 됨≫ [게다가] 坎의 근심도 또한 있으니 ≪漸卦의 2·3·4의 下互卦가 坎≫ "好遯"의 경우가 아니다. 그러므로 "小人否"라고 한 것이다.[35]

○詩云 衡門之下 可以栖遲 豈其取妻 必齊之姜 棲者 與妻居也 ≪字從[36]妻≫ 古歌云 我黻子佩 我負子戴 此 皆夫婦偕隱之詩也

○『詩經』「國風」「陳風」에 이르기를, "막대 하나 걸어서 문을 삼은 오두막이라도 편히 쉴 수 있으리니, [샘물이 넘쳐나니, 굶주림은 면할 수 있으리로다. ……] 어찌 아내를 얻음에 꼭 齊나라 강씨(姜氏) 성(姓)[37]을 가진 규수일까 보냐"라고 한 노래가 있으니, '서(栖, 棲)'는 [곧] 아내와 더불어 사는 것을 말한 것이다. ≪'棲(서)'字는 '妻(처)'字를 따른다.≫ 옛 詩歌에 이르기를, "[세상에 道가 있으면] 나도 관복을 입고, 그대도 패

---

33) 형비지락(衡泌之樂) : 막대 하나 걸어 놓은 문(衡門)으로 오두막을 삼더라도 편히 쉴 수 있고, 넘쳐나는 (泌) 샘물로 굶주림을 면할 수 있는 즐거움을 말함.

34) 泰卦의 彖辭의 "君子道, 長, 小人道, 消"와 연관하여 말하고 있는 것으로 보인다(『四箋』 卷2, 30가). 그리고 否卦의 彖辭에서는 "小人道, 長, 君子道, 消"라고 되어 있다(『四箋』 卷2, 34나~35가).

35) 앞서 好遯의 '君子吉'의 경우는 上卦를 기준으로 倒合을 취하였기 때문에, 震夫와 巽妻의 결합이 되는 반면에, '小人否'의 경우는 下卦를 기준으로 倒合을 취하고 있기 때문에, 艮의 小人과 兌의 妻의 결합이 된다.

36) [校閱] 新朝本에는 "從"으로 되어 있으나 奎章本에는 "以"로 되어 있다.

37) 豈其取妻 必齊之姜 : '姜氏'는 당시 강대국인 齊나라의 王族.

물로 치장하겠지만, [天下가 無道하면] 나는 [등에] 지고 그대는 [머리에] 이고 떠날지니"라고 하였으니,[38] 이것은 모두 부부(夫婦)가 함께 은둔(隱遁)하면서 사는 것을 노래한 詩인 것이다.

九五 : 嘉遯, 貞, 吉. ○ 象曰 : 嘉遯貞吉, 以正志也.

九五 : 기쁘게 은둔하니, 일을 맡아 처리하면 길하다. ○「象傳」: "기쁘게 은둔하니, 일을 맡아 처리하면 길한 것(嘉遯貞吉)"은 올바른 뜻으로써 하기 때문이다.

此 遯之旅也 旅自否來 ≪三之五≫ 否亦遯也 ≪乾出外≫ 移之爲旅 嘉會以禮 ≪上今离≫ 是 嘉遯也 遯而在外 猶得禮遇 凡隱遯之事 無不吉也 ≪貞 事也≫

38) 앞서 언급된 "해은가(偕隱歌)"로, 『古詩賞析』(『漢文大系』 卷18, 富山房, 明治 48年, 19면)에 나온다. 앞의 句는 부부가 같이 높은 지위에 오른 것을 말함. 금청영(琴清英)에 나온다고 한다. 我黻子佩(또는 我韍子佩); 謂夫婦共享高位, 共得高官. 「琴清英」, "祝牧, 與妻皆隱, 作琴歌云, '天下有道, 我黻子佩; 天下無道, 我負子戴'". 『莊子』, "祝牧, 謂其妻曰, '天下有道, 我韍子佩; 天下無道, 我負子戴'."(胡汝章 主編, 『成語辭海』 上, 中國卓越出版公社, 1990, 869면 참조). 한편 『莊子』「讓王」에 "夫負妻戴" 운운하는 구절은 나오는데, 그 인물도 祝牧도 아닌 "石戶農"이고, 이상과는 무관한 것이다(『漢文大系』 第9卷 『莊子翼』, 富山房, 110면).

이것은 遯卦가 旅卦로 변하는 경우이다. 旅卦는 否卦로부터 왔으니 ≪3이 5로 감≫ 否卦도 또한 은둔의 卦이다. ≪乾卦가 밖으로 나감≫ [否卦에서] 旅卦로 推移되면, 禮로써 기쁘게 만나게 되니 ≪旅卦의 上卦가 지금 离≫ 이것이 곧 "嘉遯"이다. 은둔하여 밖에 있으면서도, 오히려 예우(禮遇)를 받으니, 무릇 [이렇게 된다면] 은둔(隱遁)의 일도 길하지 않음이 없다. ≪貞은 일을 뜻한다.≫

○正志者 离也

○"正志"는 离[의 禮]로써 말미암는 것이다.

上九 : 肥遯, 无不利. ○象曰 : 肥遯无不利, 無所疑也.

上九 : [마음은 거리낌이 없고, 몸은 편하니] 살찌면서 은둔하는지라,[39] 이롭지 않음이 없을 것이다. ○「象傳」: "肥遯无不利"라고 한 것은 의심할 바가 없음을 말한 것이다.

此 遯之咸也 咸自否來 ≪三之上≫ 乾馬外走 ≪否大往≫ 其骨瘠羸 ≪乾爲瘠≫ 移之爲咸 則得以兌口 ≪上今兌≫ 食此巽草 ≪本互巽≫ 乾骨之外 坤肉厚包 ≪上下有三陰≫ 此 肥澤之象也 ≪兌爲澤≫ 本以瘠

39) 다산은 細註에서 "隱遯之士, 雖疏食水飮, 而心廣體胖, 不改其樂, 有是象也(은둔하고 있는 선비라면 비록 거친 음식을 먹고, 물만 마실 망정, "마음만은 거리낌이 없고, 몸은 편하기 때문에, 그 즐거움을 버리지 않으니, 이런 [肥遯의] 象이 있는 것이다)"라고 함.

遯 今爲肥馬 ≪今互乾≫ 非肥遯乎 隱遯之士 雖疏食水飮 而心廣體胖 不改其樂 ≪兌爲悅≫ 有是象也

䷠ ䷞ ䷋

遯→上爻變→咸← 推移←否

이것은 遯卦가 咸卦로 변하는 경우이다. 咸卦는 否卦로부터 왔으니 ≪3이 上으로 감≫ [否卦에서] 乾馬가 밖으로 달려가니 ≪否卦에서 ["大往小來"라고 하였으니] '큰 것(大=陽)'이 가는 상황임[40]≫ 그 [말의] 뼈가 여윈 모습이다. ≪乾은 '파리함'이 됨≫ [遯卦로부터] 추이하여 咸卦가 되면, 兌의 입으로써 ≪咸卦의 上卦가 지금 兌≫ 이 巽의 풀을 먹는 것이다. ≪[遯卦에] 본래 互巽이 있음≫ 乾의 뼈의 외부를 坤의 살로 두텁게 둘러싸고 있으니 ≪[咸卦의] 上卦와 下卦에 모두 세 개의 陰이 있음≫ 이것은 살찌고 윤택(潤澤)한 象이 된다. ≪兌는 澤이 된다.≫ 본래는 수척한 모습으로 은둔하였으나, 이제는 살찐 말이 되었으니 ≪咸卦에 지금 互乾이 있음≫ 어찌 "肥遯"이라고 아니할 수 있겠는가? 은둔하고 있는 선비라면 비록 거친 음식을 먹고, 물만 마실망정, "마음만은 거리낌이 없고, 몸은 편하기 때문에", 그 즐거움을 버리지 않으니, ≪兌는 기뻐함이 됨≫ 이런 [肥遯의] 象이 있는 것이다.

○卦本大巽 ≪兼畫三≫ 巽則爲利 ≪利三倍≫ 今又兌和 ≪上今兌≫ 无不利也

䷠ ䷞ ䷋

遯→上爻變→咸←推移←否

40) 『四箋』 卷2, 34나 참조. 여기서 '3의 陰'이 上으로 가는 것(이는 즉 小往大來라 할 수 있음)과는 무관하다.

○遯卦는 본래 大巽이고 ≪遯卦를 兼畫하여 三畫卦로 보면 巽≫ 巽은 곧 이로움이 되니 ≪巽은 [「說卦傳」에] 그 이로움이 세 배가 된다고 함[41]≫ 이제 또 兌의 화합을 이루었으므로 ≪咸卦의 上卦가 지금 兌≫ "无不利"라고 말한 것이다.

○卦今大坎 ≪二六夾≫ 若有疑也 ≪坎爲疑≫ 咸者 感也 ≪卦今咸≫ 又何疑焉

遯→上爻變→咸

○咸卦는 지금 大坎의 형태이니 ≪2·3·4·5·6은 협괘(夾卦)로서 大坎의 형태를 이룸≫ 마치 의심이 있는 듯하다. ≪坎은 의심(疑心)이 됨≫ [그러나] 咸은 감응(感應)함이 되니 ≪遯卦 上九는 지금 咸卦가 됨≫ 또 무슨 의심이 있겠는가?

○案 淮南子 師道訓云 遯而能飛 吉孰大焉

○[案] [『後漢書』에 따르면] 『淮南子』「사도훈(師道訓)」[42]에서 "遯而能飛, 吉孰大焉", 즉 "은둔(隱遁)하고 있으나 비상(飛翔)할 수 있으니, 어떤 吉함이 이보다 크겠는가?"라고 하였다.[43]

曹植 七啓云 飛遯離俗 思玄賦 舊本 亦作飛遯 ≪平子 亦以肥爲飛 故曰 翼迅風≫ 文選諸註 ≪李善 呂[44]向等≫ 並引易詞爲證 ≪亦作飛≫ 至

41) 大巽이라서 새삼 "세 배"가 되는 것은 아니다. 「說卦傳」에 "巽, 近利市三倍"라 하였다.

42) 『淮南子』「師道訓」은 이미 오래 전에 없어진 글로서, 『漢書』「藝文志」에 이름만 전한다. 따라서 茶山의 인용은 『後漢書』로부터의 再引用으로 판단된다.

43) 이는 『後漢書』「張衡列傳」(卷7, 中華書局, 1965, 1919면)의 注釋에 보이는데, '淮南九師道訓'이라 되어 있으며, 현행 『淮南子』에는 「師道訓」이라는 편이 없다.

明焦竑 又引金陵攝山碑 ≪云 緬懷飛遯≫ 以爲證 然 於象無當 ≪卦無离≫ 此 聲誤也 楊用修云 古肥作巭[45] 故因巭[46]誤蜚 又因蜚作飛 其說良是

[그리고] 조식(曹植)[47]의 「七啓」[48]에서 "飛遯離俗"[49]이라고 하였으니, 그것은 "遁世하여 世俗으로부터 떠난다"는 뜻이다. [장형(張衡)[50]의] 「思玄賦」[51]의 舊本[52]에도 역시 "飛遯"이라고 하였다.[53] ≪張平子[54]도 역시

44) [校閱] "呂向"이 新朝本에는 "以向"으로 되어 있으며, 또 國中本에는 "巨向"으로 되어 있으나 이는 誤記이다.

45) [校閱] '巭'는 "肥"의 古字이다.

46) [校閱] 新朝本과 國中本에는 "故因巭"의 부분이 있으나, 奎章本에는 없다.

47) 조식(曹植, 192~232): 字가 子建으로 조조(曹操)의 셋째 아들로, 陳王에 봉해졌고, 흔히 陳思王이라 칭한다. 曹植은 어려서부터 문학에 뛰어난 소질이 있었으니, 말을 하면 論文이 되고 붓을 대면 文章이 되었다고 한다. 「七步詩」로 유명하다. 소설 『三國志演義』에 나오는 「七步詩」는 동생 조식(曹植)의 간절한 형제의 情과 兄 조비(曹丕)의 非情함을 노래한 것으로서 인구에 회자되고 있는 유명한 詩이다.

48) 「七啓」에 대해서는 『漢魏六朝百三家集』(卷1, 1412-668면)을 참조할 것. 「七啓」의 명칭은 일곱 字씩 구성되었기 때문에 붙여진 것이 아니라, 文體의 이름에서 말미암은 것으로 보인다. 「七啓」는 『文選』 卷34와 卷35에 七이란 文體로 분류되어 수록되어 있다.

49) 飛遯離俗: 조식(曹植)의 「七啓」 중 前編 第一段에 나오는 句이다. "玄微子, 隱居大荒之庭, 飛遯離俗, 澄神定靈, 輕祿傲貴, 與物無營, 耽虛好靜, 羨此永生(玄微子가 大荒의 地에 머물면서, 遁世하여 世俗으로부터 떠나니, 精神을 맑게 하여, 命數를 定하도다. 爵祿을 가볍게 여기고, 高貴함을 업신여기면서, 사물에 집착하여 마음을 수고롭게 함이 없도다. 虛靜의 道를 좋아하고 즐겨서, 이 長生의 術을 그리워하도다)." 여기서 현미자(玄微子)는 조식(曹植)이 創作한 道家의 隱者이다. 또 大荒之庭은 『山海經』의 '大荒'에서 유래된 말이다.

50) 장형(張衡, 78~139): 後漢의 과학자이며 문인, 평자(平子)는 그의 字이다. 부문(賦文)에 능하여 後漢 中期의 태평성대를 풍자한 『二京賦』·『歸田賦』 등이 있다. 또한, 천문(天文)·역학(曆學)의 대가로서 안제(安帝)의 부름을 받아 대사령(大史令)이 되고, 일종의 천구의(天球儀)인 혼천의(渾天儀)를 비롯하여 지진계(地震計)라 할 수 있는 후풍지동의(候風地動儀)를 만들었다. 후자는 지진이 일어난 방향의 용구(龍口)로부터 둥근 공이 튀어나오도록 만들어 놓은 장치로서, 지진의 예보도 하였다고 한다. 만년에는 하간왕(河間王)의 재상(宰相)으로서 호족(豪族)들의 발호를 견제하는 데 큰 공을 세웠다. 『後漢書』 卷7에 「張衡列傳」(中華書局, 1965, 1918면)이 있다.

51) 『漢魏六朝百三家集』(卷1, 1412-330면)을 참조할 것.

52) 『漢魏六朝百三家集』에는 '肥遯'으로, 『後漢書』에는 '飛遯'으로 되어 있다.

53) 張衡의 「思玄賦」는 『文選』(卷15)에 수록되어 있다. "飛遯"은 "文君爲我端蓍兮, 利

'肥'가 '飛'의 뜻이 되는 것으로 보았기 때문에 '翼迅風'[55]이라고 하였던 것이다.[56]≫ [以上의 내용을 수록하고 있는] 『文選』[57]의 여러 註釋에서도 ≪李善[58]과 呂向[59] 등의 주석≫ 易詞를 인용하면서 이를 고증하였다.[60] ≪『文選』의 여러 주석가들도 역시 '肥'를 '飛'로 보았다.≫ 심지어 明나라 때의 초횡(焦竑)[61]까지도 「금릉섭산[서하사]비(金陵攝山[栖霞寺][62]碑)」를 인용하여 ≪그 「碑」에 이르

飛遯以保名, 歷衆山以周流兮, 翼迅風以揚聲, 二女感於崇嶽兮"라는 句에 나온다.

54) 장형(張衡)을 가리킴.

55) '翼迅風'은 아래의 「思玄賦」의 인용문에 나온다.

56) 後漢 천문학자 張衡. 字가 平子임. 오두미교의 장능의 아들 張衡(字, 子平)이 아님.

57) 『文選』: 梁나라 武帝의 아들인 소명태자(昭明太子) 소통(蕭統)이 편집한 책인데, 秦나라·漢나라 이후 齊나라·梁나라의 대표적인 詩文을 모아 엮은 책으로 전 30권으로 되어 있다(皮錫瑞, 이홍진 譯, 『中國經學史』, 형설출판사, 1984, 9면, 註 7번). 소통(蕭統)에 따르면, 「經」은 존귀하고, 「史」는 文이 아니며, 「子」는 글의 본보기가 되기 어렵기 때문에, 편찬의 대상에서 제외시키고, 오직 좁은 의미의 '文'에 입각하여 글들을 편집하였다고 한다(朱自淸, 全寅初 譯, 『經典常談』, 을유문화사, 1997, 244면). 여기에 실린 문장가는 130여 명으로, 이 중에는 무명작가의 古詩와 古樂府도 포함되어 있다. 편차(編次)는 문체별로 부(賦)·시(詩)·소(騷)·조(詔)·책(策)·표(表)·서(序)·논(論)·제문(祭文) 등 39종으로 나누었다. 시는 443수이고, 부(賦)·소(騷)에서 제문까지의 작품 317편을 수록하였는데, 그 중 부가 가장 많다. 『文選』은 隋나라에 이르러 세상에 널리 알려졌는데, 唐나라의 학자 이선(李善)은 조헌(曹憲)에게 『文選』을 배우고 658년에 『文選』에 방대한 주석을 단 『文選注』(60권)를 편찬하였는데, 이 책은 『文選』 주석의 대표작으로 높은 평가를 받고 있다. 이후 많은 사람들이 이 책을 기초로 연구하거나 저술하여 '문선학'이 탄생하였다. 宋代인 1016년 처음으로 『文選』이 교각(校刻)되면서부터 이를 전문적으로 배우는 선학(選學)이 탄생하였는데, 한유(韓愈)·두보(杜甫) 등도 『文選』을 존중하였다는 기록이 있다. 특히 당나라 때에는 문선학이 아주 성행하여 육경(六經)에까지 견주게 되었다.

58) 李善(630?~689): 唐代人, 원래 30권이던 『文選』에 註를 달면서 한 卷을 둘로 나누어 60권으로 재정리하였는데, 그 뒤로 30卷本 『文選』은 세상에서 자취를 감추게 되었다.

59) 呂向: 『文選』의 주석가 중 한 사람으로서, 이른바 『五臣註』의 五臣에 속한다. 唐나라 玄宗 개원(開元) 6년(718)에 당시의 공부시랑(工部侍郞) 여연조(呂延祚)가 여연제(呂延濟)·유량(劉良)·장선(張銑)·여향(呂向)·이주한(李周翰) 등 5명을 모아 『文選』의 註를 달게 한 것이 이른바 『五臣註』인데, 거기에 李善의 註를 합하여 『六臣註文選』이라고 한다.

60) 요컨대 『文選』에서 「七啓」나 「思玄賦」를 주석함에 있어, 淮南子의 말을 가지고 고증을 하였다는 것이며, 이후 초횡(焦竑)은 「金陵攝山碑」를 가지고 고증을 한 것이다.

61) 초횡(焦竑): 明代의 인물로서, 일명(一名) 초약후(焦弱侯)로 불리운다. 저서에 『易筌』이 있다.

기를 '飛遯할 것을 생각한다'라고 하였다.≫ 이를 고증하였던 것이다.[63] 그러나 이상의 說들은 卦象에 합당치 않으니 ≪遯卦에 '飛(나는 것)'의 상징에 해당되는 离의 象이 없음≫ 이것은 '聲誤', 즉 '발음의 유사성으로 인해 생긴 오해'인 것이다. 양용수(楊用修, 1488~1559)[64]가 이르기를 "옛날에는 '肥'字를 '巷'字로 썼는데, 이 '巷'字로 인해 '蜚'로 誤認되고, 또한 '蜚'로 인해 '飛'字로 쓰게 되었다"고 했는데, 그 설명이 매우 옳다.

張衡 思玄賦 云 文君爲我端蓍[65] 利飛[66]遯以保名[67] ≪原注 : 筮遇遯上九≫ 歷衆山以周流兮[68] ≪原注 : 艮爲山≫ 翼迅風以揚聲 ≪原注 : 從二至四 爲巽風≫ 二女感於崇岳兮[69] ≪原注 : 遯之上九 變爲咸 咸 感也 巽兌爲二女≫ 或氷折而不營 ≪原注 : 乾爲氷[70] 乾變兌 爲氷[71]折之象≫ 天蓋高而爲澤兮[72] 誰云路之不平 ≪原注[73] : 乾變爲兌澤≫ 勔自强而不息兮[74]

---

62) 서하사(棲霞寺)는 南京의 북쪽에 있는 유명한 절이다. 고구려 출신 승려 승랑(僧朗)이 머물기도 하였다.

63) 「金陵攝山栖霞寺卑」를 가리킨다. 馬子雲, 施安昌, 『碑帖鑒定』, 廣西桂林市 : 廣西師範大學出版社, 1993, 368면.

64) 楊用修(1488~1559) : 明代人으로서 字가 用修이며, 名은 愼이다(谷方, 『中國哲學人物事典』, 太原 : 書海出版社, 1990, 571면). 朱子學을 벗어나서 六經 속에서 경전의 本義를 찾을 것을 주장하여 考據學의 새바람을 일으켰다.

65) [校閱] 原文에는 句의 끝에 "兮"가 들어 있으나, 茶山의 인용문에서는 생략되어 있다.

66) [校閱] 新朝本과 奎章本과 國中本에 모두 "肥遯"으로 되어 있으나. 그러나 앞서 茶山은 "思玄賦 舊本, 亦作飛遯 ≪平子, 亦以肥爲飛, 故曰, 翼迅風≫"이라고 말한 바 있다. 즉 장형(張衡)의 「思玄賦」의 舊本에서도 "肥遯"을 "飛遯"이라고 하였다는 것이다.

67) 李道平의 『周易集解纂疏』(潘雨廷 點校, 中華書局, 1994, 332면)와 何楷의 『古周易訂詁』(景印 文淵閣四庫全書 第三六冊, 36~165면) 그리고 毛奇齡의 『仲氏易』(上海古籍出版社, 1990, 143면)에서는 위의 두 책이나 『四箋』과는 달리, '利飛遯이 '欲飛遯'으로 되어 있음. 또 董眞卿의 『周易會通』(四庫易學叢刊, 上海古籍出版社, 1990, 411면)에서도 '利'로 되어 있다. 利는 '탐(貪)한다'는 뜻이다.

68) [校閱] 原文에는 句의 끝에 "兮"가 들어 있으나, 茶山의 인용문에서는 생략되어 있다.

69) [校閱] 原文에는 句의 끝에 "兮"가 들어 있으나, 茶山의 인용문에서는 생략되어 있다.

70) [校閱] 新朝本과 國中本에는 "氷"으로 되어 있으나 奎章本에는 "冰"으로 되어 있다.

71) [校閱] 新朝本과 國中本에는 "氷"으로 되어 있으나 奎章本에는 "冰"으로 되어 있다.

72) [校閱] 原文에는 句의 끝에 "兮"가 들어 있으나, 茶山의 인용문에서는 생략되어 있다.

蹈玉[75]階之嶢崢 ≪原注 : 天行健 君子以 自强不息 乾爲玉 故云 玉階≫

張衡의 『思玄賦』[76]에서 다음과 같이 노래하였다.

文君爲我端蓍兮　利飛遯以保名
歷衆山以周流兮　翼迅風以揚聲
二女感於崇岳兮　或氷折而不營
天蓋高而爲澤兮　誰云路之不平
勔自强而不息兮　蹈玉階之嶢崢

文君[77]은 나를 위해, 시초(蓍草)를 바로 잡았으니,
　　멀리 은둔(隱遯)하여, 이름을 보존할지니라. ≪原注 1[78]≫
뭇 山岳을 편력하면서 사방을 두루 유람하노니, ≪原注 2≫
　　거친 바람을 도와서, 명성(名聲)을 떨치도다. ≪原注 3≫
두 女人이 높은 山에 감응하는데, ≪原注 4≫
　　혹 얼음이 갈라져 어찌할 수 없을지라도, ≪原注 5≫
하늘의 지붕이 높기는 높아도 [평평한] 못이 되었으니,
　　그 누가 그 길이 평탄치 않다고 할 것인가? ≪原注 6≫
스스로 굳세게 노력하여, 쉬지 않을지니,
　　옥(玉)으로 만든 계단을 밟아서 그 드높은 봉우리에 오르리라.
　　≪原注 7≫

[原注 1] 점쳐서 遯卦 上九를 만난 것이다.[79]

---

73) [校閱] "原注"가 新朝本에는 "原註"로 되어 있다. 奎章本을 따르기로 한다.
74) [校閱] 原文에는 句의 끝에 "兮"가 들어 있으나, 茶山의 인용문에서는 생략되어 있다.
75) [校閱] "玉階"가 奎章本에는 "王階"로 되어 있는데, 誤記이다.
76) 『後漢書』 卷7 「張衡列傳」(中華書局, 1965, 1918면)과 『漢魏六朝百三家集』(卷1, 1412-330면)을 참조.
77) 文君 : 文君은 文王을 가리킨다. 原注에 "文君, 文王也"라고 함.
78) 여기서 "原注"라고 함은 "舊注"를 가리킨다. "舊注"의 저자는 확실하게 알 수 없다고 한다.

[原注 2] 艮은 山이 된다.80)

[原注 3] 2·3·4는 巽이 되니, 바람을 뜻함81)

[原注 4] 遯卦의 上九가 변하여, 咸卦가 되니, 咸은 곧 感의 뜻이라고 하고, [또 咸卦에서] 巽과 兌는 두 여인에 해당된다.82)

[原注 5] 乾은 얼음이 되니, [遯卦의 上卦인] 乾83)이 변하여 [咸卦의 上卦인] 兌가 되므로, 얼음이 갈라지는84) 象이 된다.85)

[原注 6] [遯卦의 上卦인] 乾이 변하여 [咸卦의 上卦인] 兌의 澤이 되었다.86)

[原注 7] [『易經』의 乾卦의 「大象傳」에서 "天行健, 君子以, 自强不息", 즉] "하늘의 운행은 쉼이 없으니, 君子는 이것을 본받아 스스로 굳세게 노력하여, 쉬지 않는 것이다"87)라고 하였다.88) 乾은 玉이 되는 까닭에, 옥계(玉階)89)라고 말한 것이다.90)

○案 平子 以遯上九 爲遯之咸 原註釋義 亦詳核不錯 是 知

---

79) 原注는 다음과 같다. "遯, 卦名也, 上九曰, 飛遯無不利, 謂去而遷也, 九師道訓曰, 遯而能飛, 吉孰大焉, 此筮得遁之咸, 其遯卦, 艮下乾上, 上九爻辭云, 肥遯, 最在卦上, 居無位之地, 不爲物所累, 矰繳所不及, 遯之最美, 故名肥遯, 處陰長之時而獨如此, 故曰, 利飛遯而保名."

80) 原注에 "從初至三爲艮, 艮爲山, 故曰, 歷衆山"이라고 함.

81) 原注에 "從二至四爲巽, 巽爲風, 故曰, 翼迅風"이라고 함.

82) 原注에 "遯上九變爲咸, 咸, 感也, 巽, 長女, 兌, 少女, 故曰, 二女"라고 함.

83) 중화서국판의 『後漢書』 注釋者는, 咸의 3·4·5가 乾인 점에 착안, 咸卦 자체에서 설명하는 것으로 보임.

84) 「說卦傳」에 "兌爲毁折"이라고 함.

85) 原注에 "從三至五爲乾, 乾爲氷, 故曰, 氷折而不營, 遯上九變爲兌"이라고 함.

86) 原注에 "互體四至乾變爲兌, 兌爲澤, 天爲澤"이라고 함.

87) "天行健, 君子以, 自强不息"은 乾卦의 「大象傳」에 나오는 말이다.

88) 原注에 "周易曰, 天行健, 君子, 以自强不息"이라고 함.

89) 다산은 「說卦傳」의 주석에서 "張衡 思玄賦云 蹈玉階之嶢崢 亦以遯之有乾階也 ≪思玄賦 妙合易象≫ 古制 階有三級 乾之三畫 有是象也(張衡의 「思玄賦」에 "옥(玉) 계단 밟아 드높은 정상에 오르리라!"고 하였는데, 역시 둔괘(遯卦)에 乾의 '계단'이 있음에 따른 것이다. ≪「思玄賦」는 易象과 묘하게 부합한다.≫ 또한 古制에 따르면 계단은 세 층의 디딤돌로 되어 있었는데, 乾의 세 개 畫이 이런 象이다)"라고 함(『四箋』 卷8, 34나).

90) 原注에 "乾爲玉, 故曰 蹈玉階, 玉階, 天子階也"라고 함.

爻詞之主乎變 古人早有知[91]者也

○[案] 張平子도 遯卦 上九를 '遯卦가 咸卦로 가는 것'으로 해석하였거니와, [『文選』의] 原註의 해석도 역시 그 핵심 부분에 있어 상세하고, 착오가 없으니, 이것은 『周易』의 爻詞가 [爻變으로써] 변화를 위주로 하는 것임을 알고 있었던 것이다.[92] 古人들 중에도 [이처럼 爻變에 대하여] 일찍이 간파한 사람이 있었던 것이다.

34. 뇌천 대장(雷天 大壯)

乾下震上 ○ 第二十卦之反 ≪復三陽進≫

乾은 下卦이고, 震은 上卦이다. ○ 第20卦의 反卦이다. ≪復卦로부터 세 개의 陽이 [점진적으로 축적되어] 前進한 것이다.≫

雜卦傳曰 大壯則止 ≪與遯退 相反≫

---

91) [校閱] "知者"가 新朝本에는 "和者"로 되어 있는데, 誤記이다.

92) 「繫辭傳」에서 "爻者, 言乎變者也", "爻・象, 動乎內", "爻也者, 效天下之動者也", "道有變動, 故曰爻"라고 하였으니, 요컨대 爻는 변화를 위주로 하는 것이다.

「雜卦傳」에서 말하였다. "大壯은 곧 멈추는 것이다." ≪遯卦에서 물러남이라고 말한 것과 相反된다.≫

○朱子曰 大謂陽也 四陽長 故爲大壯

○朱子가 말하였다. "[大壯의] 大는 陽을 가리킨다. 네 개의 陽이 成長하였으므로, 大壯이라고 한 것이다."

○ 鏞案 易緯云 凡卦 下爲少 中爲壯 上爲究 ≪此 單卦≫ 以重卦 則一二爲少 三四爲壯也 陽進至四 則大者壯矣 ≪如人 以三十爲壯≫ 又壯者 長也 巽爲女長故 姤曰 女壯 ≪乾父之長女≫ 震爲男長 故此云 大壯也 ≪乾父之長男≫ 又 羊盛曰牂 ≪詩詁云 牂牂 盛皃≫ 牂壯 諧聲也 卦爲大兌 ≪兼畫三≫ 兌則爲羊 ≪說卦文≫ 羊壯曰 壯也

○[鏞案] 『역위(易緯)』에서 말하였다. "모든 卦에서 下位는 적음(少)의 뜻에 해당되고, 中位는 자라남(壯)의 뜻에 해당되며, 上位는 끝마침(究)의 뜻에 해당된다"고 하였다. ≪이것은 單卦의 경우이다.≫ 重卦의 경우에는 1·2位는 적음(少)의 뜻에 해당되고, 3·4位는 자라남(壯)의 뜻에 해당된다. 陽이 제4位에까지 前進하여 도달하면 큰 것(大)이 자라난 것에 해당된다. ≪[卦가 성장하는 이치는] 사람이 서른 살이 되면 壯盛하게 되는 것과 같다.≫ 또 '壯'은 年長者의 뜻이다. 巽은 여자 중에서 年長者에 해당되는 까닭에, 姤卦에서 '女壯'이라고 하였고 ≪乾父의 長女에 해당됨≫ 震은 남자 중에서 연장자(年長者)가 되는 까닭에 여기서 '大壯'이라고 한 것이다. ≪乾父의 長男에 해당됨≫ 한편, 羊이 성숙한 것을 장(牂)이라고 하는데 ≪모형(毛亨)[93]의 『詩詁』[94]에 이르기를, '장장(牂牂)'[95]은 장성한 모양이라고 하였다.≫ '장

93) 모형(毛亨)은 古文『詩經』을 전한 趙나라 사람으로 알려져 있다. 한초(漢初)에는 所謂 삼가시(三家詩)라고 불리우는 今文『詩經』이 전해지고 있었으나, 삼가시(三家詩)는

(牂)'과 '장(壯)'은 諧聲이다. 大壯卦는 大兌인데 ≪大壯卦를 兼畫하여 三畫卦로 보면 兌가 됨≫ 兌는 곧 羊이 되니 ≪「說卦傳」의 글≫ 羊이 장성한 것을 '壯'이라고 하는 것이다.

䷡

大壯, 利貞.

大壯은 일을 맡아 [바르게] 처리하면 이로울 것이다.

此 大壯之不變者也 乾剛自强 先正其身 ≪乾在內≫ 乃以其道 ≪震爲道≫ 正彼坤民 ≪上本坤≫ 利正事也

이것은 大壯卦가 변하지 않는 경우이다. 乾의 剛이 스스로 굳세어 먼저 자기 자신을 바르게 하고 ≪乾이 內卦에 있음≫ 이에 그 道로써 ≪上卦인 震은 道≫ 坤의 백성을 바르게 교화하니 ≪[泰卦의]上卦는 본래 坤≫ 올바른 일을 하면 이로운 것이다.

일찍이 失傳되어, 宋代 이후로는 古文인 『毛詩』만이 세상에 유행하게 되었다. 지금 우리가 보통 읽고 있는 『詩經』이란 모두가 『毛詩』인 것이다. 『漢書』 「藝文志」에는 『毛詩』 29권과 『毛詩故訓傳』 30권이 수록되어 있는데, 그 중 뒤의 것이 우리에게 전해진 가장 오래된 시경의 판본이며 그 해설서이다.

94) 『毛詩』 「陳風」(『漢文人系』 卷12 「毛時」, 富山房, 明治 48年, 4면)에 위 인용구가 '毛傳'의 말로 나온다(김학주 역주, 『新完譯 詩經』, 명문당, 2002, 287면; 『康熙字典』, 中華書局, 1992, 629면). 모형(毛亨)의 『詩詁訓傳』이 있다고 한다(주대박, 정명수 역, 『훈고학의 이해』, 동과서출판사, 1997, 50면; 皮錫瑞, 이홍진 역, 『中國經學史』, 형설출판사, 1984, 69면 註 23, 264면 註 11).

95) 장장(牂牂) : 『毛詩』 「陳風」 「동문지양(東門之楊)」에 나오는 말이다. "東門之楊, 其葉牂牂"이라고 함. "牂羊은 牝羊"라고 한 경우도 있음(王宗石 編著, 『詩經分類詮譯』, 湖南教育出版社, 1993, 841면; 金啓華 譯注, 『詩經全釋』, 江蘇 揚中市 : 江蘇古籍出版社, 1995, 608면; 『漢文大系』 卷12 「毛詩」; 『詩經』 「小雅」 「魚藻之什」).

䷡

彖曰：大壯, 大者 壯也, 剛以動故, 壯. 大壯利貞, 大者 正也, 正大而天地之情, 可見矣.

「彖傳」: 大壯은 큰 것이 장성(壯盛)한 것이니, 剛으로써 움직이는 까닭에 장성(壯盛)한 것이다. “大壯利貞”이라고 한 것은 큰 것이 바름을 말한 것이니, 바르고 커서 天地의 情을 볼 수 있는 것이다.

乾德旣正 《乾坤坎离 爲四正》 大者 正也

乾의 德이 이미 올바르니 《乾·坤·坎·离를 4正卦라고 함》 “大者, 正也”, 즉 “큰 것이 바르다”라고 한 것이다.

○天地之情 仁也 《震爲仁》 故復見天地之心 《震在下》 大壯見天地之情 《震在上》 心存乎內 《在內卦》 情見乎外也 《在外卦》 卦以泰進 《三而四》 有天地也

䷗ ䷊ ䷡

復 → 泰 → 大壯

○“天地之情”은 仁을 가리킨다. 《震은 仁이다.》 따라서 復卦에서는 天地의 마음을 본다고 하였고 《復卦에서는 震이 下卦에 있음》 大壯卦에서는 天地의 情을 본다고 하였으니 《[大壯卦에서는] 震이 上卦에 있음》 [그것은] 心은 안에 있고 《內卦에 있음》 情은 밖으로 드러나는 것이기 때문이다. 《外卦에 있음》 이 大壯卦는 [地天] 泰卦로부터 前進하여 나아온 것이기 때문에 《三陽에서 四陽으로 됨》 “天地”라는 말이 나오는 것이다.

初九 : 壯于趾, 征凶, 有孚. ○ 象曰 : 壯于趾, 其孚窮也.

初九 : 壯盛함이 발에 있으나, 정벌(征伐)하는 것이 凶할 것이다. [서로 交感하는] 믿음이 있을 것이다. ○「象傳」: "壯于趾"나, 그 믿음이 [끝에] 다한 것이다.

此 大壯之恒也 恒自泰來 ≪一之四≫ 剛自下升 ≪一之四≫ 震足遂壯 ≪上爲震≫ 壯于趾也 易例 初爲趾 ≪噬嗑 夬 鼎 艮≫ 然 其取象必以震足 不憑空也

大壯 → 恒 ← 泰

이것은 大壯卦가 恒卦로 변하는 경우이다. 恒卦는 泰卦로부터 왔으니 ≪1이 4로 감≫ 剛이 아래에서 상승하여 ≪1이 4로 감≫ 震의 발이 마침내 크게 되니 ≪[恒卦의] 上卦는 震≫ 이것을 일러 "壯于趾", 즉 "壯盛함이 발에 있다"고 한 것이다. 易例에 初位는 발가락(趾)의 위치에 해당된다. ≪噬嗑卦와 夬卦와 鼎卦와 艮卦를 참조할 것[96]≫ 그러나 반드시 震의 발(足)과 더불어 있을 경우에만 그 象을 취함이니, 공허한 것에 의거하여 象을 취하는 것이 절대로 아니다.[97]

○ 爻之未變 以我乾金 ≪下本乾≫ 克彼震木 ≪外爲敵≫ 爻之旣變

96) 噬嗑卦의 '滅趾', 夬卦의 '壯于前趾', 鼎卦의 '顚趾, 그리고 艮卦의 '其趾'를 참조할 것.
97) "아무런 근거 없이 象을 취하지 않는다(其取象 …… 不憑空也)"는 주장은 象數를 중시하는 다산의 관점을 드러내고 있다.

我以巽伏 ≪下今巽≫ 何以克彼 ≪震剛木≫ 始旣勇進 ≪陽至四≫ 今乃巽退 ≪下今巽≫ 以征則凶也

䷡ ䷟ ䷊

大壯 → 恒 ← 泰

○爻가 변하지 않았을 때는 나는 乾의 金으로써 ≪[大壯卦의] 下卦가 본래 乾≫ 상대방의 震의 木을 이기게 되지만[98] ≪外卦는 敵이 됨[99]≫ 爻가 이미 변하면, 나는 巽으로써 굴복하게 되니 ≪[恒卦의] 下卦가 지금 巽≫ 어찌 상대방을 이길 수 있겠는가? ≪震은 剛은 나무가 됨≫ 처음에는 용감하게 前進하였으나 ≪陽이 제4位에까지 도달함≫ 지금은 巽으로써 물러나니 ≪[恒卦의] 下卦가 지금 巽≫ 정벌함으로써 凶하게 된 것이다.[100]

○初本無應 ≪四亦剛≫ 爻之旣變 六位皆應 ≪初今柔[101]≫ 是 有孚也 孚者 交感也

䷟

恒

○初位는 본래 相應함이 없었는데 ≪大壯卦의 제4位도 또한 剛≫ 爻가 이미 변하니, 여섯 位가 모두 相應하게 되니[102] ≪恒卦의 初位가 지금 柔≫ 이것을 가리켜 "有孚"라고 하는 것이다. "孚"는 交感(서로 마음을 주고받음)이다.

---

98) 五行으로 볼 때, 金克木의 관계에 해당된다.

99) 易例에 따르면, 內卦(下卦)는 我가 되고, 外卦(上卦)는 敵이 된다.

100) 五行의 相生相剋說에 근거하여 설명하고 있다. 따라서 茶山도 오행설을 완전히 부정했다고 볼 수는 없다.

101) [校閱] 新朝本에는 "初今柔"가 "初今案"으로 되어 있는데, 誤記이다.

102) 恒卦에서 初位와 제4位가 陰과 陽, 제2位와 제5位가 陽과 陰, 제3位와 上位가 陽과 陰이 되어 상응하는 것을 말한 것이다.

○[103] 窮者 塞也

○"窮"은 막힘의 뜻이다.

○[104]三陽前塞 《二三四》 雖則有孚 其孚窮也

○세 개의 陽이 앞에 가로막혀 있어서 《恒卦의 2·3·4가 陽》 비록 交感하는 믿음이 있더라도, 그 믿음이 궁지(窮地)에 처한 것을 말한다.

九二: 貞吉. ○象曰: 九二貞吉, 以中也.

九二: 일을 맡아 [올바르게] 처리하면 길할 것이다. ○「象傳」: 九二에서 "貞吉"이라고 한 것은 中[道]로써 하기 때문이다.

此 大壯之豐也 豐自泰來 《二之四》 我旣得中 《二得位》 事以坎固 《二五夾》 是 貞吉也 《貞事也》

이것은 大壯卦가 豐卦로 변하는 경우이다. 豐卦는 泰卦로부터 왔다. 《2가 4로 감》 나(我)는 [內卦에서] 中을 얻었고 《2가 적당한 자리를 얻었음》

---

103) [校閱] 奎章本에는 "○"의 표시가 빠져 있다.

104) [校閱] 奎章本과 國中本에는 "○"의 표시가 빠져 있다. 의미상으로 바로 앞의 "窮者, 塞也"의 부분과 연결되기 때문에, "○"의 표시가 반드시 필요한 것은 아니다.

일을 맡아 처리함에 坎의 견실함으로써 하니 ≪2·3·4·5의 夾卦가 坎≫ 이것을 가리켜 "貞吉", 즉 "일을 맡아 처리함에 길할 것"이라고 한 것이다. ≪'貞'은 일을 뜻한다.≫

○以中者 离中也

大壯 → 豊

○"以中"은 [豐卦의 下卦인] 离卦의 中의 위치를 가리킨다.

九三 : 小人用壯, 君子用罔, 貞厲. 羝羊觸藩, 羸其角. ○象曰 : 小人用壯, 君子罔也.

九三 : 小人의 힘이 드세지니, 君子가 [小人이 쳐놓은 속임수의] 그물에 걸리게 될 것이며, [君子가] 일을 맡아 처리함에 위태로울 것이다. 숫양이 울타리를 들이받으니, 그 뿔이 여위게 될 것이다. ○「象傳」: 小人의 힘이 드세지니, 君子는 [小人이 쳐놓은 속임수의] 그물에 걸리게 된다.

此 大壯之歸妹也 歸妹自泰來 ≪三之四≫ 泰之時 君子在內 ≪下三陽≫ 小人在外 ≪上三陰≫ 移之歸妹 ≪四之三≫ 則坤得一剛 ≪三之四≫ 以爲艮堅 ≪上倒艮≫ 小人用壯也 ≪坤小人 今剛≫ 乾得一陰 ≪四

之三≫ 以爲兌折 ≪兌乘乾≫ 君子用罔也 ≪爲小人所欺≫ 陰以坎固 ≪得一陽≫ 所以壯也 陽麗离網 ≪离 麗也≫ 所以罔也 ≪罔網通≫

大壯 → 歸妹 ← 泰

이것은 大壯卦가 歸妹卦로 변하는 경우이다. 歸妹卦는 泰卦로부터 왔으니 ≪3이 4로 감≫ 泰卦의 때에는 君子가 內卦에 있고 ≪下卦의 三陽이 君子≫ 小人이 外卦에 있다. ≪上卦의 三陰이 小人≫ [泰卦로부터 옮겨져서] 歸妹卦로 되면 ≪4가 3으로 감≫ 坤이 하나의 剛을 얻고 ≪3이 4로 감≫ [아울러] 艮의 견고(堅固)함을 얻게 되니 ≪歸妹卦의 上卦인 震은 뒤집어진 艮≫ 이것을 가리켜 "小人用壯"이라고 하는 것이다. ≪坤의 小人이 지금 강건(剛健)해짐≫ [大壯卦가 歸妹卦로 가면] 乾은 하나의 陰을 얻어서 ≪4가 3으로 감≫ 兌로써 꺾어짐(折)이 되니 ≪兌는 陰이 乾을 올라타고 있는 象≫ 이것을 가리켜 "君子用罔"이라고 한 것이다. ≪小人에 의해 기만(欺滿)당하게 됨≫ 陰은 坎의 견고함으로써 ≪一陽을 얻음≫ 장성(壯盛)하게 되는 반면에, 陽은 离의 그물에 걸리게 되는 까닭에 ≪离는 '걸린다(麗)'는 뜻≫ "罔(그물에 얽혀듦)"이라고 말한 것이다. ≪'그물 罔(망)'字와 '그물 網(망)'字는 [서로] 通하는 글자이다.≫

○ 兌今乘剛 ≪下今兌≫ 雖有坎貞 ≪三五互≫ 其象厲也 ≪一陰在上危≫

大壯 → 歸妹

○[歸妹卦에서] 兌가 지금 剛을 올라타고 있으니 ≪歸妹卦의 下卦가 지

금 兌》 비록 坎의 곧음(貞)이 있다고 하더라도 《[歸妹卦의] 3·4·5의 互坎》 그 象이 위태로운 것이다. 《[歸妹卦의 下卦는 兌이니] 兌는 一陰이 위에서 二陽을 타고 있는 모습이므로, 위태로운 象이 됨》

○羝羊者 牡羊也 坤爲牝馬 《乾馬之正配》 艮 羝羊也 《兌羊之正配[105]》 歸妹之卦 本取倒合 《婚配之牉合》 羊旣在內 《如兌女》 彼倒者 艮 《上倒艮》 非卽羝羊乎 《如艮壻》 震竹在外 《上本震》 今爲离防 《今互离》 其象藩也 艮牡來觸 《上倒艮》 羝羊觸藩也 羊角本柔 《兌上柔》 今角其剛 《艮上剛》 剛則爲羸 《乾骨之瘠者》 羸其角也 大壯者 兼兌也 《兼畫三》 本有羊象 《朱子云》 故其占如是

大壯 → 歸妹 ← 泰

○'저양(羝羊)'이란 숫양을 말한다. 坤은 '빈마(牝馬)', 즉 '암말'이 되고 《[坤의 빈마(牝馬)는] 건마(乾馬)의 올바른 배필(配匹)이 됨》 艮은 '저양(羝羊)', 즉 '숫양'이 된다. 《[艮의 숫양은] 兌羊의 올바른 배필(配匹)이 됨》 歸妹의 卦는 [易例를 따르면] 본래 '倒合(두 卦를 결합시킬 때, 한 쪽의 卦를 거꾸로 뒤집어서 다른 반쪽의 卦와 결합시킴)'의 방법을 취한다. 《혼인(婚姻)의 괘는 '牉合', 즉 "절반씩 합쳐서 결합시킴"의 방법을 취함》 羊은 內卦에 있고 《兌의 女子와 같음》 저 쪽에 [震을] 거꾸로 뒤집은 것은 艮이니 《歸妹卦의 上卦인 震은 뒤집힌 艮》 [그것은] 곧 [羊의 짝이 되는] 숫양이 아니겠는가! 《艮의 숫양은 羊의 배필에 해당됨》 震의 대나무가 밖에 있었는데 《大壯卦의 上卦는 본

105) [校閱] 新朝本에는 "兌羊, 配之正"이라고 되어 있으나 奎章本과 國中本에는 "兌羊之正配"이라고 되어 있다. "艮, 羝羊也"에 대한 細注로서, 兌羊이 艮의 羝羊에 대한 正配라는 뜻으로서, 의미는 같으나, 文勢로 볼 때, 後者가 더 자연스럽다. 여기서는 後者를 따르기로 한다.

래 震≫ 이제 离의 담으로 변하였으니 ≪歸妹卦의 上互卦는 离≫ 그 象이 울타리인 것이다. 艮의 수컷이 와서 들이받으니 ≪歸妹卦의 上卦인 震은 뒤집어진 艮≫ 이것을 가리켜 "羝羊觸藩", 즉 "숫양이 울타리를 들이받는다"라고 한 것이다. 羊의 뿔이 본래 유약(柔弱)하지만 ≪歸妹卦의 下卦인 兌는 제일 위쪽에 陰이 있음≫ 지금 [숫양의] 뿔(角)은 剛하니 ≪艮은 제일 위쪽에 陽이 있음≫ [뿔이] 剛하다는 것은 곧 여위어서 수척해진 것을 뜻하므로 ≪乾의 뼈가 여위어진 것≫ "리기각(羸其角)" 즉 "그 뿔이 수척하게 되었다"라고 한 것이다. 大壯은 兼兌의 형태이니 ≪大壯卦를 兩畫씩 합쳐서 삼획괘(三畫卦)로 만들면 兌가 됨≫ [이처럼 大壯卦에는 兌의 형태가 內在되어 있으니] 본래 羊의 象이 있는 까닭에 ≪朱子가 그렇게 말함≫ 그 占이 이와 같은 것이다.

○學稼云 羝羊觸藩 小人用壯之象也 以艮爲羊 故得比小人 ≪艮小人≫

○학가(學稼)가 말하였다. "'저양촉번(羝羊觸藩)'은 '小人用壯'의 象이다. 艮을 羊으로 간주한 까닭에, [그 羊을] 小人에 비유한 것이다." ≪艮은 小人의 상징[106]≫

○學圃云 牆[107]有茨 防淫也 折柳樊圃 狂夫瞿瞿 喩禮防也 大壯爲卦 陽壯而陰弱 羝羊觸藩者 强暴潰防之象 非婚媾之吉占也

○학포(學圃)가 말하였다. "[『詩經』 「鄘風」에서] 「牆有茨」[108](담장에

106) 「說卦傳」의 物象을 보충한 茶山의 '今補'에 따르면, 艮에 小人의 뜻이 있다고 함.
107) [校閱] 新朝本과 國中本의 "墻"이 奎章本에는 "牆"으로 되어 있다. "墻"과 "牆"은 同字이다.
108) '자(茨)'는 '질려(蒺藜)', 즉 납가새를 가리키는데, 넝쿨로 자라고, 잎이 가늘며, 씨에 세 개의 가시가 있어 사람을 찌른다.

납가새가 있음)의 詩는 음란함을 방비하기 위해 쓰여진 것이며,[109] [『詩經』「國風」에서] '折柳樊圃, 狂夫瞿瞿(버드나무를 꺾어 菜田에 울타리 친 것을, 狂夫도 두려워하거늘)'[110]이라고 하였으니, [그것은] 禮로서 방비(防備)함을 비유한 것이다. 大壯이란 卦는 陽이 장성하고 陰이 약한 卦이니, '저양촉번(羝羊觸藩)'은 울타리를 사납게 부수는 象이지, 혼인함에 吉한 占은 아닌 것이다."

○舊本 羸作縲 ≪王肅本≫ 或作纍 ≪鄭玄 虞翻本≫ 或作累 ≪蜀才本≫ 皆 聲誤也 ≪羸累 本相通 見井卦≫

○舊本에서는 '리(羸)'字가 '류(縲)'字로 되어 있거나 ≪王肅의 책≫ 혹은 '루(纍)'字로 되어 있거나, ≪鄭玄과 虞翻의 本≫ 或은 '루(累)'字로 되어 있는데 ≪蜀才의 本≫ 모두 '聲誤', 즉 발음의 유사성으로 말미암은 오해이다. ≪'리(羸)'와 '루(累)'는 본래 서로 통한다. 이런 뜻은 井卦의 주석을 참조할 것[111]≫

---

109) 『詩經』「鄘風」「牆有茨」를 참조할 것. "牆有茨, 不可埽也. 中冓之言, 不可道也. 所可道也, 言之醜也(담장에 납가새가 있으니, 묶어서 제거할 수가 없도다. 中冓(閨中)의 말이여, 되뇌일 수 없도다. 입으로 외울진댄 말이 욕되도다)." 毛序에 따르면 「牆有茨」는 衛나라 사람들이 웃사람을 풍자한 詩라고 한다. 宣公이 죽고, 惠公이 어리자, 庶兄인 公子 완(頑)이 군주의 어머니인 宣姜과 간통하였다. 그러므로 詩人이 이 詩를 지어 풍자하였다고 한다(成百曉 譯註, 『詩經集傳』, 전통문화연구회, 1999, 119~121면).

110) 『詩經』「齊風」「東方未明」에 나온다. "折柳樊圃, 狂夫瞿瞿, 不能晨夜, 不夙則莫; 버드나무를 꺾어 菜田에 울타리 친 것을, 狂夫도 두려워하거늘, 새벽과 밤을 구별하지 못하여, 이르지 않으면 너무 늦도다." 이 詩가 의미하는 것은 다음과 같다. 버드나무를 꺾어 菜田에 울타리를 친 것은 비록 믿을 만한 것이 못되나, 狂夫가 이것을 보고 오히려 놀라서 돌아보고 감히 넘지 못한다. 새벽과 밤의 한계가 매우 분명하여 사람들이 알기 쉬운 것인데도, 이것을 알지 못해서 너무 이르지 않을까 염려하다가 마침내 너무 늦게 되는 잘못을 저지르는 것에 비유한 것이다. 毛詩에 따르면, 「東方未明」은 朝廷이 일어나고 거처함에 절도가 없어서, 時刻의 업무를 관장하고 있는 설호씨(挈壺氏)가 그 직책을 충실히 수행하지 못함을 풍자한 詩라고 한다(成百曉 譯註, 『詩經集傳』 上, 전통문화연구회, 1999, 222~223면).

111) 다산은 井卦의 彖詞의 '汔至, 亦未繘井, 羸其甁, 凶([샘물은] 거의 메말라 버리고, 또한 두레박줄도 [우물에] 미치지 않는데, 그 항아리(甁)가 작아지면, 凶할 것이다)'의 句에 대한 주석에서 "羸螺通, 羸騾通, 古字 本相通('리(羸)'字와 '나(螺)'字가 통하며 '리(羸)'字와 '라(騾)'字가 通하니, 古字에서는 본래 서로 통용되었다)"라고 하였다. 따

九四 : 貞吉, 悔亡. 藩決不羸, 壯于大輿之輹. ○ 象曰 : 藩決不羸, 尙往也.

九四 : 일을 맡아 처리함이 吉하니, 변한 것이 있더라도 다시 없어질 것이다. 울타리가 무너지니, [羊이] 여위지 않다. 큰 수레(大輿)의 당토(輹)[112]에 튼튼함이 있음이로다. ○「象傳」: "번결불리(藩決不羸)"는 [羊이] 위로 나아가기 때문이다.

此 大壯之泰也 於坎之位 ≪四五六≫ 震以始事 ≪上本震≫ 變而爲泰 無所復事 ≪上今坤≫ 是 貞吉也 ≪貞 事也≫

泰 → 大壯

이것은 大壯卦가 泰卦로 변하는 경우이다. 坎의 위치에서 ≪4·5·6은 坎位≫ 震으로써 일을 시작하였는데 ≪上卦가 본래 震≫ 변하여 泰卦가 되어도 일을 다시 처리함이 없으니 ≪[泰卦의] 上卦가 지금 坤≫ 이것이 "貞吉"인 것이다. ≪貞은 일을 맡아 처리함을 뜻한다.≫

○卦由泰變 ≪加一陽≫ 今泰如舊 其悔者 亡也 ≪變象亡≫ 离位之上 ≪一二三≫ 震竹防外 其象藩也 今震遂破 ≪四今柔≫ 此 藩決也 ≪兌以決≫ 大壯之羊 肉少骨多 ≪本四陽≫ 藩之旣決 ≪四今破≫ 坤

라서 茶山이 井卦에서 '羸'자와 '累'字가 相通한다고 말한 것은 아니다.

112) 당토 : 차체와 굴대를 연결하는 바퀴통.

膚外厚 ≪上今坤≫ 骨肉均適 ≪陰亦三≫ 藩決不羸也 ≪羊不瘠≫

泰 → 大壯 → 泰

○大壯卦는 泰卦로부터 변하였는데, ≪泰卦에 一陽을 추가해서 大壯卦가 됨≫ 지금 [爻變으로써] 泰가 [다시] 以前의 모습으로 돌아가니, 그 변한 것이 [다시] 사라진 것이다. ≪변한 象이 없어짐113)≫ [大壯卦에서 보면] 离位의 위쪽으로 ≪1·2·3은 离位≫ 震의 대나무가 있어서 밖을 막고 있는 모습이니, 그것은 울타리의 형태이다. [그런데] 이제는 震이 마침내 부서지니 ≪[泰卦의] 4는 지금 柔로 변함≫ 이것을 가리켜 "번결(藩決)", 즉 "울타리가 무너진다"고 한 것이다. ≪兌로써 터짐[決]이다.114)≫ 大壯의 羊은 살은 적고 뼈는 많았는데 ≪大壯卦에는 본래 [二陰과] 四陽이 있으니, 살은 적고 뼈는 많은 것임≫ 울타리가 이미 무너져 버림에 ≪4가 지금 부서짐≫ 坤의 피부의 바깥쪽이 두터워져서 ≪上卦가 지금 坤≫ 뼈와 살(肉)이 균형을 맞춰 적당하게 되니 ≪[泰卦가 되면] 陽과 陰이 각각 세 개씩 됨≫ 이것을 가리켜 "번결불리(藩決不羸)", 즉 "울타리가 무너지니 [羊은] 여위지 않다"고 한 것이다. ≪羊은 여위지 않음≫

○ 坤爲大輿 ≪說卦文≫ 下乾其輹也 ≪義見下≫ 三剛內鞏 ≪下本乾≫ 壯于輹也

泰 → 大壯 → 泰

113) 茶山의 「易例比釋」 중에서 '悔例', '悔亡例', '无悔例'를 참조할 것.
114) 「說卦傳」에 兌는 '附決'의 뜻이 된다고 함.

○坤은 '大輿', 즉 '큰 수레'가 된다. ≪「說卦傳」의 글≫ 下卦의 乾은 그 큰 수레의 '輹', 즉 '바퀴통'이 된다. ≪뜻이 아래에 나옴≫ 세 개의 剛이 內卦에서 견고하게 있으니 ≪下卦가 본래 乾≫ 이것이 ["壯于大輿之輹"라고 하였을 때] "壯于輹", [큰 수레(大輿)의] "당토(輹)에 튼튼함이 있다"라고 한 뜻이다.

○[115]尚往者 陽之在上者 去也 ≪九四變≫

泰 → 大壯 → 泰

○"尙往"은 陽이 [大壯卦의] 上卦에 있던 것이 떠나간 것을 가리킨다. ≪大壯卦의 九四가 변하여 泰卦가 됨≫

○案 輹者 車之伏兎也 ≪一云 車下縛≫ 輹完則車行 輹脫則車止 ≪項平菴 亦云≫ 此爻 震道前通 故車壯其輹 小畜大畜 ≪皆下乾≫ 皆前有梗阻 故 輿脫其輹 ≪前有剛≫ 不但乾車之不完也 ≪彼二爻 乾皆不完≫

小畜 → 大畜

○[案] '복(輹)'은 수레의 '복토(伏兎)'를 말한다. ≪일설(一說)에는 ['輹'이] 수레 하부의 차축[116]이라고 한다.≫ 복토(輹)가 온전하면 수레는 갈 수 있지만, 복토(輹)가 떨어져 나가면 수레는 멈추게 된다. ≪항평암(項平菴)[117]도 역시

---

115) [校閱] 奎章本에는 "○"의 표시가 빠져 있다.
116) 縛 : 수레 굴대의 중심.

이렇게 말하였다.≫ 이 [大壯卦 九四의] 爻의 경우에, 震의 길이 앞으로 통하여 있으니, 수레가 그 바퀴통에 있어 튼튼한 것이다. 小畜卦와 大畜卦의 경우에는 ≪모두 下卦가 乾≫ 모두 앞에 험난한 것이 가로막고 있어서, 수레에 바퀴통이 떨어져 나간 것이지 ≪앞에 剛이 있음≫ 단지 乾의 수레가 완비(完備)되지 않았기 때문이라고만은 볼 수 없다. ≪[小畜卦 九三과 大畜卦 九二의] 그 두 爻의 경우에는 乾이 모두 완전하지 못하다.≫

䷪

六五 : 喪羊于易,[118] 无悔. ≪易音亦≫ ○ 象曰 : 喪羊于易, 位不當也.

六五 : [市場에서] 교역(交易)할 때 羊을 잃어버리게 될 것이다. 변화가 없을 것이다. ≪易의 音은 '역(亦)'字와 같다.≫ ○「象傳」: [市場에서] 交易함에 羊을 잃게 됨은 자리가 적당(適當)하지 않기 때문이다.

此 大壯之夬也 夬[119]以履交 ䷉ ≪天澤交≫ 履之時 兌本在內 ≪本下兌≫ 羊爲我有 ≪兌爲羊≫ 交之爲夬 ≪交易之≫ 羊爲彼奪 ≪上今兌≫ 喪羊于易也 ≪失羊于交易≫ 鄭玄云 易讀作佼易之易 ≪謂喪羊于市≫ 筮而遇是 則必於佼易之際 失羊於他人也

䷡ ䷪ ䷉

大壯→推移→夬←交易→履

117) 항평암(項平菴) : 항안세(項安世, ?~1208), 남송 사람으로 저서에는『周易玩辭』(16卷)가 있다.

118) "喪羊于易"은 "상양우역"으로 읽는다. 다산이 細注에서 "易音亦"이라고 하였다.

119) [校閱] "夬"가 奎章本에는 "夫"로 되어 있는데, 誤記이다.

이것은 大壯卦가 夬卦로 변하는 경우이다. 夬卦는 履卦와 交易의 관계에 있으니 ≪[天澤] 履卦를 交易하면 [澤天] 夬卦가 됨≫ 履卦의 때에는 兌가 본래 內卦에 있으니 ≪履卦의 下卦는 본래 兌≫ 羊이 나의 소유(所有)였다. ≪兌는 羊이 됨≫ [履卦로부터] 交易하여 夬卦가 되면 ≪[天과 澤의 위치를 서로 교환하여 바꿈≫ 羊을 상대방에게 빼앗기게 되니 ≪夬卦의 上卦는 지금 兌≫ 이것을 가리켜 "喪羊于易", 즉 "交易함에 羊을 잃는다"라고 한 것이다. ≪交易하여 양(羊)을 잃어버림≫ 鄭玄이 말하기를, "역(易)字를 읽을 때, '교역(佼易)'[120]의 '역(易)'字로 읽는다"라고 하였다.[121] ≪市場에서 羊을 잃어버리는 것을 말함≫ 만일 산대점을 쳐서 이런 경우를 얻게 되면, 교역(佼易)할 때에 타인(他人)에게 羊을 반드시 잃게 된다.

○本以大兌 ≪兼畫三≫ 變亦爲兌 ≪上今兌≫ 無所悔也 ≪象無變≫

○[大壯卦는] 본래 大兌였는데 ≪大壯卦를 兼畫하여 三畫卦로 만들면 兌가 됨≫ 효변하여서 夬卦가 되어도 역시 兌가 되니 ≪上卦가 지금 兌≫ 변한 바가 없는 것이다. ≪象이 변하지 않았음≫

○位不當者 本象也 ≪陰居五≫ 本不得位 故變有所失也

○"位不當"이라고 말한 것은 [大壯卦에서의] 本象을 가리킨 것이다. ≪陰이 五의 위치에 자리함≫ [大壯 六五가] 본래 제 자리를 얻지 못한 까닭에, 변화함에 [羊을] 잃어버리게 된 것이다.

---

120) '佼'는 '交'와 같은 뜻이다.

121) 陸德明, 『經典釋文』 上, 上海古籍出版社, 1985, 99면.

○案 陸績[122]本 易作埸 ≪音亦 田界也≫ 與場[123]通 ≪音腸 收禾圃≫ 朱子曰 易 或作疆埸之埸 ≪程子曰 易 和易也≫ 漢食貨志 埸作易 ≪朱子曰 喪牛于易 亦同≫ 總之 不以交易 則羊未嘗亡也 ≪上今兌≫ 其爲佼易之易 審矣

○[案] 육적(陸績)의 책에서는, '易'字를 '밭두둑 埸(역)'字로 썼는데 ≪'埸'字의 音은 '역(亦)'이며, '밭두둑'을 뜻한다.≫ '마당 場(장)'字와 통한다. ≪音은 '장(腸)'이니, 타작마당을 뜻한다.≫ 朱子가 말하였다. "'易'字를 혹은 '강역(疆埸)'의 '埸(역)'字로도 쓸 수 있으니 ≪程子는 '易'字를 '화이(和易)'[124]의 '易(이)'字로 읽었다.≫ 『한서(漢書)』「식화지(食貨志)」에서는 '埸'字를 '易'字로 썼다."[125] ≪朱子가 말하기를, [旅卦上九의] "喪牛于易"의 경우도 역시 이와 동일하다고 말하였다.≫ 요컨대 交易이 아니면, 일찍이 羊을 잃어버릴 일도 없으니 ≪[夬卦의] 上卦가 지금 兌≫ ['易'字가] '佼易'의 '易'字가 된다는 사실을 잘 살펴야 할 것이다.

旅上九之喪牛于易 亦頤之交易也

旅→上爻變→小過　　頤

旅卦 上九에서 "喪牛于易"라고 하였을 경우도 역시 頤卦의 交易에서 비롯된 것이다.

---

122) [校閱] 新朝本과 國中本에는 "육적(陸績)"으로 되어 있으나 奎章本에는 "육속(陸續)"으로 되어 있다. 육속(陸續)은 육적(陸績)의 祖父로 알려져 있다.

123) [校閱] 新朝本에는 "場"이 塲으로 되어 있는데, "場"과 塲은 同字이다.

124) 화이(和易): '온화하고 상냥함'의 뜻.

125) 朱子의 引用句는 "或作疆埸之埸"에서 "埸作易"까지이다. 『周易本義』의 原文에는 "或作疆埸之埸" 다음에 "亦通"이라는 말이 있다. 따라서 原文을 복원하면 다음과 같이 된다. "或作疆埸之埸, 亦通, 漢食貨志 埸作易."

上六 : 羝羊觸藩, 不能退, 不能遂, 无攸利, 艱則吉. ○[126)]. 象曰 : 不能退不能遂, 不詳也, 艱則吉, 咎不長也. ≪艱則 當作艱貞 古文本相通≫

上六 : 숫양이 울타리를 들이받으니, 물러나지도 못하고, 나아가지도 못하니, 이로울 것이 없다. 어렵고 험난한 일에는 吉할 것이다. ○「象傳」 : "不能退, 不能遂"는 벗어나지 못하는 상황을 말한 것이다.[127)] "艱則吉"이라고 한 것은 허물이 오래 가지 않기 때문이다. ≪"艱則"은 당연히 "艱貞"이라고 해야 한다.[128)] '則'字와 '貞'字는 古文에서는 본래 서로 通하였다.≫

此 大壯之大有也 兌羊在內 ≪本互兌≫ 艮牡來觸 ≪上倒艮≫ 羝羊觸藩 卦之本象也 ≪義見上≫ 上之旣變 离以防之 ≪上今离≫ 窘彼羝羊 欲退則有防 ≪上今剛≫ 欲進[129)]則無路 ≪下三陽塞之≫ 旣不能退 亦不能遂也 ≪遂 達也≫ 本以震竹 ≪上本震≫ 今爲离防 ≪上今离≫ 其象 藩也

大壯 → 大有

이것은 大壯卦가 大有卦로 변하는 경우이다. 兌의 양(羊)이 안에 있

126) [校閱] 奎章本에는 "○"의 표시가 빠져 있다.
127) 不詳也 : (다른 가능한 해석) ① 헤아리지 못한 것이다. ② 상서롭지 못한 것이다.
128) 「易例比釋」의 "艱貞例"에서도 "艱則亦艱貞也. 古文, 本相通"이라고 함. 또 "艱貞者 艱險之事也(艱貞은 어렵고 험난한 일이다)"라고 함(『四箋』 卷1, 24나).
129) [校閱] 新朝本과 國中本에는 "欲進"으로 되어 있으나 奎章本에는 "欲退"로 되어 있다. 앞에 이미 "欲退"가 있으므로, "欲進"이 되어야 對句가 성립된다. 따라서 前者를 따른다.

는데 《大壯卦에서 3·4·5가 본래 互兌》 艮의 숫양이 와서 부딪치니 《大壯卦의 上卦는 뒤집어진 艮》 "저양촉번(羝羊觸藩)"은 卦의 本象에 해당된다. 《뜻은 앞서 나옴》 [大壯卦의] 上畫이 이미 변함에, 离로써 [숫양이 들이박는 것을] 막아내고 《[大有卦의] 上卦가 현재 离》 저 숫양을 궁지에 몰아 넣으니, [저 羊이] 물러나려고 하면 가로막는 것이 있고[130] 《[大有卦의] 上畫이 지금 剛》 전진(前進)하려고 하면 길이 없으니 《아래에 3陽이 막고 있음》 이미 물러날 수도 없는데, 또한 [앞으로] 나갈 수도 없게 된 것이다. 《遂는 '達(다다르다, 미치다)'의 뜻이다.》 본래는 震의 대나무이었으나 《[大壯卦의] 上卦가 본래 震》 이제는 离의 가로막힘이 되니 《[大有卦의] 上卦는 지금 离》 그것은 울타리의 형상인 것이다.

○卦象如此 兌和亦亡 《大兌亡》 无攸利也

大壯 → 大有

○卦象이 이와 같고, 兌의 조화로움도 [이제는] 또한 없어졌으므로 《大兌가 없어짐》 "无攸利"라고 말한 것이다.

○艱者 患難也 《見明夷之象》 大有自夬來 《上之五》 夬之時 一陰乘剛 其象危厲 《見夬卦》 移之大有 則陰降陽升 遂以离治 《上今离》 患難乃平 艱則吉也 《艱貞吉》

130) "艮牡來觸, 羝羊觸藩"하는 것이므로, 大壯卦의 上震을 뒤집어서 倒艮으로 취한 것이다. 艮의 숫양이 위에서 아래로 달려들어 받은 것이므로, 위로 가면 뒤로 물러나는 것이 된다.

大壯 → 大有 ← 夬

○ '간(艱)'은 환난(患難)을 뜻한다. ≪明夷卦의 彖詞에도 나옴[131]≫ 大有卦는 夬卦로부터 왔으니 ≪上이 5로 감≫ 夬卦의 때에는 一陰이 剛을 올라타고 있어, 그 象이 위태로웠는데 ≪夬卦에 나옴≫ [夬卦로부터] 推移하여 大有卦가 되면, 陰은 하강(下降)하고, 陽은 상승(上昇)하게 되고, 마침내 离로써 다스려 ≪[大有卦의] 上卦가 지금 离≫ 이에 환란(患難)을 평정(平靜)시키게 되는 까닭에, "艱則吉", 즉 "어렵고 험난한 일에는 吉할 것이다"라고 한 것이다.

○ 詳猶說也 ≪從[132] 羊從[133] 兌 字義同≫ 大兌今滅 ≪不兼畫≫ 不能說也 ≪不能脫≫

大壯 → 大有 ← 夬

○ '詳'字는 [벗어날] '탈(說)'字와 [그 뜻이] 같다. ≪'詳'字에는 '羊'字가 포함되어 있고, '說(탈)'字에는 '兌'字가 포함되어 있으니, 두 글자의 뜻이 같다.≫ 大兌가 지금 없어졌으므로 ≪大有卦를 겸획(兼畫)하더라도 兌의 모습은 생기지 않음≫ 벗어날 수가 없다. ≪["불능탈(不能說)"은] 벗어날 수가 없다는 뜻이다.≫

○ 夬之時 柔乘五剛 ≪夬上兌≫ 今旣柔降 ≪上之五≫ 咎不長也

131) 明夷卦의 彖辭에서 "明夷, 利艱貞"이라고 함.
132) [校閱] 新朝本에는 "從"으로 되어 있으나 奎章本에는 "以"로 되어 있다.
133) [校閱] 新朝本에는 "從"으로 되어 있으나 奎章本에는 "以"로 되어 있다.

䷡ ䷍ ䷪

大壯 → 大有 ← 夬

○夬卦의 때에는 柔가 다섯 개의 剛을 올라타고 있었지만 ≪夬卦의 上卦는 兌≫ 지금은 이미 柔가 [아래로] 내려간 까닭에 ≪上이 5로 감≫ "咎不長", 즉 "허물이 오래 가지 않는다"라고 말한 것이다.

○學圃云 大壯者 陽壯之卦也 强暴之盜 斷其歸路 則窘急無措 羝羊之誡 以戒此也

○학포(學圃)가 말하였다. "大壯은 陽의 기세(氣勢)가 왕성한 卦이다. 만일 흉악한 도적이 그 귀로(歸路)를 차단당하게 되면, 궁지에 급하게 몰려서 [사납게 상대방을 공격하게 되는 까닭에] 어떻게 조치할 방도가 없게 되므로, 숫양의 교훈은 [바로] 이렇게 되는 상황을 [미리] 경계한 것이다".

○王肅本 詳作祥 ≪祥 善也 左傳云 詳以事神 公羊傳云 不赦不詳≫

○王肅本에서는 '詳'字가 '祥'字로 되어 있다. ≪'祥'은 '善함'의 뜻이다. 『左傳』(成公 16年)에 이르기를, "詳以事神(착함으로써 귀신을 섬김)"[134]이라고 하였고, 『公羊傳』(宣公 12年)에서도 "不赦不詳(착하지 않은 자를 赦免하지 않음)"[135]이라

---

134) 詳以事神 : 『左傳』(成公 16年)에 나오는 말이다. 晉나라가 鄭나라를 공격하였는데, 楚나라 군주인 자작이 鄭나라를 구원하기 위해 군사를 파견하였는데, 자반(子反)이 申고을을 지나다가 성안으로 들어가서 신숙시(申叔時)를 만나서, 이번 軍師는 어떻게 되겠습니까하고 물으니, 신숙시(申叔時)가 대답한 내용에 나오는데, 그 내용은 다음과 같다. "德, 刑, 詳, 義, 禮, 信, 戰之器也. 德以施惠, 刑以正邪, 詳以事神, 義以建利, 禮以順時, 信以守物(德과 刑과 詳과 義와 禮와 信은 전쟁의 重器입니다. 德으로써 혜택을 베풀고, 刑으로써 사악함을 바로잡고, 詳으로써 神을 섬기고, 義로써 이로움을 세우고, 禮로써 때에 순응하고, 믿음으로써 사물을 지킨다)."(남기현 역해, 『春秋左傳』 中, 자유문고, 2003, 129면)

135) 『春秋公羊傳』(宣公 12年)에 "莊王曰 : 古者杅不穿, 皮不蠹, 則不出於四方. 是以君

고 하였다.≫

35. 화지 진(火地 晉)

坤下离上 ○ 第二十一卦之正 ≪觀五之四 小過三之上≫

坤은 下卦이고, 离는 上卦이다. ○ 제21卦의 正卦이다. ≪觀卦의 5가 4로 가고, 小過卦의 3이 上으로 간다.≫

序卦傳曰 晉者 進也

「序卦傳」에서 말하였다. "晉은 나아감이다."

○ 雜卦傳曰 晉 晝也 ≪明出地上也≫

○ 雜卦傳에서 말하였다. "晉은 밝은 낮이다." ≪밝음이 땅 위에 나타나는 것이다.136)≫

子篤於禮而薄于利. 要其人而不要其土. 告從, 不赦, 不詳. 吾以不詳道民, 災及吾身, 何日之有"라고 함.

136) 明出地上 : 「彖傳」과 「大象傳」에 나오는 구절이다.

○鏞案 晉者 兩至之日也 古作𣈆可驗也

○[鏞案] ‘晉’이라고 한 것은 하지(夏至)와 동지(冬至)를 가리킨다. 옛 글자로 [‘晉’을] “𣈆”字로 썼던 것을 통해서도 [晉이 夏至와 冬至를 가리킨다는 사실을] 증험(證驗)할 수 있다.

卦自觀來 巽一陰之始生者 ≪觀上巽≫ 夏至也 ≪八卦 巽爲姤≫ 又自小過來 震 一陽之始生者 ≪小過上震≫ 冬至也 ≪八卦震爲復≫ 以此巽震 移之爲离日 ≪上今离≫ 此 兩至之日也 七曜之中 太陽爲主 而太陽之行 極於夏至 ≪日極長≫ 蘇於冬至 ≪日始長≫ 凡天地之間 晝夜晦明之候[137] 寒暑溫涼之變 草[138]木百穀之榮華凋落 禽獸昆蟲之胎孳伏蟄 莫不以此而變歟 故周易 最重姤復 ≪則月窟天根≫ 是卦之得晉名 亦所以貴之也 序卦 謂之進也者 自觀來之象也 ≪四之五≫ 晉進 諧聲也

觀 → 晉 ← 小過

晉卦는 觀卦로부터 왔다. 巽은 一陰이 처음으로 생겨난 것이니 ≪觀卦의 上卦는 巽≫ 夏至에 해당한다. ≪八卦의 巽은 [12辟卦 중에서는] 姤卦에 상응한다.[139]≫ 또 晉卦는 小過卦로부터 왔다. 震은 一陽이 처음으로 생겨난 것이니 ≪小過卦의 上卦는 震≫ 冬至에 해당한다. ≪八卦의 震이 [12辟卦중에서는] 復卦에 상응한다.≫ 이 巽과 震이 옮겨져서, 离의 해日가 되었으니

137) [校閱] “候”가 奎章本에는 “侯”로 되어 있는데, 誤記이다.

138) [校閱] 新朝本에는 “草”로 되어 있으나 奎章本과 國中本에는 “艸”로 되어 있다. “艸”는 “草”의 本字이다.

139) 「六卦爲四時之本表」와 「十二辟卦進退消長表」 참조. ‘姤卦=5月(夏至); 復卦=11月(子月, 冬至).’(『四箋』 卷1, 37ㄱ)

≪晉卦의 上卦는 현재 離≫ 이것이 [바로] 兩至日, 즉 '冬至'와 '夏至'인 것이다.[140] [太陽, 月, 火星, 水星, 木星, 金星, 土星의] 칠요(七曜)[141]가운데 太陽이 그 中心이 되는데, 太陽의 運行은 하짓(夏至)날에 그 최대한도에 다다르고 ≪해가 가장 길다.≫ [그 후에 점차로 짧아졌다가] 冬至날에 이르러 소생(蘇生)하는 것이다. ≪해가 비로소 길어지기 시작함≫ 무릇 天地 사이에, 밤과 낮의 어둡고 밝은 징후(徵候), 겨울과 여름의 춥고 더운 변화, 草木과 여러 곡식들의 피고 지는 과정, 짐승과 곤충들의 나고 자라나며, 숨어 겨울잠을 자는 과정 등 이 모두가 太陽의 運行으로 말미암아 변화되거나 소멸되지 않음이 없다. 그러므로 『周易』에서는 [太陽의 運行을 보여주는 징표(徵標)로서] 姤卦와 復卦를 가장 중요하게 여긴다. ≪즉 月窟과 天根[142]≫ 이 晉卦가 晉이라는 卦名을 얻게 된 것도[143] 역시 이런 [夏至와 冬至가 太陽의 運行을 보여주는 징표라는] 점을 귀중히 여긴 까닭이다. 「序卦傳」에서 ["晉者, 進也"라고 하였으니] '進'이라고 말한 것은 觀卦에서 나온 象을 일컫는 것이다. ≪4가 5로 감[144]≫ '晉'과

140) 『易學緒言』 중 「茶山問答」에는 다음과 같은 문답이 있다. "[問] 沈作喆 寓簡曰 冬日 至陽之進也 夏日 至陰之進也 故於文爲 晉者 進也 今作晉 沈知推移之法也 ≪男學稼≫ [答] 此 必是 九家遺文([問] 심작철(沈作喆 : [南宋 때의 학자, 字는 明遠)의 『寓簡』에서 말하기를, "冬至日은 陽이 나아간 것이요, 夏至日은 陰이 나아간 것이다. 그러므로 글자가 진이 된다. 晉이란 나아간다는 뜻이니, 지금은 '晉'으로 쓴다"라고 하였다. 과연 심작철(沈作喆)은 推移의 法을 알았던 것인가? ≪男學稼≫ [答] 이는 필시 순구가(荀九家)의 遺文일 것이다)." (『易學緒言』 卷4, 36가)

141) 칠요(七曜) : 해, 달, 五星을 합쳐서 지칭하는 용어. 해와 달을 이요(二曜)라고 하고, 五星은 火, 水, 木, 金, 土의 다섯 개의 별을 가리킨다.

142) 『四箋』 「括例表」와 「推移表直說」을 참조할 것. '月窟'과 '天根'은 邵康節로부터 나온 용어로서, '월굴(月窟)'은 夏至에 해당되는 姤卦를 지칭하는 비유적 표현이며, '천근(天根)'은 冬至에 해당되는 復卦를 지칭하는 비유적 표현이다.

143) 火[☲]와 地[☷]로 이루어진 이 卦에 '晉'이라 한 것은, 이 괘가 태양의 운행을 단적으로 상징하고 있으므로 그렇게 명명한 것이겠는데, 혹 이 '火地의 卦'를 달리 이름할 수도 있었겠으나 태양의 운행은 매우 중요한 것이므로, 그런 태양의 운행을 특히 주목, 이 卦를 臸(이를 진)+日로 구성된 '晉'이라는 글자로 이름 붙여 周易에서 언급하게 되었다는 의미이다.

144) 앞서는 "[觀卦의] 5가 [晉卦의] 4로 간다(五之四)"고 했는데, 여기서는 "四之五"라 하여, 觀卦의 六四가 晉卦의 六五로 감을 말하는 것. 이 卦의 「彖傳」을 해설한 부분에

‘進’은 서로 해성(諧聲)의 관계에 있다.[145]

○朱子曰 卦自觀來

○朱子가 말하였다. “晉卦는 觀卦로부터 왔다.”

䷢

晉, 康侯, 用錫馬蕃庶, 晝日三接.

서도 “四之五”라고 하였다.

145) ‘해성(諧聲)’이란 形聲字를 말하는 것인데, 즉 ‘意符’와 ‘音符’로 구성된 字이다(會意는 의부와 의부가 결합). 시간이 지남에 따라 ‘음부’와 ‘형성자의 音’이 차이가 나게 마련(예; 江에서 工이 음부인데, 江과 工은 차이가 남). 따라 ‘글자의 소리’는 일반적으로 단지 ‘음부’와 조화될 뿐이라는 의미에서 ‘諧聲’이라는 말을, 후대 음운학자들이 선호하게 되었다고 함. 형성자는 ‘左形右聲(왼쪽이 의미 오른쪽이 발음)’이 일반적인데, 晉·進을 형성으로 보는 경우, ‘下形上聲(아래가 의미, 위가 소리)’이라 하겠다. 그러나 ‘晉’은 『說文』에서 ‘會意’로 분류되고 있으며, ‘進’은 ‘從辵閵省聲(‘착’이라는 의미로 ‘린’字의 획을 생략하여 소리로 취함)’이라 해서 ‘形聲字’로 분류되고 있다. 따라 茶山이 말하는 ‘諧聲’이 ‘形聲’을 의미하는 것인지는 다른 용례를 더 살펴보고 결정할 필요가 있음(大壯卦의 牂·壯의 경우, 『說文』에서 보면 ‘右形左聲(오른쪽이 의미, 왼쪽이 소리)’으로, ‘牂’은 “從羊, 爿聲”, ‘壯’은 “從士, 爿聲”으로 形聲字임).

한편 ‘六書’說을 살펴보면,

(一) 許愼, 『說文解字』, 敍(제一五편); 指事, 象形, 形聲, 會意, 轉注, 假借. ⇒‘六書’라는 말은 『周禮』「地官」「保氏」에서 인용한 것. 『周禮』「六書」는 상기 許愼이 말하는 내용이 아닌, ‘여섯 가지 서체’라는 주장도 있다.

(二) 鄭玄, 『周禮注』; 象形, 會意, 轉注, 處事, 假借, 諧聲. ⇒鄭玄은 ‘鄭衆’의 注를 인용하여 六書를 설명. 處事를 指事로 보면, ‘諧聲’은 ‘形聲’이 된다.

(三) 班固, 『漢書』「藝文志」; 象形, 指事, 會意, 形聲, 轉注, 假借. ⇒許愼과 내용이 동일, 그러나 그 순서가 漢字의 발전 단계와 부합. 鄭衆은 劉歆의 二대 제자, 班固의 「藝文志」는 劉歆의 『七略』에 근거, 許愼은 劉歆의 三대 제자(허신은 賈逵의 제자인데, 가규의 아버지 賈徽가 유흠의 제자이다).

따라서 ‘육서’라는 말은 결국 劉歆의 고문학파에서 유래한 것이라 하겠다.

晉은 [天子가] 백성을 편안히 다스리는 제후(諸侯)에게 말(馬)을 많이 하사(下賜)함이며, 낮에 [天子를] 세 번씩이나 접견(接見)함이로다.

此 晉之不變者也 卦自小過來 ≪三之上≫ 本以震侯 ≪上本震≫ 今乃离治 ≪上今离≫ 以安坤民 ≪下今坤≫ 諡法 安民曰康 ≪安樂撫民 曰康 見史記≫ 是 康侯也

小過 → 晉

이것은 晉卦가 변하지 않는 경우이다. 晉卦는 小過卦로부터 왔으니 ≪[小過卦의] 3이 上으로 감≫ 본래 [小過卦에서는] 震의 諸侯였는데 ≪[小過卦의] 上卦는 본래 震≫ 이제 [晉卦가 되면] 离의 다스림을 폄으로써 ≪[晉卦의] 上卦가 지금 离≫ 坤의 백성을 편안하게 하는 것이다. ≪[晉卦의] 下卦가 현재 坤≫ [시호(諡號)를 내리는 법도를 지칭하는] 시법(諡法)에서는 백성을 편안케 하는 것을 '康'이라고 하였으니 ≪백성들을 안락(安樂)하게 잘 다스리는 것을 '康'이라고 하는데, 이것은 『史記』에 보인다.[146]≫ 이것이 '강후(康侯)',[147] 즉 '백성을 편안히 다스리는 제후인 것이다.

○小過之時 坎馬美脊 ≪本亣坎≫ 移之爲晉 坤則爲衆 ≪下今坤≫ 馬蕃庶也 又自觀來 ≪五之四≫ 巽命下施 ≪觀上巽≫ 用錫馬蕃庶也

146) 『史記』의 「諡法解」에 나온다. 즉 '安樂撫民'의 왕이나 황제에게 '康'자의 시호를 붙인다.

147) 康侯: 高亨은 '康侯'를 人名으로 본다(김상섭 역, 『高亨의 周易』, 예문서원, 1995, 305면). '강후'에 대해서는 『주역』(김경탁 역, 명문당, 1978, 170면), 『周易大辭典』(伍華主編, 中山大學出版社, 1993, 360면)을 참조할 것.

䷓ ䷢ ䷽

觀 → 晉 ← 小過

○小過卦의 때에는 坎의 말(馬)이 훌륭한 등뼈(美脊)를 가지고 있었는데 ≪小過卦는 본래 大坎의 형태≫ [小過卦로부터] 옮겨가서 晉卦가 되면 ≪3이 上으로 감≫ [晉卦의 下卦인] 坤은 곧 무리(衆)의 뜻이 되므로 ≪晉卦의 下卦가 지금 坤≫ "馬蕃庶", 즉 "말이 많다"라고 한 것이다. 또 [晉卦는] 觀卦로부터 왔으니 ≪5가 4로 감≫ 巽의 명령이 아래로 베풀어지니 ≪觀卦의 上卦는 巽≫ 이것을 가리켜 "用錫馬蕃庶", 즉 "말을 많이 하사함"이라고 말한 것이다.

○ 日在地上 其位中天 ≪五六天≫ 此 晝日也 艮則爲接 ≪字從148) 手≫ 接者 承也 ≪引見則承接≫

○[晉卦는] 해(日)가 땅 위에 있는 것을 상징한 것으로서, [그 离가 있는] 위치가 하늘 가운데 있으니 ≪5·6位는 하늘의 자리≫ 이것을 가리켜 '晝日(낮)'이라고 한 것이다. [한편] 艮은 곧 '接(접촉함)'이 되니 ≪'接'字는 '手'字를 좇음149)≫ '接'은 '받들어 모심(承)'을 뜻한다. ≪[윗사람이 아래 사람을] 불러서 보는 것은 [아래 사람의 입장에서 보면, 윗사람을] 받들어 모시는 것[承接]이 된다.≫

觀既一接 ≪觀互艮≫ 再於小過 ≪下艮接≫ 移之爲晉 又以艮接 ≪今互艮≫ 晝日三接也 觀者 省方之卦也 巡省之時 諸侯有能安民者 錫馬賜對 古之禮也 然且 兩至之日 后不省方 故引見諸侯必於是日 ≪以間日接見≫ 此 其所以爲此卦之象也

148) [校閱] 新朝本에는 "從"으로 되어 있으나 奎章本에는 "以"로 되어 있다.
149) "艮爲手"(『四箋』 卷8, 33가).

觀 → 晉 ← 小過

觀卦에서 이미 한 번 접견(接見)하였고 ≪觀卦의 3・4・5는 互艮≫ 小過卦에서 다시 한번 접견하였으며 ≪小過卦의 下卦는 艮이니, 접견하는 것이 됨≫ 추이(推移)하여 晉卦가 되어도 다시 艮으로써 접견함이니 ≪晉卦의 2・3・4는 互艮≫ 이것을 일컬어 "晝日三接" 즉 "낮에 [天子를] 세 번씩이나 접견함"이라고 말한 것이다. 觀卦는 변방을 살피는 것에 해당되는 괘(省方之卦)인데, [임금이] 변경을 순시하면서 살필 때에, 만일 제후(諸侯)가 백성들을 편안하게 잘 다스리고 있으면, 말을 하사하고 對面을 허락하는 것이 古代의 禮法이었다. 그런데 동지(冬至)나 하지(夏至)가 되면 임금은 지방을 순시하지 않았던 까닭에, 제후를 불러서 접견하는 것은 반드시 이 [冬至나 夏至] 날에 하였던 것이다. ≪한가한 날에 접견함≫ 이것이 ["晝日三接"이] 晉卦의 象으로 된 까닭이다.

○案 朱子 以康侯 謂如考工記之寧侯 ≪謂安國≫ 然 帝乙歸妹 高宗伐鬼方 箕子明夷之類 皆實有是事 則康侯錫馬 亦必故實也

○[案] 朱子는 '강후(康侯)'를 『周禮』「考工記」에서 말한 '영후(寧侯)'150)의 뜻과 같다고 말한다. ≪나라를 평안히 하는 제후라고 말했다.151)≫ 그런데 "帝乙歸妹"(泰卦六五, 歸妹六五), "高宗伐鬼方"(旣濟九三), "箕子明夷"(明夷六五) 등의 사례가, 모두 실제로 있었던 일이었던 것처럼, "康侯錫馬"도 역시 옛날에 있었던 사실이었을 것이 틀림없다.

150) 「考工記」「梓人(그릇 만드는 목수)」 부분에 나옴. 鄭玄云, 『周禮注疏』, 上海古籍出版社, 1987, 639면; 陳戌國 點校, 『周禮・儀禮・禮記』, 岳麓書社, 1995, 128면.

151) 朱子의 『주역본의(周易本義)』에 "康侯, 安國之侯也"라고 말하고 있다. 그리고 朱子가 「考工記」를 직접 언급하고 있는 것은 아님(金碩鎭, 『周易傳義大全譯解』 下, 대유학당, 1996, 826면).

○又按 周禮 大行人職曰 諸公 三饗三問三勞 諸侯 三饗再問再勞 子男 三饗一問一勞 經云 三接 蓋指此禮也

○[又案]『周禮』「秋官」「大行人」의 직책에서 말하기를,[152] "公卿은 삼향(三饗)·삼문(三問)·삼로(三勞)하고,[153] 諸侯는 삼향(三饗)·재문(再問)·재로(再勞)하며, 子爵과 男爵은 삼향(三饗)·일문(一問)·일로(一勞)한다"라고 하였으니, 經文에서 말한 '삼접(三接)'은 대개 이 禮를 가리키는 것이다."

䷢

彖曰 : 晉, 進也, 明出地上, 順而麗乎大明, 柔進而上行. 是以康侯, 用錫馬蕃庶, 晝日三接也.

「彖傳」: 晉은 나아감이니, 光明이 地上으로 나와서, 順하면서도 [太陽의] 큰 밝음에 걸려 있어 [아름답고], 柔가 위로 나아가는 것이다. 이런 까닭에 [天子가] 백성을 편안히 다스리는 제후(諸侯)에게 말(馬)을 많이 하사(下賜)하며, 낮에 [天子를] 세 번씩이나 접견(接見)함이로다.

大明者 日也 ≪离爲日≫ 卦自觀來 ≪蜀才云≫ 柔進而上行也 ≪四之五≫

152)『周禮』「秋官」「大行人」. 鄭玄云,『周禮注疏』, 上海古籍出版社, 1987, 559면.

153) '세 번 예물을 올리고, 세 번 문안을 여쭌다.' 여기의 구절들은 원문에 그대로 나오는 것이 아니고, 茶山이 발췌하여 인용한 것으로, 그 정확한 의미는 현재 未詳(原文에는 '三饗'이 아닌 '三享'으로 되어 있으며, 세 경우 각각 '饗禮'라는 말도 따로 나온다).

觀 → 晉

"大明"은 태양을 가리킨다. ≪离는 해가 됨≫ 晉卦는 觀卦로부터 왔기 때문에 ≪蜀才가 그렇게 말함[154]≫ "柔進而上行", 즉 "陰畫이 위로 나아간 것"이라고 말한 것이다. ≪4가 5로 감≫

○胡氏曰 易言 柔進而上行者 三卦 晉睽鼎也 晉則 觀四進五也 睽則 中孚四進五也 ≪見大全≫

○胡氏가 말하였다. "易經에서 '柔進而上行'이라고 한 경우는 [모두] 세 卦이니, 즉 晉卦, 睽卦, 鼎卦[155]이다. 晉卦의 경우에는 觀卦의 4가 5로 나아간 것이고, 睽卦의 경우에는 中孚卦의 4가 5로 나아간 것이다." ≪『周易傳義大全』에 보인다.[156]≫

---

154) 모기령(毛奇齡)의 『仲氏易』(上海古籍出版社, 1990, 145면)에도 나온다.

155) 세 卦 모두 그 「彖傳」에 이 말이 나온다. 鼎卦의 경우는, 遯卦의 2가 5로 上行한 것이라고 보아서 이런 말을 하는 것이다. 大壯의 1이 上으로 가서 鼎卦가 되는 경우도 있으나, 당연히 이 경우는 "柔進而上行"이 아니다.

遯 → 鼎 ← 大壯

참고로 「繫辭下」에도 睽卦가 언급되는데, "나무를 휘어 활을 만들고, …… 이는 대개 睽에서 취한 것이다"는 구절이 나오며, 이 구절에 茶山은 "卦自中孚(四之五)"云云 하는 注를 달고 있다(『四箋』 卷8, 11가).

156) 여기서 "大全"이라고 함은 「繫辭傳」을 가리키는 것이 아니라, 『周易傳義大全』을 가리킨다. 胡氏가 구체적으로 누구를 가리키는지는 정확히 알 수는 없으나, 雲峯 胡氏, 즉, 元代의 經學家인 胡炳文(1250~1333)을 가리키는 것으로 보인다. 왜냐하면, 胡炳文(1250~1333)은 睽卦, 鼎卦의 주석에서 '柔進而上行'의 例를 비교하고 있기 때문이다.

初六 : 晉如摧如, 貞吉. 罔孚, ≪句≫ 裕, 无咎. ○ 象曰 : 晉如摧如, 獨行正也, 裕, 无咎, 未受命也.

初六 : 진격하여 [敵을] 꺾을 것이니, 일을 맡아 처리하면 길할 것이다. [交感하는] 믿음은 없더라도, ≪句≫ 너그럽게 대한다면, 허물이 없을 것이다. ○ 「象傳」: "晉如摧如"는 오직 홀로 올바름을 행하는 것이고, "裕无咎"는 命을 받지 못함을 가리킨 것이다.

此 晉之噬嗑也 噬嗑自否來 柔進上行 ≪一之五≫ 离日乃明 ≪上今离≫ 日進曰晉 ≪此 卦義≫ 此 晉如也 乾剛中折 ≪五今折≫ 落而在地 ≪五之一≫ 此 摧如也 否者艮道 ≪小人道≫ 否之時 艮山高峻 ≪上三剛≫ 中剛旣移 艮巘崩頹 ≪五之一≫ 山崩曰 摧也 ≪崔者 山高也≫ 軍旅之筮 遇是爻 則我衆旣進 敵勢必摧也

晉 → 噬嗑 ← 否

이것은 晉卦가 噬嗑卦로 변하는 경우이다. 噬嗑卦는 否卦로부터 왔다. [否卦의] 柔가 위로 가서 ≪否卦의 1이 5로 감≫ 离의 太陽이 이에 밝게 빛나게 된 것이다. ≪噬嗑卦의 上卦가 지금 离≫ 태양이 솟아오르는 것을 '晉'이라고 하니 ≪이것은 卦義, 즉 '卦의 의미'에 해당됨≫ 이것이 "晉如"의 뜻이다.[157] [否卦의 上卦에 있던] 乾卦의 剛이 그 가운데가 절단되

157) '晉如'의 '如'를 '焉'으로 봄. 『高亨의 周易』(김상섭 역, 예문서원, 1995, 308면)을 참조할 것.

어 ≪噬嗑卦에서 第5畫의 陽畫이 지금 꺾임≫ [陽이] 땅으로 떨어지니 ≪5가 1로 감≫ 이것이 "摧如"의 의미이다. 否卦는 艮의 道이니, ≪小人의 길을 가리킴≫ 否卦의 때에는 艮의 山이 드높고도 험하더니 ≪否卦의 上卦에 剛이 셋이나 있음≫ [噬嗑卦로 되면] 가운데 剛이 이미 옮겨가 버리니, 艮의 山의 봉우리가 무너져 내린 것이다. ≪5가 1로 감≫ 山이 붕괴되는 것을 가리켜 '摧'라고 한다. ≪崔는 산이 높은 것을 뜻한다.≫ 軍事에 관한 점에서 이 爻를 만나게 된다면, 我軍은 前進하게 되고, 敵軍의 세력은 반드시 무너져 내릴 것이다.

○否塞之時 剛自外反 ≪五之一≫ 中爲坎貞 ≪上互坎≫ 幹事吉也

晉 → 噬嗑 ← 否

○불운하고 막힌 [運勢의] 때를 맞아, [否卦의] 陽이 밖에서 [안으로] 되돌아가고 ≪5가 1로 감≫ 가운데 坎의 貞함이 있으니 ≪噬嗑卦의 위쪽에 互坎이 있음≫ ["貞吉"이라고 한 것은] 일을 맡아 처리함에 있어 吉한 것이다.

○爻之未變 初與四應 ≪剛柔應≫ 爻之旣變 乃失其應 ≪初今剛≫ 雖有离誠 ≪上本离≫ 亦罔孚也 ≪孚者 交感也≫

晉 → 噬嗑

○[晉卦에서] 爻가 아직 변하지 않았을 때는, 1과 4가 相應의 관계에 있다. ≪剛과 柔가 상응함≫ 그런데 [晉卦가 噬嗑卦로 되어서] 爻가 이미

변하게 되면, 이에 그 상응함을 잃게 되니 ≪噬嗑卦의 初爻가 지금 陽이며, 4爻도 역시 陽≫ 비록 离의 성실함이 있다고 하더라도 ≪上卦가 본래 离≫ 역시 믿음이 없는 것(罔孚)이다. ≪孚는 交感함을 뜻함≫

○裕者 寬也 否之時 乾剛太急 ≪否上乾≫ 民不堪命 ≪下本坤≫ 移之噬嗑 則柔進爲离 ≪一之五≫ 寬以生之 ≪离爲寬≫ 裕无咎也 否塞之時 剛自外反 ≪入爲主≫ 是 无咎也

晉 → 噬嗑 ← 否

○'裕'는 관대(寬大)함을 뜻한다. 否卦의 때에는 乾의 剛함이 너무나도 급박하여 ≪否卦의 上卦는 乾≫ 백성들이 명령을 감당치 못하는데 ≪[否卦의] 下卦가 본래 坤[158]≫ 추이(推移)하여 서합괘(噬嗑卦)가 되면, 陰이 前進하여 离가 되고 ≪1이 5로 감≫ 관대하게 백성들을 살리니, ≪离는 너그러움의 뜻이 됨≫ 이것이 "裕无咎", 즉 "너그럽게 대한다면, 허물이 없음"의 뜻인 것이다. [그리고] 운세가 막힌 상황에서 陽이 밖으로부터 안으로 되돌아오니 ≪들어와서 [內卦의] 主人이 됨≫ 이것이 "无咎"의 뜻이다.

○否之三剛 唯五得位 ≪四六 皆失位≫ 移之噬嗑 ≪五之一≫ 亦不失位 ≪陽居一≫ 獨行正也 遂爲震道 ≪下今震≫ 行其道也

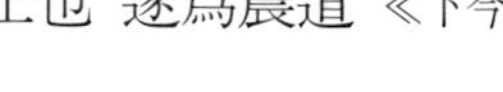

晉 → 噬嗑 ← 否

○否卦의 세 개의 剛 중에서 오직 제5位만 적당한 자리를 얻고 있

158) 否卦의 上互卦인 3·4·5는 巽으로서, 命의 뜻이 있다.

었는데 ≪4와 6은 적당한 자리가 아님≫ 추이(推移)하여 噬嗑卦가 되어도 ≪5가 1로 감≫ 역시 그 바른 자리를 잃지 않았으니 ≪陽이 1에 있으므로 바른 자리가 됨≫ 이것이 "獨行正(홀로 바름을 행함)"의 뜻이다. 마침내 震의 道가 되니 ≪[噬嗑卦의] 下卦가 지금 震≫ 그 [震의] 道를 행하는 것이다.

○雖則无咎 巽命今絶 ≪否互巽≫ 未受命也

晉 → 噬嗑 ← 否

○비록 허물은 없으나, 巽의 명령(命)이 지금 [噬嗑卦로 되면서] 단절되었으므로 ≪否卦에는 [3·4·5의] 互巽이 있었음≫ "未受命", 즉 "命을 받지 못하는 것"이 된다.

○揚雄 玄經曰 丈人摧孥 亦山崩曰 摧也

○揚雄의 『太玄經』에서 "丈人摧孥(將軍이 軍卒들을 상실했다)"라고 하였으니, [이것도] 또한 山이 붕괴되는 것을 가리켜 '摧'라고 한 것이다."[159]

159) 『太玄經』「衆」에 이런 구절이 있으나, '摧'가 '산이 무너진다'는 의미로 쓰인 것이 아니고, 일반적으로 '무너진다', '상실한다'는 뜻으로 쓰인 것 같다. (鄭萬耕 校釋, 『太玄校釋』, 北京師範大出版社, 1989, 99면 참조) 한편 茶山이 말하고자 하는 뜻이, 다음과 같은 것일지도 모르겠다. 즉 '摧'라는 글자에 '산이 무너진다'는 의미가 있다는 것이 아니고, 여기 晉卦에서 산이 무너지는 形象에서 '摧'라는 말을 사용했듯이(여기 晉卦의 '摧'라는 글자의 의미는 '산이 무너진다는 의미'가 아니라 일반적으로 '무너진다', '몰락한다'는 의미이다), 太玄의 卦象으로 볼 때도 '산이 무너지는 형국'이 있고, 역시 그에 따라 '摧'라는 글자가 쓰였으며(여기서도 물론 '산이 무너진다'는 의미로 쓰인 것은 아니겠다), 그래서 이로 볼 때, '摧'가 '山崩'의 의미라고 하는 것일지도 모르겠다.

六二 : 晉如愁如, 貞吉, 受玆介福于其王母. ◯象曰 : 受玆介福, 以中正也. ≪愁讀作愀≫

六二 : [태양이 밝게 비추면서] 나아가는 듯 하고 [제사지낼 때 삼가고] 근심하는 듯 하니, [이처럼] 일을 맡아 [성실히] 처리하면, 길할 것이며, 이에 큰 복(福)을 그 王의 모친(母親)으로부터 받게 될 것이다. ◯「象傳」: "이에 큰 福을 받게 되는 것"(受玆介福)은 中正으로써 하기 때문이다. ≪'愁'字를 '愀(초)'字로 읽는다.≫

此 晉之未濟也 未濟自否來 柔進上行 ≪二之五≫ 离日乃明 ≪上今离≫ 日進曰晉 ≪此 卦義≫ 此晉如也 剛來爲坎 ≪五之二≫ 坎則爲愀 ≪義見下≫ 愁如者 愀如也 ≪字相通[160]≫ 艮廟之下 ≪本互艮≫ 坤牛受矢 ≪禮所云 射牲≫ 祭祀之卦也 筮而遇是 則离誠上格 ≪此 晉如≫ 坎敬愀然 其占吉也

晉 → 未濟 ← 否

이것은 晉卦가 未濟卦로 변하는 경우이다. 未濟卦는 否卦로부터 왔다. 陰이 나아가서 위로 가니 ≪否卦의 2가 5로 감≫ 离의 태양이 이에 밝게 빛난다. ≪未濟卦의 上卦가 지금 离≫ 태양이 나아가는 것을 일컬어 "晉"이라고 하니 ≪이것은 '卦義', 즉 卦의 의미에 해당한다.≫ 이것이 "晉如", 즉 '나아감'의 의미이다. [否卦에서] 剛이 와서 坎이 되니 ≪[否卦의] 5가 2로 감≫

160) [校閱] "字相通"의 "通"이 新朝本에서는 "迪"으로 되어 있으나 誤記로 의심된다.

坎이 곧 '근심함'이 된다. ≪뜻은 아래에 보임≫ "愁如"는 '愀如(근심함)'의 뜻이다. ≪'愁'字와 '愀'字는 서로 통용된다.≫ 艮의 사당 아래에서 ≪본래[161] 2·3·4의 互艮이 있었다.≫ 坤의 소(牛)가 화살[162]을 맞으니 ≪禮에서 말한 바 '射牲'이다.[163]≫ [이 晉卦는] 祭祀에 연관된 괘이다. 점쳐서 이 晉卦를 만나면, 离의 정성(誠)이 위에까지 도달하고 ≪이것이 '나아감'[晉如]의 뜻≫ 坎의 공경(敬)[164]으로 삼가면서 근심스러운 듯하니 ≪3·4·5는 互坎≫ 그 占이 길한 것이다.

○ 否塞之時 剛自外反 ≪五之二≫ 遂以坎固 ≪上下坎≫ 幹事吉也

晉 → 未濟 ← 否

○운세가 막힌 때를 맞아, 剛이 밖에서 [안으로] 되돌아가 ≪5가 2로 감≫ 마침내 [未濟卦에서] 坎의 견고함이 되니 ≪[未濟卦의 下卦와 上互卦가 坎이므로] 上下로 坎이 있음≫ 일을 맡아 처리함이 吉한 것이다.

○祭 所以受福也 ≪孔子曰 我祭則受福≫ 易例 凡有隕自天 謂之

161) 여기 '本'은, 否에도 互艮이 있으나, 晉卦를 말하는 것으로 보아야 할 것 같다. 晉에서는 2·3·4의 互艮이 있고, 그 아래에 坤牛가 있다.

162) 「說卦傳」에서는 乾이 화살(矢)이 된다고 하였다 그런데 마융(馬融)과 왕숙(王肅)은 乾뿐 아니라, 离도 또한 '화살'이 된다고 보았다. 茶山은 본래 화살의 상징으로 삼은 것은 乾의 전체라기보다는 단지 '陽一'의 '곧음'을 지목한 것일 뿐이므로, 乾만이 아니라 대개 '陽畫一'이 '화살'로 된다고 주장하였다. 따라서 卦象으로 보면, 否卦에서 未濟卦로 推移하면서. 제5位에 있는 剛이 제2位로 이동한 것을 화살이 발사되어 본래 晉卦의 下卦에 있던 坤牛를 적중시켜 맞힌 것으로 보아야 할 것이다.

163) 射牲 : 『周禮』 「夏官司馬」(第4)에 나오는 말이다.

164) 茶山의 「說卦傳」의 물상에 대한 '今補'에서 "坎. 爲敬"이라고 함(『四箋』 卷8, 38나).

福 ≪見泰卦≫

○祭祀를 올리는 것은 福을 받고자 함이다. ≪孔子께서 말씀하시기를, "나는 제사를 올리면, [반드시] 福을 받는다"라고 하였다.[165)]≫ 易例에 따르면, 일반적으로 하늘에서 떨어지는 것이 있으면, '福'이라고 하였다. ≪泰卦를 참조할 것[166)]≫

否之中剛 有隕自天 ≪五之二≫ 遂爲离福 ≪上下离≫ 是 受福也 介者 大也 自乾來則 介福也 ≪陽曰 大≫ 否之時 坤母在內 乾王是出 ≪天地 否≫ 是 王母也 坤母之故 有隕自天 ≪五之二≫ 受玆介福于其王母也 ≪如周之姜嫄太任≫

晉 → 未濟 ← 否

否卦의 [제5畫인] 中剛이 하늘에서 내려와 ≪5가 2로 감≫ 마침내 离의 福이 되니 ≪[未濟卦에서] 上卦와 下互卦가 离卦≫ 이것이 "受復"이다. '介'는 큰 것(大)을 가리킨다. [未濟卦의 제2畫에 있는 陽은 否卦의 上卦인] 乾으로부터 왔으므로, "介福(큰 福)"이라고 한다. ≪陽을 가리켜 '大'라고 함≫ 否卦의 때에, 坤의 어머니는 안에 있고, 乾의 임금은 밖으로 나가 있으니 ≪天地 否卦≫ 이것이 '王母', 즉 '王의 어머니'인 것이다. 坤의 어머니인 까닭에, 하늘로부터 내려온 것이 있으니 ≪5가 2로 감≫ [이것을 가리켜] "受玆介福于其王母", 즉 "이에 큰 복록(福祿)을 그 王의 어머니에게서 받는다"라고 한 것이다. ≪王母란 周나라의 강원(姜嫄)[167)]이나 태임(太任)[168)]과 같

165) 『禮記』「禮器上」에서는 이 말이, 孔子 자신의 말이 아니라, 古人의 말을 공자가 인용하여 말하고 있는 것으로 되어 있다(이상옥 역, 『禮記』, 명문당, 2003, 497면).

166) 泰卦 九三에 "于食有福"이라는 구절이 있다.

167) 강원(姜嫄) : 姜嫄(羌原)은 周의 始祖인 후직(后稷)의 어머니로서 유태씨(有部氏)의 딸이고, 제곡(帝嚳)의 첫째 부인(正妃)이었다고 한다(김구진 · 김희영 편저, 『이야기 중

은 사람을 가리킨다.≫

○上离下坎 位皆得中 ≪二五正≫ 是 中正也

未濟

○[未濟卦에서] 上卦는 离이고, 下卦는 坎인데, 그 位[169]가 모두 '中'을 얻은 것이니 ≪2와 5는 正이 됨≫ 이것을 가리켜 "中正"이라고 한다.[170]

○案 愁者 秋心也 秋者 揫也 坤溫之中 ≪下本坤≫ 乾寒入心 ≪五之二≫ 其氣揫悚 此 其所以爲敬也 升歌淸廟 愀然 如復見文王 亦敬也

○[案] "愁"는 ['秋'와 '心'이 합쳐져서 만들어진 글자이니] 秋心이다. "秋"는 '모아들인다'는 것을 뜻한다. [가을(秋)이 되면] 坤의 따뜻한 가운데로 ≪[否卦의] 下卦는 본래 坤≫ 乾의 차가움이 그 마음속으로 들어오니, ≪5가 2로 감≫ 그 [坤의 온난한] 기운이 움츠려 들어 두려워하게 되니, 이

국사』, 청아출판사, 1990, 45면).

168) 태임(太任) : 周나라 文王의 어머니. 『詩經』「大雅」「思齊」에 "思齊大任, 文王之母(거룩한 태임이 文王의 어머니이시니)"라는 구절이 있고(金學主 譯, 『新完譯 詩經』, 명문당, 1988, 418면), 역시 「大雅」「大明」에 '태임(大任)이 아이를 가져(大任有身)'라는 구절이 있다(같은 책, 408면). 현숙한 부인의 대표적 상징으로 여겨졌다.

169) 여기서 '位'란 1, 2, 3, 4, 5, 6 모두를 말하는 것이 아니고, 否와 未濟의 관계에서 거론되는 '자리'만 말하는 것이며, 그 자리가 2와 5이므로, 곧 中인 것이다(2가 5로, 5가 2로 가는 관계).

170) 正位 : 一三五에 陽爻가 있으면 正位가 되고, 二四上에 陰爻가 있으면 不正位가 된다.
正應 : 一과 四, 二와 五, 三과 上이 陰과 陽, 혹은 陽과 陰이 되어 상응하는 것을 말한다.
中 : 二와 五가 中. 따라서 一과 三과 四와 上은 不中의 위치가 된다.
中正 : 二와 五가 正位인 것. 즉 六二, 九五의 경우를 가리킨다.

것이 그 경건하게 되는 까닭이다. '청묘(淸廟)'의 노래[171]를 부르면서 [묘당(廟堂)에] 오르고, 삼가고, 엄숙한 모습이 마치 文王을 다시 보는 듯하니, [이것도] 역시 경건함의 뜻이다.

六三 : 衆允, 悔亡. ○ 象曰 : 衆允之, 志上行也.

六三 : 많은 사람들(衆)[172]이 [군주(君主)가 하는 말을] 진실로 믿어주니, 바뀌는 것이 없을 것이다. ○「象傳」: 많은 사람들(衆)이 [군주(君主)가 하는 말을] 믿어주니 [많은 사람들(衆)의] 마음이 군주(君主)에게로 향한다.

此 晉之旅也 旅自否來 《三之五》 否之時 乾君莅民 《坤爲民》 施其巽命 《否互巽》 移之爲旅 則成言乎艮 《下今艮》 民乃上格 《三之五》 遂以离信 《上今离》 是 衆允也 《允 信也》

晉 → 旅 ← 否

이것은 晉卦가 旅卦로 변하는 경우이다. 旅卦는 否卦로부터 왔다.

---

171) '升歌淸廟'라는 말은『新完譯 禮記』14 明堂位 25 祭統 28 仲尼燕居(이상옥 역,『禮記』中, 명문당, 2003, 858면, 1249면;『禮記』下, 1249면, 1283면)에 보인다.『詩經』「周訟」「淸廟之什」에 '淸廟'라는 詩가 있는데, 이것은 周公이 文王을 제사지낼 때 부른 노래라고 한다(金學主 譯,『新完譯 詩經』, 명문당, 2002, 650면).

172) 甲骨卜辭에 이미 '衆' 혹은 '衆人'이 나타난다. 갑골문에서 '衆'은 태양 아래에 세 사람이 모여 있는 모습으로 象形되어 있다. '衆' 혹은 '衆人'은 商代의 중요한 농업 생산자였다. 商代의 '衆' 혹은 '衆人'이 노예인지, 자유민인지, 또는 공동체 사회의 구성원인지, 아니면 노예주 계급인지에 대해서 학자들 간에 커다란 의견 차이가 있다(吳浩坤 · 潘悠 著, 梁東淑 譯,『중국갑골학사』, 동문선, 2002, 400면).

≪3이 5로 간 것이다.≫ 否卦의 때에는 乾의 君主가 백성들 위에 군림하여 ≪坤은 백성이 됨≫ 그 巽의 명령을 베풀고 있었는데 ≪否卦의 [下互卦는] 巽이니, 명령의 뜻≫ [否卦로부터] 옮겨가서 旅卦가 되면, 艮에서 말씀이 완성되는 것(成言乎艮)이다. ≪[旅卦의] 下卦는 이제 艮이 됨≫ 백성들이 이에 위로 나아감에 ≪否卦의 3이 5로 감≫ 마침내 离의 믿음으로써 [그렇게] 함이니, 이것을 가리켜 "衆允"이라고 한 것이다. ≪允은 믿음의 뜻이다.≫

○小過之時 ≪晉自小過來≫ 成言乎艮 ≪觀亦艮≫ 今艮如舊 ≪下今艮≫ 是 悔亡也

觀 → 晉 ← 小過

晉 → 旅

○小過卦의 때에는 ≪晉卦는 小過卦로부터 왔음≫ 艮에서 말씀이 완성되었는데 ≪[또 晉卦는 觀卦로부터 왔는데] 觀卦도 역시 大艮의 형태가 됨≫ 지금 [旅卦에서] 艮이 옛 날과 마찬가지로 여전히 있으니 ≪[旅卦의] 下卦가 지금 艮≫ 이것을 가리켜 "悔亡"이라고 한 것이다.

○坤民之志 ≪否下[173]坤≫ 上而爲离 ≪三之五≫ 志上行也 ≪离爲志≫

晉 → 旅 ← 否

○坤의 백성들의 뜻이 ≪否卦의 下卦는 坤≫ 위로 가서 [旅卦의 上卦인] 离가 되니 ≪否卦의] 3이 5로 감≫ [이것을 가리켜] "志上行"이라고 한 것이다. ≪离는 '志', 즉 '뜻'이 된다.≫

---

173) [校閱] "下"가 新朝本에는 "上"으로 되어 있는데, 誤記이다.

九四 : 晉如鼫鼠, 貞厲. ◯ 象曰 : 鼫鼠, 貞厲, 位不當也.

九四 : [小人이 입신영달(立身榮達)을 위해] 나아가기를 큰 쥐(鼫鼠)[가 내달리는 것]처럼 하니, 일을 처리하더라도 위태로울 것이다. ◯「象傳」: "鼫鼠貞厲"라고 한 것은 그 [처해 있는] 자리가 적당하지 않기 때문이다.

此 晉之剝也 卦自小過來 ≪三之上≫ 小過之時 艮鼠在下 ≪鼠首至于三≫ 移之爲晉 ≪三之上≫ 鼠進一步 ≪鼠首至于四≫ 又變爲剝 ≪四爻動≫ 則艮鼠之頭 遂至上位 ≪剝上艮≫ 晉如鼫鼠也 剝爲大艮 ≪一陽領五陰≫ 是 碩鼠也 ≪碩 大也≫ 小人之驟躋崇顯 ≪艮小人≫ 非此象乎

小過→推移→晉→ 4爻變→剝

이것은 晉卦가 剝卦로 변하는 경우이다. 晉卦는 小過卦로부터 왔다. ≪3이 上으로 간 것이다.[174]≫ 小過卦의 때에는 艮의 쥐가 下卦에 있었는데 ≪쥐의 머리가 제3位까지 도달함≫ [小過卦로부터] 推移하여 晉卦가 되면 ≪3이 上으로 감≫ 쥐가 한 걸음 더 나아간 것이다. ≪쥐의 머리가 제4位까지 도달함≫ 또 [晉卦가] 변하여 剝卦로 되면 ≪제4爻가 변동함≫ 艮의

174) 보통의 경우, "A괘는 B로 가고, 그 B괘는 C에서 나왔다"(A→B, B←C)는 식의 말이 나오는데(여기서도 初六, 六二, 六三이 모두 이러했다), 여기서는 "晉이 剝으로 가고, 그리고 다시 晉은 小過에서 나왔다"(A→B, A←C)고 말하고 있다. 이는 剝이 辟卦여서 그것이 기원되는 卦가 따로 없기 때문이겠는데, 辟卦의 推移 논리에 따라 그 앞 단계인 觀卦에서 剝이 왔다고 볼 수도 있을 것이다. 詳考를 要한다.

쥐의 머리가 꼭대기까지 이르게 되니 ≪剝卦의 上卦는 艮≫ 이것을 가리켜 "晉如鼫鼠"라고 한 것이다. 剝卦는 大艮이니 ≪一陽이 五陰을 거느리고 있음≫ 이것은 '큰 쥐(碩鼠)'의 형상인 것이다. ≪碩은 크다는 의미이다.≫ 小人이 입신영달(立身榮達)을 위해서 내달리는 것이 ≪艮은 小人[175]≫ 바로 이런 象이 아니겠는가?

噫 其始升之時 猶不過進一步而止矣 及其得勢而進以近君位 則直超二級 遂至上頭[176] 而羣陽盡剝 氣象索然 君子於此 宜知小人之戒

小過→推移→晉→ 4爻變 →剝

슬프다! [小人이] 비로소 오르기 시작할 그 때에는 다만 한 걸음 나아가는데 그쳤지만, [이것은 小過卦에서 晉卦로 推移하는 경우에 해당됨] 그가 세력을 얻어서 임금의 자리에까지 가까이 나아감에 미쳐서는, 곧바로 두 단계를 뛰어넘어서 [이것은 晉卦가 爻變하여 剝卦로 된 경우에 해당됨] 드디어 [가장] 위에 있는 머리 부분에까지 이르게 되니, [그렇게 되면] 여러 陽들은 모두 벗겨져서, 그 氣象이 처량하기 그지없게 되는 것이다. 君子는 이에 小人을 마땅히 경계해야 할 것이다.

○坎貞旣滅 一剛孤高 ≪上位亢≫ 於幹事 危甚也

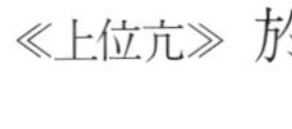

晉 → 剝

175) "驟躋崇顯"을 직역하면, "달려 올라가, 높이 영달함" 정도가 된다.
176) [校閱] "上頭"의 "上"이 奎章本에는 "止"로 되어 있다.

○[剝卦가 되면] 坎의 貞이 이미 소멸하고, 陽 하나만이 외롭게 높은 곳에 있어서 ≪上位는 지나치게 오른 위치에 해당됨≫ 일을 맡아 처리함에 있어 그 위태로움이 더욱 심하다.

○位不當者 本象也 ≪剛居陰≫ 變象亦然 ≪剝一陽 亦不當位≫

晉 → 剝

○"位不當"이라고 한 것은 本象, 즉 '本卦인 晉卦의 象'이 그러하다는 것인데 ≪陽이 陰의 자리인 제4位에 있음≫ 變象, 즉 晉卦로부터 변화된 變卦인 剝卦의 象도 역시 그러하다. ≪剝卦의 一陽은 [陽인데도 불구하고, 陰의 자리인 上位에 있으므로] 역시 합당한 자리에 있지 못하다.≫

○案 鼫鼠善緣木 ≪見說文≫ 艮剛之自下達上 ≪下艮 今上艮≫ 如鼫鼠也 爾雅注云 鼫鼠 形大如鼠 頭似兎 尾有毛 靑黃色 ≪廣雅云 關西呼爲鼫鼠≫ 陸璣 詩疏云 今河東有大鼠 能人立 交前兩脚於頭上 ≪或謂之雀鼠≫ 蔡伯喈云 鼫鼠五技 不成一技 ≪說文云 飛不過屋 緣不窮木 游不度谷 穴不掩身 走不先人≫ 九家易 直以五技 傅會爲說 ≪以不度谷 爲不出坎≫ 謬矣 鄭玄云 鼫鼠卽大鼠 ≪碩鼫通[177]≫ 子夏傳 鼫作碩

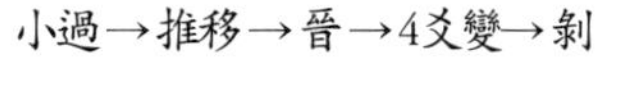

小過→推移→晉→4爻變→剝

177) [校閱] "碩鼫通"이 新朝本에는 "碩通鼫"로 되어 있다. 奎章本을 따른다.

○[案] 석서(鼫鼠)는 나무를 잘 타고 오른다. ≪『說文』에 보인다.≫ 艮의 剛이 아래로부터 위로 올라오는 것이 ≪小過卦에서는 下卦가 艮이었으나, 剝卦가 되면 上卦가 이제 艮이 됨≫ 마치 석서(鼫鼠)의 모습과 같다. 『爾雅』「석수(釋獸)」의 注에 이르기를,[178] "석서(鼫鼠)는 형체가 쥐의 크기만 하고, 머리는 마치 토끼의 모양과 같게 생겼으며, 꼬리에 털이 있는데, 그 색은 푸르고 누른 색(靑黃色)이다"라고 하였다. ≪『廣雅』[179]에 이르기를, "關西 지방에서는 [이것을] 석서(鼫鼠)라고 부른다"고 하였다.≫ 육기(陸璣)[180]의 『詩經』의 注疏[181]에서 말하기를,[182] "지금 河東 땅에 큰 쥐가 있는데, 마치 사람처럼 설 수가 있어서, 앞쪽의 두 다리를 머리 위로 올려서, 팔짱을 끼고 선다"라고 하였다. ≪혹 二 큰 쥐를 가리켜 '작서(雀鼠)'라고도 한다.≫ 채백개(蔡伯喈)[183][가 「권학편(勸學篇)」[184]에서] 말하기를, "석서(鼫鼠)는

---

178) 곽박(郭璞)의 注를 말하는 듯함. 김상섭 역, 『高亨의 周易』, 예문서원, 1995, 311면 참조.

179) 『廣雅』: 魏나라 장읍(張揖)의 저술로서 『博雅』라고도 한다. 『爾雅』를 증보한 것으로 차례 역시 『爾雅』와 흡사하며 18,150字를 수록하고 있으며 上·中·下권으로 쓰여졌다. 『爾雅』에서 수록하지 못한 어휘까지 다루고 있어, 내용이 『爾雅』에 비해 충실해졌고, 先秦 및 작자가 생활하던 시기의 많은 어휘를 다루었다. 부족한 점이라면 체제가 『爾雅』의 수준에 머물러 있고, 어휘의 해석이 동의어나 유의어로 되어 있다는 것이다. 후대에 이르러 이에 注를 달고 연구한 저작으로는 隋代의 曹憲이 지은 『博雅音』과 淸代의 왕념손(王念孫)이 지은 『廣雅疏證』이 있다.

180) 육기(陸璣): 三國 시기 末, 西晉 초기의 吳나라 사람.

181) 陸璣의 저술인 『모시초목조수충어소(毛詩草木鳥獸蟲魚疏)』를 가리키며, 이 책은 書名을 줄여서 『詩草木疏』라고 부르기도 한다(陸璣, 『毛詩草木鳥獸蟲魚疏』, 叢書集成續編八三, 臺灣新文豊出版公司).

182) 王宗石 編著, 『詩經分類詮釋』, 湖南敎育出版社, 1993, 365면 참조. 한편 혹자(荀九家?)는 晉九四의 "晉如鼫鼠"를 '공손히 禮를 차리는 것'으로 본다고 한다. 즉 晉을 肅, 肅은 拜로 보고, 또 다람쥐(鼫鼠)가 앞발을 들어올렸다 내렸다하면서 섰다가 엎드렸다 하는 것을 肅拜하는 것으로 보아, 그렇게 풀이한 것이다. 이 해석도 이런 행위를 '간사한 소인배'나 '면종복배의 음흉한 인간'의 짓으로 보는 것은 동일하다(『詩經』「碩鼠」도 탐욕스러운 인간상을 묘사한 것). 許愼, 段玉裁 注, 『說文解字注』, 上海古籍出版社, 1988, 478면 참조.

183) 채백개(蔡伯喈, 133~192): 東漢의 經學者인 채옹(蔡邕)을 가리킨다.

184) "蔡邕勸學篇, 有云, 能緣, 不能窮木, 能飛, 不能過屋, 能游, 不能渡谷, 能穴, 不能掩身, 能走, 不能先人"이라고 함(皮錫瑞, 이홍진 역, 『中國經學史』, 형설출판사, 1984, 89면 참조).

다섯 가지 재주가 있으나, 한 가지도 제대로 하는 것이 없다"라고 하였다. ≪『說文』에 이르기를, "석서(鼫鼠)는 난다고 해도, 집을 넘지는 못하고 [석서는 날다람쥐의 종류에 속함] 나무를 탄다고 해도 나무를 끝까지 타고 오르지 못하며, 돌아다니기는 해도, 골짜기를 넘어가지는 못한다. 구멍에 숨으려고 해도 제 몸조차 가리지 못하며, 달리기는 해도, 사람을 앞질러 가지는 못한다"라고 하였다.[185]≫ 순구가(荀九家)의 易說에서는 바로 이 '五技'의 說로써 견강부회(牽强附會)하여 說을 삼았으니 ≪'以不度谷'[골짜기를 벗어나지 않음]이라는 말로써, '坎을 벗어나지 않는다'라고 해석함≫ 잘못이다. 鄭玄이 말하기를, "석서(鼫鼠)는 곧 큰 쥐를 가리킨다"라고 하였다. ≪'碩'字와 '鼫'字는 [서로] 통용된다.≫ 子夏의 『易傳』에서는, '鼫(석)'字가 '碩(석)'字로 되어 있다.

䷋

六五 : 悔亡, 失得, 勿恤, 往吉, 无不利. ○ 象曰 : 失得勿恤, 往有慶也.

六五 : 변화된 것이 없어져 다시 본래대로 될 것이니, 잃고 얻음을 근심하지 말 것이며, 가면 吉하여, 이롭지 않음이 없을 것이다. ○「象傳」: 잃고 얻음을 근심하지 말라고 한 것은 가면 경사(慶事)가 있기 때문이다.

此 晉之否也 卦自觀來 ≪五之四≫ 觀由否進 ≪加一陽≫ 今卦爲否 ≪上三剛≫ 其悔者亡也 ≪无所變≫

---

185) 『說文』과 蔡邕의 「勸學」篇을 비교해 본다면, 兩者의 내용이 일치함을 알 수 있다(許愼, 段玉裁 注, 앞의 책, 478면).

否→推移→觀→推移→晉→5효변→否

이것은 晉卦가 否卦로 변하는 경우이다. 晉卦는 觀卦로부터 왔다. ≪5가 4로 간 것이다.≫ 觀卦는 否卦로부터 [앞으로] 나아온 것인데 ≪否卦는 觀卦에 一陽을 추가한 것[186]≫ 지금 晉卦가 否卦로 되었으니 ≪[否卦의] 上卦에 세 개의 陽畫이 있음≫ 그 '悔'가 없어진 것이다. ≪변한 것이 없다.[187]≫

○觀失中剛 ≪五之四≫ 今又得之 ≪五今剛≫ 失而得也 坎位中剛 ≪四五六≫ 宜有憂也 ≪坎心病≫ 然而勿恤者 失而復得也

觀→推移→晉→5爻變→否

○觀卦는 [晉卦로 가면서 제5位의] 中位에 있는 剛을 상실했었는데 ≪5가 4로 감≫ 지금 다시 그것을 얻었으니 ≪否卦의 제5爻가 지금 陽≫ 잃고 나서, [다시] 얻은 것이다. 坎位의 中剛의 자리에는 ≪4·5·6은 坎位이며, 五는 中剛≫ 당연히 근심이 있게 마련이다. ≪坎은 마음의 病을 상징한다.≫ 그럼에도 불구하고, "근심을 하지 말라(勿恤)"고 한 것은 잃어버렸다가 다시 얻었기 때문이다.

○卦自觀來 柔往失位 ≪陰居五≫ 今乃得位 ≪五今剛≫ 是往吉也

186) "陰 하나가 부가됨"이 자연스러울 것 같다. 굳이 맞추어 해석하자면, 否卦는 觀卦에서 '陽 하나를 부가한 것'이라 볼 수 있는데, 이 경우 否卦에서 觀卦로 이어지는 벽괘의 순서와 역행하는 설명이라는 문제가 있다.

187) '觀卦→晉卦→否卦'의 과정을 통해서, 觀卦에서 晉卦로 변하면서 제5位의 陽이 陰으로 변하였으나, 否卦가 되면 다시 陽으로 복구(復舊)되었으니, 결국은 변한 것이 없다는 뜻이다.

遂順天命 ≪坤乾巽≫ 无不利也 ≪巽爲利≫

䷓　　䷢　　䷋

觀 → 推移→晉→ 5爻變→否

○晉卦는 觀卦로부터 왔으니, [이것은 다른 한편으로 보면, 4가 5로 간 것인데] 陰이 나아가서 [그 바른] 자리를 잃었거니와 [觀卦에서 六四는 바른 자리였는데, 晉卦에서는 六五가 되어, 陰이 陽의 자리인 제5位에 위치함] 지금 [否卦에서는 다시] 제 자리를 얻었으니 ≪否卦의 五는 지금 陽≫ 이것을 가리켜 "往吉", 즉 "가면 길하다"라고 한 것이다. 마침내 天命을 순종(順從)하니, ≪坤 · 乾 · 巽의 세 괘가 [모두 否卦에] 있다. [따라서 坤 · 乾 · 巽은 각각 順 · 天 · 命을 상징한다.]≫ 이롭지 않음이 없는 것이다. ≪巽은 이로움의 뜻이 된다.≫

○於君之位 ≪五君位≫ 往得乾君 ≪上今乾≫ 往有慶也

䷓　　䷢　　䷋

觀→推移→晉→ 5효변→否

○[본래] 君主의 자리인데 ≪제5位는 君位에 해당됨≫ [晉卦에서 否卦로 효변하게 되면, 否卦로] 옮겨가서도 乾君을 얻게 되었으니 ≪[否卦의] 上卦가 지금 乾≫ "往有慶", 즉 "가면 경사(慶事)가 있다"라고 한 것이다.

上九 : 晉其角, 維用伐邑, 厲, 吉, 无咎. 貞吝. ○象曰 : 維用伐邑, 道未光也.

上九 : [적군(敵軍)이] 그 뿔로써 [앞에 내세워] 진격해 옴에, [我軍은 이에 반격하여 敵을 물리치되, 국경(國境)을 넘지 않고] 다만 [자기 나라의] 읍(邑)을 정벌할 뿐이니, 위태로우나 吉하며, 허물이 없을 것이다. [그러나] 일을 맡아 처리함에 있어, 인색함이 있을 것이다. ○「象傳」: [적을 정벌(征伐)했다기보다는 오히려 빼앗긴 영토를 회복하기 위해] "다만 [자기 나라의] 읍(邑)을 정벌한 것일 뿐(維用伐邑)"이니, 道가 아직 [영광(榮光)스럽게] 빛나는 것은 아니다.[188]

此 晉之豫也 卦自小過來 ≪三之上≫ 剛升于上 而下爲坤牛 ≪下今坤≫ 今之上剛 是 本牛頭之所出也 剛者爲骨 ≪易例也≫ 在首爲角 ≪上位首≫ 晉其角也 ≪晉 進也≫

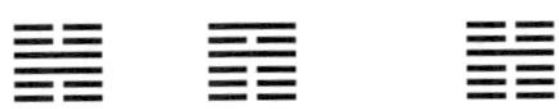

小過 → 晉→上爻變→豫

이것은 晉卦가 豫卦로 변하는 경우이다. 晉卦는 小過卦로부터 왔다. ≪3이 上으로 간 것이다.≫ [小過卦에서 晉卦로 변하게 되면] 剛은 위로 상승하고, [晉卦의] 下卦는 坤의 소(牛)가 되었는데 ≪[晉卦의] 下卦는 지금 坤≫ 지금의 [晉卦의] 上位에 있는 陽은 본래 소머리로부터 돌출(突出)한 부분이라고 할 수 있다. [일반적으로 양획(陽畫)인] 剛은 뼈에 해당되는데

188) 夬卦의 "告自邑"의 구절을 참조할 것.

≪易例가 그러함≫ [그 뼈가] 머리에 있게 되면 '뿔(角)'이 되니 ≪上位는 머리에 해당됨≫ 그것을 가리켜 "晉其角"이라고 말한 것이다. ≪晉은 '進'의 뜻이 된다.≫

○ 豫自剝來 ≪上之四≫ 剛自上降 坎罪是聲 ≪上震鳴≫ 其象伐也 ≪左傳云 聲罪曰伐≫ 伐不過境 ≪剛不至下卦≫ 止於艮邑 ≪上本艮≫ 維用伐邑也 ≪自伐其國邑≫ 朱子曰 伐邑 如墮費墮郈之類 是也 上爻之動 外卦爲主故 不取自復來之象

晉→上爻變→豫←推移←剝

○ 豫卦는 剝卦로부터 왔다. ≪上이 4로 간 것이다.≫ 陽이 위로부터 내려와서, 坎의 罪를 이에 성토(聲討)하니 ≪[互坎은 罪가 되며, 豫卦의] 上卦인 震은 소리가 나는 것(鳴)이 됨≫ 그 形象이 정벌하는 것이 된다. ≪『左傳』[의 用例]에서는 罪를 성토하는 것을 '伐'이라고 하였다.189)≫ 그 정벌(征伐)함이 國境을 넘지 않고 ≪剛이 下卦에까지 이르지 않음≫ 艮의 邑에 그치니 ≪[剝卦의] 上卦는 본래 艮≫ "維用伐邑", 즉 "다만 [자기 나라의] 邑을 정벌할 뿐"이라고 말한 것이다. ≪스스로 자기 나라의 邑을 정벌한 것이다.≫ 朱子가 말하기를, "伐邑이라고 한 것은 [『左傳』에서 언급된 것처럼] 비읍(費邑)190)과 후읍(郈邑)191)을

189) "聲罪曰伐"라는 구절은 『左傳』에서 확인되지 않는 것으로 보아, 原文의 인용은 아닌 것으로 생각된다. 북이나 종을 쳐서 알리고 쳐들어가는 것을 '벌(伐)'이라 하고, 성토(聲討)함이 없이 곧바로 공격해 들어가는 것을 '침(侵)'이라고 한다고 한다. 즉, "聲罪曰伐"이란 '伐'字를 어떤 경우에 쓰는가 하는 用例를 밝힌 것이다(文璇奎 譯, 『春秋左氏傳』 上, 명문당, 1987, 205면 참조). 또 『國語』에서 "伐備鐘鼓, 聲其罪也"라고 한 것도 동일한 관점을 보여주고 있다(신지영 · 이정재 역, 『國語』, 홍익출판사, 1998, 463면). 『古漢語常用字字典』(商務印書館, 1979, 65면)에서도 '伐'을 "聲討"라고 함. 장기근 역주, 『論語』, 명문당, 1973, 275면; 胡汝章 主編, 『成語辭海』 下, 中國卓越出版公社, 1990, 1650면.

허무는 것과 같은 부류[192]이니, [벌읍(伐邑)이란] 바로 이것이다"라고 하였다. 上爻의 변동은 外卦를 중심으로 일어나는 까닭에, [豫卦의 변화는 剝卦로부터 취하지] 復卦로부터 나온 象은 취하지 않는 것이다.

○剝之時 一剛在上 ≪艮在上≫ 厲之至也 降而得道 ≪上之四爲震≫ 雖厲 吉也 亦无咎也

晉→上爻變→豫←推移←剝

○剝卦의 때에는 한 개의 陽만 上位에 있으니 ≪剝卦에서 艮은 上卦에 있음≫ 그 위태로움이 도래하였는데 [豫卦로 변하면 陽이] 내려가서 道를 얻었으니 ≪上이 4로 가서, 震이 됨≫ 비록 위태로움은 있더라도 길하며, 또한 허물이 없는 것(无咎)이다.

○小過以來 坎德雖貞 ≪本大坎≫ 四非其位 ≪陽居陰≫ 卦凡三變 坎貞如舊 ≪晉豫皆有坎≫ 四亦不改 ≪終不動≫ 是 貞吝也

小過→推移→晉→上爻變 →豫

○小過卦 以來로 坎의 德이 비록 견고(堅固)함이 있다고는 하지만,[193]

---

190) 비읍(費邑): 春秋시대에 魯나라에 있던 계손씨(季孫氏)의 봉지(封地), 지금 山東省에 있다. 孔子의 시절에 공산불유(公山弗擾)가 비읍(費邑)을 근거지로 하여, 季氏를 배반하여 난리를 일으킨 적이 있다(『論語』「陽貨」篇).

191) 후읍(郈邑): 春秋시대, 숙손씨(叔孫氏)의 봉지(封地). 지금의 산동성(山東省) 동평현 남(東平縣南)에 해당된다.

192) 『左傳』下「定公下」'12년 傳'(文璇奎 譯著, 『春秋左氏傳』下, 명문당, 1987, 396면).

193) 小過→晉→豫로 변하는 과정을 통해, 세 卦에 모두 坎이 있다.

제4位[194]가 [본래 적당한] 자리가 아니다. ≪陽이 陰의 자리에 있음≫ 卦가 모두 세 번 변함에, 坎의 곧음(貞)은 옛날과 같고 ≪晉卦와 豫卦에 모두 互坎이 있음≫ 제4位도 역시 바뀌지 않았으니 ≪제4位에서 [坎이] 끝내 움직이지 않음≫ 이것을 가리켜 "貞吝(일을 맡아 처리함에 인색함)"이라고 한 것이다.

○雖得震道 ≪上今震≫ 失其离明 ≪晉上离≫ 道未光也 敵晉其角 ≪如田單之用火牛≫ 我伐我邑 是 无光也

晉→ 上爻變→豫

○비록 震의 道를 얻었으나 ≪豫卦의 上卦가 震≫ 그 离의 光明을 상실하였으니 ≪晉卦의 上卦가 离≫ "道未光"이라고 한 것이다. 敵이 그 뿔에까지 진격(進擊)해 들어왔는데 ≪마치 전단(田單)[195]이 화우(火牛)[196]의 계책을

194) 제4位가 互坎의 卦主의 자리로 되어 있는데, 坎의 中은 陽이어서 四와는 맞지 않다는 의미이다.

195) 전단(田單): 齊나라 장수, 『史記』「田單列傳」이 전해지고 있다. 『史記』「田單列傳」에 따르면 戰國時代에 燕나라 소왕은 齊나라를 공격해 5년 동안 70여 성을 빼앗았으며 제나라 민왕은 이로 인해 망명하였다. 하지만 제나라의 즉묵성(卽墨城)과 거성(莒城)만은 끝까지 항복하지 않았다. '火牛의 陣'은 齊나라 장수 전단(田單)과 연(燕)나라 장수 기겁(騎劫)이 '즉묵성(卽墨城)에서 벌인 싸움을 가리킨다. 이때, 齊나라는 이미 이전에 燕의 장수 '악의'에게 참패를 당하여 '거(莒)'와 '즉묵(卽墨)'의 두 城만 겨우 남아 있는 상황이었다. 즉묵성(卽墨城)을 지키던 전단(田單)은 燕나라 소왕이 죽은 후에 왕위에 오른 혜왕과 명재상 악의(樂毅)를 이간시켰으며, 스스로 병졸들의 천한 일을 같이 하면서 자기 가족들도 군대에 가도록 했다. 드디어 燕나라와 일전(一戰)을 벌이게 되자. 병사들을 숨겨 놓은 채 노인과 어린이와 여자들을 성벽에 올라가게 하고 燕나라에 거짓으로 항복하도록 했다. "항복하면 우리의 집안과 여인들을 건드리지 말고 안심하고 살 수 있도록 해주시오" 이에 燕나라 군대가 크게 방심하자, 전단(田單)은 그 틈을 타서 燕나라 군사를 일거에 무찌르고, 성을 모두 회복하였다(김구진 · 김희영 편저, 『이야기 중국사』, 청아출판사, 1990, 209면 참조).

196) 화우(火牛): 燕의 소왕이 제나라를 벌하고 성을 함락할 때 전단(田單)만은 항복하지 않고, 화우지계(火牛之計)로 燕나라 군사를 치고 칠십여 성을 되찾았다고 전해진다. 火牛之計란 쇠뿔에 칼을 잡아매고 꼬리에 기름을 바른 갈대다발을 매달은 다음에 그 소

사용한 경우와 같음≫ 내가 [그에 반격하여 빼앗긴] 나의 邑을 정벌하니, 이 것을 "无光", 즉 "영광(榮光)이 없는 것"이라고 한 것이다.[197]

36. 지화 명이(地火 明夷)

離下坤上 ○ 第二十一卦之反 ≪臨二之三 小過四之一≫

離는 下卦이고, 坤은 上卦이다. ○ 第21卦의 反易卦이다. ≪臨卦의 2가 3으로 가고, 小過卦의 4가 1로 간다.≫

序卦傳曰 夷者 傷也

序卦傳에 말하였다. "夷는 다친 것을 뜻한다."

○ 雜卦傳曰 明夷 誅也 ≪朱子曰 傷也≫

떼를 적진(敵陣)으로 내모는 전술을 가리킨다.

197) 전단(田單)이 비록 火牛之計를 써서 燕나라의 공격을 물리치고, 齊나라가 승리하기는 했으나, 이로 인해 너무 국력을 소진한 탓에, 결국에는 그 세력을 다시 회복하지 못하였던 것이니, 이 경우도 역시 "无光"의 경우라고 말할 수 있다.

○「雜卦傳」에 말하였다. "明夷는 '誅'의 뜻이다."[198] ≪朱子가 말하였다. "['誅'는] '傷'의 뜻이다."≫

○鏞案 卦自臨來 臨有震兌 ≪有互震≫ 移之明夷 乃有离坎 ≪有互坎≫ 東夷西戎 ≪震爲東≫ 南蠻北狄 ≪坎爲北≫ 皆入坤國之幅員 ≪上本坤≫ 此 包四荒之象也 ≪泰九二包荒≫ 离以明之 ≪下今离≫ 用敷文德 此之謂 明夷也

臨 → 明夷 ← 小過

○[鏞案] 明夷卦는 臨卦로부터 왔다. 臨卦에는 震과 兌가 있었는데 ≪臨卦에는 互震이 있음≫ [臨卦가] 明夷卦로 옮겨가게 되면, 거기에는 离와 坎이 있다. ≪互坎이 있음≫ 동쪽의 이(夷),[199] 서쪽의 융(戎),[200] ≪[臨卦의 震은] 東方에 해당됨≫ 남쪽의 만(蠻),[201] 북쪽의 적(狄)[202]이 ≪[明夷卦의 下互卦인] 坎은 北方을 뜻함≫ 모두 坤의 나라의 변두리(幅員)[203]에 편입되

---

198) '誅'는 '베다', '치다', '죽이다'의 뜻이다.

199) 東夷 : 漢나라 때의 중국 변방의 이민족을 동이(東夷)·서융(西戎)·남만(南蠻)·북적(北狄)이라 불렀는데, 東夷는 바로 동쪽에 있던 종족을 가리킨 말이다. 이 시기의 동이족에는 예(濊)·맥(貊)·한(韓) 계통의 우리 민족과 읍루와 왜족이 속하였다. 그러나 漢나라 이후 史書에 나오는 東夷는 전국시대까지 중국의 동부지방에서 활약한 東夷와는 전혀 별개의 존재였다. 殷나라 때 인방(人方)이라는 이족(夷族) 집단이 있었고,『竹書紀年』을 비롯한 先秦時代의 문헌과 금석문에서 東夷를 뜻하는 다양한 명칭이 발견된다. 여기에 표현된 夷族과 東夷族은 山東省·江蘇省 북부 일대에 거주한 족속을 가리킨다.

200) 戎 : 원래 서융(西戎)·견융(犬戎) 등으로 일컬어진 중국 북서부의 산간 지역에 살던 민족을 통틀어 일컫던 호칭이다.

201) 蠻 : 중국의 역대 왕조가 남방 민족을 멸시하여 일컫던 이름.

202) 狄 : 일반적인 북방 이민족을 통틀어 지칭하는 명칭으로서, 융적(戎狄)이라고도 한다. 은대(殷代)에 활약한 귀방(鬼方), 또는 투르크계의 민족에서 유래하였다고 한다.

203) 폭원(幅員) : 폭, 넓이를 뜻하는 개념, 폭원(幅圓)이라고도 한다.

니 ≪臨卦의 上卦는 坤≫ 이것은 四方의 荒地[204]를 포괄하는 象이다. ≪泰卦 九二에 "包荒"이라는 말이 나옴≫ 离로써 [四方의 오랑캐 지역을] 밝혀 ≪[明夷卦의] 下卦가 离≫ 文德을 펼치니, 이것을 일러 "明夷", 즉 "오랑캐를 교화한다"라고 한 것이다.

太陽之行 繞地毬而周旋 ≪舜典疏≫ 日在天上 則中國明 ≪晉卦象≫ 日入地底 則外國明 ≪日在外國之天上≫ 理則然也 今也 日在地下 ≪坤下离≫ 此 明夷之時也 ≪在中國爲夜≫ 當紂之時 微子遜荒 箕子居夷 ≪之朝鮮≫ 文王混於西夷 賢聖外迸 中國晦盲 如日入地中而夷國得明 此 明夷之象也

태양의 運行은 지구(地毬)를 둘러싸고 일주(一周)하면서 도는데 ≪『尙書』「舜典」의 注疏에 나옴[205]≫ 해가 하늘에 떠 있으면, 中國이 밝아지고 ≪晉卦의 象≫ 해가 땅 아래로 지면, 外國이 밝아지게 되는 것은 ≪해가 外國의 하늘 위에 떠 있음≫ [자연의] 이치가 그러한 것이다.

지금 [明夷卦에서] 해가 땅 아래에 있으니 ≪坤 아래에 离가 있음≫ 이것이 [오랑캐를 교화하는] '明夷'의 시기인 것이다 ≪[오랑캐 지역에서는 낮이지만] 중국에서는 밤이 된다.≫

[商나라 폭군이었던] 紂王의 때를 맞이하여, 미자계(微子啓)는 변방으로 도망가서 은둔하였고, 箕子는 東夷 땅에 거처하였으며 ≪조선(朝鮮)으로 감[206]≫ 文王은 서쪽 오랑캐들과 섞여 살았는데, [이처럼] 聖賢들이 밖

---

204) 四荒 : 중국의 변방을 총괄하는 명칭.

205) 地動說을 이미 수용하고 있는 茶山인데, 여기서는 天動說로 설명이 되므로 그 출전을 새삼 밝힌 것으로 생각된다. 한편, '疏'라고 한 것은 『十三經注疏』의 『尙書』의 疏를 가리키는 것으로 보인다.

206) 정확히 말한다면 箕子는 中國에 있을 당시에는 미친 척하다가 獄에 갇혀 있었으며, 나라가 망한 以後, 조선으로 간 것으로 볼 수 있다.

으로 흩어져 달아나니, 中國이 어두워져 버린 것이 마치 해가 [져서] 땅 속으로 들어가고, 오랑캐 나라들이 [그 해의] 밝음을 얻은 것과 같으니, 이것이 [바로] 明夷의 象인 것이다.

又 夷者 大弓也 ≪見說文≫ 夷俗 用大弓以傷人 故 六書家 假借其字 爲傷害之義 周禮 薙氏 夏日夷之 ≪鎌芟之≫ 左傳 芟夷蘊崇之 是也 ≪左傳云 命軍吏 察夷傷≫ 比干剖心 文王拘囚 箕子髡鉗 一時 仁賢之士 無不艸[207]薙而禽獮 离刑不明 ≪入地中≫ 君子受傷 ≪臨二陽 皆震≫ 此 明夷之禍也

또 '夷'는 '큰 활'이니 ≪『說文』에 나옴≫ 오랑캐의 풍속에 따르면 큰 활을 써서 사람을 傷하게 하였으므로, 六書家들이 그 ['夷'라는] 글자를 빌려 가차(假借)함으로써 상해(傷害)의 뜻으로 삼았던 것이다.

『周禮』「秋官」「薙氏」[208]편에 이르기를, "여름에 풀(草)을 벤다(夷)"고 하였고 ≪낫으로 풀을 벰≫ 『左傳』의 '隱公 6年'의 傳에 "[잡초를] 베어(芟夷) 그것을 쌓아 썩혔다"라고 하였으니, 이것이 [바로 '夷'字의 用例인] 그것이다. ≪[또] 『左傳』 '成公 16年'에 이르기를, "軍隊의 관리에게 명하여 '夷傷', 즉 '負傷者'를 살피게 하였다"고 했다.≫

비간(比干)[209]은 심장을 도려냄을 당하고, 文王은 감옥에 갇힘을 당하고, 箕子는 머리를 깎고 [목에 죄수의] 족쇄를 차게 됨을 당하였으니, 한때에 어질고 현명한 선비들이 풀이 베어져 넘어지거나 혹은 짐승들이

207) [校閱] 新朝本에는 "草"로 되어 있으나 奎章本과 國中本에는 "艸"로 되어 있다. "艸"는 "草"의 本字이다.

208) 『高亨의 周易』(김상섭 역, 예문서원, 1995, 313면)에 치시(薙氏)에 대한 설명이 나온다.

209) 비간(比干): 殷나라 末期의 紂王의 숙부. 紂王의 애첩이었던 달기는 비간(比干)이 紂王의 폭정에 대하여 간언(諫言)하는 일이 잦아지자, 紂에게 聖人의 심장은 구멍이 일곱 개가 있다고 하니, 聖人이라고 일컬어지는 비간(比干)의 심장을 꺼내서 확인해 보라고 충동질하여, 호기심이 동한 紂王은 마침내 비간을 죽여 심장을 꺼내 보고야 말았다는 설화가 전해지고 있다.

사냥으로 쓰러져 죽는 것처럼 [상해(傷害)를] 당하지 않음이 없었으니, 离의 刑法이 밝지 못함으로 말미암아 ≪땅속으로 들어감≫ 君子가 상해(傷害)를 입는 것이 ≪臨卦는 大震의 형태이므로 두 陽畫은 모두 震의 君子에 해당됨≫ [바로] 明夷의 재앙인 것이다.

周公繫詞 至此 覽卦象 而哀傷 追淫昏而悼念 於其諸爻之詞 各以當時賢聖之事 辨物象而配之 不但箕子爲然也 孔子 知其微也 故彖傳特言文王 其實 不但文王爲然也

周公이 爻詞를 엮다가 이 부분에 이르러, 그 卦象을 살펴보고는 애통해 하면서 슬퍼하였으니, [그것은 前代의] 혼란을 회상하고서는 [그때의 희생자들을] 애도하는 마음이 들었기 때문이었다. 이에 諸 爻詞에서 當時의 賢者들과 聖人들의 역사적 事實로써 物象을 分別하고, [다시 그 物象과 賢聖들의 역사적 事實들을 결부시켜] 배치(配置)시켰던 것이니, 이것은 비단 箕子의 경우에만 그렇다는 뜻은 아니다. 孔子가 [周公이 繫辭하게 된] 은미(隱微)한 사정(事情)을 알고 있었던 까닭에, 「彖傳」에서 특별히 文王을 [箕子에 덧붙여] 언급하였으니, 사실은 [그 실정을 알고 보면] 단지 文王의 경우에만 그렇다는 뜻은 아니다.[210)]

序卦之訓夷爲傷 雜卦之訓夷爲誅 皆指爻詞之本旨 若其名卦之義 則离日明於夷狄也 故 泰之明夷曰 包荒 ≪函四荒≫ 豐之明夷曰 遇其夷主 ≪夷狄之君長≫ 旣濟之明夷曰 東鄰殺牛 不如西鄰之禴祭 ≪西鄰者 夷也≫

「序卦傳」에서 '夷'의 뜻을 '傷(다치다)'으로 풀이한 것과 「雜卦傳」에서

210) 明夷卦의 爻詞는 周公이 文王과 箕子의 故事에 연관시켜 작성한 것은 사실이지만, 그렇다고 해서 그 占이 단지 이러한 역사적 사실에만 한정된 것은 아니라는 것을 茶山이 설명한 것이다.

'夷'의 뜻을 '誅(베다)'로 풀이한 것은 모두 [周公이 붙인] 爻詞의 本意를 가리킨다. 만약 卦를 명명(命名)한 의미에서 본다면, [明夷는] '离의 해(日)가 오랑캐 땅(夷狄)에서 빛난다'는 것을 뜻한다.[211]

그러므로 [泰卦 九二에서] 泰卦가 明夷卦로 변하는 경우에 "包荒"이라고 하였고 ≪四荒[212]을 둘러쌈≫ [豊卦 九四에서] 豊卦가 明夷卦로 변하는 경우에도 "遇其夷主"라고 하였으며 ≪夷狄의 君長≫ [旣濟卦 九五에서] 旣濟卦가 明夷卦로 변하는 경우에도 "東鄰殺牛, 不如西鄰之禴祭"라고 하였던 것이다. ≪서린(西鄰)이란 [서쪽의] 오랑캐를 가리킨다.[213]≫

夷之爲夷狄之夷 若是明甚 而後之儒者 暫見序卦之文 不求名卦之義 並與箕子之明夷 訓之爲箕子之明傷 文不合理 語不連脈 尙可以得其旨乎

'夷'가 夷狄의 '夷'를 의미한다는 것이 이처럼 지극히 명백한데도 불구하고, 後代의 학자들은 「序卦傳」의 글만 잠깐 보고, 卦의 이름을 [이처럼] 명명(命名)한 뜻을 규명해 보려고 하지 않았다. 뿐만 아니라, 아울러 [六五의] 爻詞인 "箕子之明夷"를 ["箕子가 오랑캐를 교화하였다"로 해석하지 않고] "箕子之明傷", 즉 "箕子의 明이 傷害를 입었다"로 해석하였으니, [이처럼 해석한다면] 文章이 불합리한데다가 語句의 맥락도

---

211) 다산은 名辭의 본래적 의미(本意)와 가차(假借)된 의미를 구별하고 있다. 본래적 의미에서 본다면, '夷'는 '오랑캐(夷)'를 뜻하지만, 가차(假借)된 의미로 본다면, '夷'는 '다치다(傷)', 혹은 '베다(誅)'를 뜻하게 된다.

212) 四荒: 『釋名』 「釋地」에서는 "고죽(觚竹), 북호(北戶), 서왕모(西王母), 월하(月下)를 사황(四荒)이라 이른다(觚竹北戶西王母月下, 謂之四荒)"라고 말하고 있다. 고죽(觚竹)은 난하 유역에 위치해 있었는데, 백이와 숙제의 조국으로 널리 알려져 있다. 古代 중국의 전통적인 공간 개념인 '五服'에 의하면 서왕모(西王母)는 '荒服'에 해당된다. 서융(西戎)과 북적(北狄)이 거주하는 황복(荒服)은 오복(五服) 가운데 王畿에서 가장 멀리 떨어져 있는 中國의 울타리이다.

213) 茶山은 『四箋』의 旣濟 九五, 즉 旣濟之明夷의 주석에서 '東鄰'을 商나라의 紂王으로, 그리고 '西鄰'을 西周의 文王으로 설정하고 있음.

또한 연결되지 않게 될 것이다. 어찌 [그렇게 해석함으로써] 그 [爻詞의] 요지(要旨)를 파악할 수 있을 것인가?

姤者 女后也 訓之爲遇 蠱者 蛀壞也 訓之爲事 夷狄之夷 而訓之爲傷 亦此類也 此 六書[214]假[215]借之法 讀者 宜審焉

'姤'는 [원래] 왕비(女后)의 의미이지만, '만나다(遇)'라는 뜻으로 풀이하고, '蠱'는 '좀벌레가 파먹는 것'을 의미하지만, '일(事)'이라는 뜻으로 풀이하기도 한다. 오랑캐라는 의미의 '夷'를 '다치다(傷)'라는 뜻으로 풀이하는 것도 역시 이와 같은 종류인 것이다. 이것은 六書法 중에 가차(假借)의 방법에 해당되는 것이니, 독자(讀者)는 마땅히 [이런 점을 잘] 살펴야 한다.

䷣

明夷, 利艱貞.

明夷는 어렵고 험난한 일에 이로울 것이다.[216]

此 明夷之不變者也 卦自臨來 ≪二之三≫ 臨之時 兌陂不平 ≪下本兌≫ 女德驕厲 ≪兌乘剛≫ 患難之時也 移之明夷 則离志內明 ≪下今离≫ 坤陰外晦 ≪上三陰≫ 處艱如此 何患不利 兌厲旣滅[217]

214) [校閱] 「六書」의 "書"가 奎章本에는 "事"로 되어 있는데, 誤記이다.
215) [校閱] 國中本에는 "假"가 "家"로 되어 있는데, 誤記이다.
216) 「易例比釋」의 "艱貞例"를 참조할 것(『四箋』 卷1, 24나).
217) [校閱] "滅"이 奎章本에는 "沒"로 되어 있다. 의미는 통한다.

坎德貞固 ≪下互坎≫ 利艱貞也 ≪凡艱險之事 遇是則利≫

䷒ ䷣

臨 → 明夷

이것은 明夷卦가 변하지 않는 경우이다. 明夷卦는 臨卦로부터 왔다. ≪2가 3으로 간 것이다.≫ 臨卦의 때에는 兌의 비탈(陂)이 평탄하지 않고 ≪下卦가 본래 兌≫ 女子의 德이 교만하여 위태하니, ≪兌는 柔가 剛을 올라타고 있음≫ [明夷의 때는] 환란(患難)의 때인 것이다. [臨卦로부터] 推移하여 明夷卦가 되면, 离의 뜻(志)은 안(內)에서 밝고 ≪下卦가 지금 离≫ 坤의 陰이 밖(外)에서 어두우니 ≪上卦에 3陰이 있음≫ 어려움에 대처할 때 이와 같이 [안으로는 뜻을 밝게 세우고, 밖으로는 어두운 듯] 한다면, 어찌 불리함을 걱정하겠는가? 兌의 위태로움이 이미 사라지고, 坎의 德이 곧고 굳으니 ≪明夷卦의 下互卦가 坎≫ [이것을 일러] "利艱貞"이라고 한 것이다. ≪무릇 험난한 事件을 맞아 이 卦를 얻는다면, 이롭다.[218]≫

○案 虞翻 蜀才 皆云 卦自臨來

○[案] 우번(虞翻)과 촉재(蜀才)가 모두 말하였다. "明夷卦는 臨卦로부터 왔다."[219]

218) 「易例比釋」의 "艱貞例"를 참조할 것(『四箋』 卷1, 24나).
219) 우번(虞翻)과 촉재(蜀才)도 卦變說(推移)을 수용했다는 것을 의미한다.

彖曰 : 明入地中, 明夷. 內文明而外柔順, 以蒙大難, 文王, 以之. 利艱貞, 晦其明也. 內難而能正其志, 箕子, 以之.

「彖傳」: 밝음이 땅속으로 들어가는 것이 明夷이다. 안으로 文明을 이루나, 밖으로 柔順하여, 크게 곤란함을 당하니, 文王이 이와 같이 하셨다. "利艱貞(어려움에 처하여, 바르게 일을 맡아 처리한다면 이로울 것)"이라고 말한 것은 그 밝음을 감추기 때문이다. 안으로 어려움에 처하게 되지만, 그 뜻을 바르게 할 수 있으니, 箕子가 이와 같이 하셨다.

卦自小過來 《四之一》 陽自上落 入于地底 《入坤下》 明入地中也 《本互巽爲入》 小過之時 大坎爲亂 《虞氏云》 是 大難也

小過 → 明夷

明夷卦는 小過卦로부터 왔다. 《4가 1로 간 것이다.》 陽이 위로부터 떨어져 땅 밑으로 들어가니, 《坤의 아래로 들어감》 [이것을 가리켜] "明入地中"이라고 말한 것이다. 《小過卦의 下互卦인 巽은 본래 들어간다는 뜻이 된다.》 小過卦의 때에는 [전체적으로, 大坎의 형태를 형성하는데] 大坎은 곧 어지러움이 되니 《虞翻의 말》 이것을 가리켜 "大難(큰 어려움)"이라고 말한 것이다.

小過之卦 剛險外著 《中二剛》 移之明夷 內明外順 《离與坤》 以蒙坎險 《互坎蒙于上》 蒙大難也 文王 遭羑里之厄 《此 大難》 文德

內明 臣道外順 《散宜生之事》 以處此厄 此 文王以之也

䷽ → ䷣

小過 → 明夷

小過卦에서는 剛의 험난함(險)이 밖으로 드러나 있었는데 《가운데 두 개의 剛이 있음》 推移하여 明夷卦가 되면 안으로는 밝고, 밖으로는 柔順하여 《离와 坤》 坎의 험난함을 당하게 되니 《明夷卦의 互坎이 위에서 덮고 있음》 이것을 가리켜 "蒙大難", 즉 "큰 어려움을 당한다"고 말한 것이다.

文王은 유리(羑里)에 감금되는 불행을 당했음에도 불구하고 《"大難"이란 이것을 가리킴》 안으로는 文德을 밝힘으로써, [그리고] 밖으로는 臣下의 道로 順從함으로써 《산의생(散宜生)[220]의 故事》 이러한 불행에 대처하였으니, 이것을 가리켜 "文王以之"라고 말한 것이다.

○卦自臨來 《二之三》 兌女驕厲 《下本兌》 坤國內亂 《下爲內》 移之明夷 离志克正 《坎离爲正卦》 能正其志也 上戴三陰 晦其明也 《离爲明》 箕子之時 妖妲爲亂 《此內難[221]》 囚奴之辱 心志克正 以自韜晦 此 箕子以之也

䷒ → ䷣

臨 → 明夷

---

220) 산의생(散宜生)은 文王四友 중의 한 사람. 散宜生 등이 紂王을 섬기다가 文王에게 귀순하여 왔다는 기록이 있음(裴駰 集解, 『史記』 卷1, 中華書局, 1992, 116면). 散宜生은 珠玉과 美女를 뇌물로 바쳐 유리에 갇힌 文王을 탈출시켰다고 함.

221) [校閱] 新朝本에는 "亂"으로 되어 있으나 奎章本과 國中本에는 "難"으로 되어 있다. "亂"으로 해도 의미는 통하지만, 「彖傳」의 "內艱而能正其志"의 '內艱'을 가리키는 것으로 보고, 여기서는 後者를 따르기로 한다.

○明夷卦는 臨卦로부터 온 것이다. ≪2가 3으로 간 것이다.≫ [臨卦에서는] 兌의 여자가 교만하고 사나워서 ≪下卦가 본래 兌≫ 坤의 나라가 내란(內亂)에 빠졌었는데 ≪下卦가 內가 됨≫ 推移하여 明夷卦가 되면, 离의 意志로써 올바르게 할 수 있는 까닭에 ≪坎과 离는 4正卦에 속함≫ "能正其志"라고 말한 것이다. [또 明夷卦에서 下卦의] 위로 세 개의 陰을 이고 있는 까닭에, "晦其明"이라고 말한 것이다. ≪离는 밝음이 된다.≫ 기자(箕子)의 시대에는 요사스러운 달기(妲己)[222]라는 女人이 [나라를] 어지럽혔던 까닭에 ≪"內難"이라고 한 것은 이것을 가리킴≫ [기자(箕子)는] 감옥에 갇히기도 하고, 종이 되기도 하는 욕(囚奴之辱)을 당했으나,[223] 마음의 意志를 올바르게 다스림으로써, 스스로를 감추고 숨겼으니, 이것을 가리켜 "箕子以之"라고 한 것이다.

䷣

初九 : 明夷于飛, 垂其翼, 君子于行, 三日不食, 有攸往, 主人有言. ○象曰 : 君子于行, 義不食也.

初九 : 명이(明夷)새가 날아 오르다가, [화살에 맞으니] 그 날개를 늘

222) 달기(妲己) : 殷나라 마지막 왕인 주왕(紂王)의 비(妃). 紂王은 학정(虐政)을 간(諫)하는 현신(賢臣)의 말은 듣지 않고 妲己의 말만 잘 들었다. 紂王과 妲己는 구리기둥에 기름을 발라 숯불 위에 걸쳐놓고 죄인으로 하여금 그 위를 걷게 하여 미끄러져서 타죽게 하는 형벌을 구경하면서 웃고 즐겼다고 한다. 충신 비간(比干)이 죽음을 당한 일도 달기의 교사(敎唆) 때문이라고 한다. 周나라의 武王이 紂王을 토벌하였을 때 달기도 같이 살해되었다. 달기가 실재 인물인지 아닌지는 확실하지 않으나, 중국 역사상 가장 음란하고 잔인한 대표적인 독부(毒婦)로 전해지고 있다.

223) 箕子가 거짓으로 미치광이가 되어, 노복(奴僕)의 일을 하다가, 발각되어 감옥에 갇히게 된 사건을 가리킨다.

어트린다. [명이(明夷)새가 둥지를 떠나듯이] 君子가 길을 떠나니, 삼일(三日) 동안 먹지 않을 것이다. 갈 곳을 두니, 主人으로부터 [헐뜯는] 말이 있다. ○「象傳」: "君子가 길을 떠남(君子于行)"이니, 의리로 볼 때, [주인이 험담을 할 적에는] 먹어서는 안 된다.

此 明夷之謙也 明夷鳥名 《義見下》 卦名相似 故取以爲象也 卦自小過來 《四之一》 小過者 飛鳥也 《見本卦》 移之爲此卦 《四之一》 其鳥 鵬鵜也 遂以离飛 《下今离》 明夷于飛也

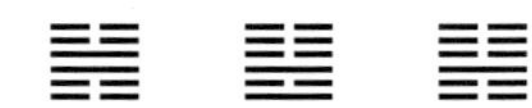

小過 → 明夷 → 謙

이것은 明夷卦가 謙卦로 변하는 경우이다. 明夷는 새(鳥) 이름이니[224] 《그 뜻은 아래에 나옴》 卦의 명칭이 [새(鳥)의 이름과 더불어] 서로 비슷한 까닭에 취하여 象으로 취한 것이다. 明夷卦는 小過卦로부터 왔으니 《4가 1로 감》 小過는 나는 새(飛鳥)를 가리킨다. 《小過卦의 本卦에 설명이 나온다.》 [小過卦로부터] 推移하여 이 [明夷의] 卦가 되면 《4가 1로 감》 그 [小過卦의 새가 明夷卦로 날라가서 된] 새(鳥)가 [바로] '명이(鵬鵜)' [라고 불리는] 새인데, 마침내 离로써 날게 되니[225] 《[明夷卦의] 下卦가 지금 离》 그것을 가리켜 "明夷于飛"라고 말한 것이다.

---

224) 茶山은 明夷卦 初九의 明夷가 새 이름을 지칭하는 것으로 보고 있다. 즉 明夷卦가 小過卦로부터 변한 것에 착안하여. 새를 상징하는 小過卦(飛鳥)가 변하여 明夷卦가 되었으므로, 明夷는 새 이름인 명이(鵬鵜)와 同音同義의 관계에 있는 異字로 본 것이다. 명(鵬)은 초명새 (명)字로서, 봉황(鳳凰)과 비슷하다는 南方의 神鳥를 가리키며, 이(鵜)는 '사다새 (제=鵜)'字 혹은 '날다람쥐 (이)'字이다.

225) 「說卦傳」의 离字에 대한 설명에서 '날다(飛)'는 뜻은 离의 상징적 의미 속에 포함된 것으로 열거되어 있지 않다. 그러나 「說卦傳」에 따르면, '离'는 꿩(雉)을 지칭하므로, 다산은 이러한 「說卦傳」의 설명을 응용하여 '离=飛'의 의미를 이끌어낸 것으로 보인다.

小過之時 左翼右翼 ≪上爲左≫ 翼然雙張 剛之旣移 ≪四之一≫ 左翼偏墜 ≪落向下≫ 垂其翼也 曷其垂矣 坎弓之所傷也 ≪下互坎≫ 初爲卦主故 言其本象

小過 → 明夷

小過卦의 때에는 왼쪽 날개와 오른쪽 날개가 ≪위쪽이 왼쪽이 되고, 아래쪽은 오른쪽이 됨≫ 활짝 펼쳐져 양쪽 날개가 [모두] 벌려져 있는데, [明夷卦로 되면] 剛이 이미 옮겨가니 ≪4가 1로 감≫ 왼쪽 날개가 [한 쪽으로] 치우쳐서 떨어지게 되니 ≪아래로 향하여 떨어짐≫ 이것을 가리켜 "垂其翼"이라고 말한 것이다. 어째서 그렇게 [날개를] 늘어뜨리게 되었는가? 坎의 활에 [맞아] 다쳤기 때문이다. ≪明夷卦의 下互卦가 坎≫ 初九가 卦主의 위치에 해당되는 까닭에 [變象인 謙卦의 象을 설명하지 않고] 本象인 明夷卦의 象을 설명한 것이다.

○謙自復來 ≪一之三≫ 震之君子 ≪本下震≫ 動而向外 ≪一之三≫ 君子于行也 臨之時 嘗以兌食 ≪明夷自臨來≫ 明夷以來 無此兌食 ≪卦无兌≫

臨 → 明夷 → 初爻變 → 謙 ← 復

○謙卦는 復卦로부터 왔다. ≪1이 3으로 감≫ 震의 君子가 ≪復卦의 下卦는 본래 震≫ 움직여서 밖으로 향하니 ≪1이 3으로 감≫ [이것을 가리켜] "君子于行"이라고 말한 것이다. 臨卦의 때에는 일찍이 兌로써 [음식(飮食)을] 먹었는데 ≪明夷卦는 臨卦로부터 옴≫ 明夷가 된 以來로 [즉 明夷卦와

謙卦에는] 이러한 兌의 食事가 없는 것이다.[226] ≪明夷卦와 謙卦에는 兌가 없다.≫

據說卦方位 自兌以往 須歷三宮 ≪乾坎艮≫ 以至於艮 ≪下今艮≫ 三日不食也 ≪离爲日≫ 物終乎艮 ≪下今艮≫ 餓死之卦也 ≪見左傳≫

「說卦傳」의 方位에 의거해서 본다면, 兌로부터 시작하여 세 개의 宮을 지나야만 ≪兌→乾→坎→艮으로 됨≫ 艮에 이르게 되니 ≪謙의 下卦가 지금 艮≫ [이것을 가리켜] "三日不食", 즉 "3일 동안 먹지 못한다"고 말한 것이다. ≪离는 日이 된다.≫ [또] 萬物은 艮에서 끝나니 ≪謙卦의 下卦가 지금 艮≫ [明夷 初九=明夷之謙은] 굶어죽는 괘가 된다. ≪『左傳』[의 숙손표(叔孫豹)의 筮]에 보인다.≫

○謙自剝來 ≪上之三≫ 有攸往也 ≪自北而往南≫ 復之震主 出而迎之 ≪一之三≫ 是 主人也 ≪本在內≫ 成言乎艮 ≪說卦文≫ 遂以坎險 ≪二[227]四互≫ 險言爲讒 ≪見左傳≫ 主人有言也

226) 「說卦傳」의 物象에 대한 茶山의 '今補'에 따르면, 兌는 '食'의 뜻이 된다.
227) [校閱] 新朝本에는 "二四互"의 "二"가 "三"으로 되어 있는데, 誤記이다.

剝 → 謙 ← 復

○謙卦는 剝卦로부터 왔으니 ≪上이 3으로 감≫ [이것을 가리켜] "有攸往", 즉 "가야 할 곳이 있다"라고 말한 것이다. ≪北쪽에서 南쪽으로 감≫ 復卦에 있던 震의 主人이 나와서 맞이하니 ≪1이 3으로 감≫ [復卦의 震의 君子인] 이 사람을 [가리켜] '主人'이라고 말한 것이다. ≪復卦의 震의 君子는 본래 內卦에 있음≫ 艮에서 말(言)을 이루고 ≪「說卦傳」에서 '成言乎艮'이라는 구절이 있음≫ 마침내 坎의 험난함을 만나게 됨으로써 ≪謙卦의 下互卦가 坎≫ [謙卦에서 艮의 言語와 互坎의 험난함이 합쳐져서] 험담하는 말이 되니, "험언(險言)"이란 [곧 타인을] 해치는 말을 뜻한다. ≪『左傳』에 나온다.[228]≫ [이것을 가리켜] "主人有言", 즉 "主人이 [헐뜯는] 말을 한다"고 한 것이다.

○臨之時 本有兌義 ≪西方卦≫ 今兌既滅 義不食也

臨 → 明夷

○臨卦의 때에는 본래 兌의 義로움이 있었는데[229] ≪兌는 西方卦≫ 지금 兌가 이미 없어졌으므로, "義不食"이라고 말한 것이다.

○案 鵬者 南方神鳥也 其形似鳳 ≪司馬相如 上林賦 捎[230]鳳凰 掩焦鵬≫

---

228) 「春秋官占補註」의 「叔孫豹之筮」(昭公 5年)에 "敗言爲讒敗言(손상시키는 말이란 곧 남을 헐뜯는 말을 뜻한다)"라는 말이 나온다(『四箋』 卷7, 26가).

229) 「說卦傳」의 物象에 대한 茶山의 '今補'에 따르면, 兌는 '義'의 뜻이 된다.

230) [校閱] 新朝本에는 "소(捎)"가 "초(稍)"로 되어 있는데, 誤記이다.

○[案] '명(鵬)'은 南方의 神鳥인데, 그 형체가 [마치] 봉황새와 흡사하다. ≪사마상여(司馬相如)[231]는 [天子의 사냥을 노래한] 「상림부(上林賦)」[232]에서 "捎鳳凰, …… 掩焦鵬(봉황을 획 채가고, 초명새를 덮친다)"이라고 하였다.[233]≫

鷮者 山鷄也 ≪左思 蜀都賦 鷩鷮山棲[234]≫ 皆彩羽之鳥也 君子 比

231) 司馬相如(B.C.179~B.C.117) : 자를 장경(長卿)이라 했으며, 촉군(蜀郡) 成都(현재의 四川省 成都) 출신이다. 그는 말더듬이었으나, 부작(賦作)에 뛰어났다. 경제 때에는 무기상시(武騎常侍)가 되었으나, 경제가 사부를 좋아하지 않아 병을 핑계로 梁王의 문하가 되었다. 나중에 王吉의 소개로 富商 탁왕손(卓王孫)을 알게 되었는데 탁왕손은 사마상여를 초대한 잔치에서 그에게 거문고 연주를 부탁했다. 탁왕손에게는 과부가 된 딸 탁문군(卓文君)이 있었는데, 음악을 좋아하던 그녀는 마침내 사마상여와 사랑에 빠져 성도로 달아났다. 뒤에 탁왕손의 도움으로 성도에 집, 논밭을 장만하고 노비까지 두게 되었다. 무제는 초나라의 자허(子虛)와 제나라의 오유(烏有)가 대화를 통하여 초와 제의 物產, 궁정, 사냥의 성대함을 묘사한 사마상여의 「子虛賦」를 읽고 매우 기뻐하여, "짐은 홀로 이 사람과 함께 할 수 없는가(朕獨不得與此人同時哉)?"라며 한탄하였다. 뒤에 楊得意의 추천으로 長安으로 가 무제를 배알하게 되었으며 상림원(上林苑)의 화려함과 무제의 사냥의 성대함을 묘사한 「上林賦」를 지어 올렸다. 무제는 이것을 읽고 크게 기뻐하면서 낭중(郎中)으로 삼았다. 현존하는 그의 부 가운데 대표적인 것으로 '子虛賦'와 '上林賦'를 들 수 있으며 그밖에 '哀秦二世賦', '大人賦', '美人賦', '長門賦' 등이 있다.

232) 「상림부(上林賦)」 : 漢武帝 때의 司馬相如의 작품이다. 그가 武帝에게 바친 「上林賦」는 사냥에 빠진 武帝를 은근히 풍간(諷諫)하기 위해 지은 것이다. 그 내용은 다음과 같다. 楚의 사신으로 齊나라에 간 子(虛)가 齊王과 사냥하면서 서로 자국의 사냥터가 더 크고 호화롭다고 과장하자 烏有先生이 子虛를 꾸짖고, 또 이를 지켜본 無是公이라는 자가 나서서 兩非論을 편다는 內容이다. 백성의 고통은 생각하지 않고 사냥에만 빠져있는 두 나라의 국왕은 옳지 않다는 뜻에서다. 재미있는 것은 등장 인물들의 이름인데, 子虛나 烏有先生, 그리고 無是公은 모두 '이런 사람은 없다'는 뜻을 가지고 있다. 여기서 烏有先生은 '상식적으로는 도저히 있을 수 없는 사람'을 뜻한다. 烏의 본디 뜻은 '까마귀'지만(烏飛梨落, 烏合之卒, 長頸烏喙 등), '검다'는 뜻도 있으며(烏骨鷄), '왜', '어찌'라는 强한 疑問의 뜻도 가지고 있다. 따라서 '烏有'는 '어찌 있을 수 있으랴'가 되며, 烏有先生은 '常識的으로는 도저히 있을 수 없는 사람'이라는 뜻이 된다.

233) 張溥 編, 『漢魏六朝百三家集』 卷1, 上海古籍出版社, 1994, 1412-29면에 "捎鳳皇, …… 掩焦明"으로 나옴. 『漢書』「藝文志」에 그의 賦가 29편 있다고 함(顔師古 注, 『漢書』 卷6, 中華書局, 1983, 1741면; 차상원 · 차주환 · 장기근 共著, 『中國文學史』, 명문당, 1990, 114면; 谷方 著, 『中國哲學人物事典』, 太原 : 書海出版社, 1990, 92면 참조).

234) [校閱] 新朝本에는 "栖"로 되어 있는데, 奎章本과 國中本에서는 "棲"로 되어 있다. 여기서는 後者를 따른다.

德於鳳 所謂 明夷者 當是鸊鵜之類也 山梁之雉 見幾而作 明夷于飛 君子于行 亦此義也 紂之時 微子去之 當此占也

鵜는 산꿩의 일종인데, ≪左思235)의 [『三都賦』236) 중의 한편인] 「蜀都賦」에서 "별이산서(鷩鵜山棲)", 즉 "금빛 꿩이 산에 산다"라고 하였다.237)≫ 모두 화려한 깃털을 가진 새의 일종이다. 君子의 德을 봉황새에 비유하거니와, 이른바 明夷는 명이새(鸊鵜)임이 틀림없다. [『論語』에서] "산등성이238)의 꿩이 기미를 알아차리고, 날아가 버렸다"라고 하였으니,239) [여기서] "明夷于飛"나 "君子于行"도 역시 이런 의미인 것이다. [殷나라] 주왕(紂王)의 시대에 미자계(微子啓)가 떠나간 것도 이 占에 해당된다고 할 수 있다.

○又按 春秋傳 ≪昭五年≫ 叔孫豹之筮 遇此爻 卜楚丘 占之極詳 然 其言或雜以術數 ≪如食日爲二之類≫ 恐非周易之正旨 只可參看 ≪詳見官占注≫

---

235) 左思 : 晋(265~316)나라 때 인물로서, 字는 태충(太沖), 산동 임치(臨淄) 사람이다. 한미한 집안 출신으로 벼슬길이 여의치 못했으며 만년에 세속을 버리고 은거했다. 태강문학답지 않게 건안풍골의 전통을 지켜 문벌통치의 불합리함을 힘껏 폭로한 西晉 시기의 가장 큰 시인이다. 얼굴이 흉칙하게 생긴데다 말까지 어눌해서, 많은 세월 동안 多作했지만, 아무도 알아주는 이 없었다. 그러던 어느 날 장화(張華)라는 유명한 시인이 우연히 左思의 『三都賦』라는 책을 읽고 크게 감탄하게 되면서 그 책을 호평하며 격찬하게 되었다. 그러면서 온 晉나라 서울인 洛陽의 학자・귀족・왕족 할 것 없이 모두 『三都賦』를 구하려고 장사진을 이루었다. '낙양지귀(洛陽紙貴)'라는 말은 너무나 많은 사람들이 그 책을 구입해서 종이값이 다 올랐다는 데서 유래되었다고 한다.

236) 『三都賦』 : 좌사(左思)의 저술로 『三都賦』는 三國時代 蜀나라의 서울 成都, 吳나라의 서울 건업(建業), 魏나라의 서울, 세 도시의 풍물을 적은 책이다.

237) 차상원・차주환・장기근 共著, 『中國文學史』, 명문당, 1990, 114면 참조.

238) 山梁 : 산계곡에 걸린 다리.

239) 山梁之雉 見幾而作 : 『論語』 「鄕黨」(제10편)에 나오는 구절에서 변형시킨 문장이다. 즉, "色斯擧矣, 翔而後集, 曰, 山梁雌雉, 時哉時哉, 子路共之, 三嗅而作(꿩이 사람의 기색을 살피고 날아올라 한 바퀴 돌더니 다시 내려앉았다. 공자께서 말씀하셨다. '산기슭의 암꿩이 때를 만났구나! 때를 만났구나!'라고 하셨다. 이때 자로가 모이를 주었더니, 세 번 냄새를 맡고 날아갔다)."

○[又按]『春秋傳』(昭公 5年)에 따르면, 숙손표(叔孫豹)가 산대점을 쳐서, 이 爻를 만났는데, 복초구(卜楚丘)가 그 점괘(占卦)를 풀이한 것이 매우 상세하다. 그러나 그 언사가 간혹 술수(術數)로 말미암아 난잡하니 ≪예컨대 "食日爲二" 등의 사례가 그러함[240]≫ 아마도『周易』의 바른 취지는 아닐 것으로 생각되나, 다만 참고해 볼 만한 가치는 있겠다. ≪「春秋官占補註」에 상세히 나와 있다.[241]≫

六二 : 明夷 ≪句≫ 夷于左股 ≪句≫ 用拯 ≪句≫ 馬壯, 吉. ○象曰 : 六二之吉, 順以則也.

六二 : [東夷족의] 오랑캐 나라(夷)를 開明시키게 될 것이다. ≪句≫ 왼쪽 다리를 다치게 될 것이다. ≪句≫ [물에 빠진 사람을] 건져 올리니, ≪句≫ 말이 건장(健壯)하면, 길할 것이다. ○「象傳」: 六二에서 [물에 빠진 사람을 건져 올려] 길한 것은 [말이 잘 훈련됨으로써] 규율(規律)을 순종하였기 때문이다.

此 明夷之泰也 卦自臨來 柔自外入 ≪三之二≫ 遂爲离明 ≪下今离≫ 明此夷邦 ≪義見上≫ 是 明夷也 二爲卦主 故言其本象

---

240)『左傳』의 숙손표(叔孫豹)의 筮에, "日上其中, 食日爲二, 旦日爲三(하루는 그 日中을 제일 위로 하여, 食日이 그 두 번째가 되고, 단일(旦日)이 그 세 번째가 됩니다)"라고 함(『四箋』 卷7, 26가).

241)「春秋官占補註」의「叔孫豹之筮」(昭5年)를 참조할 것.

臨 → 明夷 ← 泰

이것은 明夷卦가 泰卦로 변하는 경우이다. 明夷卦는 臨卦로부터 왔다. 柔가 밖에서 들어와서 ≪3이 2로 감≫ 마침내 离의 밝음이 되어 ≪下卦가 지금 离≫ 이 오랑캐 나라를 밝히니 ≪뜻은 위에서 나왔다.242)≫ 이것을 가리켜 "明夷"라고 한 것이다. 六二가 卦主가 되는 까닭에, 그 本象을 말한 것이다.243)

○小過之卦 本取顚倒 ≪无反對 故取倒象≫ 兩互 皆巽股也 ≪上互則倒巽≫ 古人尙左 ≪見易例≫ 下巽 右股也 上巽 左股也 ≪上互巽≫ 剛自上墜 ≪四之一≫ 左股傷矣

小過 → 明夷

○小過卦는 본래 전도(顚倒)된 형태를 취하니 ≪反對卦가 없는 까닭에 뒤집어진 象을 취한 것이다.≫ 兩互卦가 모두 巽의 다리(股)가 된다. ≪上互卦는 [兌인데] 뒤집어서 보면 巽이 됨≫ 옛 사람들은 왼쪽을 숭상하였으니 ≪易例에

242) 義見上 : 『四箋』 卷4, 42나.

243) 다산은 六二 以外에도 初九와 九三이 모두 卦主가 된다고 말하고 있다. 따라서 明夷卦의 卦主는 모두 세 개가 되는 셈이다. 무릇 卦主가 되기 위해서는 현재의 괘를 형성시키게 된 결정적 원인이 되지 않으면 안 된다. 明夷卦는 臨卦 혹은 小過卦로부터 변화된 괘인데, 만일 臨卦의 二가 三으로 가서, 明夷卦가 성립된 것으로 본다면, 현재의 明夷卦를 明夷卦로 형성시킨 가장 중요한 형성원인이 臨卦의 九二로부터 옮겨온 明夷 九三에 있는 셈이므로, 明夷 九三이 卦主가 될 것이다. 그러나 동일하게 臨卦로부터 변화된 것으로 본다고 하더라도, 剛의 변화에 초점을 맞추지 않고 柔의 변화를 중심으로 관찰한다면, 明夷 六二는 臨卦의 六三으로부터 온 것이 된다. 그 경우에는 明夷 六二가 卦主가 된다. 만일 小過卦의 四가 一로 감으로써, 明夷卦가 형성되었다고 보는 경우에는 당연히 明夷 初九가 卦主가 된다.

보임[244]≫ 아래에 있는 巽이 오른쪽 다리에 해당되는 반면에, 위에 있는 [뒤집어진] 巽은 왼쪽 다리에 해당된다. ≪上互卦는 兌이지만 뒤집어보면 巽이 된다.≫ [그런데 小過卦에서 明夷卦로 변하면서] 剛이 위로부터 떨어지니 ≪4가 1로 감≫ [이것은] 왼쪽 다리가 부상당한 것이다.

以此离刃 ≪二爲离之主≫ 傷彼左股 ≪以二而傷之≫ 夷于左股也 ≪二爲卦主故 言其本象≫ 紂之時 有斮脛之人 ≪見周書≫ 當此占也

이 离의 칼날로써 ≪2는 离의 卦主가 됨≫ 저 왼쪽 다리를 다치게 하니 ≪2로써 그것을 손상시킴≫ [이것을 일러] "이우좌고(夷于左股)"라고 말한 것이다. ≪2는 卦主이므로 그 本象을 말한 것이다.≫ 주(紂) 임금의 때에 [포악한 紂 임금에 의해] 정강이를 잘린 사람이 있었으니 ≪『書經』「周書」「泰誓」에 나옴[245]≫ [그 경우가] 바로 이 占에 해당된다.

○小過之時 震帥[246] 出征 ≪本上震≫ 移之明夷 則坎水之底 ≪本大坎≫ 震師忽墜 ≪四之一≫ 溺水之象也

小過→推移→明夷

○小過의 때에 震의 장수(將帥)가 정벌(征伐)에 나섰는데 ≪小過卦의 上卦는 本來 震≫ 推移하여 明夷卦가 되면, 坎水의 물 밑바다으로 ≪小過卦

244) 六四에서도 "古人尙左"가 언급됨(『四箋』 卷4, 45나).

245) 車相轅 譯, 『書經』, 명문당, 1973, 176면; 김구진 · 김희영 편저, 『이야기 중국사』, 청아출판사, 1990, 41면. 그런데 서로 스토리가 다름. 前者는 어떤 노인이 강물이 찬데도 잘 건너므로, 紂가 이를 보고, 이상하게 생각하여 그 다리를 잘라 보았다고 하고, 후자는 강을 건너지 못해 쩔쩔매고 있으니, 紂가 그 다리를 짤라 보았다는 식으로 되어 있다.

246) [校閱] 奎章本과 新朝本에는 "帥"로 되어 있으나, 國中本에는 "師"로 되어 있다.

는 본래 大坎의 형태이며, 아울러 明夷卦의 下互卦도 역시 坎≫ 震의 장수가 갑자기 떨어지니 ≪4가 1로 감≫ [이것은] 물에 빠지는 象이다.

變而爲泰 則坎水旣平 ≪今无坎≫ 震帥[247]登陸 ≪今互震上坤≫ 是用拯也 ≪拯其溺≫ 何以拯之 乾馬壯也 ≪下今乾≫ 始雖陷溺 ≪如 晉駟之還于濘≫ 終以馬吉也 渙初六 宜參看

小過→推移→明夷→ 제2효변 →泰

[明夷卦 六二가] 爻變하여 泰卦로 되면, 坎의 물은 이미 잔잔해지고 ≪泰에는 지금 坎이 없음≫ 震의 장수(將帥)가 육지에 오르니 ≪지금 泰卦에는 互震과 上卦의 坤이 있으니, 互震은 장수(將帥)가 되고, 坤은 陸地가 됨≫ 이것을 가리켜 "용증(用拯)", 즉 "건져 올림"이라고 한 것이다.[248] ≪그 빠진 자를 건진 것이다.≫ [그러면] 어떻게 건질 수 있었던 것일까? [그것은] 乾의 말이 건장(健壯)하기 때문이니 ≪泰卦의 下卦가 지금 乾≫ 처음에는 비록 [물에] 빠졌으나 ≪예컨대 [춘추시대 한원(韓原)[249]의 싸움[250]에서] 晉나라 군주의 수레가

---

247) 新朝本과 奎章本에는 "帥"(수)로 되어 있으나, 國中本에는 "師"(사)로 되어 있다. 여기서는 前者를 따른다.

248) 茶山은 明夷 六二가 卦主이기 때문에 本象을 말한다고 하였으나, 지금 '用拯'에 대한 설명은 本象이 아니라 變象에 해당된다. 따라서 卦主라고 해서 반드시 本象만 적용되는 것은 아니고, 경우에 따라서는 本象과 變象을 겸해서 해석해야 되는 것으로 생각된다.

249) 한원(韓原) : 현재의 섬서성(陝西省) 한성현(韓城縣) 서남쪽에 위치한 地名. 『左傳』(僖公 15年)에 의하면 진(秦)과 진(晉)이 한원(韓原)에서 싸웠다고 한다.

250) 韓原之戰 : B.C.645년에 晉나라와 秦나라 사이에 韓原에서 벌어진 전쟁을 가리킨다. 晉 惠公은 晉 文公의 동생으로 왕위에 오르기 前後로 빈번히 秦 穆公의 신세를 졌고, 秦 穆公과 싸워 두 번씩이나 사로잡혔다 풀려난 바 있었다. 秦 穆公 12年(B.C.647)에는 晉나라에 기근이 들어 秦 穆公나라에 식량원조를 요청하여, 晉 惠公이 곡식을 원조받은 적도 있다. 그런데 다음 해에 거꾸로 秦나라가 흉년이 들어 晉나라에게 구원을 청하자 晉 惠公은 지금이야말로 秦 穆公을 쳐부술 好機라는 신하의 의견에 따라 군대를 일으켜 秦나라로 쳐들어갔다. 양 군대는 황화와 분수가 만나는 곳에 가까운 황하의 동

진창에 빠져서, 우왕좌왕했던 경우와 같음[251]≫ 마침내 [건장한] 말로 말미암아 길하게 된 것이다. 渙卦 初六의 경우를 마땅히 참고해야 한다.[252]

○泰之乾馬 上以坤順 其性本馴 ≪順馴通≫ 下坎爲律 ≪二四互≫ 御之有法 ≪則 法也≫ 順以則也

小過 → 明夷 ← 泰

○泰卦에 있던 乾의 말이 上卦에 있는 坤으로 말미암아 順해지니, 그 [말이] 본래 길들여서 순종하는 성질을 지니고 있다. ≪'순종할 順(순)'字와 '길들일 馴(순)'字는 [서로] 통한다.≫ [明夷卦의] 아래에 있는 坎은 규율(規律)의 뜻이니 ≪明夷괘의 下互卦≫ 말을 모는 데에도 법도(法度)가 있음을 말한 것이다. ≪['順以則'의 則은 法을 뜻함≫ [이것을 가리켜] "順以則"라고 말한 것이다.

○案 舊本 夷于左股之夷 或作睇 ≪子夏傳 及鄭玄 陸績本同 ○鄭云 旁視曰 睇≫ 或作眱 ≪京房本≫ 或無此字 ≪明晉王家本≫ 又 姚信本 左股作右槃 ≪姚氏云 自辰右旋入丑≫ 馬融 王肅本 股作般 ≪般 旋也 王肅云 日隨天 左旋≫

○[案] 舊本에서는 "夷于左股"의 '夷(이)'字를 혹은 '흘긋볼 睇(제)'字

쪽 연안이자 분수의 남쪽 연안인 한원(韓原)에서 맞붙어 싸우게 되었으니, 이 싸움을 '韓原之戰'이라고 한다.

251) 僖公 15年에 秦과 秦의 군사가 韓原에서 싸웠는데, 晉나라 군주의 전차를 끄는 말이 진수렁에 빠져 우왕좌왕하면서, 제 자리에 멈추게 되었는데, 경정(慶鄭)에게 도움을 청하자 거절하고 피한 사건을 가리킨다. 나중에 秦나라 군주를 생포하려는 찰나에는 경정(慶鄭)이 그 일을 그르치게 하는 바람에, 秦나라 군주를 놓쳤을 뿐 아니라, 오히려 晉의 군주가 붙잡혀 포로가 되게 된다(文璇奎 譯, 『春秋左氏傳』 上, 명문당, 1987, 294 ~295면).

252) 渙卦 初六에서도 '用拯, 馬壯吉'이라고 함.

로 쓰기도 하였다. ≪『子夏易傳』과 鄭玄·陸績의 책도 동일하다. ○鄭玄이 말하였다. "곁눈질하는 것을 '睇'라고 한다."≫ 혹은 '말없이 물끄러미 바라볼 眱(이)'字로 쓴 경우도 있으며 ≪京房本≫ 혹은 이(此) 글자가 없는 경우도 있다. ≪明代에 발굴된 晉王家의 판본의 경우가 그러하다.[253]≫ 또 요신본(姚信本)에서는 '左股'를 '右槃'이라고 하였다.[254] ≪요씨(姚氏)[255]가 말하였다. "진방(辰方)[256]에서 오른쪽으로 선회(旋回)하여 축방(丑方)[257]으로 들어간다."≫ 馬融·王肅本에서는 '넓적다리 股(고)'가 ['돌다', '돌리다', '옮기다'는 뜻의] '般(반)'으로 되어 있다. ≪'般(반)'은 '선회할 旋(선)'의 뜻이다. 왕숙(王肅)이 말하기를, "해는 하늘을 따라 왼쪽으로 돈다"고 하였다.≫

䷣

九三 : 明夷, ≪句≫ 于南狩, 得其大首, 不可疾貞. ○象曰 : 南

---

253) 毛奇齡의 『仲氏易』(上海古籍出版社, 1990, 151면)에 "明張氏所出晉王本, 則無此字"라고 되어 있다. 또 李鼎祚의 『周易集解』(北京市中國書店, 1990)에도 "夷"자가 빠져 있으며, 董眞卿의 『周易會通』(四庫易學叢刊, 上海古籍出版社, 1990, 298면)에 따르면, 九家易에도 "夷"字가 없다고 하였다.

254) 『經典釋文』에는 "右樂"이 "右槃"으로 되어 있다(陸德明, 『經典釋文』 上, 上海古籍出版社, 1985, 100면; 鄭玄云, 『周禮注疏』, 上海古籍出版社, 1987, 152면; 孫星衍, 『周易集解』 上, 上海書店, 1993, 306면). 그런데 何楷, 『古周易訂詁』(景印 文淵閣四庫全書 第三六冊), 36~173면에는 "右樂"으로 되어 있음. 茶山이 그 뜻을 따서 "槃"이라 했거나, 아니면 誤記일 것으로 보인다.

255) 요씨(姚氏) : 三國시대의 吳나라 사람인 요신(姚信)을 가리킨다.

256) 『史記』「天官書」에서는 "角·亢이 辰方이며, 斗·牛가 丑方으로 된다"라고 함. 辰方은 동남방을 가리키며, 축방(丑方)은 북방과 동방의 사이, 즉 북북동방을 가리킨다.

257) 孫星衍의 『周易集解』 上(上海書店, 1993, 306면)에는 "丑"이 "北"으로 되어 있는데, 誤記로 보임. 鄭玄云, 『周禮注疏』(上海古籍出版社, 1987, 152면) 참조. 또 京房易에서는 "陰從午, 午右旋, 离右旋"이라 했는데, 위의 구절과 연관되는 듯하다.

狩之志, 乃大得也.

九三 : 오랑캐를 開明시키게 될 것이다. ≪句≫ 남쪽으로 사냥을 가서, 그 우두머리를 잡게 될 것이다. 급하게 일을 처리하면 안 될 것이다. ○ 「象傳」: 남쪽으로 사냥 가고자 하는 뜻은 곧 크게 얻을 것이로다.

此 明夷之復也 卦自臨來 剛往爲离 ≪二之三≫ 而明夷邦 ≪義見上≫ 是 明夷也 三爲卦主故 言其本象 ≪二與三皆言者 明二與三爲卦主也≫

臨 → 明夷 → 復

이것은 明夷卦에서 復卦로 변하는 경우이다. 明夷卦는 臨卦로부터 왔으니, 剛陽이 가서 离가 되었으니 ≪2가 3으로 감≫ 오랑캐 땅을 교화하니 ≪뜻은 위에서 설명함≫ 이것이 明夷인 것이다. 九三은 卦主가 되는 까닭에 明夷卦의 本象을 말하였다. ≪六二와 九三에서 모두 '明夷'를 언급한 것은, 2와 3이 卦主가 되기 때문이다.[258]≫

○狩者 圍守以取禽 ≪無所擇≫ 中冬之獵也 离兵坎弓 ≪下互坎≫ 前臨坤田 ≪坤在前≫ 其象 畋也

○'狩'는 에워싸고 지켜서 짐승을 잡는 것이니 ≪가리지 않고 잡음≫ 한

258) 다산은 明夷卦의 六二와 九三에서 모두 "明夷"라는 글자가 나오는 것은 六二와 九三이 卦主가 되기 때문이라고 주장하고 있다. 즉 六二의 "明夷夷于左股"와 九三의 "明夷于南狩"가 그것이다. 그밖에도 初九의 '明夷于飛'의 구절에서도 '明夷'가 언급되고 있다. 그런데 다산은 六二와 九三뿐 아니라, 初九도 또한 明夷卦의 卦主로 보고 있다. 따라서 初九의 경우도 역시 동일한 事例로 생각될 수 있을 것이다. 그러나 六四와 六五은 卦主가 아님에도 불구하고, 爻詞에서 "明夷"字가 들어간다. 따라서 다산의 주장이 충분한 설득력을 얻기는 어렵다.

겨울(中冬)의 사냥에 해당된다. 离의 兵士가 坎의 활을 들고 ≪明夷卦의 下互卦는 坎≫ 坤의 밭 앞에 臨하였으니 ≪明夷卦에서 坤이 离의 앞에 있음≫ 그 象이 사냥하는 것이 된다.

自小過來 ≪四之一≫ 大坎爲冬 ≪今互坎≫ 其畋狩也 ≪冬獵名≫ 离爲南方 ≪說卦文≫ 于南狩也

小過 → 明夷 → 復

[또 明夷卦는] 小過卦로부터 왔으니 ≪4가 1로 감≫ [小過卦에서] 大坎은 겨울의 상징이니, 그것은 겨울사냥(畋狩)인 것이다. ≪[狩는] 겨울 사냥의 이름≫ 明夷卦의 下卦인 离는 南方을 상징하니 ≪「說卦傳」의 글≫ 남쪽에서 [겨울사냥을] 하는 것이다.[259]

○ 其變爲復 ≪下今震≫ 復者 乾元也 ≪一陽生≫ 震主首出 ≪見乾卦≫ 是爲元首 ≪震爲元≫ 獲其大首也 ≪大 元也≫ 筮而遇是 則或於冬狩之時 因以南征 ≪義見下≫ 獲其君長也 文王 征崇伐密 獲其君長 殲厥巨魁 ≪卽大首≫ 以之明此道於夷方 當此占也

明夷→ 제3효변 →復 → 乾

○[明夷卦 九三爻가 爻變하여] 변하면 復卦가 되니, 復卦는 乾卦의 [변화의] 근원이 된다.[260] ≪1陽이 생겨남≫ 震의 主人이 머리(首)를 내보내

259) 전(畋)은 사냥의 통칭이지만, "봄사냥"을 뜻하기도 한다.

260) 茶山은 明夷卦의 九三이 卦主가 되기 때문에, 本象을 취한다고 하였으나, 그것은

니 ≪乾卦에 나옴≫ 이것은 우두머리(元首)가 되므로 ≪震은 元이 된다.≫ 그 '大首'를 잡는 것이 된다. ≪大는 으뜸[元]의 뜻이 됨≫ 占을 쳐서 이 [明夷卦의 九三爻의] 경우를 얻는다면, 간혹 겨울사냥을 나갔을 때에 [겸하여] 남쪽으로 정벌을 나가 ≪이 뜻은 아래에 나옴≫ 그 우두머리를 [포로로] 잡는 일도 있을 것이다. 文王이 숭(崇)[261]을 치고, 밀(密)[262]을 정벌하였을 때[263] 그 君長을 포획하거나, [혹은] 그 괴수(魁首)를 섬멸함으로써[264] ≪즉 '大首'를 포획한 것임≫ 이 [明夷의] 道를 오랑캐 땅에 밝혔으니, [그 역사적 사건은] 이 占에 해당된다고 할 것이다.

○ 疾貞者 速擧事也 卦自臨來 ≪二之三≫ 震躐一等 ≪越二而爲三≫ 以幹坎事 ≪下互坎≫ 似有欲速之象 今坎旣滅 ≪三爻動≫ 震主謙降 ≪下今震≫ 前路悠遠 ≪上五陰≫ 不可疾貞也 文王 卑屈外順 恪修侯度 以待其時 當此占也

臨→推移→明夷→爻變→復

臨卦의 2가 3으로 가서 明夷卦가 된 것으로 볼 경우이다. 여기서 爻變으로써 變象을 취한 것은 臨卦가 아닌 小過卦로부터 변한 것으로 가정한 경우이기 때문에 그러한 것이다. 즉 小過의 4가 1로 감으로써 明夷가 되었다고 본다면, 卦主는 九三이 아닌 初九가 된다.

261) 숭(崇) : 지금의 하남성 숭현(嵩縣)의 북쪽에 있었던 商의 지지세력. 周의 文王은 崇을 멸망시키고, 崇에 도성인 풍읍(豐邑)을 세워, 商을 공략하기 위한 전진기지로 삼았다.

262) 밀(密) : 密須氏인데, 姓의 나라이니, 지금의 영주(寧州)에 있다고 함.

263) 文王이 '밀수국(密須國)'과 '숭후호(崇侯虎)'"를 쳤다는 기록이 있다(김구진 · 김희영 編著, 『이야기 중국사』, 청아출판사, 1990, 47면 참조). 또 『史記』(第1冊, 中華書局, 118면)와 『書經』(車相轅 譯, 명문당, 1973, 546면)의 年表에, 西伯이 崇을 쳤다는 기록이 있다.

264) 殲厥渠魁 : 『尙書』 「胤征」(第4)에 나오는 말이다. "殲厥渠魁"는 그 수령인 자를 쳐서 멸망시키는 것을 뜻한다. "渠魁"와 "巨魁"는 뜻이 통한다.

○“疾貞”은 ‘급하게 일을 처리한다’는 뜻이다. 明夷卦는 臨卦로부터 왔으니 ≪2가 3으로 감≫ 震이 한 등급을 뛰어 올라서 ≪2를 넘어서 3이 됨≫ 坎의 사무(事務)를 주관하니 ≪明夷卦의 下互卦가 坎≫ 마치 급하게 [서둘러서] 하려는 象이 있는 듯하다. 이제 [復卦가 되면] 坎은 이미 소멸(消滅)되고 ≪第3爻가 변동함≫ 震의 主人이 겸허하게 아래로 내려옴으로써 ≪[復卦의] 下卦가 震≫ 앞 길이 더욱 멀어져 버렸으니 ≪위로 다섯 陰이 있음≫ “不可疾貞”, 즉 “급하게 일을 처리하면 안 된다”라고 한 것이다. 文王이 자신을 낮추고, 밖으로 순종하고, 제후의 법도를 삼가 닦음으로써 그때를 기다린 것도 이 점에 해당한다.

○志者 离志也 ≪下本离≫ 獲此乾元 ≪復一陽≫ 乃大得也

明夷→爻變→復

○‘志’는 离의 ‘志(意志)’를 가리키는데 ≪[明夷卦의] 下卦가 본래 离≫ [爻變하여 復卦가 되면] 이 乾元을 획득하니 ≪乾元은 곧 復卦의 한 개의 陽≫ [이것을 가리켜] “乃大得也”라고 말한 것이다.

○案 春秋傳 鄢陵之筮 其卦遇復 ≪成十六年≫ 占之曰 南國蹙射其元王 蓋云 自剝而爲復也 下卦位离 故謂之南國 ≪奇偶奇≫ 獲其震主故 謂之射王 其法 蓋本於此

復

○[案] 『春秋傳』에 따르면, [진후(晉侯)가] 언릉(鄢陵)[265]에서 [楚나라

와의] 싸움을 앞두고 친 占에서, 그 卦가 [不變하는] 復卦가 나왔는데 ≪성공(成公) 16년≫ 풀이하여 말하기를 "남쪽나라는 위축되고, 그 우두머리 왕(元王)을 쏘아 맞힌다"고 하였다.[266] 이것은 대개 剝卦로부터 復卦가 되는 과정을 말하는 것으로서, 下卦는 离의 위치에 있는 까닭에, 南國이라고 말한 것이며 ≪1·2·3은 奇數, 偶數, 奇數이므로, 剛·柔·剛은 离가 됨≫ 그 震主를 포획하게 되었으므로 '활로 王을 쏘아 맞혔다(射王)'라고 말한 것이다. [『春秋傳』에서 해석한] 그 방법은 대개 여기에 근거를 두고 있다.[267]

䷣

六四 : 入于左腹, 獲明夷之心, 于出門庭. ○ 象曰 : 入于左腹, 獲心意也.

六四 : 왼쪽 배로 [칼을 찔러] 들어갈 것이다. 오랑캐를 開明시키고자 하는 마음을 얻어서, 門 앞의 뜰을 나섬이로다. ○「象傳」: "왼쪽 배로 [칼을 찔러] 들어감(入于左腹)"[으로써 스스로 목숨을 끊은 것]은 마음[속]으로 뜻하던 바를 얻은 것이다.

---

265) 언릉(鄢陵) : 鄭나라의 지명으로, 현 하남성 언릉현(鄢陵縣)의 서북쪽 땅.

266) 『四箋』「春秋官占補註」「진후언릉지서(晉侯鄢陵之筮)」에 그 내용이 상세히 기록되어 있다. 아울러 復卦에 대한 주석도 참조할 것(『四箋』 卷3, 32나).

267) 『春秋傳』의 復卦를 얻고서, '南國蹙 射其元王'이라고 풀이한 것은 明夷 九三, 즉 '明夷之復'의 爻詞에서 '明夷于南狩, 得其大首'라고 되어 있는 것에 근거한다는 뜻이다. "南狩에 大首를 得한다"고 하였으니, "南國蹙"과 관련이 되는 셈이다. 그래서 明夷 九三에서 復卦인 언릉지서(鄢陵之筮)를 언급하는 것. 그런데 「春秋官占補注」에서 茶山은 주로 雷地 '豫'卦의 '交易'으로 南國의 '蹙'을 설명하며, 그리고 나머지는 여기와 동일하게 下卦가 离位라는 것을 가지고 설명한다.

此 明夷之豊也 卦有坤离 兩皆腹也 ≪說卦 坤离 皆爲腹≫ 古人尙左 离在下 則右腹也 坤在上 則左腹也 ≪蘇軾云 外卦爲左 內卦爲右≫

明夷 → 豊 ← 泰

이것은 明夷卦가 豊卦로 변하는 경우이다. 明夷卦에는 坤과 离가 있으니, 兩者는 모두 복부(腹部)에 해당된다. ≪「說卦傳」에서 坤과 离가 모두 腹이 된다고 함≫ 옛 사람들은 왼쪽을 숭상(崇尙)하였는데, [明夷卦에서] 离는 下卦에 있으니 오른쪽 배에 해당되고, 坤은 上卦에 있으니, 왼쪽 배에 해당된다. ≪소식(蘇軾)이 말하였다. "外卦는 왼쪽이 되고, 內卦는 오른쪽이 된다."[268]≫

豊自泰來 ≪二之四≫ 离刃兌銳 ≪今互兌≫ 遂劃坤復 ≪二之四≫ 入于左腹也 ≪互巽入≫

明夷 → 豊 ← 泰

豊卦는 泰卦로부터 왔다. ≪2가 4로 간 것이다.≫ 离의 칼날과 兌의 예리함으로써 ≪泰卦에 2·3·4가 互兌≫ 마침내 坤의 腹을 찌르니, [이것이] "入于左腹"이라고 한 것이다. ≪豊卦의 互巽은 入의 뜻이 된다.≫

○中國之人 出於外國 謂之明夷 ≪夷國明≫ 泰之中剛 出于外

268) 소식(蘇軾)의 『東坡易傳』의 明夷卦 六四의 注에서는 "外卦爲左, 內卦爲右"라는 말이 보이지 않는다. 다만, 소식(蘇軾)은 明夷卦 六二의 "夷于左股"에 대한 注에서 "爻言左右, 猶言內外也, 在我之上則於我爲左矣"라고 말하고 있는데, 내용적으로는 동일한 뜻이 된다(『中國古代易學叢書』 3, 中國書店, 1992, 263면).

坤 ≪二之四≫ 以行其道 ≪上今震≫ 非明夷乎 离則爲心 ≪下今离≫ 獲其所願 ≪自內而出外≫ 獲明夷之心也

○중국 사람이 외국으로 나가는 것을 일컬어 "明夷"이라고 한다. ≪오랑캐의 나라가 밝아진 것이다.≫ 泰卦의 [九二인] 中剛이 [下卦인 乾으로부터] 밖의 坤으로 나가서 ≪2가 4로 감≫ 그 道를 행하니, [그것이] "明夷"가 아니고 무엇이겠는가? 离는 곧 마음인데 ≪豐卦의 下卦는 지금 离≫ 그 마음이 원하는 바를 얻었으니 ≪안에서 밖으로 나가서 오랑캐를 교화시킴≫ [그것은] 오랑캐를 開明시키고자 하는 마음(明夷之心)을 얻은 것이라고 할 수 있다.

○小過旣移 ≪四之一≫ 艮門之外 ≪本下艮≫ 坤土在前 ≪上今坤≫ 是 門庭也 泰移爲豐 則剛自內動 出于坤庭 ≪二之四≫ 于出門庭也

小過 → 推移 → 明夷→제4효변→ 豊 ← 推移 ← 泰

○小過卦가 [明夷卦로] 이미 옮겨가니 ≪4가 1로 감≫ 艮의 門 밖으로 ≪小過卦의 下卦는 본래 艮≫ 坤의 땅(土)이 앞에 [펼쳐져] 있으니 ≪[明夷卦의] 上卦가 이제 坤≫ 이것을 [가리켜] "門庭(문 앞의 뜰)"이라고 한 것이다. 泰卦로부터 옮겨가서 豐卦가 되면, 剛이 안으로부터 움직여서 坤의 뜰에 나섰으니, "于出門庭"이라고 한 것이다.

○意者 心之所之也 嫌如五臟[269)]之心故 明其不然 曰獲其意

269) [校閱] 新朝本과 國中本에는 "藏"으로 되어 있으나 奎章本에는 "臟"으로 되어 있다. "五臟"과 "五藏"은 뜻이 서로 통한다.

願也 紂之時 比干剖心 家耄遜荒 當此占也 禍起同門 或以离誅 或以震黜 放之門庭之外 ≪皆泰三陽之君子≫ 悲則悲矣 獲所願也

○'意'는 '마음이 가는 바'를 가리킴이니, ["明夷之心"의 "心"을] 五臟[270]의 심장(心臟)과 같은 것으로 생각할까 걱정하여, 그렇지 않다는 것을 밝히기 위하여, 그 意志로 원하는 바를 얻는다고 말한 것이다. 주(紂)[임금의] 때에, [王子였던] 비간(比干)은 심장이 도려내어짐을 당하였으니, [미자계(微子啓)나 箕子처럼] [벼슬을 않고] 집안에서 늙어가면서, 초야에 은둔해 사는 것이[271] 이 占에 해당한다.[272] 재앙이 같은 門에서 일어나니, 혹은 离의 죽임을 당하였고, 혹은 震의 축출을 당하여 [마침내] 門 앞의 뜰 밖으로 쫓겨나게 되었으니 ≪泰卦의 세 개의 陽은 모두 君子에 해당됨≫ [이러한 일들은 분명히] 비극(悲劇)은 비극이로되, 자신이 원하던 바를 얻은 것이다.[273]

○案 九正易因[274] 引蔡介夫之說 謂心在左腹 見於醫書 非矣 心不在腹 ≪在胸中≫ 亦不在左也 ≪心居中≫

270) 五臟 : 漢方에서 다섯 가지 내장을 통틀어 이르는 말이다. 즉, 간장·심장·비장·폐장·신장을 가리킨다.

271) 『書經』「商書」「17. 微子」, "吾家耄, 遜于荒(그저 집에서 늙어가며, 초야에 묻힐까요?)". 車相轅 譯, 『書經』, 명문당, 1973, 165면.

272) "入于左腹"이 "比干剖心"에 해당된다고 한다면, "家耄遜荒"은 "獲明夷之心"에 해당된다.

273) 사실 모두 자신이 원하는 방향으로 된 셈인데, 比干은 죽더라도 충언을 해야 한다는 쪽이었고, 微子는 운둔내지는 떠나는 길을 택했으며, 箕子는 微子에게는 떠날 것을 권하면서 자신은 모든 것을 체념하여 적극적으로 나서지도 떠나가지도 않았다. 箕子가 朝鮮으로 간 것은 殷나라가 망하기 전이 아니라, 周나라가 성립한 다음에 武王이 봉한 것이라 함(車相轅 譯著, 『書經』, 명문당, 1973, 165면 참조).

274) [校閱] 奎章本과 國中本에는 "九正易"으로 되어 있으나 新朝本에는 "九家易"으로 되어 있다. 新朝本의 "家"는 "正"의 誤字가 분명하다. 왜냐하면, 荀九家가 後代의 蔡介夫의 說을 인용할 수 없기 때문이다. 또 정확한 書名은 『九正易』이 아니라, 『九正易因』이 되어야 옳다. 따라서 九正易에 '因'字를 첨가하기로 한다. 『九正易因』(4卷)은 明代의 인물이었던 李贄(1527~1602)의 저서이다.

○[案] 이지(李贄, 1527~1602)[275]의 『九正易因』[276]에서 채개부(蔡介夫, 蔡淸, 1453~1508)[277]의 說을 인용하여 "심장(心臟)은 왼쪽 복부(腹部)에 있으니, 의서(醫書)에 나온다"라고 하였는데,[278] 옳지 않다. 심장은 복부(腹部)에 있지도 않으며 ≪가슴에 있음≫ 또 좌측(左側)에 있는 것도 아니다. ≪心은 가운데 있다.≫

䷣

六五 : 箕子之明夷, 利貞. ○象曰 : 箕子之貞, 明不可息也.

六五 : 기자(箕子)가 동이족(東夷族)을 개명(開明)시키기 위해서 [조선(朝

---

275) 이지(李贄, 1527~1602) : 李贄는 호는 탁오(卓吾)이며, 明나라 말기의 개혁사상가, 문학가, 교육가이다. 李贄는 福建省 泉州에서 태어났지만, 그의 조상은 河南省에서 이주해 온 회족(回族)으로 상업과 무역업에 종사하였다고 한다. 그는 63세 때 主著인 『焚書』를 통해, 당시 儒家의 모순을 비판하였다. 李贄는 전통적 유가 · 불가 · 도가를 비판하는데 그치지 않고, 새로운 인간관을 제시하였다. 예컨대 그는 유가의 전통적인 사상인 "存天理 滅人慾"에 맞서 "去人慾 存天理"를 주장하였는데, 이는 인간의 기본적인 욕구와 이기심을 긍정한 새로운 사상이라고 할 수 있다. 당시 통치자에 대한 李贄의 비판은 그의 또 다른 대표작인 『藏書』에 잘 나타나 있다. 봉건적이고 보수적인 당시의 통치자들에 대한 혹독한 비판은 마침내 李贄의 생명을 위태롭게 했고, 결국 76세에 이지는 3가지 죄목으로 체포되어 자결하게 되었다. 李贄의 저작은 『焚書』 · 『藏書』 외에도 『初譚集』 12권, 『四書評』 19권, 『明燈道古錄』 2권, 『九正易因』 2권, 『史綱評要』 36권 등이 있다.

276) 李贄, 『易因』(無求備齋 易經集成 54), 臺北 : 成文出版社, 323면에 해당 구절 참조. 『九正易因』(원제 『易因』)은 『주역철학사』(심경호 역주, 예문서원, 1994), 581~582면 참조. 한편 毛奇齡도 이 구절을 인용하면서 이의를 제기하고 있다. 毛奇齡, 『仲氏易』(四庫易學叢刊), 上海古籍出版社, 1990, 153면.

277) 蔡淸(1453~1508) : 明代의 經學家(伍華 主編, 『周易大辭典』, 中山大學出版社, 1993, 897면 참조).

278) 『易因』의 原文에 따르면 여중목(呂仲木)도 이렇게 말한 것으로 전해진다. 呂仲木은 여남(呂柟, 1478~1542)을 가리키는데 『周易說翼』이라는 저서가 있다고 한다(谷方, 『中國哲學人物事典』, 太原 : 書海出版社, 1990, 562면).

鮮)으로] 갔으니, 일을 맡아 처리함에 이로울 것이다. ○「象傳」: 箕子의 [일을 주간(主幹)함에 있어] 곧음(貞)은 光明이 그치지 않기 때문이다.

此 明夷之既濟也 既濟自泰來 ≪二之五≫ 震方之外 ≪泰互震≫ 曰有坤國 ≪泰上坤≫ 是東國也 ≪卽朝鮮≫ 乾王之族 出于外國 ≪二之五≫ 遂正君位 ≪陽居五≫ 非箕子而誰也 南面以治之 ≪下今离≫ 夷國以明 ≪上互离≫ 箕子之明夷也

䷣ ䷾ ䷊

明夷 → 旣濟 ← 泰

이것은 明夷卦가 旣濟卦로 변하는 경우이다. 旣濟卦는 泰卦로부터 왔다. ≪2가 5로 간 것이다.≫ 震의 방향의 바깥쪽으로 ≪泰卦의 上互卦는 震≫ 坤의 나라가 있다고 하니, 이것이 東國이다. ≪즉 [우리나라] 朝鮮을 가리킨다.[279]≫ 乾王의 족속(族屬)이 外國으로 나가서 ≪泰卦의 2가 5로 감≫ 마침내 君主의 자리를 바로 잡았으니, [이 사람이] 箕子가 아니고 [도대체] 누구이겠는가? 남면(南面)함으로써 그 곳을 다스려 ≪旣濟卦의 下卦가 지금 离≫ 동이족(東夷族)의 나라를 밝게 하였으니 ≪旣濟卦의 上互卦는 离≫ [이것을 가리켜] "箕子之明夷", 즉 "기자(箕子)가 동이족(東夷族)을 개명(開明)시키기 위해서 [조선(朝鮮)으로] 갔다"고 말한 것이다.

○坎德貞固 ≪上今坎≫ 利幹事也 ≪利於貞≫

○坎의 德이 바르고 곧음이니 ≪[旣濟卦의] 上卦가 현재 坎≫ 일을 주간(主幹)함에 이로운 것이다. ≪일을 주간(主幹)함에 이롭다.≫

279) 오늘날 箕子朝鮮의 실재는 일반적으로 부정되고 있다.

○兩离[280]相繼 ≪上互离≫ 明不息也 太陽之行 由於地底 ≪上本坤≫ 自西而東 ≪小過時 有兌≫ 明不可間斷也 箕子抱先王之道 ≪如洪範≫ 旣不能內明中國 於是 東出朝鮮 明此道於夷邦 其道不絶 則其明不息 此 聖人之苦心也 孔子之欲居九夷 亦此意也

小過→推移→明夷→제5효변→旣濟

○두 개의 离가 서로 이어지니 ≪旣濟卦의 下卦도 离이고, 그 위의 上互卦도 离≫ "밝음이 그치지 않는 것"이다. 太陽이 땅 밑에서부터 시작하여, 서쪽에서 동쪽으로 運行하니 ≪小過卦의 兌는 서쪽을 뜻함≫ 光明이 中間에 끊어질 수가 없는 것이다. 기자(箕子)는 先王의 道를 품고 있었지만 ≪예컨대 『書經』「洪範」篇에서와 같음≫ 中國 내에서 교화를 펼 수가 없어, 이에 동쪽으로 朝鮮으로 가서, 東夷族의 나라에서 이 [先王의] 道를 밝혀서, 그 道가 끊어지지 않도록 하였으므로, 그 光明이 그치지 않는다고 말한 것이다. 이것은 [바로] 聖人께서도 고심(苦心)하셨던 바이니, 孔子가 구이(九夷)의 땅에서 살고자 하였던 것도 역시 이런 뜻인 것이다.

○案 劉向云 今易 箕子作荄滋 ≪荄 草根≫ 漢書 儒林傳 蜀人趙賓 爲易 飾易文 以爲箕子明夷 萬物方荄滋也 ≪此 以箕爲其≫ 晉 鄒氏家訓 譏荀慈明之易註云 訓箕爲荄 詁子爲兹 漫衍无經 不可致詰 善乎 其言之也 ≪漢儒釋經 多此類≫ 蜀才本 作其子 ≪箕去竹≫ 總由先儒 以易詞 爲文王所作 而箕子明夷 文王不可預言故 曲解至此 然 王用亨于西山 ≪隨上九≫ 王用亨于岐山 ≪升 六四≫

---

280) [校閱] 奎章本과 國中本에는 "兩离相繼"로 되어 있으나 新朝本에는 "兩相繼"로 되어 있다. 文脈이나 文勢로 볼 때, "兩离相繼"가 옳다. 前者를 따른다.

亦非文王之筆 ≪追王 在武王克商之後≫ 漢儒之不通 甚矣

○[案] 유향(劉向)[281]이 말하였다. "지금의 『易經』에는 '기자(箕子)'가 '해자(荄滋)'로 되어 있다." ≪'해(荄)'는 풀뿌리를 뜻한다.[282]≫ 『漢書』「儒林傳」「孟喜傳」에서 말하였다. "촉(蜀)나라 사람 조빈(趙賓)이 易을 연구했는데, 『易經』의 문장을 멋대로 꾸며대어, '箕子明夷'를 '萬物方荄滋', 즉 '만물이 울창히 자라나는 것'이라고 풀이하였다." ≪이것은 '箕'字를 '萁'字[283]의 뜻으로 풀이한 것이다.[284]≫ 晉代의 추담(鄒湛)은 그의 『추씨가훈(鄒氏家訓)』에서 순자명(荀慈明)[285]의 『易註』를 나무라면서,[286] "'箕'를 '荄'로 풀이하고, '子'를 '玆'(또는 '滋')로 풀이하는 등, 어지럽기만 하고, 아무런 조리가 없으니, 일일이 따질 수가 없을 정도이다"라고 하였으니,[287] 과

---

281) 유향(劉向) : 字는 子政이며, 古文經學의 주창자이다(皮錫瑞, 이홍진 역, 『中國經學史』, 형설출판사, 1984, 35면, 註 14번 참조). 유흠(劉歆)은 劉向의 막내아들이다(같은 책, 122면 참조).

282) 陸德明, 『經典釋文』 上, 上海古籍出版社, 1985, 101면; 孫星衍, 『周易集解』 上, 上海書店, 1993, 308면; 何楷, 『古周易訂詁』(景印 文淵閣四庫全書 第三六冊), 174면; 王弼, 韓康伯 注, 孔穎達 疏, 陸德明 音義, 『周易注疏』(四庫易學叢刊), 上海古籍出版社, 1989, 152면; 董眞卿, 『周易會通』(四庫易學叢刊), 上海古籍出版社, 1990, 300면에 인용됨.

283) 萁 : 물억새 (기), 콩깍지 (기).

284) 何楷, 『古周易訂詁』(景印 文淵閣四庫全書 第三六冊), 174면에도 같은 인용이 나오는데, 인용문이 동일한 것으로 보아 茶山이 이를 인용한 듯하다. 『漢書』 第11冊(傳5), 中華書局, 3599면에 그 原文이 나오는데, "조빈(趙賓)은 小數書(잡다한 數理書)를 좋아했고, 이후 易을 연구함에 그것으로 易의 글을 꾸몄다. 그래서 '箕子明夷'를 陰陽氣가 箕子를 없앤 것으로 보고, 箕子란 '만물이 울창히 자라남'이다. ……" 운운. 심경호 역주, 『주역철학사』, 예문서원, 1994, 680면; 高懷民, 신하령 · 김태완 공역, 『象數易學』, 신지서원, 1998, 73면 참조. 毛奇齡, 『仲氏易』(四庫易學叢刊), 上海古籍出版社, 1990, 153면에도 인용됨.

285) 순자명(荀慈明, 128~190) : 東漢代의 사람인 荀慈明은 이른바 荀九家의 대표자인 순상(荀爽)으로서, 古文易(費氏易)을 발흥시킨 인물로 일컬어진다(심경호 역주, 위의 책, 677면 참조). 자명(慈明)은 荀爽의 字이다.

286) 이정조(李鼎祚)의 『周易集解』(北京市中國書店, 1990)에서 순상과 우번을 가장 많이 이용했다고 하는데, 이 六五 부분은 인용하지 않고 있을 정도로(마융의 설을 인용), 이 구절에 대한 荀爽의 해석은 견강부회가 심했다고 볼 수 있다(『周易集解』, 123면 참조). 순상의 역학은 심경호 역주, 위의 책, 217면, 823면(순상의 저서가 나옴); 高懷民, 신하령 · 김태완 공역, 『象數易學』, 신지서원, 1998, 221면 참조.

연 그 지적이 적절하다고 아니할 수 없다. ≪漢儒가 經典을 해석함에 이런 식의 오류가 많다.≫ 「촉재본(蜀才本)」에는 [箕子가] '其子'로 되어 있다. ≪'箕'字에서 [대나무] '竹'을 떼어버린 것[288]≫ 요컨대 先儒들은 易詞를 文王이 지은 것이라고 여겼기 때문에, [文王 以後의 事件인] "箕子明夷"에 대해서 文王이 예언할 수는 없을 것으로 보아서, 이처럼 곡해(曲解)하기에 이르렀던 것이다. 그러나 [隨卦 上九의] "王用亨于西山"과 [升卦 六四의] "王用亨于岐山"[289] 등도 역시 文王의 글이 아니니 ≪[西伯 昌이] 文王으로 추존(追尊)된 것은, 武王이 商나라를 멸망시킨 이후의 일이다.≫ [그런 爻詞를 文王의 作이라고 간주하니] 漢儒의 편벽됨이 심하다.[290]

䷣

上六 : 不明, 晦, 初登于天, 後入于地. ◯ 象曰 : 初登于天, 照

287) 陸德明, 『經典釋文』 上, 上海古籍出版社, 1985, 101면; 孫星衍, 『周易集解』 上, 上海書店, 1993, 308면; 何楷, 『古周易訂詁』(景印 文淵閣四庫全書 第三六冊), 174면에는 『……家諱』로 되어 있음; 王弼, 韓康伯 注, 孔穎達 疏, 陸德明 音義, 『周易注疏』(四庫易學叢刊), 上海古籍出版社, 1989, 152면; 董眞卿, 『周易會通』(四庫易學叢刊), 上海古籍出版社, 1990, 300면에 인용됨; 毛奇齡, 『仲氏易』(四庫易學叢刊), 上海古籍出版社, 1990, 153면에도 인용됨. 여기도 『……家諱』로 되어 있음. 『晉書』 第8冊, 中華書局, 2380면에 그의 傳이 나오는데, 저술에 대한 구체적인 언급은 없음.

288) 陸德明, 『經典釋文』 上, 上海古籍出版社, 1985, 101면; 孫星衍, 『周易集解』 上, 上海書店, 1993, 308면; 何楷, 『古周易訂詁』(景印 文淵閣四庫全書 第三六冊), 174면; 王弼, 韓康伯 注, 孔穎達 疏, 陸德明 音義, 『周易注疏』(四庫易學叢刊), 上海古籍出版社, 1989, 152면; 董眞卿, 『周易會通』(四庫易學叢刊), 上海古籍出版社, 1990, 300면에 인용됨.

289) 隨卦 上六과 升卦 六四에 각각 나온다.

290) 茶山은 爻詞를 周公이 달았다고 봄. 앞(『四箋』 卷4, 43가)에서도 이미 '周公繫詞至此'라고 하였다.

四國也, 後入于地, 失則也.

上六 : 밝지 못하여 어두우니, 처음에는 하늘로 오르고, 뒤에는 땅속으로 들어가도다. ○「象傳」: "初登于天"이라고 한 것은 四方의 나라를 비추는 것을 말한 것이요, "後入于地"라고 말한 것은 [君主의] 법도(法度)를 잃은 것을 말한 것이다.

此 明夷之賁也 賁自泰來 柔自外入 《上之二》 遂爲离日 《下[291] 今离》 若將明矣 然而不明 《雖离而不明》 日入地中 《日入於坤下》 晦之至也

明夷 → 賁 ← 泰

이것은 明夷卦가 賁卦로 변하는 경우이다. 賁卦는 泰卦로부터 왔으니, 柔가 밖에서 들어와 《上이 2로 감》 마침내 离의 해(日)가 되니 《賁卦의 下卦가 지금 离》 마치 장차 밝아지려는 것처럼 보인다. 그렇지만 밝아지지 않는 것은 《비록 离가 있다고 하더라도 밝지 않음》 [明夷에서] 해가 [이미] 땅속으로 들어가 있어, 《해가 坤의 아래로 들어감》 어둠이 심하기 때문이다.[292]

○ 賁以旅交 《山火交》 旅自否來 《三之五》[293] 柔自下升 《否三升》 以當天中 《否上乾》 其位在五 《三之五》 初登于天也 《五六

291) [校閱] 新朝本에는 "下"가 "上"으로 되어 있는데, 誤記이다.
292) 明夷卦에서 賁卦로 옮겨간 뒤에도, 해(日)가 여전히 山 아래 있으므로, 역시 어둠을 벗어나지 못하는 상황이 된다.
293) [校閱] 新朝本과 國中本에는 "旅自否來(三之五)"의 부분이 있으나, 奎章本에는 생략되어 있다. 前者에 따라 보충되어야 한다.

天≫ 交之爲賁 則柔自上墜 ≪上之二≫ 入于地中 ≪泰上坤≫ 其位在二 ≪一二地≫ 後入于地也 遂爲离日 ≪下今离≫ 登天入地[294] 日之象也

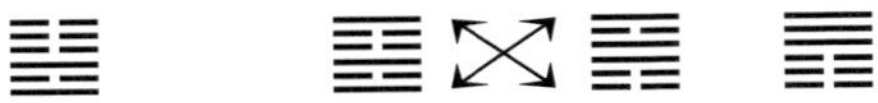

明夷→ 제6효변 →賁　　　旅 ← 否

○賁卦는 旅卦로부터 交易된 것이다. ≪山火의 交易≫ 旅卦는 否卦로부터 왔으니 ≪3이 5로 감≫ 柔가 아래로부터 올라와 ≪否卦의 3이 상승함≫ 하늘의 한 가운데(天中)를 차지하였고 ≪否卦의 上卦는 乾≫ [또] 그 위치가 제5位에 있으므로 ≪3이 5로 감≫ "初登于天", 즉 "처음에는 하늘로 오른 것"이라고 말한 것이다. ≪5·6은 天位에 해당됨≫ [火山] 旅卦가 交易하여 [山火] 賁卦가 되면, 柔가 위로부터 떨어져 ≪泰卦의 上이 2로 감으로써, 賁卦가 형성됨≫ 땅 속으로 들어가고 ≪泰卦의 上卦가 坤≫ [또] 그 자리가 제2位에 있으므로 ≪1·2는 地位에 해당됨≫ "後入于地", 즉 "뒤에는 땅속으로 들어간다"고 말한 것이다. 마침내 离의 해(日)가 되어 ≪賁卦의 下卦가 지금 离≫ 하늘로 오르고, 땅으로 들어가니, 태양의 象이다.

○[295] 卦以晉交 ≪火地交≫ 初登于天 晉之象也 晉爲晝日 ≪在地上≫ 照坤四陰 ≪晉四陰≫ 照四國也 登天入地 非但上六之變象 抑爲明夷之本象 ≪與晉交之象≫ 故孔子明之

---

294) [校閱] 新朝本에는 "登天入也"로 되어 있으나 奎章本과 國中本에는 "登天入地"로 되어 있다. 明夷 上六의 經文에서 "初登于天, 後入于地"라고 말하고 있으므로, "入"은 登天과 관련된다기보다는 入地와 관련되는 글자로 보는 것이 타당하다고 생각된다. 여기서는 後者를 따른다.

295) [校閱] 奎章本에는 "○"의 표시가 빠져 있다.

明夷　　　晉

○明夷卦는 晉卦로부터 交易된 것이니 ≪火와 地가 교체됨≫ "初登于天(처음에는 하늘로 올라감)"이라고 한 것은 晉卦의 象이기도 하다. 晉은 한낮의 태양(晝日)으로 ≪해가 땅 위에 있음≫ 坤의 네 陰을 비추는 까닭에 ≪晉卦의 4陰≫ [이것을 가리켜] "照四國", 즉 "四方의 나라를 비춘다"라고 말한 것이다. "登天入地"가 단지 [明夷卦의] 上六의 變象, 즉 賁卦의 象에 의해서 풀이될 수 있을 뿐 아니라, 또한 明夷卦의 本象에 의해서도 풀이될 수 있기 때문에 ≪晉卦와 交易한 象이 明夷卦의 本象이 됨≫ 孔子가 [「小象傳」에서 분명하게 그 점을] 밝힌 것이다.

○日者 君象也 ≪周書云 時日害喪≫ 則者 君道也 艮爲徑路 ≪上今艮≫ 失君道也 紂以乾王 初登天位 ≪爲天王≫ 失其君道 終以艮死 ≪离兵以誅之≫ 當此占也 ≪朱子曰 上一爻爲暗君≫ 胡炳文云 失則 所以爲紂

○해(日)는 君主의 상징이다. ≪『書經』「商書」「탕서(湯誓)」篇[296]에서, [폭군을 빗대어] "시일갈상(時日曷喪)", 즉 "이 해는 언제 망할까"라고 하였다.≫ "則"은 군주의 도리이다. 艮은 좁은 길(徑路)이니 ≪賁卦의 上卦가 지금 艮≫ 君主의 道理를 잃어버린 것을 상징한다. 주(紂)는 乾王으로서 처음에는 天子의 자리에 올랐으나 ≪天王이 됨≫ 그 임금의 도리를 잃고, 마침내는 艮으

296) '時日害喪'은 『四箋』의 奎章本과 新朝本과 國中本에 모두 「周書」에 나오는 구절로 되어 있으나 『書經』「商書」「湯誓」에서는 '時日曷喪'이라고 나온다. 『孟子』「梁惠王章上」에서는 '時日害喪'으로 인용되고 있다. '時'는 '是'의 뜻이고, [어느] '害'는 [언제] '갈(曷)'과 뜻이 같다. 부연하면, 폭군 桀王이 자신을 해(日)에 비유하여, 자신이 없어지면 모두 같이 죽을 것이라고 하자, "이 놈의 해는 언제 지나, 네 놈만 꺼진다면 우리가 같이 망해도 좋겠다"는 식으로 백성들이 원망하였다고 한다.

로써 죽음을 당하였으니 ≪离兵이 그를 죽임≫ [주(紂) 임금의 경우는 바로] 이 占에 해당된다. ≪朱子가 말하였다. "上一爻는 [즉 제6爻는] '암군(暗君)'을 상징한다."≫ 호병문(胡炳文)이 말하였다. "법도를 잃은 것이 주(紂) 임금이 주(紂) 임금으로 된 까닭이다. [반면에 법도를 따랐던 것이 文王이 文王이 된 까닭이다.]"

○ 案 交易取象者 每於上爻 發之 井上六曰 井收勿幕 ≪與渙交≫ 中孚上九曰 翰音登于天 ≪大過交≫ 此爻曰 後入于地 ≪與晉交≫ 亦一例也

○[案] 交易으로 象을 취하는 경우는 매번 上爻(第6爻)에서 나타난다. [예컨대 井卦 上六에서 "정수물막(井收勿幕)"이라고 한 경우 ≪水風 井卦는 風水 渙卦와 交易의 관계≫ 中孚上九에서 "한음등우천(翰音登于天)"이라고 한 경우 ≪風澤 中孚卦는 澤風 大過卦와 交易의 관계≫ 그리고 이 爻에서 [즉 明夷 上六에서] "後入于地"이라고 한 경우가 ≪地火 明夷卦는 火地 晉卦와 交易의 관계≫ 역시 그러한 사례이다.

爻變表

1.乾	2.坤	3.屯	4.蒙	5.需	6.訟	7.師	8.比
初九=乾之姤	初六=坤之復	初九=屯之比	初六=蒙之損	初九=需之井	初六=訟之履	初六=師之臨	初六=比之屯
九二=乾之同人	六二=坤之師	六二=屯之節	九二=蒙之剝	九二=需之既濟	九二=訟之否	九二=師之坤	六二=比之坎
九三=乾之履	六三=坤之謙	六三=屯之既濟	六三=蒙之蠱	九三=需之節	六三=訟之姤	六三=師之升	六三=比之蹇
九四=乾之小畜	六四=坤之豫	六四=屯之隨	六四=蒙之未濟	六四=需之夬	九四=訟之渙	六四=師之解	六四=比之萃
九五=乾之大有	六五=坤之比	九五=屯之復	六五=蒙之渙	九五=需之泰	九五=訟之未濟	六五=師之坎	九五=比之坤
上九=乾之夬	上六=坤之剝	上六=屯之益	上九=蒙之師	上六=需之小畜	上九=訟之困	上六=師之蒙	上六=比之觀
用九=乾之坤	用六=坤之乾						

9.小畜	10.履	11.泰	12.否	13.同人	14.大有	15.謙	16.豫
初九=小畜之巽	初九=履之訟	初九=泰之升	初六=否之无妄	初九=同人之遯	初九=大有之鼎	初六=謙之明夷	初六=豫之震
九二=小畜之家人	九二=履之无妄	九二=泰之明夷	六二=否之訟	六二=同人之乾	九二=大有之離	六二=謙之升	六二=豫之解
九三=小畜之中孚	六三=履之乾	九三=泰之臨	六三=否之遯	九三=同人之无妄	九三=大有之睽	九三=謙之坤	六三=豫之小過
六四=小畜之乾	九四=履之中孚	六四=泰之大壯	九四=否之觀	九四=同人之家人	九四=大有之大畜	六四=謙之小過	九四=豫之坤
九五=小畜之大畜	九五=履之睽	六五=泰之需	九五=否之晉	九五=同人之離	六五=大有之乾	六五=謙之蹇	六五=豫之萃
上九=小畜之需	上九=履之兌	上六=泰之大畜	上九=否之萃	上九=同人之革	上九=大有之大壯	上六=謙之艮	上六=豫之晉

17.隨	18.蠱	19.臨	20.觀	21.噬嗑	22.賁	23.剝	24.復
初九=隨之萃	初六=蠱之大畜	初九=臨之師	初六=觀之益	初九=噬嗑之晉	初九=賁之艮	初六=剝之頤	初九=復之坤
六二=隨之兌	九二=蠱之艮	九二=臨之復	六二=觀之渙	六二=噬嗑之睽	六二=賁之大畜	六二=剝之蒙	六二=復之臨
六三=隨之革	九三=蠱之蒙	六三=臨之泰	六三=觀之漸	六三=噬嗑之離	九三=賁之頤	六三=剝之艮	六三=復之明夷
九四=隨之屯	六四=蠱之鼎	六四=臨之歸妹	六四=觀之否	九四=噬嗑之頤	六四=賁之離	六四=剝之晉	六四=復之震
九五=隨之震	六五=蠱之巽	六五=臨之節	九五=觀之剝	六五=噬嗑之无妄	六五=賁之家人	六五=剝之觀	六五=復之屯
上六=隨之无妄	上九=蠱之升	上六=臨之損	上九=觀之比	上九=噬嗑之震	上九=賁之明夷	上九=剝之坤	上六=復之頤

25.无妄	26.大畜	27.頤	28.大過	29.坎	30.離	31.咸	32.恒
初九=无妄之否	初九=大畜之蠱	初九=頤之剝	初六=大過之夬	初六=坎之節	初九=離之旅	初六=咸之革	初六=恒之大壯
六二=无妄之履	九二=大畜之賁	六二=頤之損	九二=大過之咸	九二=坎之比	六二=離之大有	六二=咸之大過	九二=恒之小過
六三=无妄之同人	九三=大畜之損	六三=頤之賁	九三=大過之困	六三=坎之井	九三=離之噬嗑	九三=咸之萃	九三=恒之解
九四=无妄之益	六四=大畜之大有	六四=頤之噬嗑	九四=大過之井	六四=坎之困	九四=離之賁	九四=咸之蹇	九四=恒之升
九五=无妄之噬嗑	六五=大畜之小畜	六五=頤之益	九五=大過之恒	九五=坎之師	六五=離之同人	九五=咸之小過	六五=恒之大過
上九=无妄之隨	上九=大畜之泰	上九=頤之復	上六=大過之姤	上六=坎之渙	上九=離之豊	上六=咸之遯	上六=恒之鼎